Dipl.-Hdl., Dipl.-Kfm.
Werner Geers

Datenverarbeitung

Office 97

Excel 97 - Access 97 - Word 97 - PowerPoint 97

Kieser Verlag/Heckners Verlag, Neusäß

Das Buch „Datenverarbeitung, Excel 97 - Access 97 - Word 97 - PowerPoint 97" bietet die Möglichkeit, handlungsorientiert Inhalte zu erlernen. Es ist im Wesentlichen folgendermaßen aufgebaut:

- Zunächst werden grundlegende Bemerkungen zum Aufbau und der Funktion einer Datenverarbeitungsanlage gemacht. Die Bereiche Hardware und Software werden kurz und präzise beschrieben, wobei Wert darauf gelegt wurde, dass heutige, in den Betrieben vorzufindende Personalcomputer verständlich erklärt werden. Zusätzliche Bemerkungen zur Datensicherheit und zum Datenschutz runden den Sachverhalt ab.

- Die Betriebssysteme Windows 95 und Windows 98 werden insoweit behandelt, wie es für den Unterricht notwendig ist. Wer dieses Kapital aufmerksam durcharbeitet und am Computer nachvollzieht, wird mit dem Arbeiten mit Windows-Programmen keine Schwierigkeiten mehr haben und mit der Benutzeroberfläche von Windows gut umgehen können.

- Die wesentlichen Funktionen der Tabellenkalkulation Excel 97, der Datenbank Access 97 und der Textverarbeitung Word 97 werden erklärt. Umfangreiche Übungen sollen das Erlernte vertiefen. Grundsätzlich ist es egal, mit welchem Programm Sie zunächst beginnen. Das Buch ist so aufgebaut, dass innerhalb der Programme alle wesentlichen Inhalte jeweils erklärt werden.

- Zusätzlich zu den klassischen Office-Anwendungen wird die Präsentationssoftware PowerPoint erklärt. Es wird immer wichtiger, Ergebnisse von Arbeiten, das eigene Unternehmen usw. ansprechend zu präsentieren. Dies kann durch selbstablaufende Präsentationen auf Ausstellungen usw. erfolgen oder es kann sich um die Unterstützung eines Vortrages durch Präsentationsfolien handeln.

- Der Datenaustausch zwischen den Programmen soll zeigen, dass Daten nur einmal in einem Programm erfasst werden müssen und danach problemlos in anderen Programmen weiter verarbeitet werden können.

- Online-Dienste und vor allem das Internet gewinnen eine immer größere Bedeutung in der Wirtschaft, im privaten Bereich und in der Schule. Daher wird dieser Bereich erklärt. Falls die Voraussetzungen vorliegen, können einzelne Übungen z. B. zum Bereich „Internet" im Unterricht am Personalcomputer nachvollzogen werden.

- Ein kleines Lexikon mit wichtigen Begriffen wird am Ende des Buches angefügt. Hier werden u. a. Begriffe angesprochen, die in der Großrechnertechnologie eine Rolle spielen. Außerdem dient das kleine Lexikon zum Lernen und Überprüfen von Wissen aus dem Computerbereich. Es eignet sich daher besonders zur Vorbereitung auf Prüfungen.

Für die Arbeit mit diesem Buch wünsche ich Ihnen viel Spaß. Der Erfolg wird sich bei einer vernünftigen Arbeit mit dem Buch und den Programmen sicher einstellen.

Papenburg, September 1999 *Werner Geers*

http://www.kieser-verlag.de

Das Papier ist umweltschonend hergestellt aus chlorfrei gebleichten Faserstoffen.

ISBN 3-8242-**6534**-6

3. Auflage 2000   4 3 2 1   2003 02 01 00

Alle Drucke dieser Auflage können im Unterricht nebeneinander verwendet werden.

© 1998 Kieser Verlag GmbH, Piechlerstraße 3, 86356 Neusäß

Belichtung und Druck: Halberstädter Druckhaus

10698003c

1 Aufbau und Funktion einer Datenverarbeitungsanlage

1.1 Hardware und Software

Eine Datenverarbeitungsanlage erzielt dann gute Ergebnisse, wenn die Hardware als auch Software eines Rechnersystems gut aufeinander abgestimmt sind.

Hardware und Software	
Hardware	**Software**
Alle physikalisch-technischen Bestandteile einer Computeranlage werden als Hardware bezeichnet. Zur Hardware gehören u. a. • die Zentraleinheit als eigentlicher Computer, • Eingabegeräte wie die Tastatur oder die Maus, • Ausgabegeräte wie Drucker und Plotter, • externe Speicher wie Festplatten und Diskettenlaufwerke. • Datenkommunikations- und Multimediageräte wie Modem, CD-ROM und Lautsprecherboxen.	Programme, die für den Betrieb eines Computers und für die Lösung bestimmter Aufgaben mit dem Computer benötigt werden, sind die Software eines Rechnersystems. Zur Softwareausstattung eines Computers gehören z. B. • das Betriebssystem, • Softwaretools wie Textverarbeitungs-, Tabellenkalkulations- und Datenbankprogramme. • Anwendungsprogramme zur Lösung bestimmter betrieblicher Aufgaben wie Programme zur Auftragsbearbeitung.

1.2 Computerarten (Desktop, Tower und Laptop)

Grundsätzlich werden Personalcomputer in unterschiedlicher Form angeboten. In einer Übersicht werden Aussehen und Charakter der einzelnen Computer kurz beschrieben.

Desktop 	Das Desktop-Gehäuse ist das traditionelle Gehäuse für einen Personalcomputer. Normalerweise sind in dem Computer die Zentraleinheit, ein Diskettenlaufwerk und eine Festplatte untergebracht. Der Monitor wird meistens auf das Desktop-Gehäuse gestellt. Die Erweiterungsmöglichkeiten sind wegen des begrenzten Platzes im Gehäuse des Computers beschränkt.
Tower 	Der Tower hat u. U. große Vorteile gegenüber dem Desktop-Gehäuse. Immer dann, wenn neben den traditionellen Komponenten Zentraleinheit, Diskettenlaufwerk und Festplatte weitere Hardwarekomponenten, wie z. B. ein CD-ROM-Laufwerk oder eine weitere Festplatte, im Gehäuse untergebracht werden sollen, ist ein Tower zu empfehlen, da er in der Regel besser auf Erweiterungen ausgelegt ist. Einen kleineren Tower bezeichnet man als Minitower.
Laptop 	Der Laptop-Computer ist ein tragbarer, transportierbarer Computer, der es ermöglicht, auch ohne Stromanschluss Daten zu erfassen und zu verarbeiten. Er beinhaltet normalerweise alle Elemente des herkömmlichen Computers mit Festplatte, Diskettenlaufwerk und Anschlussmöglichkeiten für Drucker und Maus. Ein besonderes Kennzeichen ist das stromsparende Flüssigkristalldisplay zur Anzeige der Daten. Besonders leichte tragbare Personalcomputer werden auch als Notebooks (Notizbuch) bezeichnet.

1.3 Grundausstattung eines Personalcomputers

Ein Computersystem muss in der Lage sein, die Eingabe von Daten, die Verarbeitung der erfassten Daten und die Ausgabe der erfassten und verarbeiteten Daten zu gewährleisten. Dies entspricht dem so genannten EVA-Prinzip (Eingabe-Verarbeitung-Ausgabe).

Zur Grundausstattung eines Personalcomputers gehören neben dem eigentlichen Computer (der Zentraleinheit) Ein- und Ausgabegeräte. Eine immer größere Bedeutung erlangen Geräte, die die Datenkommunikation ermöglichen, also das Austauschen von Daten über Datenleitungen. Der Einsatz des Computers als Multimediainstrument für Lernzwecke (Lexika mit Videosequenzen usw., Lernprogramme mit Musik- und Sprachausgabe usw.) erfordert CD-ROM-Laufwerke, Soundkarten usw.

In der folgenden Tabelle sind die wesentlichen Bestandteile eines Computersystems zusammengestellt. Eine klare Unterscheidung zwischen den einzelnen Bereichen Zentraleinheit usw. ist nicht immer möglich. Bestimmte Bestandteile des Computersystems werden für Ein- und Ausgabezwecke genutzt, wie beispielsweise die Maus und der Bildschirm.

Eingabegeräte/ Ausgabegeräte	Zentraleinheit	Externe Speicher	Datenkommunikation/ Multimedia
• Tastatur	• Motherboard mit	• Diskette	• Modem
• Maus	• Prozessor	• Festplatte	• ISDN-Karte
• Scanner	• BIOS	• CD-ROM	• 3D-Karten
• Barcodeleser	• Controller	• ZIP-Laufwerk	
	• Arbeitsspeicher	• MO-Laufwerk	
• Bildschirm	• ROM	• Streamer	
• Drucker	• RAM		• Soundkarte und Lautsprecherboxen
• Plotter	• Bussystem		
	• Steckplätze		
	• Schnittstellen		

Die Bestandteile eines Computersystems werden auf den folgenden Seiten genauer erklärt.

1.4 Die Zentraleinheit eines Computers (Motherboard)

1.4.1 Vorbemerkungen

Als Hauptplatine bzw. Motherboard bezeichnet man die Zentrale der Zentraleinheit. Die Bezeichnungen sind in der Literatur jedoch nicht immer einheitlich. Das Motherboard ist auf einer Kunststoffplatte untergebracht, die als Träger für elektronische Bauteile (Arbeitsspeicher usw.) dient und Leitungsbahnen für die Verbindung der einzelnen Bauteile enthält. Platinen werden über Sockel, Steckplätze bzw. -leisten oder durch direktes Einlöten mit elektronischen Bauelementen und Chips bestückt.

Die nachfolgende Übersicht zeigt die wichtigsten Elemente eines Motherboards. Es gibt verschiedene Motherboards, z. B. das ATX-Board oder das Baby-AT-Board. Der Aufbau der Motherboards ist jedoch im Wesentlichen identisch. Die einzelnen benutzten Begriffe werden auf den nächsten Seiten erklärt.

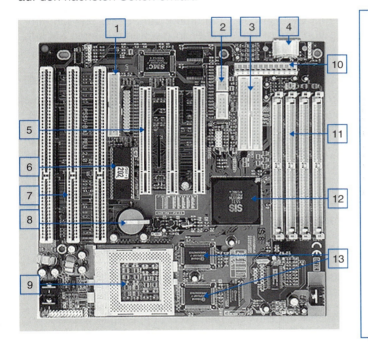

1. Anschluss für das Diskettenlaufwerk
2. Parallele und serielle Schnittstelle
3. IDE-Steckplätze
4. Tastaturanschluss
5. PCI-Steckplätze
6. BIOS
7. ISA-Steckplätze
8. CMOS-Batterie
9. Sockel für den Prozessor
10. Stromversorgung
11. RAM-Steckplätze
12. Chipsatz zur Steuerung des Motherboards
13. Cache (2. Level Cache)

Das Herzstück ist dabei der Prozessor, auch CPU (Central Processing Unit) genannt. Ein weiterer wichtiger Bestandteil der Hauptplatine ist das BIOS (Basic Input Output System).

Die Verbindungen zwischen den einzelnen Bestandteilen werden über so genannte Busse vorgenommen, die z. B. Daten übertragen oder Befehle weitergeben. Controller sorgen unter anderem für den Austausch größerer Datenmengen.

Zur Erweiterung des Personalcomputers sind Steckplätze vorhanden, die den Anschluss von zusätzlichen Geräten erlauben. Moderne Motherboards integrieren ebenfalls die parallele und die serielle Schnittstelle, an denen Drucker, Modems usw. angeschlossen werden.

1.4.2 Prozessor des Computers (CPU)

Der Prozessor (bzw. Microprozessor) eines Computers, also der Kern des Computers, wird auch als CPU (Central-Processing-Unit) der Zentraleinheit bezeichnet. Die wesentliche Aufgabe des Prozessors besteht darin, den Computer zu steuern (Steuerwerk) und logische und arithmetische Operationen auszuführen (Rechenwerk). Normalerweise ist ein Prozessor mit einem Cache-Speicher ausgerüstet, der die Arbeit des Prozessors beschleunigt. Ein Coprozessor unterstützt den Prozessor bei bestimmten Aufgaben, z. B. bei mathematischen oder grafischen Operationen. Der Mikroprozessor ist ein Chip. Als Chips bezeichnet man Bausteine, die Logik- und Speicherschaltungen zur Verfügung stellen.

CPU (Central Processing Unit) Prozessor 	**Steuerwerk** Die Kommandozentrale des Computers wird als das Steuerwerk bezeichnet. Die Eingabe, Verarbeitung und Ausgabe der Daten wird entsprechend der Reihenfolge der Befehle eines Programms abgearbeitet. Bevor die einzelnen Befehle des Programms verarbeitet werden können, müssen sie von einem Datenträger in die Zentraleinheit kopiert, vom Steuerwerk entschlüsselt und z. B. an das Rechenwerk weitergegeben werden.
	Rechenwerk Im Rechenwerk eines Computers (Arithmetic Logical Unit) werden die Daten verarbeitet, also z. B. mathematische Berechnungen vorgenommen. Zur Ausführung von mathematischen Operationen werden in modernen Personalcomputern heutzutage integrierte Coprozessoren zusätzlich eingesetzt.
	Cache (Prozessorcache) Der Cachespeicher eines Prozessors dient der Zwischenspeicherung von Daten oder Programmteilen. Häufig benutzte Daten bzw. Programmteile werden in einem solchen Speicher zwischengespeichert und falls sie benötigt werden, schneller als aus dem RAM-Speicher (siehe Arbeitsspeicher) geladen.

Bei der Einschätzung der Leistungsfähigkeit eines Prozessors sind die Busbreite und die Taktfrequenz des Prozessors von entscheidender Bedeutung:

Busbreite	Die Busbreite gibt die Anzahl der Bits, die gleichzeitig übertragen werden, an. Die Bezeichnungen Bits und Bytes werden später erklärt. Mit einem 16 Bits breiten Datenbus werden pro Takt (siehe Taktfrequenz) 2 Bytes (2 Zeichen) übertragen, mit 32 Bits 4 Bytes (4 Zeichen). Daher führt eine höhere Busbreite zu einer größeren Verarbeitungs- bzw. Übertragungsgeschwindigkeit. Verbindungen innerhalb der Zentraleinheit werden als interne Busse bezeichnet. Eine höhere Busbreite führt zu einer schnelleren Verarbeitung innerhalb eines Prozessors. Verbindungen zwischen der Zentraleinheit und anderen Bausteinen des Computers werden als externe Busse bezeichnet. Die Übertragungsgeschwindigkeit zwischen dem Prozessor und den übrigen Bestandteilen des Personalcomputers wird durch eine größere Busbreite erhöht.
Takt-frequenz	Die Taktgeschwindigkeit wird in Megahertz (Millionen Rechenoperationen in der Sekunde) gemessen. Je höher die Taktfrequenz ist, desto schneller ist normalerweise der Computer.

Seit Markteinführung der Personalcomputer dominieren Mikroprozessoren der Firma Intel auf den Markt. Auf dem Markt für Mikroprozessoren sind als Konkurrenten von Intel die Unternehmen AMD (Advanced Micro Devices) und Cyrix tätig. Ihre Prozessoren kommen in der Regel jeweils etwas später auf den Markt und haben eine etwa gleiche Leistungsfähigkeit wie die Intel-Prozessoren. Um gute Verkaufszahlen und damit einen gewissen Marktanteil zu erreichen, sind diese Prozessoren normalerweise deutlich billiger als die entsprechenden Prozessoren der Firma Intel.

Die folgende Tabelle gibt einen Eindruck über die Leistungsentwicklung der Prozessoren:

Bezeich-nung	Pro-zessor	Copro-zessor	Jahr	maximale Taktfrequenz in Megahertz	Busbreite (intern)	Busbreite (extern)
XT	8088		1979	8	8-Bit	8-Bit
AT	80286	80287	1982	16	16-Bit	16-Bit
386er	80386	80387	1985	40	32-Bit	32-Bit
486er	80486	integriert	1989	120	32-Bit	32-Bit
Pentium	Pentium	integriert	1992	200	64-Bit	32-Bit
Pentium Pro	Pentium Pro	integriert	1995	200	64-Bit	32-Bit
Pentium MMX	Pentium MMX	integriert	1997	233	64-Bit	32-Bit
Pentium II	Pentium II	integriert	1997	450	64-Bit	32-Bit
Pentium III	Pentium III	integriert	1999	550	64-Bit	32-Bit

Die Bezeichnung Pentium wurde von der Firma Intel aus rechtlichen Gründen gewählt, da eine Nummer (z. B. 80486) nicht geschützt werden konnte. Konkurrenten durften daher ihre Produkte mit derselben Bezeichnung auf den Markt bringen.

Der Pentium Pro optimiert die Arbeitsweise des Prozessors. Im Pentium MMX (Multimedia Extension) wurden neue Befehle in den Prozessor integriert, um Multimediaanwendungen wie das Abspielen von Videofilmen, Klangerzeugungen und Bildbearbeitungen zu unterstützen. Der Pentium II hat die Fähigkeiten des Pentium Pro und ist mit MMX-Befehlen ausgestattet.

1.4.3 BIOS

BIOS-Chip

Im BIOS sind wichtige Informationen zur Arbeitsweise des Personalcomputers gespeichert. Auch alle Informationen, die der Computer während seines Startvorganges benötigt, sind in dem BIOS-Chip abgelegt. Das im BIOS gespeicherte Programm stellt eine Verbindung zwischen der Hardware und dem Betriebssystem dar. Erst das Betriebssystem ermöglicht die Arbeit mit dem Computer. Das Betriebssystem ist eine für die Arbeit mit dem Computer benötigte Software um beispielsweise Disketten zu kopieren. Es wird beim Kauf eines Computers mitgeliefert.

Im BIOS-Chip auf dem Motherboard eines Personalcomputers ist das „CMOS-RAM" integriert. Es enthält wichtige und grundlegende Informationen zur Konfiguration des Computers. Im CMOS-RAM ist die aktuelle Zeit, das aktuelle Datum, der Typ der installierten Festplatte usw. gespeichert. Die Daten werden beim Starten des Computers aktualisiert.

1.4.4   Arbeitsspeicher

Der ausreichende Arbeitsspeicher eines Personalcomputers ist eine wesentliche Voraussetzung für ein schnelles und effektives Arbeiten. Dabei ist zwischen ROM-Speicher und dem RAM-Speicher zu unterscheiden.

Arbeits-speicher  	**ROM (Read Only Memory)** Aus den ROM-Chips kann der Computer nur Informationen lesen. Sie werden z. B. benötigt, damit der Computer nach dem Einschalten einen Selbsttest durchführen und das Betriebssystem laden kann. Auch ist es möglich, einzelne Programme auf ROM-Chips abzulegen, die dann jederzeit aktiviert werden können. Es ist vor allem bei Laptop-Computern sehr vorteilhaft, wenn das benötigte Programm direkt zur Verfügung steht. Die Informationen bleiben nach dem Ausschalten des Computers erhalten.
Sockel für Arbeitsspeicher  	**RAM (Random Access Memory)** Die RAM-Chips werden auch als Arbeitsspeicher oder Hauptspeicher bezeichnet. Im Arbeitsspeicher werden Daten abgelegt, auf die das Steuerwerk direkt sowohl lesend als auch schreibend zugreifen kann. Die Daten in diesen Chips gehen mit dem Ausschalten des Computers verloren, werden also nicht dauerhaft gespeichert. Daher ist eine Abspeicherung der Daten auf einem externen Speicher notwendig. RAM-Bausteine werden in speziellen Steckplätzen auf der Hauptplatine des Personalcomputers eingesetzt. In der Regel kann ein PC nachträglich mit weiterem RAM-Speicher aufgerüstet werden. Dabei ist zu beachten, dass es unterschiedliche RAM-Bausteine auf dem Markt gibt. **Cache** Der Cache (2. Level Cache) dient dem schnellen Datenaustausch auf dem Motherboard. Häufig benutzte Daten werden zwischengespeichert und stehen daher schneller zur Verfügung.

1.4.5   Sockel und Slots

	Als Sockel bezeichnet man die Fassungen für Chips. Der Prozessor eines Computers wird in der Regel in einen Sockel eingesteckt. Daher ist es unter Umständen möglich, den Computer später mit einem leistungsfähigeren Prozessor auszustatten. Oftmals sind die Sockel jedoch nicht in der Lage einen verbesserten Prozessor aufzunehmen, da die Größe des Prozessors sich geändert hat. Für Pentium II Motherboards gibt es einen so genannten Slot, in den man den Prozessor einstecken kann.

1.4.6   Chipsatz für die Steuerung des Motherboards

Chipsatz 	Die Steuerung des Motherboards wird über einen Chipsatz vorgenommen. Die einzelnen Komponenten des Motherboards werden miteinander verknüpft, so dass ein vernünftiges Arbeiten des Computers ermöglicht wird.

1.4.7   Schnittstellen

Die Verbindung zu den Peripheriegeräten (Drucker usw.) wird über Schnittstellen vorgenommen. Die folgenden Schnittstellen gehören zu einem Personalcomputer:

Schnittstellen	Serielle Schnittstelle
Innen auf dem Motherboard	Bei der seriellen Schnittstelle werden die einzelnen Bits (siehe Punkt Bit usw.) einzeln nacheinander übertragen. Dies nennt man auch sequentielle Übertragung. Über die serielle Schnittstelle wird beispielsweise ein Modem zur Datenübertragung angeschlossen.
	Parallele Schnittstelle (Centronics-Schnittstelle)
	Jeweils eine Bitgruppe (1 Byte = 8 Bit) wird übertragen. Dadurch steigt die Geschwindigkeit der Datenübertragung. Die parallele Schnittstelle wird in der Regel für den Druckeranschluss genutzt.
	USB (Universal Serial Bus)
	Der Universal Serial Bus ist ein modernes Bussystem, das alle bisherigen Anschlüsse für Drucker, Maus, Tastatur, Monitor usw. vereint.

1.4.8   Controller

Ein Controller ist ein spezieller Prozessor auf dem Motherboard, der bestimmte Aufgaben für den Prozessor (CPU) des Computers erfüllt.

DMA-Controller	Der DMA-Controller (direkt memory access) auf dem Motherboard ist für den Austausch von großen Datenmengen zwischen dem Hauptspeicher und den angeschlossenen Peripheriegeräten (Festplatte usw.) zuständig.
Interrupt-Controller	Der Interrupt-Controller regelt, welche Aufgabe für die einzelnen Peripheriegeräte wann erledigt wird. Der Prozessor (CPU) unterbricht unter Umständen seine bisherige Tätigkeit und wendet sich zwischenzeitlich einer anderen Aufgabe zu. Danach wird die ursprüngliche Aufgabe fortgeführt.

Als Controller werden auch Erweiterungskarten bezeichnet, die in Steckplätzen eingesteckt werden. Sie sind notwendig, um Festplatten, CD-ROM-Laufwerke usw. anzuschließen.

Floppy-Controller Festplatten-Controllerusw.	Die Controller sind notwendig, um das jeweilige Peripheriegerät anschließen zu können. Es handelt sich dabei meistens um IDE-Controller (integrated drive electronics), die den wesentlichen Teil der Steuerelektronik direkt im jeweiligen Gerät eingebaut haben. Daher ist der Anschluss der Geräte in der Regel einfach und kostengünstig. IDE-Controller befinden sich auf dem Motherboard.
SCSI-Controller	An einem SCSI-Controller (Small Computer System Interface) lassen sich eine ganze Anzahl von Geräten gleichzeitig anschließen, also z. B. mehrere Festplatten und ein Scanner.

1.4.9   Steckplätze

PCI-Steckplatz	In Steckplätzen können verschiedene Karten eingesteckt werden, die z. B. den Anschluss von Grafikkarten für die Ansteuerung eines Monitors durch den Computer an den Personalcomputer erlauben.
ISA-Steckplatz	Die ISA-Steckplätze werden vor allem für den Anschluss von Scannern und Soundkarten genutzt.

1.4.10   Bussystem

Personalcomputer sind modular aufgebaut, das bedeutet, dass der Aufbau des Computers aus einzelnen, in der Regel voneinander relativ unabhängigen und klar voneinander getrennten Komponenten besteht. Die einzelnen Komponenten bestehen meist aus Chips, z. B. für die Ansteuerung eines Bildschirmes oder für die Ansteuerung von Peripheriegeräten wie Festplatten. Die Verbindung zwischen allen Elementen des Motherboards wie Prozessor, Arbeitsspeicher, Controller und Grafikkarte wird über das Bussystem hergestellt.

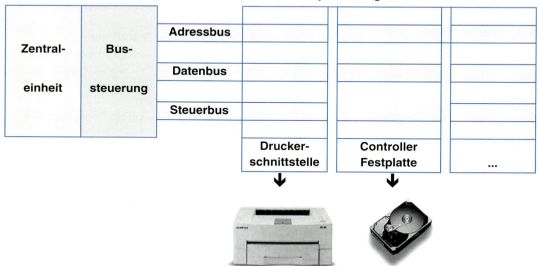

Die Aufgaben der einzelnen Busse lassen sich wie folgt beschreiben:

Steuerbus	Der Steuerbus überträgt Informationen vom Steuerwerk an die anderen Hardwarebestandteile des Computersystems. Durch die Übermittlung der Steuerbefehle wird die Funktionsfähigkeit des Computers gewährleistet.
Adressbus	Über den Adressbus wird die Speicherverwaltung des Computers abgewickelt. Jeder einzelnen Speicherzelle wird eine Adresse zugewiesen. In diesen Speicherzellen können dann Informationen abgelegt werden.
Datenbus	Leitungsbahnen, die Daten zwischen den einzelnen Komponenten des Computersystems übertragen, werden als Datenbus bezeichnet.

Auf dem Motherboard sind bei Personalcomputern die folgenden Bussysteme möglich:

PCI-Bus	Der PCI-Bus (peripheral component interconnect) ist das für Computer der Pentium-Klasse benutzte Bussystem. Es ist ein so genanntes 32-bit-System und erlaubt hohe Datenübertragungsraten.
VESA-Localbus	Der VESA-Localbus wurde von der VESA (Video Elektronics Standard Association) definiert und ist hauptsächlich in 486er-Systemen eingebaut. Das Bussystem wurde hauptsächlich für den Einsatz von Grafikkarten entwickelt.
ISA-Bus	Der ISA-Bus (Industry Standard Architecture) wird heutzutage nur noch für langsame Karten wie Soundkarten und Modems benutzt.
AGP-Port	Der AGP-Port (Accelerated Grafics Port) ist ein moderner Bus zur schnellen Datenübertragung zwischen Prozessor und Grafikkarte.

1.5 Eingabegeräte

1.5.1 Begriff

Eingabegeräte sind einfunktionale Geräte, das bedeutet, sie haben nur die Möglichkeit bzw. Aufgabe, zur Eingabe von Daten genutzt zu werden. Die Tastatur ist das wichtigste Eingabegerät beim Computer. Zur Erleichterung der Datenerfassung werden jedoch heute zunehmend andere Geräte eingesetzt. Damit ist es beispielsweise möglich, Bilder, Grafiken und Texte automatisch einzulesen.

1.5.2 Tastatur

Tastatur 	Texte werden über die Tastatur in den Computer eingegeben. Die eingegebenen Zeichen werden sofort auf dem Bildschirm angezeigt.
	Die Tastatur besteht aus dem alphanumerischen Tastenfeld, welches im Wesentlichen der Schreibmaschinentastatur entspricht, den Funktionstasten (F1 bis F12), die in Programmen mit speziellen Funktionen versehen werden, dem Cursorblock mit speziellen Möglichkeiten wie das Entfernen oder Einfügen von Zeichen und dem numerischen Tastenfeld, welches die Eingabe von Zahlen erleichtert.
	Neben den Zeichen, die auf einer Schreibmaschinentastatur vorhanden sind, gibt es Sonderzeichen.
	Zusätzlich zu den normalen Schreibmaschinentasten gibt es die Sondertasten wie die Tasten [Strg] und [Alt]. Sie werden in Verbindung mit anderen Tasten in Programmen für bestimmte Aufgaben genutzt. So führt beispielsweise die Tastenkombination [Strg] und [S] in vielen Programmen zur Abspeicherung der Ergebnisse. Auf modernen Tastaturen befindet sich eine spezielle Win-Taste, die unter Windows 95 genutzt werden kann.

1.5.3 Maus

Maus 	Die Bedienung von Programmen wird durch den Einsatz der Maus wesentlich vereinfacht. Bewegungen, die mit der Maus ausgeführt werden, werden auf den Bildschirm übertragen. Zumeist wird die Maus mit einem Symbol - dem Mauspfeil - auf dem Bildschirm dargestellt.
	Die Arbeit mit einer grafischen Benutzeroberfläche, z. B. Windows, ist ohne die Nutzung der Maus nicht sinnvoll. Mit der linken Maustaste werden z. B. durch Anklicken Programme ausgewählt oder Menüpunkte in Programmen ausgewählt. Eine weitere Möglichkeit ist in professionellen Programmen das Anklicken von Symbolen. Dadurch werden bestimmte Aufgaben in Programmen erfüllt, z. B. das Abspeichern (🖫) von Ergebnissen. Mit der rechten Maustaste wird in verschiedenen Programmen das so genannte Kontextmenü aufgerufen, das alle zurzeit zur Verfügung stehenden Befehle anzeigt.

1.5.4 Trackball

Trackball	Der Trackball arbeitet nach dem Prinzip der Maus. Er ist oft auf tragbaren Computern angebracht. Eine Kugel auf dem Notebook wird so bewegt, dass die Bewegungen auf den Bildschirm übertragen werden.

1.5.5   Scanner

Scanner 	Optische Abtaster (Scanner) vereinfachen die Eingabe von Daten erheblich. Eine Bild- oder Textvorlage wird abgetastet und als so genannte Pixelgrafik eingelesen. Die Pixelgrafik besteht aus einzelnen Punkten, die zusammengesetzt das Bild ergeben.
	Die Pixelgrafiken der Texte werden durch OCR-Programme (Optical Charakter Recognition) in Texte umgewandelt, die dann mit einem Textverarbeitungsprogramm weiterverarbeitet werden können.
	Flachbettscanner und Handscanner unterscheiden sich von der Bauart. Die Flachbettscanner sind in der Lage, größere Vorlagen (DIN A4) einzulesen und eignen sich daher für den professionellen Einsatz zur Bild- und Texterfassung. Handscanner hingegen sind für den privaten Einsatz geeignet und können größere Dokumente nur in Streifen einlesen.

1.5.6   Barcodeleser

Barcodeleser **Barcodescanner** **EAN-Strichcode** 	Zahlenwerte können als eine Reihe von verschieden breiten Strichen mit variablen Abständen angegeben werden und von Barcodescannern, die mit einer Rechneranlage verbunden sind, gelesen werden.
	Barcodes findet man beispielsweise auf Verpackungen von Waren. Als EAN-Strichcode wird die Darstellung der Europa-Artikel-Nummer (EAN) bezeichnet. Er besteht aus einer Länder-Kennziffer, einer Firmenkennziffer, einer Artikelkennziffer und einer Prüfziffer.
	Die ersten zwei Ziffern (in diesem Fall 97) bezeichnen das Land, die nächsten Ziffern (83893) sind Firmenkennziffern, danach folgt die Artikelkennziffer (19670) und die Prüfziffer (8).

1.5.7   Weitere Eingabegeräte

Weitere, jedoch nicht sehr verbreitete Dateneingabegeräte, werden nachfolgend kurz beschrieben:

Lightpen	Mit einem Lightpen (Lichtgriffel) kann der Anwender direkt auf eine bestimmte Stelle des Bildschirms zeigen und damit z. B. einen Befehl auslösen. Über Sensoren werden die Werte der Signale (wohin der Lightpen auf dem Bildschirm deutet) an den Computer übertragen.
Grafiktablett	Grafiktabletts, auch Digitalisiertablett genannt, sind elektronische Zeichentafeln, von denen die Informationen in den Computer übertragen werden. Sie werden u. a. bei technischen Zeichnungen eingesetzt, da sie eine genauere Dateneingabe als mit der Maus ermöglichen.
Joystick	Mit einem Joystick kann man den Cursor in alle Richtungen bewegen und damit die Ausführung von Programmen beeinflussen. Joysticks werden vor allem bei Computerspielen eingesetzt.

1.6 Ausgabegeräte

1.6.1 Begriff

Ausgabegeräte sind ebenfalls einfunktional und geben Daten aus. Je nach dem damit verbundenen Zweck werden die Daten vorübergehend auf dem Bildschirm oder dauerhaft z. B. auf Papier ausgegeben.

1.6.2 Bildschirm

| **Bildschirm und Grafikkarten**
 | Der Bildschirm gibt erfasste und verarbeitete Daten aus. In Verbindung mit der Tastatur wird er auch als Dialoggerät bezeichnet, da diese beiden Geräte den direkten Austausch von Informationen erlauben.

Die Qualität der Datenausgabe wird im Wesentlichen von der Beschaffenheit des Monitors und der verwendeten Grafikkarte bestimmt. Grafikkarte und Monitor müssen entsprechend kompatibel, also aufeinander abgestimmt sein. Mit der Grafikkarte wird der Monitor angesteuert.

Der Standard der Grafikkarten ist seit einigen Jahren die SVGA-Grafikkarte (Super Video Grafics Array). Die Karte kann im so genannten Textmodus oder Grafikmodus betrieben werden. An Bedeutung gewinnen zunehmend 3D-Grafikkarten, die eine schnellere dreidimensionale Darstellung auf dem Bildschirm ermöglichen.

Unter der Benutzeroberfläche Windows wird grundsätzlich der Grafikmodus benutzt. Die Bildpunkte auf dem Bildschirm können einzeln angesteuert werden. Dabei hängt die Schärfe der Darstellung von der gewählten Auflösung ab. Die SVGA-Karte erlaubt in der Regel die Darstellung von 640 x 400, 800 x 600 und 1024 x 768 Bildpunkten. Je höher die Auflösung, desto genauer werden Grafiken auf dem Bildschirm dargestellt. Außerdem können bei einer höheren Auflösung mehr Zeichen (Buchstaben usw.) nebeneinander dargestellt werden, die einzelnen Zeichen werden jedoch dabei immer kleiner. Alle Zeichen, also auch die Buchstaben und Zahlen, werden im Grafikmodus als Grafiken behandelt.

Im Textmodus können 80 x 25 Zeichen auf dem Bildschirm angezeigt werden. Diese Möglichkeit wird genutzt, wenn der Rechner nicht unter einer Benutzeroberfläche wie etwa Windows arbeitet. |

1.6.3 Drucker

Impact-Drucker und Non-Impact-Drucker

Alle Drucker, die mechanisch auf das Papier (z. B. Nadeldrucker) einwirken und damit Durchschläge erstellen können, nennt man Impact-Drucker (Anschlagdrucker).

Drucker, die keine Durchschläge erstellen können, gehören zur Gruppe der Non-Impact-Drucker (anschlagfreie Drucker). Zu dieser Druckergattung gehören die Tintenstrahl- und die Laserdrucker.

Matrixdrucker

Als Matrixdrucker werden alle Drucker bezeichnet, bei denen die einzelnen Buchstaben, Zahlen und Zeichen aus einzelnen Punkten zu einer Zeichenmatrix zusammengesetzt werden. Zu diesen Druckern gehören die Nadel-, die Tintenstrahl- und die Thermodrucker.

Nadeldrucker

Beim Nadeldrucker sind im Druckkopf senkrecht angeordnete Stahlnadeln untergebracht. Einzelne Nadeln werden jeweils, falls es das zu druckende Zeichen erfordert, auf das Papier gehämmert und verursachen einen kleinen schwarzen Punkt. Die Punkte zusammen ergeben das gewünschte Zeichen bzw. ergeben eine Grafik, ein Bild usw. Da Nadeldrucker recht laut sind und im Gegensatz etwa zum Laserdrucker bei der Arbeit unter der Benutzeroberfläche Windows relativ langsam sind, ist ihre Bedeutung in der letzten Jahren zurückgegangen.

Laserdrucker

Die Druckergebnisse werden nicht zeichenweise, sondern seitenweise ausgegeben. Die Funktionsweise des Laserdruckers gleicht der eines Fotokopierers. Der Laserdrucker, der eigentlich ein eigenständiger Druckcomputer ist, baut die gesamte Seite im eigenen Speicher auf und gibt sie aus. Laserdrucker haben ein ausgezeichnetes Druckbild für Text und Grafiken und sind im Verhältnis zu anderen Druckern sehr schnell. Laserdrucker sind in der Lage, neben Papier auch Folien zu bedrucken. In der Regel können sie zwischen vier und zehn Seiten pro Minute ausgeben.

Die Kosten des Laserdruckers sind dafür mit ca. fünf Pfennig pro Seite recht hoch. Der Preis des Laserdruckers ist in den letzten Jahren so weit gefallen, dass dieser Drucker zunehmend andere Drucker verdrängt. Der Preis für Farblaserdrucker und die Ausgabe von farbigen Drucken ist noch sehr hoch.

Tintenstrahldrucker

Beim Tintenstrahldrucker werden die einzelnen Punkte durch einen Tintenstrahl, der durch feine Düsen gespritzt wird, erzeugt.

Tintenstrahldrucker haben in den letzten Jahren gewaltig an Bedeutung gewonnen, da sie sich gerade auch für Farbdarstellungen ausgezeichnet eignen. Allerdings ist die Farbdarstellung recht teuer. Für besonders gute Ausdrucke wird Spezialpapier benötigt. Tintenstrahldrucker sind normalerweise in der Lage, auch Folien zu bedrucken.

Thermodrucker und Thermotransferdrucker

Thermodrucker, die ein wärmeempfindliches Spezialpapier benötigen, das durch kleine, auf dem Druckkopf angebrachte Heizelemente punktweise aufgeheizt wird und dadurch nach dem Matrixverfahren Zeichen erzeugen, spielen als Computerdrucker keine große Rolle, werden vorwiegend als Faxgeräte genutzt. Bei den Thermotransferdruckern, die kein Spezialpapier benötigen, wird nicht das Papier erhitzt, sondern eine wärmeempfindliche Schicht auf dem Farbband. Die Zeichen werden vom Farbband auf das Papier übertragen.

1.6.4 Plotter

Plotter	Ein Plotter ist ein Gerät, das zeichnen kann. Beispielsweise werden technische Zeichnungen oder Diagramme durch einen Stift gezeichnet. In das Gerät können beliebige Stifte, Tuschefüller und Faserschreiber eingesetzt werden, die dann nicht einzelne Punkte aneinander reihen, sondern das Ergebnis regelrecht zeichnen. Der Stift, der zeichnet, wird in Richtung der x-Achse und der y-Achse durch eine spezielle Software bewegt. Um farbige Ergebnisse zu erzielen kann der Stift, nachdem er eine bestimmte Linie gezeichnet hat, gegen einen anderen Stift ausgetauscht werden.

1.7 Mehrfunktionale Geräte

Mehrfunktionale Geräte erledigen verschiedene Funktionen. So werden Geräte angeboten, die als Scanner, Faxgerät und Drucker genutzt werden können. Auf Grund des Preises stellen sie eine Alternative zum Kauf der einzelnen Geräte dar.

1.8 Datenkommunikationsgeräte

Die Datenkommunikation bzw. Datenfernübertragung, die eine immer größere Bedeutung erlangt, wird durch die folgenden Geräte bzw. Steckkarten ermöglicht:

| Modem | Durch Datenfernübertragung über das Telefonnetz werden Daten in den Computer eingelesen bzw. auf andere Computer übertragen.

Das Modem ist ein Gerät, welches eine direkte Verbindung des Telefonnetzes mit dem Computer ermöglicht. Ein Modem kann als externes Gerät oder als Steckkarte im Computer angebracht werden. Am häufigsten wird ein Modem als externes Gerät eingesetzt.

Modem ist eine Abkürzung für Modulator/Demodulator. Das Modem wandelt die digitalen Daten eines Computers in hörbare Töne um. Damit können die Töne über die Telefonleitung übertragen werden. Das Modem am Empfängergerät wandelt die Töne wieder in digitale Daten um. |
|---|---|
|  | |
| **ISDN-Karte**
 | Durch einen ISDN-Anschluss (Integrated Services Digital Network) können Daten, Bilder, Texte und sprachliche Mitteilungen in einem einheitlichen Netz übertragen werden. Die Übertragung ist wesentlich schneller als bei einem Modem und zudem sicherer. Umwandlungen der Daten wie beim Modem sind nicht notwendig.

Die ISDN-Karte wird in einen Steckplatz auf dem Motherboard eingesetzt und ermöglicht die Verbindung zum ISDN-Netz der Deutschen Telekom. |

1.9   Multimediageräte

Unter dem Begriff „Multimedia" versteht man in der Regel das Zusammenspiel von Tönen, Videosequenzen, Texten und Grafiken.

Die wesentliche Voraussetzung, multimediale Anwendungen auf einem Personalcomputer einzusetzen, ist der Einbau einer Soundkarte. Darüber hinaus werden Lexika und andere multimediale Anwendungen oftmals auf CD-ROM´s angeboten, so dass als externe Datenspeicher ein CD-ROM-Laufwerk vorhanden sein muss.

Soundkarte **(Lautsprecherboxen)**	Mit einer Soundkarte können Klänge und Musik abgespielt und aufgenommen werden. Die Karte wird in einen Steckplatz auf dem Motherboard gesteckt. An einer Soundkarte kann ein Mikrofon, eine Stereoanlage und/oder ein CD-ROM-Laufwerk angeschlossen werden. Normalerweise werden für die Tonausgabe kleinere Lautsprecher mit dem Computer verbunden. Die Ausgabe von Tönen erweitert die Möglichkeiten des Personalcomputers. Lernprogramme, Spiele, Lexika usw. werden durch die Soundkarte interessanter und effektiver.
3D-Karten	3D-Karten sorgen für eine dreidimensionale Ausgabe von Daten. Sie unterstützen die Grafikkarten vor allem bei Multimediaanwendungen.
Digitale Kamera	Mit digitalen Kameras werden Fotos aufgenommen, die direkt auf einem Datenspeicher abgelegt werden. Später können diese Fotos in Texte usw. integriert werden. Die digitalen Kameras können auch als Eingabegeräte bezeichnet werden. Jedoch ist ihre Bedeutung vor allem im Zusammenhang mit multimedialen Anwendungen zu sehen.

1.10   Externe Speicher

1.10.1   Möglichkeiten der Datenspeicherung

Während Daten im Hauptspeicher nach dem Ausstellen eines Computers verloren sind, können Daten auf externen Speichern dauerhaft gesichert werden.

Daten können dabei unterschiedlich abgelegt und bearbeitet werden, je nachdem, welcher Datenträger benutzt wird. Die folgende Übersicht gibt die Möglichkeiten der Datenspeicherung an:

sequentiell **(fortlaufend,** **seriell)**	Die einzelnen Datensätze werden hintereinander in einer logischen Reihenfolge, z. B. nach Artikelnummern, abgelegt. Die bearbeiteten Daten können nur in der angeordneten Reihenfolge (seriell) bearbeitet werden.
index- **sequentiell**	Über eine Liste, die die Kernbegriffe (z. B Artikelnummer) einer gespeicherten Datei enthält, wird der Zugriff auf einzelne Datensätze erleichtert. Mit dem Kernbegriff ist ein Hinweis verbunden, wo sich der gesamte Datensatz auf dem Datenträger befindet. Sortierungen und andere Dateioperationen erfolgen anhand des Kernbegriffs.
gestreut **(wahlfrei,** **direkt)**	Die Reihenfolge der gespeicherten Datensätze ist in gestreut organisierten Dateien beliebig. Die Adresse, wo der Datensatz auf dem Datenträger zu finden ist, wird in einer separaten Datei festgelegt.

1.10.2 Speichermedien und -geräte

Die Speicherung von immer größeren Datenmengen wird auf verschiedenen Speichermedien vorgenommen. Diese Speicher können teilweise einmal (CD-R) oder mehrmals beschrieben (Festplatte usw.) oder nur gelesen werden (CD-ROM).

Festplatte 	Die Festplatte, auch als Magnetplatte bezeichnet, ist der wichtigste externe Datenträger. Auf Festplatten lassen sich große Datenmengen (Festplatten über einem Gigabyte sind heute üblich) speichern. Mehrere übereinander liegende magnetisierte Aluminiumscheiben können über Schreib-/Leseköpfe Daten auf die Festplatte schreiben bzw. Daten von der Festplatte lesen. Die Daten werden auf der Festplatte gestreut (wahlfrei, direkt) abgelegt.
Diskette **Diskettenlaufwerk** 	Ein Diskettenlaufwerk gehört zur Standardausrüstung eines Computersystems. In das Laufwerk werden Disketten zum Lesen und Schreiben von Daten eingelegt. Über einen Schreib-/Lesekopf werden die Daten von der Diskette gelesen bzw. auf die Diskette geschrieben. Eine Diskette besteht aus einer flexiblen, magnetisierbaren Scheibe, die in eine Hülle gepackt ist. Die heute genutzte Diskette hat einen Durchmesser von 3,5 Zoll und kann 1,44 Mbyte, also ca. 1,4 Millionen Zeichen gestreut (wahlfrei, direkt) aufnehmen. Über einen kleinen Schreibschutzschalter kann verhindert werden, dass die Diskette beschrieben werden kann und damit eventuell benötigte Daten überschrieben werden. Eine Diskette wird in ringförmige Spuren und Sektoren (bei der 3,5-Zoll-Diskette 80 Spuren und 9 Sektoren) durch das so genannte Formatieren eingeteilt.
LS120 **LS120-Laufwerk**	Die LS120-Diskette speichert 120 MB Daten. Der Vorteil der relativ neuen Diskette ist, dass das dazugehörende LS120-Diskettenlaufwerk auch herkömmliche 3,5-Zoll-Disketten lesen und beschreiben kann.
Magnetband **Magnetband-speicher** **Streamer** 	Das Magnetband war lange der wichtigste Massenspeicher. Wie bei einer Musikkassette läuft das Band an einem Schreib-/Lesekopf vorbei, der das Band berührt. Sollen Daten gelesen werden, die z. B. in der Mitte des Bandes abgelegt wurden, so muss das Band zunächst vorgespult werden. Für Personalcomputer spielen Magnetbänder in der Datensicherung eine große Rolle. Die Daten von Festplatten werden sequentiell (fortlaufend) auf ein Magnetband übertragen, damit sie beim Ausfall einer Festplatte jederzeit wieder zur Verfügung gestellt werden können. Ebenfalls können damit Datenbestände, etwa alle Daten am Ende eines Jahres, festgehalten werden. Das Bandlaufwerk eines Personalcomputers bezeichnet man als Streamer.
MO-Wechselplatten (MO-Laufwerke)	Datenträger, die in magnetisch-optischer Form beschrieben werden, bezeichnet man als MO-Wechselplatten. Durch das Wechseln der Datenträger können große Datenmengen gespeichert werden (bis 2,6 Gigabyte). Die Datenträger sind durch eine Kombination von Laser- und Magnettechnik extrem sicher.

CD-ROM-Laufwerk 	Eine CD (Compact-Disk) oder CD-ROM (Compact-Disk - Read Only Memory) fasst die enorme Datenmenge von bis zu 650 Megabyte. Die CD wird durch einen Laserstrahl berührungslos und völlig verschleißfrei im CD-ROM-Laufwerk gelesen. Ein Beschreiben ist nicht möglich. Durch eine ständige Erhöhung der Geschwindigkeit (Drehgeschwindigkeit der CD) sind mittlerweile hervorragende Datenübertragungsraten von der CD in den Computer möglich, so dass Videosequenzen, Tondokumente usw. problemlos auf dem Bildschirm angezeigt bzw. über Lautsprecher ausgegeben werden können.
CD-R **CD-R-Laufwerk** 	Als CD-R (Compakt Disc Recordable) werden optische Massenspeicher bezeichnet, die einmal beschrieben werden können und dann wie eine normale CD gelesen werden. Gerade für das Sichern von Daten ist das Beschreiben einer CD eine gute Möglichkeit. Auch das Anlegen einer Sicherheitskopie von einer CD-ROM ist ein wichtiges Argument für die Anschaffung eines CD-R-Laufwerkes.
CD-RW **CD-RW-Laufwerk** 	CD-RW (CD-ReWritable) sind Massenspeicher, die bis zu 1.000-mal beschrieben werden können. Daher kann die CD als normaler Massenspeicher benutzt werden. Es ist jedoch zu beachten, dass die Datenträger nicht von allen CD-Laufwerken gelesen werden können. Die Laufwerke müssen multireadfähig sein und eine 32fache Lesegeschwindigkeit haben.
DVD **DVD-Laufwerk** 	Die DVD (Digital Versatile Disk) erfasst Datenmengen von mehreren Gigabyte. Auf Grund der großen Datenmenge können große Lexika oder ganze Spielfilme auf dem Medium abgelegt werden. Die Datenmenge, die auf einer DVD-Scheibe abgelegt werden kann, ist noch nicht einheitlich geregelt. In der Entwicklung sind einmal oder mehrmals beschreibbare Datenträger. Dies ermöglicht die Sicherung des Inhaltes ganzer Festplatten auf einem Datenträger.
ZIP-Medium **(ZIP-Laufwerke)**  	Das ZIP-Laufwerk nimmt Daten, vergleichbar mit einer Diskette, auf. Das ZIP-Medium ist jedoch in der Lage, 100 Megabyte Daten zu speichern. Außerdem ist der Datenaustausch ca. 5-mal schneller als bei einem Diskettenlaufwerk. Das Laufwerk wird in der Regel über die parallele Schnittstelle angeschlossen. Am Laufwerk wird dann der Drucker angeschlossen, so dass sowohl das ZIP-Laufwerk als auch der Drucker problemlos arbeiten können. Ist in dem Computer ein SCSI-Controller vorhanden, kann das Laufwerk auch über eine SCSI-Schnittstelle angeschlossen werden. Das ZIP-Laufwerk eignet sich hervorragend zur Datensicherung. Auf dem Datenträger werden die Texte, Tabellen usw. abgelegt und können bei Bedarf wieder auf Festplatten usw. zurückkopiert werden.

Aufgaben:

1. Geben Sie an, was man unter den Begriffen
   a) Hardware,
   b) Software
   versteht?

2. Nennen und beschreiben Sie kurz die wichtigsten Eingabegeräte eines Personalcomputers!

3. Was versteht man unter einem Tower und unter einem Desktop?

4. Erklären Sie den Begriff „Steuerwerk"! Geben Sie genau an, welche Funktion das Steuerwerk hat.

5. Geben Sie an, was man unter der Taktfrequenz versteht! Welche Bedeutung hat die Taktfrequenz für die Arbeit mit dem Computer.

6. Was ist ein Sockel und welche Funktion hat er?

7. Welche Aufgaben erfüllen Schnittstellen?

8. Erklären Sie die Begriffe RAM und ROM!

9. Was ist ein Controller?

10. Welche Aufgaben erfüllt das Bussystem eines Personalcomputers?

11. Welche Aufgabe hat ein Steuerbus?

12. Nennen Sie drei Ausgabegeräte!

13. Welche Aufgaben erfüllen die folgenden Geräte:
    a) Drucker,
    b) Scanner,
    c) Plotter,
    d) Modem,
    e) ISDN-Karte,
    f) Soundkarte,
    g) Barcodeleser,
    h) Bildschirm?

14. Geben Sie bei den in Aufgabe 13 genannten Geräten an, ob es sich um Eingabe-, Ausgabe-, Datenkommunikations- oder Multimediageräte handelt!

15. Erklären Sie die Aufgaben der folgenden Datenträger und vergleichen Sie die speziellen Einsatzmöglichkeiten und Speicherkapazität der Datenträger.
    a) Streamer,
    b) Diskettenlaufwerk,
    c) Festplatte,
    d) CD-ROM?

16. Die Grafikkarte in einem Computer hat eine spezielle Funktion in einem Computersystem. Erklären Sie diese Funktion!

17. Wovon hängt die Leistungsfähigkeit des Prozessors eines Personalcomputers ab? Erklären Sie kurz die Begriffe!

1.11   Grundlagen interner Informationsdarstellung

1.11.1   Vorbemerkungen

Wie im Bereich Hardware beschrieben, werden Speicherkapazitäten in Kilobyte, MByte usw. angegeben. Daher sollen nun die Grundlagen der Darstellung von Daten durch einen Computer erklärt werden.

Der Computer ist nicht in der Lage, Buchstaben, Zahlen usw. ohne Umwege darzustellen, sondern jedes einzelne Zeichen muss durch einen Zahlencode beschrieben werden. Erst die Zusammenstellung einer bestimmten Kombination in verschiedenen Speicherstellen führt zu einer genau festgelegten Darstellung auf dem Bildschirm bzw. später auf dem Drucker. Daten, die z. B. über die Tastatur eingegeben werden, müssen vom Computer zunächst in den Zahlencode umgerechnet werden. Diese Zahlencodes wurden größtenteils festgelegt, etwa bestimmt der ASCII-Code (American Standard Code for Information Interchange), dass ein bestimmter Zahlencode den Buchstaben A usw. bedeutet. Die Zahlencodes werden in einem Speicher vorübergehend (RAM-Speicher) oder dauernd (z. B. Festplatte oder Diskette) abgelegt. Bei der Ausgabe auf dem Bildschirm wird der Zahlencode wiederum umgerechnet und als eingegebenes Zeichen auf dem Monitor angezeigt.

1.11.2   Dualsystem (Binärsystem)

Die Grundlage der alltäglichen Darstellung von Zahlen ist das Zehner- oder Dezimalsystem, welches mit den Zahlen 0 bis 9 arbeitet. Der Computer arbeitet jedoch mit dem Dualsystem (Binärsystem). Beim binären oder dualen Zahlensystem sind jeweils nur zwei physikalische Zustände möglich (0 - 1, Strom vorhanden, Strom nicht vorhanden, geladen - ungeladen, magnetisiert - unmagnetisiert). Aus einer bestimmten Kombination dieser Zustände können letztendlich Zeichen dargestellt werden.

1.11.3   Bit und Byte

Ein Bit (binäry digit, binäre Ziffer) ist die kleinste Speichereinheit einer Datenverarbeitungsanlage. Das Bit kann nur die Werte 0 oder 1 (geladen - ungeladen) enthalten. Zeichen wie Buchstaben, Ziffern usw. können in einem Bit nicht dargestellt werden.

Beim Begriff Byte handelt es sich um ein Kunstwort, das aus dem Wort Bit abgeleitet wurde. Ein Byte ist die kleinste adressierbare Speichereinheit eines Computers, es kann also einzelne Zeichen enthalten.

Grundsätzlich besteht ein Byte aus 8 Bits. Innerhalb des Bytes wird jedem einzelnen Bit ein unterschiedlicher Stellenwert gegeben. Dabei hat das letzte Bit auf der rechten Seite den geringsten und das äußerste Bit auf der linken Seite den höchsten Stellenwert. Der Stellenwert fängt dabei beim Wert 1 an und verdoppelt sich jeweils, bis der höchste Wert 128 erreicht ist. Es handelt sich dabei um die Potenzen des Wertes 2.

Stelle (Bit)	8	7	6	5	4	3	2	1
Potenzen	2^7	2^6	2^5	2^4	2^3	2^2	2^1	2^0
Stellenwert	128	64	32	16	8	4	2	1

Soll beispielsweise die Dezimalzahl 3 in eine binäre (duale) Zahl umgewandelt werden, so ergibt sich die Zahl 0000 0011. Die Erklärung ist relativ einfach. In der Zahl 3 sind die Zahlen (Stellenwerte) 2 und 1 enthalten, sie werden mit einer 1 angeben. Alle anderen Zahlen (Stellenwerte) sind nicht enthalten und werden daher mit einer 0 angegeben. Anhand von zwei Beispielen soll das Prinzip der Umrechnung von Zahlen verdeutlicht werden.

Beispiel 1: Umwandlung der Dezimalzahl 173 in eine binäre (duale) Zahl

Bei der Umwandlung einer Dezimalzahl in eine binäre Zahl muss jeweils festgestellt werden, ob der jeweilige Wert an einer Stelle noch in der Zahl enthalten ist.

So wird bei der binären Zahl 173 zunächst festgestellt, ob die Zahl 128 in ihr enthalten ist. Ist dies der Fall, wird die Dualzahl an der ersten Stelle mit einer 1 gekennzeichnet und der verbleibende Rest ermittelt, in diesem Fall die Zahl 45. Da die Zahl 64 nicht in der Zahl 45 enthalten ist, wird die Dualzahl an der zweiten Stelle mit einer 0 gekennzeichnet und der Rest wieder vorgetragen. Das Verfahren wird solange fortgesetzt, bis die Dualzahl errechnet worden ist.

Rest der Dezimalzahl	Stelle	Wert	Dualzahl
173	8	128	1
45	7	64	0
45	6	32	1
13	5	16	0
13	4	8	1
5	3	4	1
1	2	2	0
1	1	1	1

In der folgenden Übersicht werden die Stellen (Bits), Potenzen, Werte und die binäre Zahl nochmals dargestellt:

Stelle (Bit)	8	7	6	5	4	3	2	1
Potenzen	2^7	2^6	2^5	2^4	2^3	2^2	2^1	2^0
Wert	128	64	32	16	8	4	2	1
Binäre Zahl	1	0	1	0	1	1	0	1

In der Zahl 173 sind die Zahlen 128, 32, 8, 4 und 1 jeweils einmal enthalten und werden daher mit einer 1 gekennzeichnet.

Beispiel 2: Umwandlung der binären Zahl 01011100 in eine Dezimalzahl

Trägt man die binäre Zahl in die folgende Tabelle ein, so kann man erkennen, welche Werte jeweils durch die binäre Zahl dargestellt werden:

Stelle (Bit)	8	7	6	5	4	3	2	1
Potenzen	2^7	2^6	2^5	2^4	2^3	2^2	2^1	2^0
Wert	128	64	32	16	8	4	2	1
Binäre Zahl	0	1	0	1	1	1	0	0

Die Dezimalzahl ergibt sich durch das Addieren der Zahlen 64, 16, 8 und 4. Die gesuchte Dezimalzahl lautet also 92.

Ist jedes Bit mit dem Wert 1 (Strom vorhanden) versehen, so ergibt sich die Zahl 255. Ist hingegen jedes Bit mit der Zahl 0 (Strom nicht vorhanden) versehen, so wird die Zahl 0 dargestellt. Es können also 256 verschiedene Zustände durch unterschiedliche Bitkombinationen hergestellt werden. In jedem der 256 verschiedenen Zustände können also unterschiedliche Zeichen wie Buchstaben, Zahlen usw. dargestellt werden.

1.11.4 Codes

Für die Darstellung von Zeichen sind verschiedene Standards, auch als Codes (Verschlüsselungsverfahren) bezeichnet, entwickelt worden. Jedem Byte (jeder Bitfolge) wird ein bestimmtes Zeichen zugeordnet. Der einzelne Anwender von Programmen braucht sich um diese Zuordnung allerdings nicht zu kümmern, da dies hard- und softwaremäßig von den jeweiligen Herstellern vorgenommen wurde.

Der bekannteste Code ist der ASCII-Code (American Standard Code for Information Interchange). In diesem Code wird beispielsweise der Bitfolge (Dualzahl) 0100 0001 (Dezimalzahl 65) der Buchstabe A zugeordnet, der Bitfolge 0100 0010 (Dezimalzahl 66) der Buchstabe B. Auf dem Bildschirm wird also bei der Bitfolge 0100 0001 der Buchstabe A angezeigt. Ebenfalls wird bei dieser Bitfolge der Buchstabe A auf dem Drucker ausgegeben.

Ein Zeichen, das in einem Code vorhanden ist, allerdings nicht auf der Tastatur angezeigt wird, kann trotzdem über die Tastatur eingegeben werden. Zunächst muss die Taste das numerische Tastenfeld durch das Drücken der Taste [Num ⇓] aktiviert werden. Dies wird in der Regel durch eine Leuchtanzeige signalisiert. Bei gedrückter Alt-Taste muss die Dezimalzahl des Codes über das numerische Tastenfeld eingegeben werden. Nach Loslassen der Taste wird das Zeichen dargestellt. Allerdings kann es vorkommen, dass einzelne Codes, die zur Steuerung von Programmen dienen, nicht angezeigt werden.

Beim Arbeiten unter der Benutzeroberfläche Windows werden oftmals Codes verwandt, die nicht dem ASCII-Code entsprechen. So stellt die Benutzeroberfläche z. B. Sonderzeichen zur Verfügung, mit deren Hilfe verschiedene Symbole und nicht nur Buchstaben und Zahlen auf dem Bildschirm und auf dem angeschlossenen Drucker ausgegeben werden können.

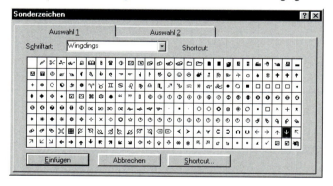

1.11.5 Kilobyte, Megabyte und Gigabyte

Während ein Byte ein Zeichen enthält, werden für größere Bytemengen andere, gängige Bezeichnungen verwandt. So wird der RAM-Speicher normalerweise in Megabyte, die Festplattenkapazität in Gigabyte angegeben.

1 Kilobyte (KB)	1 Megabyte (MB)	1 Gigabyte (GB)
2^{10} Bytes, also 1024 Bytes	2^{20} Bytes, also 1024 Kilobyte (KB)	2^{30} Bytes, also 1024 Megabyte (MB)

Ein Kilobyte besteht also eigentlich nicht genau aus 1.000 Bytes, sondern aus 2^{10} Bytes, also 1024 Bytes. In einem Megabyte können ca. 1.000.000 Textzeichen, das entspricht ca. 400 Seiten eines Buches (keine Grafiken usw.), gespeichert werden.

1.12 Software

1.12.1 Begriff

Unter Software versteht man Programme, die es ermöglichen, mit einem Computer bestimmte Operationen auszuführen. Dabei werden zum einen Programme benötigt, die den Betrieb eines Rechnersystems ermöglichen und zum anderen Programme, die in der Lage sind, spezielle Aufgaben zu erfüllen.

1.12.2 Softwareebenen

Die Hardware eines Computers kann die Bearbeitung von betrieblichen und sonstigen Aufgaben allein nicht gewährleisten. Daher benötigt der Computer Systemsoftware, um Anwendungssoftware wie Finanzbuchhaltungs-, Tabellenkalkulations- oder Textverarbeitungsprogramme zu verarbeiten. Die Systemsoftware bezeichnet man auch als Betriebssystem. Die grundsätzliche Einteilung der Software kann daher folgendermaßen vorgenommen werden:

Software	
Systemsoftware (Betriebssystem)	**Anwendungssoftware**
Zur Systemsoftware gehören Programme, die beim Kauf eines Computers als Betriebssystem mitgeliefert werden. Darüber hinaus werden Programme von Softwareherstellern angeboten, die die Arbeit mit dem Computer erleichtern oder es dem Benutzer erlauben, eigene Hilfen zu erstellen.	Mit Hilfe der Anwendersoftware werden konkrete betriebliche und sonstige Aufgaben gelöst, beispielsweise die Erstellung von Rechnungen oder die Berechnung von betrieblichen Daten und deren Auswertung in Form von Grafiken.

1.12.3 Betriebssystem (Systemsoftware)

Die folgende Übersicht soll die wichtigsten Betriebssysteme kurz beschreiben. Die Arbeit mit Personalcomputern erfolgt im Normalfall unter Windows 95/Windows 98.

MS-DOS	MS-DOS (Microsoft Disk Operating System) ist ein Betriebssystem für einen Einzelplatzrechner. Es ist nicht mehrplatzfähig und verfügt über keine grafische Benutzeroberfläche. Vor allem Branchensoftware ist auch heute noch oft für dieses Betriebssystem geschrieben. Windows kann mit DOS-Programmen zusammenarbeiten.
Windows 95/ Windows 98/ Windows NT	Windows 95 und Windows 98 von Microsoft sind Betriebssysteme, die es erlauben, mit mehreren Programmen gleichzeitig zu arbeiten. Sie enthalten eine grafische Benutzeroberfläche, welche die Steuerung von Programmen mit der Maus erlaubt. Windows NT ist ähnlich aufgebaut, eignet sich jedoch vor allem im Netzwerkbereich und in sicherheitsrelevanten Einsatzbereichen.
OS/2	OS/2 von IBM ist als Konkurrenzprodukt für Windows 95/98/NT konzipiert. Es spielt jedoch nur in gewissen Bereichen der Wirtschaft (Bankenbereich) eine größere Rolle. Im schulischen und im betrieblichen Bereich ist es ansonsten kaum vertreten.

Unix/Linux	Unix ist ein Betriebssystem, das praktisch auf allen Computern, also auch auf Großcomputern eingesetzt werden kann. Es ist auf Mehrplatz- systemen (kleines Datenverarbeitungssystem, welches von mehr als ei- nem Benutzer genutzt werden kann) lauffähig. Das Betriebssystem ist außerdem multiprogrammingfähig (Multitasking-Betriebssystem). Dies bedeutet, dass mehrere Programme gleichzeitig genutzt werden können.
	Linux ist eine Variante von Unix. Es wird oftmals als Betriebssystem für Räume genutzt, die vernetzt sind und an das Internet angeschlossen werden.

1.12.4   Entwicklung des Betriebssystems für Personalcomputer

Das Betriebssystem eines Computers steuert, kontrolliert und überwacht die Arbeit mit dem Computer. Es ermöglicht das Abarbeiten von Programmen, den Zugriff auf Computerkompo- nenten wie Festplatten usw. Das Betriebssystem wird normalerweise beim Kauf eines Com- puters mitgeliefert, da ansonsten ein Betrieb des Computers nicht möglich ist.

Das Betriebssystem MS-DOS (Microsoft - Disk Operating System) der Firma Microsoft domi- nierte in den Anfangsjahren des Personalcomputers. Es stellte Befehle für die Arbeit mit Dis- ketten, Festplatten usw. zur Verfügung. Der Nachteil des Systems lag darin, dass über die Tastatur alle Befehle eingegeben werden mussten.

Microsoft ergänzte das Betriebssystem um die Benutzeroberfläche Windows. Erst diese Be- nutzeroberfläche machte das Arbeiten mit dem Computer komfortabler, da nicht mehr alle Befehle über die Tastatur eingegeben werden mussten, sondern beispielsweise mit der Maus angefahren und angeklickt werden konnten. Bis zur Version Windows 3.11 war die Benutzer- oberfläche Windows kein eigenständiges Betriebssystem, sondern lediglich ein Aufsatz auf das Betriebssystem MS-DOS um die Arbeit am Computer zu erleichtern.

Erst Windows 95 ist ein eigentliches Betriebssystem und gleichzeitig eine Benutzeroberfläche. Es erlaubt Multitasking, d. h., mehrere Programme können gleichzeitig betrieben werden. Windows 95 beruht nicht mehr auf der Grundlage des Betriebssystems MS-DOS, es funktio- niert also ohne das Betriebssystem MS-DOS. Wesentliche Funktionen und Möglichkeiten von Windows 95 werden später beschrieben.

1.12.5   Bestandteile eines Betriebssystems

Die Systemsoftware besteht aus den Steuerprogrammen, den Übersetzungsprogrammen und Dienstprogrammen:

Systemsoftware	
Steuerprogramme	**Dienstprogramme**
Steuerprogramme lenken die Zentraleinheit und die entsprechende Peripherie. Sie bin- den damit alle Bestandteile des Computers in die Arbeit des Computers ein.	Dienstprogramme sind Bestandteile des Be- triebssystems um z. B. • Disketten zu kopieren, • Dateien zu kopieren, • Disketten zu formatieren.

1.12.6 Anwendersoftware

Anwendersoftware wird nach Standard-, Branchen- und Individualsoftware unterschieden. Die Standardsoftware lässt sich in verschiedenen Bereichen einsetzen, die Textverarbeitung kann etwa privat oder in Betrieben genutzt werden. Die Branchensoftware stellt Software für bestimmte Betriebe, z. B. Einzelhandelsunternehmen zur Verfügung. Individualsoftware wird für bestimmte Zwecke programmiert und/oder auf Anforderung des Kunden eines Softwarehauses erstellt.

Anwendersoftware		
Standardsoftware	**Branchensoftware**	**Individualsoftware**
• **Softwaretools** ♦ Textverarbeitung ♦ Tabellenkalkulation ♦ Dateiverarbeitung ♦ Geschäftsgrafik • **Funktionssoftware** ♦ Finanzbuchhaltung ♦ Auftragsbearbeitung ♦ Lohnabrechnung	• **Steuerberater** • **Einzelhandel** • **Großhandel** • **Banken und Sparkassen** • **Handwerkerprogramme** ♦ Bauhandwerk ♦ Klempnerhandwerk	• **Programme, die für einen bestimmten Zweck programmiert werden** ♦ Spiele ♦ Software für ein bestimmtes Projekt

Die Softwaretools werden in diesem Buch ausführlich beschrieben.

1.12.7 Anforderungen an Software

In den Mindestvorschriften zu den Artikeln 4 und 5 der EG-Richtlinie zur Arbeit an Bildschirmgeräten werden zur Software, die in einem Betrieb verwandt wird, Aussagen gemacht.

EG-Richtlinie zur Arbeit an Bildschirmgeräten
Punkt 3. Mensch-Maschine-Schnittstelle
Bei Konzipierung, Auswahl, Erwerb und Änderung von Software sowie bei der Gestaltung von Tätigkeiten, bei denen Bildschirmgeräte zum Einsatz kommen, hat der Arbeitgeber folgenden Faktoren Rechnung zu tragen: a) Die Software muss der auszuführenden Tätigkeit angepasst sein.   b) Die Software muss benutzerfreundlich sein und gegebenenfalls dem Kenntnis- und Erfahrungsstand des Benutzers angepasst werden können. Ohne Wissen des Arbeitnehmers darf keinerlei Vorrichtung zur quantitativen und qualitativen Kontrolle verwendet werden.   c) Die Systeme müssen den Arbeitnehmern Angaben über die jeweiligen Abläufe bieten.   d) Die Systeme müssen die Informationen in einem Format und in einem Tempo anzeigen, das den Benutzern angepasst ist.   e) Die Grundsätze der Ergonomie sind insbesondere auf die Verarbeitung von Informationen durch den Menschen anzuwenden.

Aufgaben:

1. Rechnen Sie die folgenden Zahlen in Dualzahlen um:
   a) 145
   b) 84
   c) 213
   d) 133

2. Rechnen Sie die folgenden Dualzahlen in Dezimalzahlen um:
   a) 0001 0101
   b) 1101 0110
   c) 1100 0011
   d) 0101 1011

3. Im ASCII-Code wird der Buchstabe B mit der Dezimalzahl 66 angegeben. Welche Dualzahl benötigt der Computer um diesen Buchstaben z. B. auf dem Bildschirm anzeigen zu können?

4. Was versteht man unter einem Code? Wozu benötigt man diese Codes?

5. Erklären Sie den Unterschied zwischen Bit und Byte!

6. Erklären Sie die Begriffe Kilobyte, Megabyte und Gigabyte!

7. Wie viel Byte hat ein Gigabyte
   a) umgangssprachlich,
   b) genau berechnet?

8. Wie viel Kilobyte, Megabyte oder Gigabyte sollten die folgenden Komponenten eines Personalcomputers heutzutage haben:
   a) RAM,
   b) Festplatte?

9. In einem Computer ist eine Festplatte mit einer Kapazität von 3,3 Gigabyte eingebaut. Wie viel Byte sind dies?

10. Erklären Sie den Begriff Dualsystem (Binärsystem)!

11. Welche Aufgaben erfüllt das Betriebssystem?

12. Geben Sie stichwortartig an, welche Anforderungen die EG-Richtlinie zur Arbeit an Bildschirmgeräten an die Software stellt.

13. Geben Sie an, was man unter Softwaretools versteht und welche Aufgaben mit den Softwaretools vor allem gelöst werden! Nennen Sie einige Ihnen bekannte Programme, die man als Softwaretools bezeichnen würde.

14. Was versteht man unter dem Begriff Branchensoftware?

15. Das Betriebssystem MS-DOS war bis vor einigen Jahren das vorherrschende Betriebssystem. Es wurde fast vollständig durch Windows abgelöst. Erklären Sie den grundsätzlichen Unterschied zwischen MS-DOS und Windows! Geben Sie außerdem an, weswegen heutzutage kaum noch unter dem Betriebssystem MS-DOS gearbeitet wird!

2 Arbeiten mit Windows 95 und Windows 98

2.1 Aufgaben des Betriebssystems

Das Betriebssystem eines Computers hat verschiedene Funktionen. Die wichtigsten für die tägliche Arbeit mit dem Computer dürften die folgenden sein:

- **Beginn und Ende der Arbeit mit dem Computer**

  Das Betriebssystem versetzt den Computer in die Lage, Arbeiten auszuführen. Daher wird es normalerweise beim Starten des Computers geladen. Es muss ordnungsgemäß beendet werden, damit es nicht zu Datenverlusten kommt.

- **Starten und Beenden von Programmen**

  Der Start und das Beenden eines Programms sind grundsätzlich bei allen Windows-Programmen identisch. Daher werden diese notwendigen Arbeiten am Beispiel des Startens und Beendens der Tabellenkalkulation Excel erklärt.

- **Verwalten von Dateien (Kopieren, Löschen usw.)**

  Sollen Daten auf einen anderen Datenträger übertragen, gelöscht werden usw., so wird dies mit dem Windows-Explorer vorgenommen. Der Windows-Explorer stellt den Bereich zur Verfügung, der als die eigentliche Aufgabe des Betriebssystems bezeichnet werden kann. Er ist im Prinzip wie jedes andere Windows-Programm aufgebaut.

2.2 Arbeiten mit Windows 95/Windows 98

2.2.1 Starten von Windows 95/Windows 98

Mit dem Anstellen des Computer wird die Arbeit mit Windows aufgenommen.

Bearbeitungsschritte:

- Stellen Sie den Computer an. Nach dem Start des Computers wird Windows geladen. Auf dem Desktop (Bildschirm) werden Symbole angezeigt, mit denen sich Programme (z. B. Microsoft Excel) starten bzw. Einstellungen für die Arbeit (z. B. Arbeitsplatz) mit Windows 95/Windows 98 festlegen lassen. Selbstverständlich wird jeder Desktop, je nach den installierten Programmen, anders aussehen.

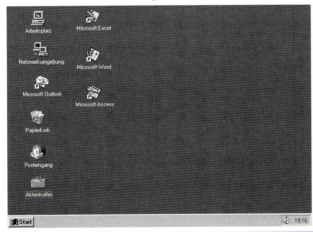

2.2.2   Beenden von Windows 95/Windows 98

Die Arbeit mit dem Betriebssystem Windows muss unbedingt ordnungsgemäß beendet werden. Wird die Arbeit einfach mit dem Ausstellen des Computers beendet, führt dies in der Regel zu Datenverlusten. Unter Umständen kann auch die zukünftige Arbeit mit dem Computer gestört werden.

> **Bearbeitungsschritte:**
>
> - Klicken Sie auf das Symbol **Start** in der Taskleiste. Wählen Sie danach den Bereich **Beenden** mit der Maus aus. Klicken Sie mit der linken Maustaste auf das Wort **Beenden**.
>
>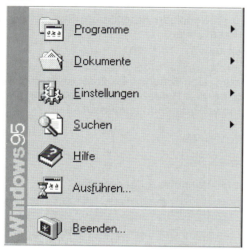
>
> - Nach einer kurzen Zeit wird das folgende Fenster eingeblendet. Die Optionsschaltfläche **Windows herunterfahren** ist aktiviert. Klicken Sie die Schaltfläche **OK** an, um die Arbeit mit dem Computer zu beenden. Soll die Arbeit nicht beendet werden, muss die Schaltfläche **Abbrechen** angeklickt werden.
>
>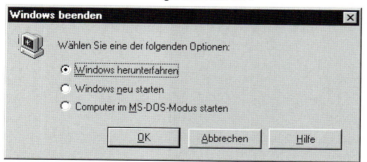
>
> - Die Meldung „**Sie können den Computer jetzt ausschalten**" wird angezeigt. Danach kann der Computer abgestellt werden.

2.3 Starten und Beenden eines Programms

2.3.1 Start eines Programms

Der Start eines Programms kann unterschiedlich, je nach Installation des Programms, erfolgen. Die drei grundsätzlichen Möglichkeiten werden nacheinander angegeben:

Bearbeitungsschritte:

- Das Symbol **Start** 🔲 Start wird mit der linken Maustaste angeklickt, der Menüpunkt **Programme** 🔲 Programme ▶ gewählt und anschließend ein Programm, z. B. die Tabellenkalkulation **EXCEL** 🔲 Microsoft Excel durch Anklicken mit der linken Maustaste gestartet.

- Auf dem Desktop ist ein Symbol für ein Programm abgelegt. Durch einen Doppelklick auf das Symbol wird das Programm gestartet.

- Durch das Anklicken eines Symbols mit der rechten Maustaste wird ein Menü geöffnet. Danach kann der Menüpunkt **Öffnen** gewählt werden.

2.3.2 Beenden eines Programms

Ein Programm muss ordnungsgemäß geschlossen werden, damit keine Daten verloren gehen.

Bearbeitungsschritte:

- Klicken Sie mit der linken Maustaste den Menüpunkt **Datei** an. Ein so genanntes Pull-down-Menü wird aufgeklappt. Wählen Sie den Menüpunkt **Beenden** und klicken Sie ihn mit der linken Maustaste an.

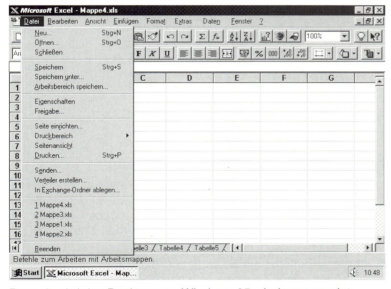

- Danach wird das Desktop von Windows 95 wieder angezeigt.

2.4   Die Arbeit mit dem Explorer

2.4.1   Aufgaben des Windows-Explorers

Der Windows-Explorer führt verschiedene für die tägliche Arbeit mit einem Computer notwendige Tätigkeiten aus. Er ermöglicht unter anderem

• das Anzeigen von Inhalten von Datenträgern und Ordnern (Verzeichnissen),

• Ordner (Verzeichnisse) auf einem Datenträger zu erstellen,

• das Suchen von Dateien,

• Dateien zu löschen, zu kopieren, umzubenennen oder auf einen anderen Datenträger oder in ein anderes Verzeichnis zu verschieben,

• Disketten zu kopieren.

2.4.2   Aufrufen des Windows-Explorers

Der Windows-Explorer wird wie ein normales Programm aufgerufen.

Hinweis: Bei den Betriebssystemen Windows 95 und Windows 98 ist die Arbeit mit dem Explorer identisch. Lediglich die Bildschirmdarstellung unterscheidet sich. In diesem Buch werden Bildschirmausdrucke des Explorers von Windows 95 verwandt. Die einzelnen Tätigkeiten lassen sich jedoch genauso mit Windows 98 durchführen.

Bearbeitungsschritte:

• Wählen Sie über die Schaltfläche **Start** im Bereich **Programme** das Programm **Windows-Explorer** 🔍 Windows-Explorer . Alternativ können Sie die rechte Maustaste betätigen und in dem dann eingeblendetem **Kontextmenü** den Menüpunkt **Explorer** wählen.

• Die Anzeige könnte in etwa so aussehen:

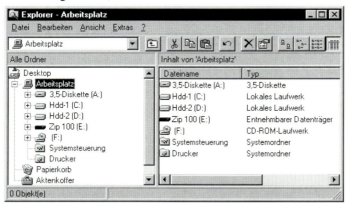

• Die Anzeige zeigt im Bereich **Alle Ordner** die einzelnen Laufwerke wie Festplatten, Diskettenlaufwerke, einen Ordner **Systemsteuerung** usw. Es ist gut möglich, dass auch die Unterverzeichnisse der einzelnen Laufwerke angegeben werden. Im Bereich **Inhalt** (in diesem Fall **Inhalt von Arbeitsplatz**) werden Laufwerke, Ordner (Verzeichnisse) von Festplatten usw. angegeben.

• Bevor die Arbeit mit dem Explorer erklärt wird, soll die Bedeutung der einzelnen Menüpunkte, Symbole usw. eines Fensters in einer Übersicht gezeigt werden. Es empfiehlt sich, gerade das Verkleinern usw. von Fenster auszuprobieren.

2.4.3 Erklärungen zu den Fenstern am Beispiel des Windows-Explorers

Jedes Programm, also Textverarbeitungen, Tabellenkalkulationen, Windows-Explorer usw. sind im Prinzip identisch aufgebaut. Daher werden grundsätzliche Bemerkungen zum Aufbau eines Windows-Programms anhand der Arbeit mit dem Windows-Explorer gemacht, damit nicht bei jedem Programm Erklärungen erfolgen müssen.

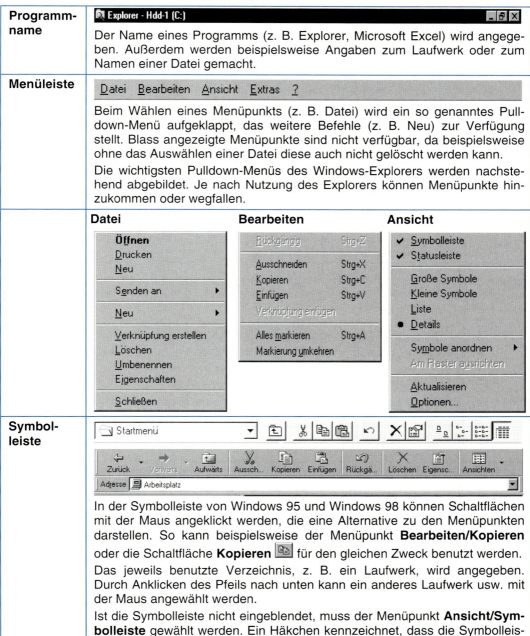

Programm-name	**Explorer - Hdd-1 (C:)**
	Der Name eines Programms (z. B. Explorer, Microsoft Excel) wird angegeben. Außerdem werden beispielsweise Angaben zum Laufwerk oder zum Namen einer Datei gemacht.
Menüleiste	Datei Bearbeiten Ansicht Extras ?
	Beim Wählen eines Menüpunkts (z. B. Datei) wird ein so genanntes Pulldown-Menü aufgeklappt, das weitere Befehle (z. B. Neu) zur Verfügung stellt. Blass angezeigte Menüpunkte sind nicht verfügbar, da beispielsweise ohne das Auswählen einer Datei diese auch nicht gelöscht werden kann.
	Die wichtigsten Pulldown-Menüs des Windows-Explorers werden nachstehend abgebildet. Je nach Nutzung des Explorers können Menüpunkte hinzukommen oder wegfallen.
	Datei **Bearbeiten** **Ansicht**
Symbol-leiste	
	In der Symbolleiste von Windows 95 und Windows 98 können Schaltflächen mit der Maus angeklickt werden, die eine Alternative zu den Menüpunkten darstellen. So kann beispielsweise der Menüpunkt **Bearbeiten/Kopieren** oder die Schaltfläche **Kopieren** 📋 für den gleichen Zweck benutzt werden.
	Das jeweils benutzte Verzeichnis, z. B. ein Laufwerk, wird angegeben. Durch Anklicken des Pfeils nach unten kann ein anderes Laufwerk usw. mit der Maus angewählt werden.
	Ist die Symbolleiste nicht eingeblendet, muss der Menüpunkt **Ansicht/Symbolleiste** gewählt werden. Ein Häkchen kennzeichnet, dass die Symbolleiste eingeblendet ist.

Kontext-menü	Wird ein Eintrag im Windows-Explorer durch das Anklicken mit der Maus markiert, wird der Eintrag dunkel dargestellt. Betätigt man die rechte Maustaste, so wird das so genannte Kontextmenü eingeblendet: 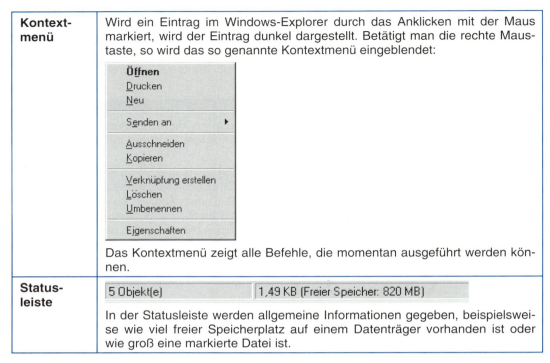
	Das Kontextmenü zeigt alle Befehle, die momentan ausgeführt werden können.
Status-leiste	5 Objekt(e)　　　　1,49 KB (Freier Speicher: 820 MB)
	In der Statusleiste werden allgemeine Informationen gegeben, beispielsweise wie viel freier Speicherplatz auf einem Datenträger vorhanden ist oder wie groß eine markierte Datei ist.

Daneben werden in der **Titelleiste** Schaltflächen angezeigt, die auf die Darstellung eines Windows-Fensters großen Einfluss haben. Außerdem werden in Windows-Fenstern so genannte Bildlaufleisten angezeigt.

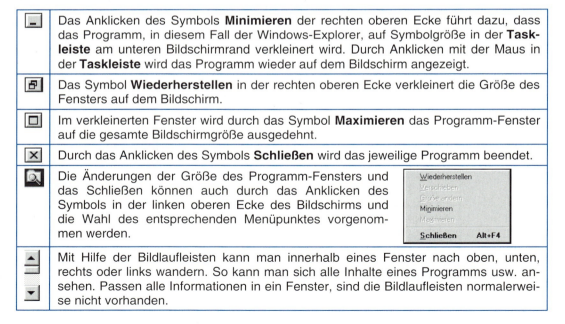

	Das Anklicken des Symbols **Minimieren** der rechten oberen Ecke führt dazu, dass das Programm, in diesem Fall der Windows-Explorer, auf Symbolgröße in der **Taskleiste** am unteren Bildschirmrand verkleinert wird. Durch Anklicken mit der Maus in der **Taskleiste** wird das Programm wieder auf dem Bildschirm angezeigt.
	Das Symbol **Wiederherstellen** in der rechten oberen Ecke verkleinert die Größe des Fensters auf dem Bildschirm.
	Im verkleinerten Fenster wird durch das Symbol **Maximieren** das Programm-Fenster auf die gesamte Bildschirmgröße ausgedehnt.
	Durch das Anklicken des Symbols **Schließen** wird das jeweilige Programm beendet.
	Die Änderungen der Größe des Programm-Fensters und das Schließen können auch durch das Anklicken des Symbols in der linken oberen Ecke des Bildschirms und die Wahl des entsprechenden Menüpunktes vorgenommen werden.
	Mit Hilfe der Bildlaufleisten kann man innerhalb eines Fenster nach oben, unten, rechts oder links wandern. So kann man sich alle Inhalte eines Programms usw. ansehen. Passen alle Informationen in ein Fenster, sind die Bildlaufleisten normalerweise nicht vorhanden.

2.4.4 Darstellung in einem Fenster

Die Bildschirmanzeige eines Programms unter dem Betriebssystem Windows 95 kann sehr unterschiedlich eingestellt sein. Die Darstellung eines Programms ist daher an fremden Rechnern oftmals ungewohnt. Über den Menüpunkt **Ansicht** kann in jedem Programm die gewünschte Ansicht vorgenommen werden.

Bearbeitungsschritte:

- Starten Sie, falls notwendig, den Windows-Explorer. Die Darstellung könnte in etwa so aussehen:

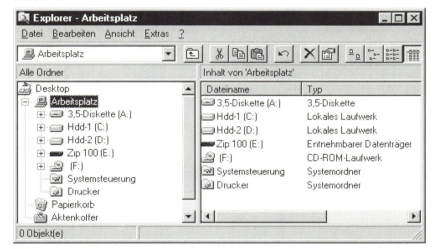

- Wählen Sie den Menüpunkt **Ansicht**.

- Probieren Sie die einzelnen Möglichkeiten durch das Anwählen der Menüpunkte aus. Ein Häkchen sagt beispielsweise aus, dass die Symbolleiste eingeblendet ist. Der Punkt vor Details gibt an, dass detaillierte Angaben im rechten Bereich des Explorers gemacht werden. Sie werden danach in der Lage sein, die von Ihnen gewünschte Darstellung jederzeit wieder herzustellen.
- Der Pfeil nach rechts hinter dem Menüpunkt **Symbole anordnen** weist auf ein zusätzliches Menü hin. In diesem Fall lässt sich beispielsweise einstellen, ob die Dateien nach dem Namen, dem Datum usw. angezeigt werden sollen.

2.4.5   Anzeigen des Inhaltsverzeichnisses von Datenträgern

Oftmals ist es wichtig, den Inhalt eines Datenträgers zu kennen. Daher können Datenträger und Ordner (Verzeichnisse) eingesehen werden.

Bearbeitungsschritte:

*   Starten Sie den **Windows-Explorer**. Die Anzeige könnte in etwa so aussehen:

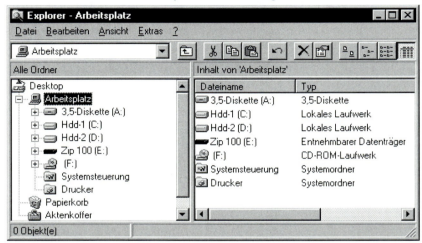

*   Im Bereich der Symbolleiste können Sie das Laufwerk usw. auswählen.

*   Durch Anklicken der Pfeile in der Bildlaufleiste im Bereich **Alle Ordner** können Sie den sichtbaren Bereich der Ordner bzw. Dateien nach unten bzw. nach oben bewegen. Werden alle Ordner/Dateien dargestellt, ist keine Bildlaufleiste vorhanden.

*   Vor den Begriff **Arbeitsplatz** und den einzelnen Datenträgern (3,5-Diskette (A:) usw.) werden Plus- bzw. Minuszeichen dargestellt. Ein Pluszeichen bedeutet, dass ein oder mehrere Unterordner (Unterverzeichnisse) vorhanden sind. Durch das Anklicken des Pluszeichens mit der Maus werden diese Unterordner auf dem Bildschirm dargestellt. Durch das Anklicken eines Minuszeichens werden die Unterverzeichnisse nicht mehr im Bereich **Alle Ordner** angezeigt.

*   Klicken Sie auf eine Bezeichnung (z. B. Hdd-1 (C:), werden im Bereich **Inhalt von ...** (in diesem Fall **Inhalt von Hdd-1 (C:)**) die einzelnen Ordner und Dateien der Festplatte C: angezeigt.

*   Auf diese Art und Weise können Sie sich den Inhalt aller Datenträger und Unterverzeichnisse ansehen.

*   Die gewünschte Darstellung lässt sich über den Menüpunkt **Ansicht** einstellen.

*   Über den Menüpunkt **Ansicht/Symbol anordnen** können Sie bestimmen, nach welchen Kriterien die einzelnen Ordner und Dateien geordnet werden sollen.

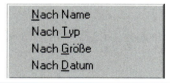

2.4.6 Suchen nach bestimmten Dateien

Auf Festplatten, Disketten usw. kann nach bestimmten Dateien gesucht werden.

Bearbeitungsschritte:

- Wenn Sie den **Windows-Explorer** geöffnet haben, können Sie die Suche über den Menüpunkt **Extras/Suchen/Dateien/Ordner** durchführen.

- Ansonsten klicken Sie auf die Schaltfläche **Start** und wählen den Menüpunkt **Suchen/Dateien/Ordner**. Sie können auch die Funktionstaste [**F3**] benutzen, wenn Sie nicht in einem Programm arbeiten.

- Geben Sie den Namen der gesuchten Datei ein. Durch das Anklicken der Schaltfläche **Durchsuchen** können Sie das Laufwerk bestimmen. Normalerweise sollte die Optionsschaltfläche **Untergeordnete Ordner einbeziehen** aktiviert sein. Nach dem Anklicken der Schaltfläche **Starten** wird die gewünschte Datei gesucht und falls sie vorhanden ist, gefunden.

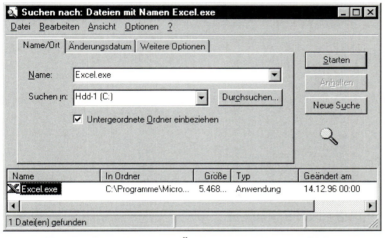

- Wenn Sie die Registrierkarte **Änderungsdatum** anklicken, können Sie bestimmen, dass nur nach Dateien gesucht wird, die in einer bestimmten Zeit entstanden sind. Unter **Weitere Optionen** können Sie sogar nach Textteilen in Dokumenten suchen.

- Die gefundenen Dateien können danach kopiert, umbenannt, ausgeschnitten usw. werden. Über die Menüpunkte **Datei** und **Bearbeiten** können Sie sich einen Überblick über die Möglichkeiten der Weiterbearbeitung verschaffen.

Durch die Verwendung von Platzhaltern können Sie beispielsweise nach Dokumenten suchen, deren Anfangsbuchstaben Sie kennen oder nach Dokumenten eines bestimmten Dateityps, wie etwa nach Word-Dokumenten vom Dateityp **doc**. Einige Möglichkeiten werden nachfolgend beschrieben. Die Möglichkeiten können beliebig miteinander verbunden werden.

Excel.exe	Es wird die Datei Excel.exe gesucht.
*.doc	Alle Dateien vom Dateityp **doc** (Word-Dokumente) werden gesucht.
E*.*	Es wird nach allen Dateien gesucht, die mit dem Buchstaben E anfangen.
E???.*	Es wird nach allen Dokumenten gesucht, die mit dem Buchstaben E anfangen und vier Buchstaben lang sind.

2.4.7   Formatieren einer Diskette

Eine Diskette kann nur dann Daten aufnehmen, wenn sie vorher formatiert worden ist. Formatieren bedeutet, dass auf der Diskette Spuren und Sektoren eingerichtet wurden, so dass ein System der Datenablage festgelegt wurde. Heutzutage werden Disketten normalerweise formatiert verkauft. Trotzdem empfiehlt sich z. B. dann eine Formatierung, wenn man sicher gehen will, dass alle Daten auf einer Diskette gelöscht sind und also auch keine Viren mehr auf der Diskette sind.

Bearbeitungsschritte:

- Starten Sie, falls notwendig, den **Windows-Explorer**. Markieren Sie den Bereich **3,5-Diskette(A:)**. Drücken Sie die rechte Maustaste um das Kontextmenü aufzurufen.

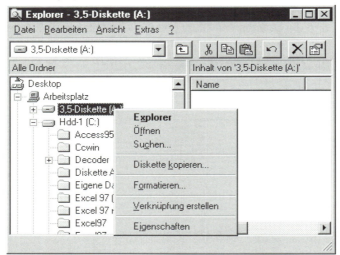

- Wählen Sie den Menüpunkt **Formatieren**.

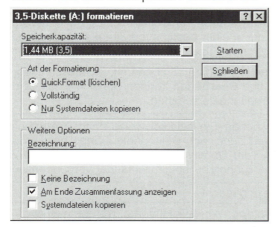

- Nachdem Sie festgelegt haben, welche Formatierung erfolgen soll, können Sie außerdem der Diskette einen Namen geben. Mit Anklicken der Schaltfläche **Starten** wird die Diskette formatiert.

2.4.8 Kopieren einer Diskette

Beim Kopieren einer Diskette wird von der Originaldiskette der gesamte Inhalt auf eine andere Diskette übertragen. Die Disketten haben danach einen identischen Inhalt. Dateien, die sich vorher auf der Zieldiskette befunden haben, werden gelöscht.

Bearbeitungsschritte:

- Starten Sie, falls notwendig, den **Windows-Explorer**. Markieren Sie den Bereich **3,5-Diskette(A:)**. Drücken Sie die rechte Maustaste um das Kontextmenü aufzurufen.

- Wählen Sie den Menüpunkt **Diskette kopieren**. Das Dialogfeld **Diskette kopieren** wird eingeblendet:

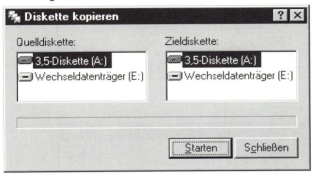

- Legen Sie die Originaldiskette ein und klicken Sie die Schaltfläche **Starten** an.

- Nachdem die Daten der Diskette gelesen wurden, werden Sie aufgefordert, die Zieldiskette einzulegen.

- Ist die Kopie erfolgreich gewesen, so wird dies angegeben.

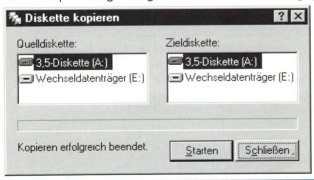

2.4.9 Erstellen und Löschen eines Ordners (Unterverzeichnis)

Ordner, auch Unterverzeichnisse genannt, erlauben eine vernünftige Datenverwaltung auf Datenträgern. So können Dokumente nach bestimmten Themengebieten abgelegt werden.

Es bietet sich an, das Anlegen von Ordnern auf einer Diskette zu üben. Daher sollten Sie eine formatierte Diskette in das Laufwerk A: legen. Ansonsten ist es selbstverständlich auch möglich, diese Übungen auf der Festplatte zu machen.

Bearbeitungsschritte:

- Starten Sie den **Windows-Explorer**.

- Legen Sie eine formatierte Diskette in das Laufwerk A: ein und markieren Sie den Bereich **3,5-Diskette(A:)**.

- Wählen Sie den Menüpunkt **Datei/Neu/Ordner**. Im Bereich **Inhalt von ...** wird der neue Ordner angezeigt.

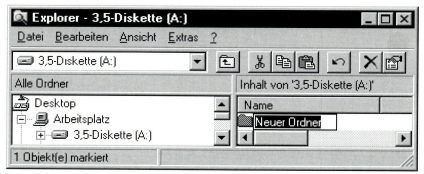

- Da der neue Ordner noch markiert ist, können Sie einen anderen Namen eingeben. Ist der neue Ordner nicht mehr markiert, müssen Sie den Ordner markieren und den Menüpunkt **Datei/Umbenennen** wählen und danach die Umbenennung vornehmen.

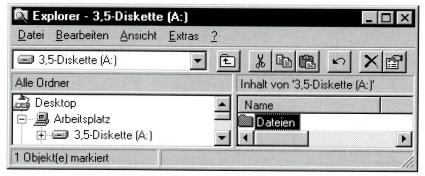

- Wenn Sie den Ordner wieder löschen wollen, markieren sie ihn und wählen anschließend den Menüpunkt **Datei/Löschen**. Der Ordner wird, wenn Sie die eingeblendete Sicherheitsabfrage mit **Ja** beantworten, gelöscht.

2.4.10   Markieren, Kopieren, Ausschneiden, Einfügen usw. von Dateien

Bevor Dateien kopiert usw. werden können, müssen sie markiert werden. Die verschiedenen Möglichkeiten des Markierens sind in der folgenden Übersicht angegeben:

Markieren	Die gewünschte Datei wird auf einem Datenträger und/oder in einem Ordner gesucht und durch Anklicken mit der Maus markiert.
Markieren (mehrere einzelne Dateien)	Zunächst wird die erste Datei markiert. Danach wird die Taste [Strg] gedrückt. Bei gedrückter Taste [Strg] können Sie dann weitere Dateien markieren. Der Vorteil dieses Vorgehens ist, dass gleichzeitig mehrere Dateien kopiert usw. werden können. **Hinweis:** Mehrere Ordner können nur im Bereich **Inhalt von ...** gleichzeitig markiert werden.
Markieren (mehrere aufeinanderfolgende Dateien)	Zunächst wird die erste Datei markiert. Danach wird die Umschalttaste [⇧] gedrückt. Bei gedrückter Umschalttaste [⇧] wird die letzte zu markierende Datei mit der Maus angeklickt.
Alles markieren	Über den Menüpunkt **Bearbeiten/Alles markieren** können Sie den gesamten Inhalt eines Ordners markieren.
Markierung umkehren	Nachdem Sie eine oder mehrere Dateien markiert haben, können Sie über diesen Menüpunkt die Markierung umkehren. Das bedeutet, bisher nicht markierte Dateien sind nun markiert, die anderen, bisher markierten, nicht mehr.

Die folgende Übersicht soll die Unterschiede zwischen den verschiedenen Möglichkeiten des Kopierens, Löschens usw. zeigen:

Ausschneiden	Die markierte Datei wird auf einem Datenträger oder in einem Ordner entfernt. Sie kann jedoch über den Menüpunkt **Einfügen** auf einen anderen Datenträger oder in ein anderes Verzeichnis eingefügt werden.
Kopieren	Eine markierte Datei bleibt auf dem Datenträger oder in dem Ordner weiterhin vorhanden. Über den Menüpunkt **Einfügen** kann sie zusätzlich auf einen anderen Datenträger oder in ein anderes Verzeichnis eingefügt werden.
Einfügen	Eine ausgeschnittene oder kopierte Datei wird auf einen anderen Datenträger oder in ein Verzeichnis eingefügt.
Senden an:	Eine markierte Datei wird auf eine Diskette oder einen anderen Datenträger, der in einem Laufwerk ausgewechselt werden kann, übertragen.
Löschen	Die markierte Datei wird vom Datenträger entfernt. Das Löschen entfernt die Datei unwiderruflich von einer Diskette oder einem anderen Datenträger, der in einem Laufwerk ausgewechselt werden kann. Von einer Festplatte wird die Datei in den so genannten Papierkorb verschoben. Sie kann danach unter Umständen noch wieder zurückgeholt werden. Auf die Funktion des Papierkorbs wird später noch eingegangen.

Am Beispiel des Kopierens und Einfügens einer Datei soll das Prinzip des Kopierens, Einfügens usw. erklärt werden.

Bearbeitungsschritte:

- Markieren Sie eine Datei, die kopiert werden soll.

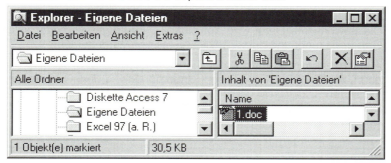

- Wählen Sie den Menüpunkt **Bearbeiten/Kopieren**.

  Alternative: Schaltfläche **Kopieren**

- Wählen Sie einen Datenträger oder einen Ordner aus, z. B. die Diskette im Laufwerk A:

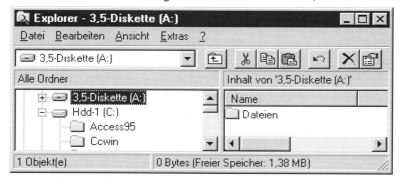

- Wählen Sie den Menüpunkt **Bearbeiten/Einfügen**.

  Alternative: Schaltfläche **Einfügen**

- Die kopierte Datei wird auf der Diskette im Laufwerk A: eingefügt.

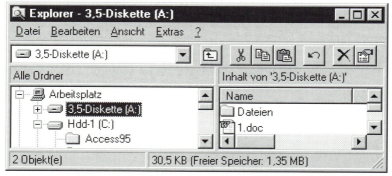

- Setzen Sie zum Kopieren usw. auch die rechte Maustaste ein. Dies dürfte nach dem Markieren oftmals die schnellste Möglichkeit sein.

2.4.11 Kopieren per Drag and Drop

Als **Drap and Drop** (Ziehen und Ablegen) bezeichnet man die Möglichkeit, eine Datei mit der Maus auf einen anderen Datenträger bzw. in einen anderen Ordner zu kopieren.

Bearbeitungsschritte:

- Markieren Sie eine Datei, die kopiert werden soll.

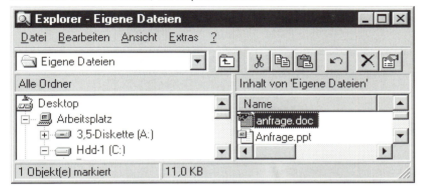

- Ziehen Sie bei gedrückter linker Maustaste die Datei auf die Bezeichnung **3,5-Diskette (A:)**, bis die Bezeichnung dunkel unterlegt ist.

- Lassen Sie die Maustaste los. Die Datei ist auf den Datenträger im Laufwerk A: kopiert.

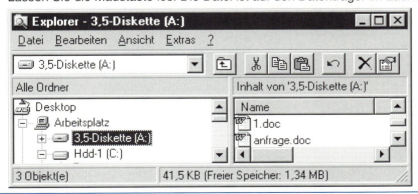

2.4.12 Ausschneiden und Einfügen per Drag and Drop

Benutzt man beim Drag and Drop die rechte Maustaste, sind Alternativen zum Kopieren möglich. Eine Datei kann ausgeschnitten und an einer anderen Stelle eingefügt werden.

Bearbeitungsschritte:

- Markieren Sie eine Datei. Ziehen Sie diese Datei bei gedrückter rechter Maustaste auf die Diskette. Lassen Sie danach die rechte Maustaste los.

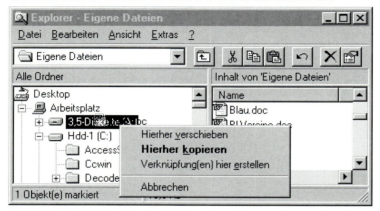

- Es werden Alternativen, nämlich das Verschieben und das Kopieren, angeboten. Bedenken Sie, dass beim Verschieben die Datei auf dem ursprünglichen Datenträger nicht mehr vorhanden ist. Daher sollten Sie **Abbrechen** wählen.

2.4.13 Umbenennen einer Datei

Der Name einer Datei kann jederzeit geändert werden.

Bearbeitungsschritte:

- Markieren Sie eine Datei. Wählen Sie Menüpunkt **Datei/Umbenennen** oder drücken Sie die rechte Maustaste und wählen Sie den Menüpunkt **Umbenennen** im Kontextmenü. Die markierte Datei ist dunkel unterlegt und mit einem Rahmen versehen. Es kann ein neuer Name eingegeben werden.

- Auch nach dem Markieren einer Datei und dem anschließenden Drücken der Funktionstaste [F2] kann eine Datei umbenannt werden.

2.4.14 Eigenschaften einer Datei bzw. eines Datenträgers

Sie können im **Windows-Explorer** jederzeit Informationen zu den Laufwerken oder zu einer bestimmten Datei aufrufen.

Bearbeitungsschritte:

- Markieren Sie im Windows-Explorer das Laufwerk **Hdd-1 (C:)**. Wählen Sie den Menüpunkt **Datei/Eigenschaften**. Es werden Informationen über das Laufwerk gegeben.

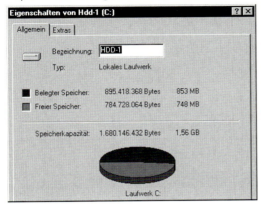

- Nach Anklicken der Registerkarte **Extras** kann man beispielsweise vom Programm das Laufwerk optimieren lassen, z. B. werden Dateien zusammengefasst usw.

2.4.15 Papierkorb

Dateien, die von einem wechselbaren Datenträger, wie z. B. einer Diskette gelöscht wurden, sind unwiderruflich gelöscht. Dateien auf einer Festplatte werden nach dem Löschen in den Papierkorb verschoben und können u. U. wieder zurückgeholt werden.

Bearbeitungsschritte:

- Wählen Sie den Papierkorb im **Explorer** aus. Gelöschte Dateien werden angezeigt.

- Über den Menüpunkt **Datei/Papierkorb leeren** wird der Inhalt des Papierkorbs endgültig gelöscht. Wenn Sie eine Datei markieren, können Sie sie über den Kontextmenüpunkt (rechte Maustaste) **Wiederherstellen** wieder an der ursprünglichen Stelle auf dem Laufwerk einfügen.

Aufgaben:

1. Legen Sie in das Laufwerk A: eine Diskette und formatieren Sie diese Diskette. Vergewissern Sie sich, dass auf der Diskette keinerlei wichtige Daten sind.

2. Legen Sie auf der Diskette das folgende Unterverzeichnis an:

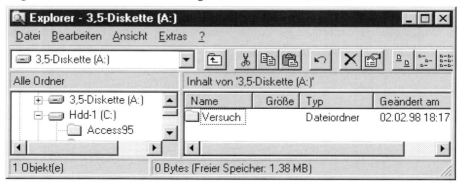

3. Kopieren Sie einige kleine Dateien in das Unterverzeichnis.

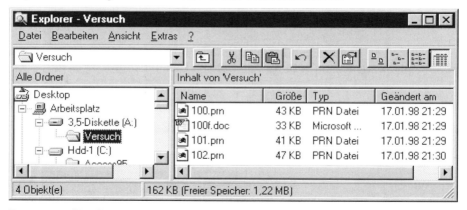

4. Benennen Sie die erste Datei auf der Diskette in *Datei1* um.

5. Zeigen Sie die Dateien auf der Diskette nach ihrer *Größe* an. Danach können Sie die Anzeige wieder nach dem *Namen* umstellen.

6. Kopieren Sie die Diskette!

7. Löschen Sie auf der Originaldiskette die erste von Ihnen in das Unterverzeichnis *Versuch* kopierte Datei.

8. Löschen Sie alle anderen Dateien in dem Unterverzeichnis *Versuch* auf der Diskette im Laufwerk A: in einem Arbeitsgang.

9. Löschen Sie das Unterverzeichnis *Versuch*.

10. Suchen Sie auf der Festplatte ihres Computers alle Dateien mit der Endung *.doc*.

11. Suchen Sie auf der Festplatte alle Dateien, die mit dem Buchstaben *U* anfangen. In einem zweiten Durchgang sollten Sie dann alle Dateien suchen, die mit *U* anfangen und fünf Buchstaben lang sind.

3 Tabellenkalkulation mit EXCEL 97

3.1 Grundlegende Bemerkungen

3.1.1 Funktionen der Tabellenkalkulation

Tabellenkalkulationen gehören zu den Standardsoftwareprogrammen, die bestimmte betriebliche Aufgaben lösen. Eine Tabellenkalkulation ist in der Lage, mathematische Aufgaben jeglicher Art zu erledigen, also z. B. den Vergleich von Angeboten vorzunehmen, betriebliche Gewinne zu verteilen, Abschreibungsbeträge zu errechnen usw. Darüber hinaus verfügen heutige Tabellenkalkulationsprogramme in der Regel über ein Grafikmodul, so dass die Daten grafisch ansprechend präsentiert werden können.

3.1.2 Start des Programms EXCEL

Bearbeitungsschritte:

- Starten Sie das Programm Excel. Die Möglichkeiten des Startens sind auf Seite 33 angegeben.

Der Excel-Bildschirm beinhaltet die folgenden Komponenten:

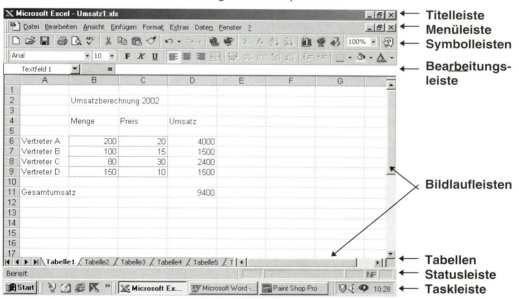

Neben den normalen Komponenten eines Windows-Programms wie der Menüleiste und den Symbolleisten gibt es bei einer Tabellenkalkulation die Bearbeitungsleiste. Werden in Zellen Inhalte eingegeben, so wird dies in der Bearbeitungsleiste ebenfalls angezeigt. Klickt man eine Zelle an, so wird in der Bearbeitungszeile bei einer Berechnung nicht das Ergebnis, sondern die zu Grunde liegende Formel angezeigt.

Die Einstellung, welche Symbolleisten eingeblendet werden, kann nach den jeweiligen Bedürfnissen festgelegt werden. Die Arbeit mit dem Programm Excel wird erschwert, wenn einzelne Komponenten, die benötigt werden, nicht eingeblendet sind. Daher wird zunächst die Einstellung des Excel-Bildschirmes erläutert.

3.1.3   Programmeinstellungen

Fehlen bei der Bildschirmanzeige beispielsweise benötigte Symbolleisten oder die Bearbeitungsleiste, so können diese Komponenten des Bildschirms jederzeit eingeblendet werden. Zu Übungszwecken sollen Ein- und Ausblendungen vorgenommen werden.

Bearbeitungsschritte:

- Wählen Sie den Menüpunkt **Ansicht**. Es wird angegeben, dass die Normaldarstellung angezeigt wird. Durch ein Häckchen wird gekennzeichnet, dass die **Bearbeitungsleiste** und die **Statusleiste** eingeblendet sind. Durch Anklicken können Sie aus- und wieder eingeblendet werden.

- Nach der Wahl des Menüpunkts **Ganzer Bildschirm** wird nur noch die Menüleiste eingeblendet. Dadurch stehen mehr Zeilen für die Bearbeitung auf dem Bildschirm zur Verfügung. Stellen Sie den ursprünglichen Zustand danach durch das nochmalige Anklicken des Menüpunkts wieder her.

- Über den Menüpunkt **Ansicht/Symbolleisten** können die Symbolleisten ein- und ausgeblendet werden. Normalerweise sollten die Symbolleisten **Standard** und **Format** auf dem Bildschirm angezeigt werden.

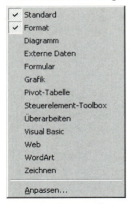

- Blenden Sie zu Übungszwecken einige Symbolleisten ein und wieder aus.

- Symbolleisten können ebenfalls nach dem Anfahren einer eingeblendeten Symbolleiste mit der Maus und dem anschließenden Drücken der rechten Maustaste ein- oder ausgeblendet werden.

3.1.4   Die Bearbeitungsleiste

Die Bearbeitungszeile muss unbedingt eingeblendet werden, da sie Formeln anzeigt, für die Korrektur von Formeln benutzt werden kann usw.

Zunächst wird in dieser Zeile die aktuell zu bearbeitende Zelle (z. B. **A1**) angegeben. Durch das Anklicken des roten Kreuzes (✖) wird eine eventuelle Bearbeitung rückgängig gemacht. Das grüne Häkchen (✔) schließt eine Bearbeitung (z. B. Eingabe einer Formel) ab und hat die gleiche Funktion wie das Drücken der Return-Taste.

3.1.5   Zeilen, Spalten, Zellen und Bereiche

Nach der Bearbeitungsleiste beginnt der eigentliche Bearbeitungsbildschirm mit seinen Zeilen und Spalten. Die Zeilen werden mit Zahlen angegeben, die Spalten mit Buchstaben. Eine bestimmte Zelle bezeichnet man beispielsweise mit **A1** oder **B5**. Sie wird mit der Maus ausgewählt und durch das einfache Anklicken mit der linken Maustaste markiert.

Ein Bereich sind mehrere Zellen, z. B. die Zellen **A1** bis **B5**. Sie werden dadurch markiert, dass man zunächst die obere linke Zelle des Bereichs mit der linken Maustaste anklickt und danach bei gedrückter linker Maustaste bis auf die letzte Zelle des Bereichs fährt. Der gewählte Bereich wird dabei dunkel unterlegt. Markierungen von Bereichen sind vor allem beim Gestalten (Formatieren) von Bereichen sehr nützlich, da dadurch nicht jede Zelle einzeln bearbeitet werden muss.

Es ist sogar möglich, mehrere Bereiche auf einmal zu markieren. Es wird der erste Bereich wie beschrieben markiert, danach wird die **Strg-Taste** gedrückt und bei gedrückt gehaltener Taste der nächste Bereich markiert. Auf diese Weise wird beispielsweise ein Zahlenformat für verschiedene Bereiche eines Tabellenkalkulationsblattes festgelegt.

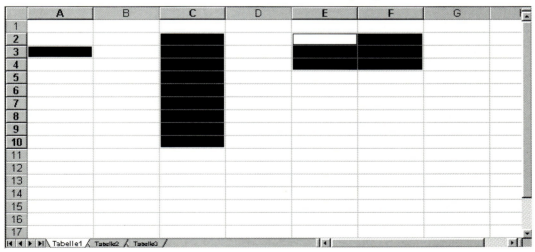

Im gezeigten Beispiel wurden die Zelle **A3** und die Bereiche **C2C10** und **E2F4** markiert. Markierungen werden später für verschiedene Zwecke, beispielsweise zum Gestalten eines Arbeitsblattes benötigt.

3.2   Eingaben, Korrekturen, Berechnungen usw. anhand eines Beispiels

3.2.1   Bearbeitungshinweise

Das Eingeben von Buchstaben, Zahlen und Sonderzeichen in eine Zelle erfolgt immer auf die gleiche Art und Weise:

Markieren	Eine Zelle wird durch Anklicken mit der Maus markiert. Die Zelle kann auch mit den Cursor-Tasten angesteuert werden.
Bearbeiten	In die gewählte Zelle werden über die Tastatur Buchstaben, Zahlen usw. eingegeben. Außerdem ist es möglich, nach der Anwahl der entsprechenden Menüpunkte die markierte Zelle zu formatieren, beispielsweise mit einer bestimmten Hintergrundfarbe zu belegen oder einen Rahmen um die Zelle zu legen.
Abschließen	Die Bearbeitung einer Zelle, also das Eingeben von Werten usw., wird mit dem Drücken der **Return-Taste** bzw. mit dem Anklicken des grünen Häkchens (✔) in der Bearbeitungszeile abgeschlossen.

Auch einzelne oder mehrere Bereiche werden, vor allem beim Formatieren, nach diesem Schema bearbeitet. Werden Menüpunkte oder Symbole benutzt, so wird eine Bearbeitung meistens durch das Anklicken der Schaltfläche **OK** in einem Fenster beendet.

3.2.2   Eingaben und Korrekturen in einer Zelle

Das Eingeben und Korrigieren von Werten in Zellen gehört zu den wesentlichen Arbeiten beim Umgang mit einer Tabellenkalkulation. Am Beispiel der irrtümlichen Eingabe der Bezeichnung „Umsatzberechnung 2102" statt der richtigen Bezeichnung „Umsatzberechnung 2002" soll die Eingabe und Korrektur von Zelleninhalten demonstriert werden.

Bearbeitungsschritte:

- Markieren Sie zunächst die Zelle **B2**.

- Tragen Sie in die Zelle **B2** die Bezeichnung „Umsatzberechnung 2102" ein.

	A	B	C	D	E
1					
2		Umsatzberechnung 2102			

- Markieren Sie eine andere Zelle und danach für die Korrektur nochmals die Zelle **B2**.

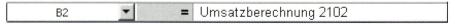

- Klicken Sie mit der Maus in der Bearbeitungszeile zwischen die Zahlen 2 und 1. Danach drücken Sie die Taste **Entf** (Entfernen) und geben die Zahl 0 ein. Das richtige Ergebnis wird angezeigt.

- Mit der **Return-Taste** oder dem Anklicken des Symbols ✔ können Sie die Eingabe beenden.

Bearbeitungsschritte (Fortsetzung):

- Alternativ können Sie die Zelle **B2** markieren und danach die Funktionstaste **F2** betätigen. Der Cursor befindet sich jetzt am Ende der Zelle hinter der Zahl 2.

	A	B	C	D	E
1					
2		Umsatzberechnung 2102			
3					

- Mit den Cursor-Tasten oder der Maus gehen Sie zwischen die Zahlen 2 und 1. Drücken Sie danach die Taste **Entf** (Entfernen) und geben Sie die Zahl 0 ein. Das richtige Ergebnis wird angezeigt.

2	Umsatzberechnung 2002	

3.2.3　Eingaben und Berechnungen

Eine einfache Umsatzberechnung, wie nachstehend im Ergebnis abgebildet, soll zur Grundlage der Erklärungen gemacht werden. Die einzelnen Bearbeitungsschritte werden genau angegeben. Einzugebende Zahlen werden dunkel unterlegt, berechnete Zahlen und einzugebende Texte werden normal dargestellt.

	A	B	C	D	E	F	G
1							
2		Umsatzberechnung 2002					
3							
4		Menge	Preis	Umsatz			
5							
6	Vertreter A	200	20	4000			
7	Vertreter B	100	15	1500			
8	Vertreter C	80	30	2400			
9	Vertreter D	150	10	1500			
10							
11	Gesamtumsatz			9400			
12							

Bearbeitungsschritte:

- Tragen Sie zunächst in die entsprechenden Zellen die Worte Umsatzberechnung 2002, Menge, Preis, Umsatz, Vertreter A, B, C, D und Gesamtumsatz ein, indem Sie die entsprechenden Zellen anklicken und die entsprechenden Eingaben eintragen.
- Schreiben Sie die entsprechenden Mengen und Preise in die jeweiligen Zellen.
- Markieren Sie mit der Maus die Zelle **D6**.
- Beginnen Sie die Berechnung des Umsatzes des Vertreters A mit der Eingabe des Gleichheitszeichens =.
- Markieren Sie mit der Maus die abgesetzte Menge des Vertreters A in der Zelle **B6**. Die Zelle wird in der Formel angezeigt.
- Geben Sie das Multiplikationszeichen * ein.
- Markieren Sie mit der Maus den Preis in der Zelle **C6**. Nun ist die Formel für den Umsatz des Vertreters A *(= Mengе * Preis* oder *= B6 * C6)* angegeben.

Bearbeitungsschritte (Fortsetzung):

- Schließen Sie die Bearbeitung des jeweiligen Vertreterumsatzes mit der **Returntaste** oder mit dem Anklicken der Eingabeschaltfläche (✔) ab.

- Berechnen Sie die Umsätze der anderen Vertreter auf die gleiche Art.

- Der Gesamtumsatz ergibt sich aus den Einzelumsätzen der vier Vertreter, er ist also die Summe der einzelnen Umsätze. EXCEL kennt so genannte Funktionen, u. a. die Funktion „Summe". Klicken Sie daher die Schaltfläche **Summe** (Σ) in der Symbolleiste **Standard** an. Markieren Sie danach den Bereich **D6** bis **D9**. Das Ergebnis müsste dann folgendermaßen aussehen: *=Summe(D6:D9)*.

- Schließen Sie die Bearbeitung des Gesamtumsatzes mit der Taste **Return** oder mit dem Anklicken der Eingabeschaltfläche (✔) ab.

In den einzelnen Zellen stehen jetzt die nachstehenden Inhalte. Durch Anklicken einer Zelle können Sie den jeweiligen Inhalt der Zelle in der Bearbeitungszeile ansehen.

	A	B	C	D	E	
5						
6	Vertreter A	200	20	=B6*C6		
7	Vertreter B	100	15	=B7*C7		
8	Vertreter C	80	30	=B8*C8		
9	Vertreter D	150	10	=B9*C9		
10						
11	Gesamtumsatz			=SUMME(D6:D9)		

3.2.4 Bemerkungen in einem Textfenster

In einem Textfenster kann der Inhalt der Tabelle kommentiert werden.

Bearbeitungsschritte:

- Wählen Sie den Menüpunkt **Ansicht/Symbolleisten** und klicken Sie die Symbolleiste **Zeichnen** an. Es wird die Symbolleiste **Zeichnen** eingeblendet. Klicken Sie danach in dieser Symbolleiste **Zeichnen** die Schaltfläche **Textfeld** (🔳)an. Der Mauszeiger verwandelt sich in ein dünnes Kreuz.

- Gehen Sie mit der Maus auf eine Stelle des Arbeitsblatts, die die linke obere Ecke des Textfensters darstellen soll. Bei gedrückter linker Maustaste gehen Sie mit der Maus nach rechts und unten und bestimmen so die Größe des Textfensters.

15	
16	
17	
18	

- Tragen Sie danach den gewünschten Text in das Textfenster ein. Innerhalb des Textfensters können Sie die Schriftarten, die Schriftgrößen usw. frei wählen. Auch die Korrektur des Textes ist wie in einem Textverarbeitungsprogramm möglich. Die Formatierungsmöglichkeiten des Programms EXCEL werden später allgemein erklärt. Das Ergebnis könnte folgendermaßen aussehen:

15	Der Vertreter A konnte die größte Menge verkaufen und
16	einen Umsatz von 4.000,00 € erzielen. Der Vertreter C
17	verkaufte die teuersten Produkte.
18	

3.3   Speichern, Öffnen, Drucken ... von Mappen

3.3.1   Speichern von Mappen

Eine EXCEL-Mappe besteht aus 3 Tabellen, zwischen denen durch Anklicken hin- und herge-
schaltet werden kann. Die Zahl der Tabellen kann, wie später gezeigt wird, erhöht werden.
Zwischen den einzelnen Tabellen können Daten ausgetauscht werden, also beispielsweise
die Eingaben in der Tabelle 1 in der Tabelle 2 für Berechnungen genutzt werden. Alle Tabellen werden in einer so genannten Mappe zusammen abgespeichert.

Die Speicherung einer Mappe erfolgt folgendermaßen:

Bearbeitungsschritte:

*   Wählen Sie den Menüpunkt **Datei/Speichern**.

    Alternative: Schaltfläche **Speichern**

    Die folgende, hier schon ausgefüllte, Dialogbox wird auf dem Bildschirm angezeigt. Die
    einzelnen Schritte des Speicherns werden nach dem Schaubild angegeben.

    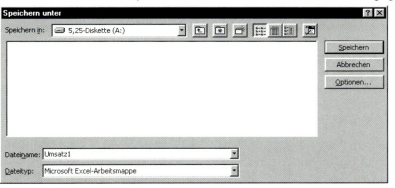

*   Gehen Sie mit der Maus auf das Dialogfeld **Dateiname** und geben Sie den Dateinamen
    Umsatz1 an.

*   Gehen Sie auf das Dialogfeld **Speichern in:** und klicken Sie den Pfeil an. Es erscheint
    eine Liste mit allen zur Verfügung stehenden Laufwerken. Wählen Sie das entspre-
    chende Laufwerk, z. B. **A:**, aus. Wenn Sie danach die Mappe in einem Unterverzeich-
    nis speichern möchten, klicken Sie das entsprechende Unterverzeichnis doppelt an.

*   Klicken Sie die Schaltfläche **Speichern** an und speichern Sie die Mappe ab.

*   Die Bearbeitung kann jederzeit durch das Anklicken der Schaltfläche **Abbrechen** be-
    endet werden.

Wenn Sie ein zweites Mal die Datei, z. B. nach einer Veränderung, unter dem gleichen Namen abspeichern möchten, klicken Sie entweder das Symbol Diskette in der Symbolleiste an
oder wählen Sie wiederum **Datei/Speichern**. Die Speicherung erfolgt automatisch, ohne dass
die Dialogbox **Speichern unter** nochmals erscheint. Wollen Sie die Datei unter einem anderen Namen, auf einem Datenträger in einem anderen Laufwerk oder in einem anderen Verzeichnis abspeichern, wählen Sie in der Menüleiste **Datei/Speichern unter**. Nun können Sie
entsprechend Ihren Wünschen die Mappe abspeichern.

3.3.2   Öffnen von Mappen

Das Öffnen bzw. Laden von Mappen erfolgt analog dem Speichern von Mappen.

Bearbeitungsschritte:

- Wählen Sie den Menüpunkt **Datei/Öffnen**.

  Alternative: Schaltfläche Arbeitsmappe öffnen 📂

  Das folgende Dialogfeld wird auf dem Bildschirm angezeigt.

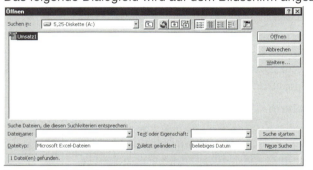

- Bearbeiten Sie die Bereiche **Dateiname** und **Suchen in** wie beim Punkt Speichern beschrieben.

- Klicken Sie dann die von Ihnen gewünschte Datei doppelt an. Daraufhin wird sie geladen. Alternativ können Sie auch die gewünschte Datei markieren und danach die Schaltfläche **Öffnen** anklicken.

- Die Anzeige in der Dialogbox kann durch Anklicken eines Symbols verändert werden. So kann die Anzeige in Form einer Liste 🗒, mit Details 🗒 oder mit der Anzeige von Eigenschaften 🗒 erfolgen. Kennt man den Inhalt einer Datei nicht, kann man eine Vorschau 🗒 vom Dokument erhalten. Außerdem können Befehle und Einstellungen 🗒 vorgenommen werden.

- Mit Hilfe des Symbols **Übergeordneter Ordner** 🗒 kann man z. B. von einem Unterverzeichnis in ein Hauptverzeichnis wechseln. Macht man durch Anklicken des Symbols **Zu Favoriten hinzufügen** 🗒 ein Verzeichnis oder eine Datei zu einem so genannten Favoriten, kann das Verzeichnis bzw. die Datei später durch Anklicken des Symbols **Suche in Favoriten** 🗒 besonders schnell gefunden und aufgerufen werden.

3.3.3   Drucken einer Tabelle

Um die Wahl eines Druckers müssen Sie sich in der Regel nicht kümmern, da der Drucker bereits bei der Installation von Windows festgelegt wurde. Das Drucken der Tabelle1 aus der Mappe *Umsatz1* wird wie folgt durchgeführt:

Bearbeitungsschritte:

- Wählen Sie, bevor Sie ein Blatt ausdrucken, zur Überprüfung des Ausdrucks den Menüpunkt **Datei/Seitenansicht**. Entspricht das Ergebnis nicht ihren Anforderungen, sollten Sie zunächst Korrekturen vornehmen.

  Alternative: Schaltfläche **Seitenansicht** 🔍

Bearbeitungsschritte (Fortsetzung):

- Wählen Sie den Menüpunkt **Datei/Drucken**.

- Alternative: Schaltfläche **Drucken** 🖨

  Hinweis: Die folgende Dialogbox wird beim Anklicken der Schaltfläche nicht angezeigt. Der Druck beginnt sofort. Einstellungen können daher nicht mehr vorgenommen werden. Die folgende Dialogbox wird auf dem Bildschirm angezeigt:

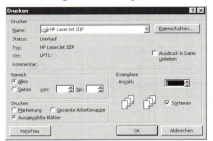

- Bestimmen Sie, was Sie drucken möchten. Nach Anklicken der Schaltfläche **Eigenschaften** können Sie beispielsweise das Papierformat festlegen. Über den Menüpunkt **Ansicht/Seitenumbruch-Vorschau** kann der Druckbereich durch Verschieben des blauen Randes mit der Maus festgelegt werden.

3.3.4 Anlegen einer neuen Mappe

Durch die Wahl des Menüpunktes **Datei/Neu** wird eine neue Mappe angelegt.

Alternative: Schaltfläche **Neu** 🗋

Die alte Mappe steht weiterhin zur Verfügung. Unter dem Menüpunkt kann man sich dann die zur Bearbeitung bereitstehenden Mappen ansehen und durch Anklicken die gewünschte Mappe wählen. Die gerade bearbeitete Mappe wird durch ein Häkchen gekennzeichnet.

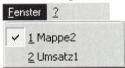

In diesem Fall wird die Mappe *Mappe2* aktuell bearbeitet. Wird nun die Mappe *Umsatz1* angeklickt, wird sie angezeigt und kann bearbeitet werden.

3.3.5 Wechseln zwischen den einzelnen Tabellen innerhalb einer Mappe

Durch Anklicken einer bestimmten Tabelle kann zwischen den einzelnen Tabellen innerhalb einer Mappe gewechselt werden. Zwischen den Tabellen können Daten ausgetauscht und durch Berechnungen verbunden werden.

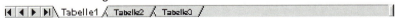

Mit Hilfe der Pfeile (⏮ ◀ ▶ ⏭) am unteren Bildschirmrand werden die Tabellen gewählt.

3.3.6 Schließen einer Mappe

Eine Mappe wird durch das Wählen des Menüpunktes **Datei/Schließen** geschlossen. Dieser Menüpunkt führt nicht zum Beenden des Programms EXCEL.

3.4   Bearbeiten von Bereichen und Zellen

3.4.1   Löschen von Zellen und Bereichen

Das Löschen bestimmter Zellen oder Bereiche ist relativ einfach und soll anhand der Umsatzberechnung vorgenommen werden. Dabei sollen die Zellen gelöscht werden, die zunächst mit einer Formel berechnet wurden (die Zellen **D7** bis **D9**), obwohl es sich angeboten hätte, durch Kopieren diese Formeln zu erstellen und damit unnötige zusätzliche Arbeit zu vermeiden.

Bearbeitungsschritte:

- Speichern Sie zunächst die Mappe *Umsatz1* unter dem Namen *Umsatz2* nochmals ab.

- Markieren Sie den zu löschenden Bereich, in diesem Fall die Zellen **D7** bis **D9**.

	A	B	C	D	E
2		Umsatzberechnung 2002			
3					
4		Menge	Preis	Umsatz	
5					
6	Vertreter A	200	20	4000	
7	Vertreter B	100	15	1500	
8	Vertreter C	80	30	2400	
9	Vertreter D	150	10	1500	
10					
11	Gesamtumsatz			9400	

- Wählen Sie den Menüpunkt **Bearbeiten/Inhalte löschen**. Ein weiteres Untermenü wird angezeigt:

- Löschen Sie alle Inhalte. Normalerweise bietet sich dies an. In besonderen Fällen kann es jedoch auch ratsam sein, z. B. nur die entsprechenden Formeln zu löschen, damit beispielsweise die vorhandenen Formate (Rahmen, Farben usw.) erhalten bleiben. Das Ergebnis zeigt, dass die Werte gelöscht wurden und sich dementsprechend der Gesamtumsatz verringert hat. Wenn nur Zahlen oder Texte gelöscht werden sollen, kann man nach dem Markieren auch die Taste Entfernen **(Entf)** benutzen.

	A	B	C	D	E
4		Menge	Preis	Umsatz	
5					
6	Vertreter A	200	20	4000	
7	Vertreter B	100	15		
8	Vertreter C	80	30		
9	Vertreter D	150	10		
10					
11	Gesamtumsatz			4000	

3.4.2 Kopieren und Einfügen von Zellen und Bereichen

Unter Kopieren versteht man, dass der Inhalt bestimmter Zellen in andere Zellen übertragen bzw. der Inhalt von Bereichen in andere Bereiche übertragen wird. Dies hat den großen Vorteil, dass bestimmte Formeln, Texte usw. nicht doppelt und dreifach eingegeben werden müssen, sondern nur einmal und dann kopiert werden können.

Die vorher gelöschten Formeln sollen nun wieder durch das Kopieren von Inhalten und das Einfügen an anderer Stelle in die entsprechenden Zellen hineingeschrieben werden. In der Zelle **D6** ist die entsprechende Formel (*=B6*C6*) vorhanden, die zum Berechnen des Umsatzes des Vertreters A führt. Kopiert man nun diese Formel in eine andere Zelle, z. B. in die Zelle **D7**, so wird das Programm automatisch die Formel in der neuen Zelle verändern (*=B7*C7*). Dies wird durch die sogenannte Adressierungsart bestimmt und in einem späteren Kapitel erläutert.

Bearbeitungsschritte:

- Markieren Sie zunächst die zu kopierende Zelle **D6**.

	A	B	C	D	E
6	Vertreter A	200	20	4000	
7	Vertreter B	100	15		
8	Vertreter C	80	30		
9	Vertreter D	150	10		

- Wählen Sie den Menüpunkt **Bearbeiten/Kopieren**.

  Alternative: Schaltfläche **Kopieren**

- Damit ist der gewählte Bereich in die sogenannte Zwischenablage von Windows kopiert worden und kann normalerweise von jedem Windows-Programm übernommen werden, also z. B. in einen durch eine Textverarbeitung erstellten Text integriert werden.

- Markieren Sie die Zellen **D7** bis **D9**, in die Formeln eingefügt werden sollen.

- Wählen Sie den Menüpunkt **Bearbeiten/Einfügen**.

  Alternative: Schaltfläche **Einfügen**

	A	B	C	D	E
6	Vertreter A	200	20	4000	
7	Vertreter B	100	15	1500	
8	Vertreter C	80	30	2400	
9	Vertreter D	150	10	1500	

- Nachfolgend wird eine weitere Möglichkeit des Kopierens dargestellt:

  – Löschen Sie zunächst die Inhalte der Zellen **D7** bis **D9**.

  – Markieren Sie die Zelle **D6**. Gehen Sie mit der Maus auf den Punkt in der rechten unteren Ecke. Der Mauszeiger verwandelt sich in ein Kreuz. Danach ziehen Sie die Maus bei gedrückter linker Maustaste nach unten in die Zellen **D7** bis **D9**.

	A	B	C	D	E
6	Vertreter A	200	20	4000	
7	Vertreter B	100	15		
8	Vertreter C	80	30		
9	Vertreter D	150	10		

  – Nach dem Loslassen der linken Maustaste ist der Kopiervorgang beendet und das Ergebnis wird wie oben dargestellt angezeigt.

3.4.3 Kopieren durch Ausfüllen

Eine weitere Möglichkeit, Formeln zu kopieren und damit Ergebnisse zu erzielen, ergibt sich über das Ausfüllen von Zellen.

Bearbeitungsschritte:

- Löschen Sie die Zellen **D7** bis **D9**.
- Markieren Sie die Zellen **D6** bis **D9**.

	A	B	C	D	E
6	Vertreter A	200	20	4000	
7	Vertreter B	100	15		
8	Vertreter C	80	30		
9	Vertreter D	150	10		

- Wählen Sie den Menüpunkt **Bearbeiten/Ausfüllen/Unten**. Die Berechnung in den Zellen **D7** bis **D9** wird automatisch vorgenommen.

3.4.4 Ausschneiden und Einfügen von Zellen und Bereichen

Das Ausschneiden und Einfügen von Zellen und Bereichen ist bis auf einen wesentlichen Punkt identisch mit dem Kopieren und Einfügen. Während beim Kopieren und Einfügen der ursprüngliche Inhalt einer Zelle oder eines Bereiches erhalten bleibt und entsprechend in andere Bereiche ebenfalls eingefügt wird, wird beim Ausschneiden und Einfügen der ursprüngliche Bereich in einen anderen Bereich verschoben. In den ursprünglichen Zellen stehen die Inhalte nicht mehr zur Verfügung.

Soll beispielsweise der Inhalt der Zellen **D6** bis **D9** der Mappe *Umsatz2* in die Zellen **E6** bis **E9** verschoben werden, so geht man folgendermaßen vor:

Bearbeitungsschritte:

- Markieren Sie zunächst die zu verschiebenden Zellen **D6** bis **D9**.
- Wählen Sie den Menüpunkt **Bearbeiten/Ausschneiden**.

  Alternative: Schaltfläche **Ausschneiden** ✂

- Damit ist der gewählte Bereich in die Zwischenablage von Windows kopiert worden.
- Markieren Sie die Zelle **E6** als Anfangszelle des Bereichs, in den die zu verschiebenden Zellen eingefügt werden sollen.
- Wählen Sie den Menüpunkt **Bearbeiten/Einfügen**.

  Alternative: Schaltfläche **Einfügen** 📋

  Die zu verschiebenden Zellen werden an der angegebenen Stelle eingefügt.

	A	B	C	D	E
6	Vertreter A	200	20		4000
7	Vertreter B	100	15		1500
8	Vertreter C	80	30		2400
9	Vertreter D	150	10		1500

3.4.5   Drag and Drop

Als **Drag and Drop** (Ziehen und Ablegen) bezeichnet man die Möglichkeit, den Inhalt einer Zelle oder eines Bereichs von einer Stelle zu einer anderen Stelle innerhalb einer Tabelle zu versetzen. Dies ist nicht nur bei Zellen und Bereichen mit Texteingaben möglich, sondern in der Regel auch bei Inhalten wie Zahlen und Rechenoperationen. Allerdings ist hierbei die Adressierungsart (wird später erklärt) von entscheidender Bedeutung.

Bearbeitungsschritte:

- Markieren Sie die Zelle **B2**.

- Gehen Sie mit der Maus an die untere Begrenzung der Zelle.

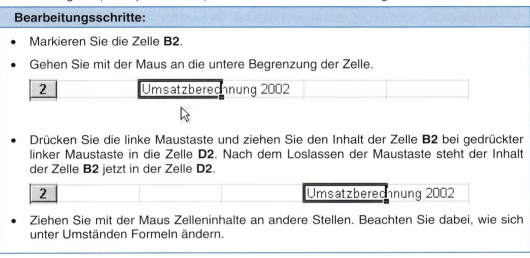

- Drücken Sie die linke Maustaste und ziehen Sie den Inhalt der Zelle **B2** bei gedrückter linker Maustaste in die Zelle **D2**. Nach dem Loslassen der Maustaste steht der Inhalt der Zelle **B2** jetzt in der Zelle **D2**.

- Ziehen Sie mit der Maus Zelleninhalte an andere Stellen. Beachten Sie dabei, wie sich unter Umständen Formeln ändern.

3.4.6   Rückgängigmachung

Die Arbeit mit der Tabellenkalkulation EXCEL wird wesentlich dadurch erleichtert, dass nicht gewünschte Ergebnisse relativ einfach rückgängig gemacht werden können. Dadurch wird das Experimentieren mit bestimmten Zellen und Bereichen möglich, da ein unerwünschtes Ergebnis durch einen Befehl aufgehoben werden kann und das vorherige Ergebnis wieder angezeigt wird. Als Beispiel soll das Löschen der Inhalte der Zellen **E6** bis **E9** in der Mappe *Umsatz2* dienen.

Bearbeitungsschritte:

- Markieren Sie zunächst die zu löschenden Zellen **E6** bis **E9**. Wählen Sie den Menüpunkt **Bearbeiten/Löschen/Alles**. Die entsprechenden Inhalte in den Zellen sind danach gelöscht.

- Soll die Löschung der Inhalte rückgängig gemacht werden, wählen Sie den Menüpunkt **Bearbeiten/Rückgängig**. Es wird angegeben, was rückgängig gemacht werden kann, in diesem Fall: **Inhalte löschen**.

  Alternative: Schaltfläche **Rückgängig**

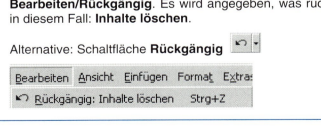

3.4.7   Wiederholen

Sollen auch andere Inhalte gelöscht werden, so kann dies sehr einfach mit dem Befehl **Wiederholen** realisiert werden.

Bearbeitungsschritte:

- Löschen Sie zunächst nochmals die Zellen **D6** bis **D9**.

- Markieren Sie danach die zu löschenden Zellen **C6** bis **C9**.

- Wählen Sie den Menüpunkt **Bearbeiten/Wiederholen**. Die markierten Zellen sind danach ebenfalls gelöscht.

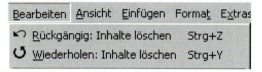

Der Befehl **Wiederholen** ist besonders beim Formatieren von Zellen, z. B. beim Umrahmen von Zellen, sehr nützlich. Eine einmal gewählte Formatierung wird dadurch auf eine andere Zelle oder einen anderen Bereich übertragen. Die Formatierung wird später genau erklärt.

3.4.8   Weitere Bearbeitungsmöglichkeiten

Die folgenden Möglichkeiten der Bearbeitung von Tabellen sollten Sie anhand der Tabelle *Umsatz2* ausprobieren. Denken Sie daran, dass Sie unbeabsichtigte Ergebnisse rückgängig machen können.

Menüpunkt	Bearbeitungsmöglichkeit
Bearbeiten/Zellen löschen	Markierte Zellen, Zeilen oder Spalten werden gelöscht. Die anderen Zellen usw. werden nach links bzw. oben verschoben.
Einfügen/Zellen **Einfügen/Zeilen** **Einfügen/Spalten**	Es werden Zellen, Zeilen oder Spalten eingefügt. Dies ist besonders dann notwendig, wenn sich später herausstellt, dass beispielsweise oben eine Zeile für die Überschrift eingefügt werden muss.
Bearbeiten/Löschen	Der Inhalt von markierten Zellen kann gelöscht werden. Besonders interessant ist dabei, dass man wählen kann, was in den Zellen gelöscht werden soll: **Alles**, **Formate**, **Formeln** oder **Kommentare**. Soll also beispielsweise nur die Hintergrundfarbe (siehe Punkt Formatieren von Zellen und Bereichen) gelöscht werden, nicht jedoch der Text oder das Ergebnis einer Zelle, so wird der Menüpunkt **Bearbeiten/Löschen/Formate** gewählt.
Suchen	Nach Begriffen wird in Zeilen oder Spalten gesucht.
Ersetzen	Bestimmte Begriffe werden in Zeilen oder Spalten durch andere Begriffe ersetzt.
Blatt verschieben/kopieren	Tabellenkalkulationsblätter können innerhalb einer Mappe oder in andere Mappen verschoben oder kopiert werden.

Übungen:

1. Im Lager befinden sich die folgenden Waren mit den entsprechenden Einkaufspreisen:

Warenbezeichnung	Bestand	Einkaufspreis pro Stück	Gesamtpreis des Artikels
Computer	150	2300,00	
Drucker	302	800,00	
Scanner	74	1560,00	
Monitore	130	350,00	
Gesamtpreis			

Berechnen Sie den Gesamtpreis des einzelnen Artikels und den Gesamtpreis insgesamt.

2. Die folgenden Artikel sind im Lager nicht in ausreichender Zahl vorhanden:

Warenbe- zeichnung	Bestand	Mindestbestand	Fehlbestand	Fehlbestand in %
Computer	150	200		
Drucker	302	350		
Scanner	74	100		
Monitore	130	150		
Durchschnittlicher Fehlbestand				

Berechnen Sie den Fehlbestand und den Fehlbestand in % sowie den durchschnittlichen Fehlbestand und durchschnittlichen Fehlbestand in %.

3. Die monatliche Stundenabrechnung in der Produktion ergibt die folgenden Werte:

Arbeitnehmer	Arbeitsstunden lt. Tarifvertrag	Überstunden mit 25 % Zuschlag	Stundenlohn
Breer	154	12	23,70
Bamming	156	25	24,30
Hirsch	155	0	18,90
Helmers	148	17	21,80
Steenhuis	145	3	25,00

Berechnen Sie den Bruttolohn der einzelnen Arbeitnehmer und die gesamte Lohnsumme!
Berechnen Sie außerdem den Arbeitnehmeranteil zu den einzelnen Sozialversicherungen bei folgenden von den Arbeitnehmern zu tragenden Beiträgen:
Rentenversicherung 9,6 %, Krankenversicherung 6,1 %, Arbeitslosenversicherung 2,3 %.

4. Die Gewinn eines Unternehmens in Höhe von 163.000,00 € soll nach Abzug des Vorweg-anspruchs für Arbeitsleistungen nach dem folgenden Verhältnis verteilt werden:

Teilhaber	Vorweganspruch	Gewinnanteil in %
Lammers	25000,00	30
Illenseer	13000,00	25
Stahlhöfer	35000,00	Rest

Verteilen Sie den Gewinn nach der angegebenen Regelung. Stellen Sie außerdem fest, wie viel jeder Teilhaber insgesamt bekommt.

3.5   Adressierung

3.5.1   Begriff

Das Ansprechen von Zellen in Formeln nennt man Adressierung. Wenn man z. B. den Inhalt der Zelle **D6** aus der Tabelle *Umsatz1* betrachtet, so ist in der Zelle die folgende Formel eingetragen: *= B6 * C6*. Dies bedeutet, dass das Programm in der Zelle **D6** das Ergebnis der Multiplikation der Zellen **B6** und **C6** eintragen soll. Es wurden also die Adressen (Zellen) angegeben, in denen Werte stehen, die für die entsprechende Formel benötigt werden.

Die Tabellenkalkulation EXCEL stellt mehrere Möglichkeiten der Adressierung zur Verfügung. Die Wahl der richtigen Adressierungsart ist besonders wichtig und wird daher genau beschrieben, da sich bestimmte Ergebnisse nur mit bestimmten Adressierungsarten erreichen lassen und eine sinnvolle Mischung der Adressierungsarten zu dem gewünschten Ergebnis führt.

Grundsätzlich lassen sich alle Probleme mit der relativen und absoluten Adressierung lösen. *Daher sollten Sie unbedingt diese beiden Arten der Adressierung bearbeiten.* Die Verwendung von Namen wird jedoch besonders bei umfangreichen Tabellen die Arbeit erleichtern, da die Formeln in normaler Sprache eingegeben werden können, z. B. wird der Umsatz als Menge * Preis eingegeben. Die Berechnung mit Namen kann mit vom Programm vorgegebenen oder mit vom Benutzer definierten Namen erfolgen. *Die Arbeit mit Namen kann an dieser Stelle eventuell weggelassen werden und später erfolgen. Grundsätzlich lassen sich alle weiteren Inhalte des Buches auch ohne die Verwendung von Namen bearbeiten.*

3.5.2   Arten der Adressierung

Es stehen die folgenden Adressierungsarten zur Verfügung:

Relative Adressierung	Die anzusprechende Zelle steht in einem gewissen Verhältnis zu der Berechnungszelle, beispielsweise steht ein zur Berechnung benötigter Wert immer in der Zelle links neben der Berechnungszelle.	z. B. wird mit der Maus die Zelle **B6** markiert.
Absolute Adressierung	Absolute Adressierung bedeutet, dass immer genau auf die angegebene Zelle zugegriffen wird. Die absolute Adressierung wird durch Dollarzeichen vor der Zeilen- und Spaltenbezeichnung gekennzeichnet.	z. B. wird die Zelle **B6** mit der Angabe **$B$6** in eine Formel eingegeben.
Adressierung über natürliche Namen (Zeilen- und Spaltenbeschriftungen)	Die Überschrift einer Spalte bzw. eine Angabe in einer Zeile wird als Bestandteil einer Formel für eine Berechnung genutzt.	z. B. sind Spalten mit den Namen *Menge* und *Preis* überschrieben. In einer Formel kann die Berechnung dann lauten: *= Menge * Preis*.
Adressierung über Namen (definierte Namen)	Die anzusprechende Zelle bzw. der anzusprechende Bereich wird mit einem Namen belegt. Diese Namen werden in Formeln verwandt.	z. B. wird eine Zelle mit einem Namen (Menge) belegt und kann unter diesem Namen in Formeln verwandt werden.

3.5.3 Relative Adressierung

Die relative Adressierung wurde im bisherigen Beispiel der Umsatzberechnung angewandt und soll daher nur kurz angesprochen werden. In der Zelle **D6** ist die Formel eingetragen:

	A	B	C	D
4		Menge	Preis	Umsatz
5				
6	Vertreter A	200	20	=B6*C6

Diese Formel ist relativ adressiert, das bedeutet, dass die Zelle **B6**, die zwei Spalten vor der Zelle **D6** ist, mit der Zelle **C6** multipliziert werden soll, die eine Spalte vor der Zelle **D6** angeordnet ist. Dieses Prinzip der Anordnung wird nun grundsätzlich beim Kopieren der Zelle **D6** in andere Zellen übertragen.

Wenn die Formel in der Zelle **D6** eine Zeile nach unten in die Zelle **D7** kopiert wird, so wird automatisch die Formel in der Zelle **D7** angepasst: *= B7*C7*.

	A	B	C	D
6	Vertreter A	200	20	=B6*C6
7	Vertreter B	100	15	=B7*C7

Diese Art der Adressierung eignet sich immer dann ideal, wenn Bezug genommen wird auf Zellen, die entweder links, rechts, oben oder unten immer in einem gleichen Abstand zur Formel angesprochen werden sollen.

3.5.4 Absolute Adressierung

Anhand der Mappe *Umsatz4* soll die absolute Adressierung als Nächstes sinnvoll eingesetzt werden. Gleichzeitig soll gezeigt werden, dass sich in einer Tabelle unterschiedliche Adressierungsarten vernünftig einsetzen lassen. Als Beispiel soll dabei die Berechnung der Provision der einzelnen Vertreter dienen.

Bearbeitungsschritte:

- Laden Sie zunächst die Mappe *Umsatz1* und speichern Sie diese Mappe unter dem Namen *Umsatz3* wieder ab.
- Ergänzen Sie zunächst die Tabelle1 um die Worte Provision, Provisionssatz in % und um die Zahl 15 als Provisionssatz, so dass die Tabelle folgendermaßen aussieht:

	A	B	C	D	E	F
1						
2		Umsatzberechnung 2002				
3						
4		Menge	Preis	Umsatz	Provision	
5						
6	Vertreter A	200	20	4000		
7	Vertreter B	100	15	1500		
8	Vertreter C	80	30	2400		
9	Vertreter D	150	10	1500		
10						
11	Gesamtumsatz			9400		
12						
13	Provisionssatz in %				15	

Bearbeitungsschritte (Fortsetzung):

- Die Provision für den Vertreter A berechnet sich nach der folgenden Formel:

  = Umsatz * Provisionssatz/100

  Daraus ergibt sich die in die Zelle **E6** einzusetzende Formel:

  = D6 * $E$13/100

  Hinweis: Nach der Eingabe der Zellenbezeichnung **E13** wird durch das Drücken der
  Funktionstaste **F4** die für die absolute Adressierung typische Form **$E$13**.

- Die Zelle **E13** wird in der Formel absolut adressiert, damit sie beim Kopieren nicht
  verändert wird und somit für die Provisionsberechnung der anderen Vertreter zur Verfügung steht. Die Zelle **D6** wird relativ adressiert, damit sie sich beim Kopieren verändert, z. B. in **D7**.

- Geben Sie die entsprechende Formel wie bisher angegeben in die Zelle **E6** ein. Benutzen Sie dabei die Funktionstaste **F4**.

- Kopieren Sie die Zelle **E6** in die Zellen **E7** bis **E9**. Berechnen Sie außerdem die
  Summe der Provision.

- Das richtige Ergebnis wird auf dem Bildschirm angezeigt:

	A	B	C	D	E	F
1						
2		Umsatzberechnung 2002				
3						
4		Menge	Preis	Umsatz	Provision	
5						
6	Vertreter A	200	20	4000	600	
7	Vertreter B	100	15	1500	225	
8	Vertreter C	80	30	2400	360	
9	Vertreter D	150	10	1500	225	
10						
11	Gesamtumsatz			9400	1410	
12						
13	Provisionssatz in %				15	

- Durch das Eintragen eines anderen Prozentsatzes werden die Vertreterprovisionen nun
  automatisch angepasst.

- Das Ergebnis wird formelmäßig nachfolgend dargestellt. Nur durch die Verwendung der
  relativen und der absoluten Adressierung war es möglich, Formeln zu kopieren.
  Benutzt man bei der Berechnung der Provision nur die relative Adressierung, so muss
  jede Provision einzeln errechnet werden.

	A	B	C	D	E
1					
2		Umsatzberechnung 2002			
3					
4		Menge	Preis	Umsatz	Provision
5					
6	Vertreter A	200	20	=B6*C6	=D6*$E$13/100
7	Vertreter B	100	15	=B7*C7	=D7*$E$13/100
8	Vertreter C	80	30	=B8*C8	=D8*$E$13/100
9	Vertreter D	150	10	=B9*C9	=D9*$E$13/100
10					
11	Gesamtumsatz			=SUMME(D6:D9)	=SUMME(E6:E9)
12					
13	Provisionssatz in %				15

3.5.5 Adressierung mit Namen in natürlicher Sprache

Bei der Adressierung mit Namen in natürlicher Sprache wird z. B. die Überschrift einer Spalte als Bestandteil einer Formel für eine Berechnung genutzt.

Bearbeitungsschritte:

- Laden Sie zunächst die Mappe *Umsatz1* und speichern Sie diese Mappe unter dem Namen *Umsatz4* wieder ab.
- Löschen Sie die Umsätze der einzelnen Vertreter und den Gesamtumsatz.

	A	B	C	D	E
4		Menge	Preis	Umsatz	
5					
6	Vertreter A	200	20		
7	Vertreter B	100	15		
8	Vertreter C	80	30		
9	Vertreter D	150	10		
10					
11	Gesamtumsatz				

- Geben Sie in der Zelle **D6** die folgende Formel ein: *= Menge * Preis*.

	A	B	C	D	E
6	Vertreter A	200	20	=Menge*Preis	
7	Vertreter B	100	15		

- Schließen Sie die Eingabe in der Zelle **D6** durch das Drücken der Taste [**Return**] ab. Kopieren Sie danach die Formel in die Zellen **D7** bis **D9**.

	A	B	C	D	E
6	Vertreter A	200	20	=Menge*Preis	
7	Vertreter B	100	15	=Menge*Preis	
8	Vertreter C	80	30	=Menge*Preis	
9	Vertreter D	150	10	=Menge*Preis	

- Die richtigen Ergebnisse werden angezeigt.
- Markieren Sie die Zelle **D11**. Klicken Sie die Schaltfläche **Summe** Σ an. Es wird angezeigt, dass die Summe des Bereichs **D6:D10** ermittelt werden soll.

✗ ✓ =	=SUMME(D6:D10)

- Gehen Sie mit der Maus in die Klammer in der Bearbeitungszeile. Tragen Sie den Namen **Umsatz** ein.

✗ ✓ =	=SUMME(Umsatz)

- Schließen Sie die Eingabe durch das Drücken der Taste [**Return**] ab. Die Berechnung ist nun richtig und vollständig. Formelmäßig wird folgendes angezeigt:

	A	B	C	D	E
4		Menge	Preis	Umsatz	
5					
6	Vertreter A	200	20	=Menge*Preis	
7	Vertreter B	100	15	=Menge*Preis	
8	Vertreter C	80	30	=Menge*Preis	
9	Vertreter D	150	10	=Menge*Preis	
10					
11	Gesamtumsatz			=SUMME(Umsatz)	

In einem zweiten Beispiel soll eine weitere Möglichkeit der Adressierung in natürlicher Sprache gezeigt werden:

Bearbeitungsschritte:

- Laden Sie zunächst die Mappe *Umsatz1* und speichern Sie diese Mappe unter dem Namen *Umsatz5* wieder ab.
- Die Zelle B6 hat als Überschrift die Bezeichnung *Menge* und als Zeilenbezeichnung die Bezeichnung *Vertreter A*. Entsprechend kann die Zelle in Formeln mit *Menge Vertreter A* oder *Vertreter A Menge* angesprochen werden. Die Zelle C6 kann entsprechend als *Preis Vertreter A* bzw. *Vertreter A Preis* in Formeln verwandt werden.

	A	B	C	D	E
2		Umsatzberechnung 2002			
3					
4		Menge	Preis	Umsatz	
5					
6	Vertreter A	200	20		

- Geben Sie in der Zelle **D6** die folgende Formel ein:

  = Menge Vertreter A *Preis Vertreter A

- Nach dem Drücken der Taste [**Return**] wird das richtige Ergebnis angezeigt.
- Verbreitern Sie die Spalte D (siehe Punkt **Formatierungen ...**). Klicken Sie mit der Maus in die Bearbeitungszeile. In der Zelle **D6** wird die Formel angezeigt. Farbig gekennzeichnet ist die Formel in der Bearbeitungszeile. Die gleichen Farben werden zur Markierung der Zellen benutzt, aus der sich die Formel zusammensetzt. Daher können Sie die Zusammensetzung einer Formel überprüfen. Danach können Sie sich durch Drücken der Taste [**Return**] wieder das Ergebnis zeigen lassen.

	A	B	C	D
2		Umsatzberechnung 2002		
3				
4		Menge	Preis	Umsatz
5				
6	Vertreter A	200	20	= Menge Vertreter A * Preis Vertreter A
7				

- Die angesprochene Möglichkeit erlaubt es, einzelne Zellen mit ihrer jeweiligen Zeilen- und Spaltenbeschriftung in Formeln aufzunehmen.
- Kopieren Sie die Formel der Zelle **D6** in die Zellen **D7** bis **D9**. Die Formeln werden vom Programm automatisch richtig angepasst.

	A	B	C	D
4		Menge	Preis	Umsatz
5				
6	Vertreter A	200	20	= Menge Vertreter A * Preis Vertreter A
7	Vertreter B	100	15	= Menge Vertreter B * Preis Vertreter B
8	Vertreter C	80	30	= Menge Vertreter C * Preis Vertreter C
9	Vertreter D	150	10	= Menge Vertreter D * Preis Vertreter D

3.5.6   Adressierung über Namen

Vorbemerkungen

Besonders interessant ist die Möglichkeit, Zellen über Namen in Formeln aufzurufen. In der Formel wird dann nicht eine Zelle mit **E13** (relativ) oder **$E$13** (absolut) angegeben, sondern mit einem Namen, z. B. Provisionssatz. Die Namen sollten dem entsprechen, was sie aussagen, beispielsweise Menge, Preis oder Umsatz.

Namen festlegen

Um mit Namen in Formeln arbeiten zu können, muss zunächst für die entsprechende Zelle der Name festgelegt werden. Bei der Provisionsberechnung soll die Zelle **E13**, die den Provisionssatz für die Vertreter enthält, den Namen „Provisionssatz" bekommen.

Bearbeitungsschritte:

- Laden Sie zunächst die Mappe *Umsatz3* und speichern Sie diese Mappe unter dem Namen *Umsatz6* wieder ab. Löschen Sie die Formeln im Bereich **E6** bis **E9**. Markieren Sie mit der Maus die Zelle **E13**.

- Wählen Sie im Menü **Einfügen** den Menüpunkt **Namen/Festlegen**; es öffnet sich das Dialogfeld **Namen festlegen**. Geben Sie im **Eingabefeld** den entsprechenden Namen ein. Sie können auch den Namen, den das Programm unter bestimmten Umständen vorschlägt, akzeptieren. In diesem Fall wird kein Name vorgeschlagen. Geben Sie daher den Namen „Provisionssatz" ein.

- Wollen Sie überprüfen, ob die richtige Zelle markiert ist und das Dialogfeld verdeckt die markierte Zelle, so können Sie das Dialogfeld durch Anklicken der Schaltfläche in der rechten Ecke des Dialogfeldes verkleinern.

- Durch Anklicken der Schaltfläche wird die Dialogbox wieder eingeblendet.

- Klicken Sie das Eingabefeld **Hinzufügen** an und geben Sie eventuell die benötigte Zelle an. Sie können jedoch auch den entsprechenden Zellenbezug, den das Programm auf Grund der Markierung eines Feldes vorschlägt, übernehmen.

- Klicken Sie auf die Schaltfläche **OK**. Damit ist der Name für die Zelle festgelegt.

- Alternativ kann nach dem Markieren der Zelle **E13** in der Bearbeitungszeile der Pfeil nach unten angeklickt und dann die Bezeichnung Provisionssatz eingegeben werden.

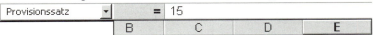

Namen in Formeln verwenden

Nachdem der Name Provisionssatz für die Zelle **E13** festgelegt wurde, kann man in Formeln statt der Zelle den Namen verwenden, also die bisher verwendete Formel *= D6 * $E$13/100* durch die neue Formel *= D6 * Provisionssatz/100* ersetzen.

Bearbeitungsschritte:

- Markieren Sie mit der Maus die Zelle **E6** und geben Sie den folgenden Formelteil wie beschrieben ein: *= D6 **

- Klicken Sie die Zelle **E13** an. In die Formel wird automatisch der Name ***Provisionssatz*** übernommen. Die Formel lautet daher nun: *= D6 * Provisionssatz*.

- Vervollständigen Sie die Formel: *= D6 * Provisionssatz/100*.

- Kopieren Sie die Formel in die Zellen **E7** bis **E9**. Das Ergebnis sieht folgendermaßen aus:

	A	B	C	D	E
1					
2		Umsatzberechnung 2002			
3					
4		Menge	Preis	Umsatz	Provision
5					
6	Vertreter A	200	20	4000	600
7	Vertreter B	100	15	1500	225
8	Vertreter C	80	30	2400	360
9	Vertreter D	150	10	1500	225
10					
11	Gesamtumsatz			9400	1410
12					
13	Provisionssatz in %				15

- Formelmäßig kommt folgendes Ergebnis zu Stande:

	A	B	C	D	E
4		Menge	Preis	Umsatz	Provision
5					
6	Vertreter A	200	20	=B6*C6	=D6*Provisionssatz/100
7	Vertreter B	100	15	=B7*C7	=D7*Provisionssatz/100
8	Vertreter C	80	30	=B8*C8	=D8*Provisionssatz/100
9	Vertreter D	150	10	=B9*C9	=D9*Provisionssatz/100

- Alternativ können Sie zur Eintragung eines Namens in eine Formel im Menü **Einfügen** den Menüpunkt **Namen/Einfügen** wählen; es öffnet sich die Dialogbox **Namen einfügen**. Markieren Sie den gewünschten Namen und bestätigen Sie die Eingabe mit **OK**. Damit ist der Name eingefügt.

- Speichern Sie die Mappe *Umsatz6*.

Namen in Bereichen anwenden

Eine weitere interessante Möglichkeit ist das Verwenden von Namen in Bereichen und als Bestandteil einer Formel oder einer Funktion. Dieses soll wiederum anhand der Umsatzberechnung demonstriert werden.

Bearbeitungsschritte:

- Löschen Sie den Inhalt der Zellen **D6** bis **D11** und speichern Sie die Mappe unter dem Namen *Umsatz7* ab.
- Markieren Sie mit der Maus die Zellen **B6** bis **B9**. Wählen Sie danach im Menü **Einfügen** den Menüpunkt **Namen/Festlegen**; es öffnet sich das Dialogfeld **Namen festlegen**. Geben Sie für diesen Bereich den Namen „Menge" ein. Alternativ können Sie den Namen auch über die Bearbeitungszeile nach Anklicken des Pfeils nach unten eingeben.
- Markieren Sie mit der Maus die Zellen **C6** bis **C9**. Legen Sie für diesen Bereich in der beschriebenen Art den Namen „Preis" fest.
- Markieren Sie die Zelle **D6 und** geben Sie wie beschrieben mit Hilfe der Dialogbox **Namen einfügen** die folgende Formel ein: = **Menge*Preis**.
- Alternativ können Sie die Formel auch einfach über die Tastatur eingeben, was vermutlich schneller und einfacher geht. Sie können auch die Zelle **D6** markieren, das Gleichheitszeichen eingeben, den Bereich **B6** bis **B9** markieren, das Multiplikationszeichen eingeben und danach den Bereich **C6** bis **C9** markieren. Auch dadurch wird die Formel mit Namen erstellt.
- Kopieren Sie die Formel in die Zellen **D7** bis **D9**.

	A	B	C	D	E
4		Menge	Preis	Umsatz	Provision
5					
6	Vertreter A	200	20	=Menge*Preis	=D6*Provisionssatz/100
7	Vertreter B	100	15	=Menge*Preis	=D7*Provisionssatz/100
8	Vertreter C	80	30	=Menge*Preis	=D8*Provisionssatz/100
9	Vertreter D	150	10	=Menge*Preis	=D9*Provisionssatz/100

- Als Ergebnis wird die korrekte Berechnung der einzelnen Umsätze ausgegeben.

Namen in Funktionen anwenden

Markierte Zellen oder Bereiche lassen sich unter ihrem Namen in Funktionen eingeben. Dadurch wird die Aussagekraft einer Funktion deutlich erhöht. Es wird z. B. in der Funktion angegeben, was summiert werden soll, nämlich bei der Umsatzberechnung der Umsatz.

Bearbeitungsschritte:

- Markieren Sie mit der Maus die Zellen **D6** bis **D9**. Legen Sie für diesen Bereich in der beschriebenen Art den Namen „Umsatz" fest. Damit kann mit diesem Namen in einer Funktion und als Bestandteil einer Formel gerechnet werden.
- Markieren Sie die Zelle **D11** und geben Sie die folgende Formel ein:

    = **Summe(Umsatz)**
- Berechnen Sie die jeweilige Provision unter Verwendung der Namen:

    = **Umsatz*Provisionssatz/100**.

Bearbeitungsschritte (Fortsetzung):

- Markieren Sie mit der Maus die Zellen **E6** bis **E9**. Legen Sie für diesen Bereich in der beschriebenen Art den Namen „Provision" fest.
- Markieren Sie die Zelle **E11** und geben Sie die folgende Formel ein:

  = Summe(Provision)

- In den einzelnen Zellen stehen nun nur noch eingegebene Werte und Formeln und Funktionen, die Namen enthalten. Dies kann über die Formelansicht angezeigt werden.

	A	B	C	D	E
4		Menge	Preis	Umsatz	Provision
5					
6	Vertreter A	200	20	=Menge*Preis	=Umsatz*Provisionssatz/100
7	Vertreter B	100	15	=Menge*Preis	=Umsatz*Provisionssatz/100
8	Vertreter C	80	30	=Menge*Preis	=Umsatz*Provisionssatz/100
9	Vertreter D	150	10	=Menge*Preis	=Umsatz*Provisionssatz/100
10					
11	Gesamtums			=SUMME(Umsatz)	=SUMME(Provision)

Es ist also möglich, bei der Berechnung des Umsatzes und des Gesamtumsatzes ohne jede Zellenangabe in relativer oder absoluter Form auszukommen. Die Arbeit unter Verwendung von Namen ist besonders hilfreich bei umfangreichen Tabellen, da die Namen jederzeit bequem aufgerufen werden können und nicht nach irgendwelchen Zellen gesucht werden muss. Nach Wahl des Menüpunkts **Bearbeiten/Gehe zu** werden die einzelnen Namen in einer Dialogbox angezeigt. Wenn man einen Namen mit der Maus auswählt, werden die Zellen, die mit dem Namen belegt sind, in der Tabelle markiert.

Löschen von Namen

Ein bestimmter Name darf nur einmal in einer Mappe benutzt werden. Ist der Name für eine Zelle oder einen Bereich nicht mehr notwendig oder falsch, so kann er gelöscht werden.

Bearbeitungsschritte:

- Wählen Sie den Menüpunkt **Einfügen/Namen/Festlegen**.
- Klicken Sie den Namen „Menge" an.

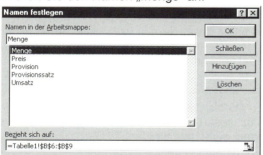

- Klicken Sie die Schaltfläche **Löschen** und danach die Schaltfläche **OK** an. In einer Reihe von Zellen erscheint nun die Fehlermeldung **#Name?**, da der in den Formeln benötigte Name „Menge" nicht mehr vorhanden ist. Sie sollten daher für den Bereich **B6** bis **B9** wieder den Namen „Menge" festlegen.

Übungen:

1. Im Lager befinden sich die folgenden Waren mit den folgenden Verkaufspreisen:

Warenbezeichnung	Bestand	Verkaufspreis pro Stück	Neuer Verkaufspreis pro Stück
Computer	150	3500,00	
Drucker	302	900,00	
Scanner	74	1860,00	
Monitore	130	390,00	

   a) Die Preise der Artikel sollen um 5 % erhöht werden. Erstellen Sie eine Tabelle, die es erlaubt, einen beliebigen Prozentsatz in eine Zelle einzugeben und danach die Anpassung der Verkaufspreise mit Hilfe der absoluten Adressierung vorzunehmen.

   b) Versehen Sie die Zelle, in der der Prozentsatz steht, mit dem Namen *Preiserhöhung*. Nehmen Sie daraufhin die Erhöhung der Preise unter Verwendung des Namens vor.

   c) Versehen Sie den Bereich, in dem die bisherigen Verkaufspreise stehen, mit dem Namen *Verkaufspreis*. Berechnen Sie den neuen Verkaufspreis unter Verwendung der Namen *Preiserhöhung* und *Verkaufspreis*.

   d) Geben Sie dem Bereich, in dem die einzelnen Bestände stehen, den Namen *Bestand*. Summieren Sie den Bestand unter Verwendung des Namens.

2. Auf Grund einer Vereinbarung erhöht sich der Stundenlohn der Arbeitnehmer um 4 %.

Arbeitnehmer	Stundenlohn	Neuer Stundenlohn
Breer	23,70	
Bamming	24,30	
Hirsch	18,90	
Helmers	21,80	
Steenhuis	25,00	

   a) Berechnen Sie mit absoluter Adressierung die neuen Stundenlöhne.

   b) Legen Sie Zellen und Bereiche mit den Namen *Lohnerhöhung* und *Stundenlohn* fest und benutzen Sie diese Namen bei der Berechnung der neuen Stundenlöhne.

3. In Ihrem Unternehmen wird grundsätzlich bei einer Bestellmenge von 10 Stück pro Artikel ein Mengenrabatt in unterschiedlicher Höhe (je nach Kunde) gewährt.

Warenbezeichnung	Verkaufspreis pro Stück	Rabatt	Verkaufspreis nach Abzug des Rabatts
Computer	3500,00		
Drucker	900,00		
Scanner	1860,00		
Monitore	390,00		

   a) Erstellen Sie eine Tabelle mit absoluter Adressierung des Rabattsatzes, mit der der jeweilige Rabatt und der jeweilige Verkaufspreis nach Abzug des Rabatts ermittelt werden kann. Tragen Sie zunächst als Rabatt die Zahl 10 ein.

   b) Legen Sie Zellen und Bereiche mit den Namen *Rabattsatz*, *Verkaufspreis* und *Rabatt* fest und benutzen Sie diese Namen bei den Berechnungen.

3.6 Formatieren

3.6.1 Vorbemerkungen

Unter Formatierung versteht man das Gestalten von Zellen und Bereichen in einer Art, wie sie für den jeweiligen Sachverhalt sinnvoll erscheint. Zum Beispiel soll ein Umsatz von 4000 rechtsbündig als 4000,00 € in einer Zelle ausgegeben werden. Oder es soll eine Zelle oder ein Bereich so gestaltet werden, dass ein Datum in der gewünschten Form aufgenommen werden kann.

Die wichtigsten Formatierungen wird man in der Regel über die Symbolleiste vornehmen, da dies der schnellste und effektivste Weg ist. Darüber hinaus stellt EXCEL effektive Möglichkeiten der Formatierung über den Menüpunkt **Format** zur Verfügung. Nach Wahl des Menüpunkts lassen sich Zellen und Bereiche bearbeiten.

Besonders interessant ist auch die Möglichkeit, eine Tabelle vom Programm automatisch in eine bestimmte Form bringen zu lassen.

3.6.2 Spaltenbreite und Zeilenhöhe

Vor allem die Spaltenbreite muss des öfteren den Gegebenheiten der Inhalte einer Zelle oder eines Bereichs angepasst werden. Insbesondere ist dies notwendig, wenn Zahlenwerte nicht mehr in eine Zelle passen und dies folgendermaßen angezeigt wird: ##.

Bearbeitungsschritte:
• Laden Sie die Mappe *Umsatz3* und speichern Sie die Mappe unter dem Namen *Umsatz8* wieder ab.
• Markieren Sie mit der Maus die Spalte **A**, indem Sie die Zelle **A1** anklicken.
• Wählen Sie im Menü **Format** den Unterpunkt **Spalte/Breite**. In einer Dialogbox können Sie nun die Spaltenbreite einstellen:

• Mehrere Spalten können durch das vorherige Markieren der Spalten in ihrer Breite verändert werden.

• Alternativ können Sie die Spaltenbreite verändern, indem Sie mit der Maus auf die Spaltenbeschriftung gehen und dabei genau auf die Spaltenbegrenzung. Der Mauspfeil verändert sich in ein kleines schwarzes Kreuz. Bei gedrückter linker Maustaste können Sie die Spaltenbreite vergrößern oder verkleinern, indem Sie mit der Maus nach rechts oder links gehen.

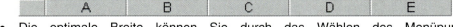

• Die optimale Breite können Sie durch das Wählen des Menüpunkts **Format/Spalte/Optimale Breite** vom Programm einstellen lassen. Es empfiehlt sich jedoch, auch dann mit der Maus leichte gewünschte Änderungen vorzunehmen, um die Darstellung auf dem Bildschirm zu optimieren.

Die Zeilenhöhe kann analog dazu eingestellt werden. Sie dürfte grundsätzlich jedoch nicht die Bedeutung der Spaltenbreite haben und wird deshalb nicht so oft verändert werden müssen.

3.6.3 Formatierung über die Symbolleiste

Die wichtigsten Formatierungen sind über die Symbolleiste möglich und sollen hier kurz angegeben werden. Probieren Sie die einzelnen Optionen einfach am Beispiel *Umsatz7* aus, indem Sie einzelne Felder oder Bereiche formatieren. Nicht gewünschte Formatierungen können Sie jederzeit wieder rückgängig machen.

Arial ▼	Durch das Anklicken des Pfeils (▼) werden die durch Windows zur Verfügung stehenden Schriftarten angezeigt. Durch das Anklicken einer bestimmten Schriftart werden die markierten Zellen mit dieser Schriftart versehen.
10 ▼	Die Größe der Schrift wird durch das Anklicken des Pfeils nach unten (▼) eingestellt. Es können auch Größen eingegeben werden, die vom Programm nicht angegeben werden.
F	Nach dem Aktivieren des Symbols werden die Zahlen fett dargestellt. Auch ein markierter Text kann fett angezeigt werden.
K	Nach dem Aktivieren des Symbols werden die Zahlen kursiv dargestellt. Auch ein markierter Text kann kursiv angezeigt werden.
U̲	Nach dem Aktivieren des Symbols werden die Zahlen unterstrichen dargestellt. Auch ein markierter Text kann unterstrichen angezeigt werden.
≣	Der Inhalt einer markierten Zelle oder eines markierten Bereichs wird durch das Anklicken des Symbols linksbündig dargestellt.
≣	Der Inhalt einer markierten Zelle oder eines markierten Bereichs wird durch das Anklicken des Symbols zentriert dargestellt.
≣	Der Inhalt einer markierten Zelle oder eines markierten Bereichs wird durch das Anklicken des Symbols rechtsbündig dargestellt.
🔢	Der Inhalt mehrerer markierter Zellen wird durch das Anklicken des Symbols zentriert dargestellt.
💲	Es wird den Zahlen im markierten Bereich ein Währungsformat zugewiesen; so wird aus der Zahl 100 die Darstellung 100,00 €.
%	Durch Aktivieren des Symbols werden Zahlen mit 100 multipliziert und mit einem Prozentzeichen versehen. Die Zahl 5 hat daher mit 0,05 eingegeben, wenn die Prozentformatierung erfolgen soll.
000	Durch Anklicken des Symbols werden die Zahlen mit einem Tausendertrennzeichen dargestellt; so wird die Zahl 40000 als 40.000,00 ausgegeben.
⁺⁰‚₀₀	Durch das Anklicken des Symbols wird jeweils eine Dezimalstelle mehr angezeigt; so wird beispielsweise aus der Zahl 45,6 die Zahl 45,60.
‚₀₀⁺‚₀	Durch das Anklicken des Symbols wird jeweils eine Dezimalstelle weniger angezeigt; so wird beispielsweise aus der Zahl 45,60 die Zahl 45,6.
▦ ▼	Durch das Anklicken des Pfeils nach unten werden verschiedene Möglichkeiten angezeigt, eine Zelle oder einen Bereich z. B. mit einem Rahmen zu versehen.
🖌 ▼	Durch das Anklicken des Pfeils nach unten werden Farben angezeigt, die durch Anklicken zum Farbhintergrund einer Zelle oder eines Bereichs werden.
A ▼	Durch das Anklicken des Pfeils nach unten werden Farben angezeigt, die durch Anklicken zur Schriftfarbe in einer Zelle oder in einem Bereich werden.

3.6.4   Formatierungen über die Menüzeile

Die Formatierung kann auch durch das Wählen des Menüpunkts **Format/Zellen** erfolgen. Durch das Anklicken der Begriffe Zahlen, Ausrichtung, Schrift, Rahmen oder Muster wird der jeweilige Bereich der Formatierung gewählt. Zu Übungszwecken sollten Sie anhand der Tabelle *Umsatz8* umfangreiche Formatierungen ausprobieren.

Formatierung von Zahlen

Zur Formatierung von Zahlen muss lediglich das entsprechende Zahlenformat angeklickt werden. Dabei kann man zunächst eine Kategorie und danach innerhalb dieser Kategorie ein bestimmtes Format wählen. Mit dem Währungsformat lassen sich beispielsweise Preise mit einer Währungsbezeichnung versehen.

	A	B	C	D	E
3					
4		Menge	Preis	Umsatz	Provision
5					
6	Vertreter A	200	20,00 €	4.000,00 €	600,00 €
7	Vertreter B	100	15,00 €	1.500,00 €	225,00 €
8	Vertreter C	80	30,00 €	2.400,00 €	360,00 €
9	Vertreter D	150	10,00 €	1.500,00 €	225,00 €

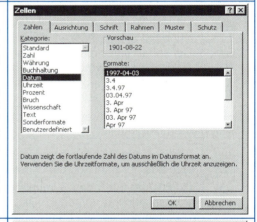

Formatierung eines Datums

Zu den wichtigsten Anwendungen einer Tabellenkalkulation gehört es Zeitabstände zu berechnen. Interessant ist daher die Möglichkeit Zellen das Zahlenformat **Datum** zuzuweisen.

Soll das Datumsformat in Zellen und Bereichen gelöscht werden, weil es nicht mehr benötigt wird, so ist nach Markierung der entsprechenden Bereiche der Menüpunkt **Bearbeiten/Inhalte löschen/Formate** zu wählen.

Zeitberechnungen mit Hilfe der als Datum formatierten Zellen werden später vorgenommen.

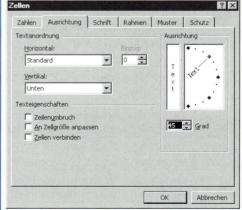

Ausrichtung von Zellen

Markierte Zellen können ausgerichtet werden. Außerdem können Zellen markiert und danach verbunden werden (siehe Umsatzberechnung 2002). Außerdem kann ein Zeilenumbruch in einer Zelle vorgenommen und ein Text an die Zellengröße angepasst werden.

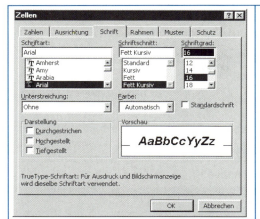

Schrift

Umfangreiche Einstellungsmöglichkeiten bietet die Dialogbox **Schrift**. So kann die Schriftart, der Schriftstil (z. B. Kursiv, Fett usw.), die Schriftgröße usw. frei gewählt werden.

Durch die vorgenommene Einstellung wird die Zelle **B2** folgendermaßen formatiert:

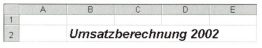

	A	B	C	D	E
1					
2		*Umsatzberechnung 2002*			

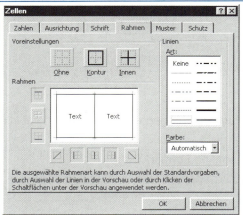

Rahmen

Durch Anklicken der Art wird die Rahmenart festgelegt. Ebenfalls kann bestimmt werden, ob der Rahmen die gesamte Zelle oder den gesamten Bereich umschließen oder beispielsweise nur links, rechts, oben oder unten eine Umrandung angezeigt werden soll. Auch Kombinationen, z. B. oben und rechts, sind möglich. Die Rahmenfarbe kann außerdem bestimmt werden.

Der Bereich **B4** bis **E4** könnte beispielsweise folgendermaßen formatiert werden:

	A	B	C	D	E
1					
2		Umsatzberechnung 2002			
3					
4		Menge	Preis	Umsatz	Provision
5					

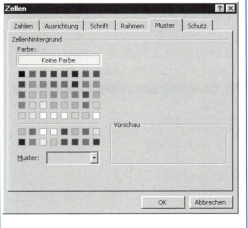

Muster

Die Zellenfarbe und ein Muster für die Zellendarstellung werden über diesen Menüpunkt und das Anklicken der entsprechenden Farbe oder des entsprechenden Musters festgelegt.

Folgende Muster für den Hintergrund von Zellen und Bereichen können ausgewählt werden:

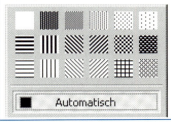

3.6.5   AutoFormat

Beim Formatieren können automatische Formate genutzt werden.

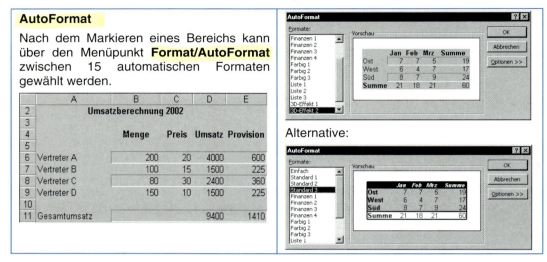

AutoFormat

Nach dem Markieren eines Bereichs kann über den Menüpunkt **Format/AutoFormat** zwischen 15 automatischen Formaten gewählt werden.

	A	B	C	D	E
2	Umsatzberechnung 2002				
3					
4		Menge	Preis	Umsatz	Provision
5					
6	Vertreter A	200	20	4000	600
7	Vertreter B	100	15	1500	225
8	Vertreter C	80	30	2400	360
9	Vertreter D	150	10	1500	225
10					
11	Gesamtumsatz			9400	1410

Alternative:

3.6.6   Formatvorlagen

Eine Möglichkeit, die Formatierung von Zellen, Bereichen oder einer gesamten Tabelle vorzunehmen, ist die Erstellung von Formatvorlagen.

Formatvorlagen

Nach dem Wählen des Menüpunktes **Format/Formatvorlage** können Sie in dem Dialogfeld **Formatvorlage** zunächst einen Namen für die neue Formatvorlage eingeben. Danach klicken Sie die Schaltfläche **Ändern** an. In dem dann eingeblendeten Dialogfeld **Zellen** können Sie das Zahlenformat, die Ausrichtung, die Schrift, den Rahmen und das Muster bestimmen.

Nachdem eine Formatvorlage erstellt wurde, kann beispielsweise ein Bereich der Tabelle markiert werden und über den Menüpunkt **Format/Formatvorlage** im Dialogfeld **Formatvorlage** die entsprechende Formatvorlage ausgewählt werden.

Das Ergebnis könnte folgendermaßen aussehen:

Allgemeine Formatvorlage:

Formatvorlage für eine Überschrift:

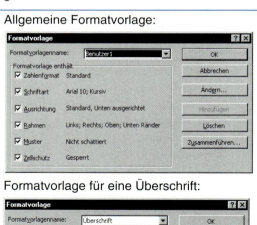

	A	B	C	D	E
6	Vertreter A	200	20	4000	600
7	Vertreter B	100	15	1500	225
8	Vertreter C	80	30	2400	360
9	Vertreter D	150	10	1500	225

3.6.7 Bedingte Formatierung

Die bedingte Formatierung ermöglicht die Formatierung in Abhängigkeit von einem Ergebnis. Beispielsweise können alle Vertreterumsätze, die unter 2.000,00 € liegen, farblich und/oder mit einem anderen Schriftstil gekennzeichnet werden.

Bearbeitungsschritte:

- Laden Sie die Mappe *Umsatz3* und speichern Sie die Mappe unter dem Namen *Umsatz9* wieder ab.

- Markieren Sie mit der Maus die Zellen **D6** bis **D9**. Wählen Sie den Menüpunkt **Format/Bedingte Formatierung**. Tragen Sie die angegebene Bedingung ein. Wollen Sie noch eine zweite Bedingung hinzufügen, müssen Sie die Schaltfläche **Hinzufügen** anklicken.

- Klicken Sie die Schaltfläche **Format** an und stellen Sie den Schriftschnitt *Kursiv* ein. Im Bereich **Muster** können Sie eine Farbe als Zellenhintergrund wählen.

- Das Ergebnis sieht folgendermaßen aus:

	A	B	C	D
6	Vertreter A	200	20	4000
7	Vertreter B	100	15	*1500*
8	Vertreter C	80	30	2400
9	Vertreter D	150	10	*1500*

- Eine bedingte Formatierung in einer Zelle kann durch Markieren der formatierten Zelle, dem Anklicken der Schaltfläche **Format übertragen** 🖋 und dem anschließenden Markieren der Zellen, die bedingt formatiert werden sollen, in andere Zellen übertragen werden.

3.7 Inhalte von Zellen

3.7.1 Arten von Inhalten

Grundsätzlich können in Zellen Texte, Werte, Formeln und Funktionen eingetragen werden. In den nachfolgenden Aufstellungen werden grundsätzliche Bemerkungen zu den möglichen Inhalten der Zellen gemacht. Außerdem wird jeweils ein Beispiel für den Sachverhalt angegeben, das die allgemeinen Erläuterungen ergänzen soll.

Texte

Es werden Bezeichnungen eingegeben, die in der Regel auf ein Eingabefeld, etwa rechts daneben, Hinweise geben. Außerdem kann die Ausgabe eines Ergebnisses mit einem Text erfolgen.

	A	B	C	D
1				
2		**Umsatzberechnung 2002**		
3				
4		**Menge**	**Preis**	**Umsatz**
5				
6	**Vertreter A**			

Werte

Es werden Zahlen eingegeben, die in der Regel weiterverarbeitet werden.

	A	B	C	D
1				
2		Umsatzberechnung 2002		
3				
4		Menge	Preis	Umsatz
5				
6	Vertreter A	**200**	**20**	

Formeln

Mit Formeln werden Werte errechnet, die sich aus den eingegebenen und vorhandenen Werten zusammensetzen.

	A	B	C	D
1				
2		Umsatzberechnung 2002		
3				
4		Menge	Preis	Umsatz
5				
6	Vertreter A	200	20	**=B6*C6**

Funktionen

Funktionen sind vom Programm vorgegebene mathematische Formeln.

	A	B	C	D
1				
2		Umsatzberechnung 2002		
3				
4		Menge	Preis	Umsatz
5				
6	Vertreter A	200	20	=B6*C6
7	Vertreter B	100	15	=B7*C7
8	Vertreter C	80	30	=B8*C8
9	Vertreter D	150	10	=B9*C9
10				
11	Gesamtumsatz			**=SUMME(D6:D9)**

3.7.2   Formeln

Einfache mathematische Formeln am Beispiel der Zinsrechnung

Am Beispiel der Berechnung von Zinsen soll das Anwenden von Formeln in der Tabellenkalkulation demonstriert werden. Die Zinsformel lautet:

$$\text{Zinsen} = \frac{\text{Kapital} * \text{Zinssatz} * \text{Tage}}{100 * 360}$$

Bearbeitungsschritte:

- Bauen Sie die Tabelle zunächst in der nachfolgend dargestellten Form auf und geben Sie die entsprechenden Werte ein:

	A	B	C
1			
2	Zinsberechnung		
3			
4	Kapital	10000	
5	Zinssatz	5	
6	Tage	180	
7			
8	Zinsen		

- Erstellen Sie die folgende Formel in der Zelle **B8**:

  =B4*B5*B6/(100*360)

- Das Ergebnis wird formelmäßig folgendermaßen aussehen:

	A	B	C
1			
2	Zinsberechnung		
3			
4	Kapital	10000	
5	Zinssatz	5	
6	Tage	180	
7			
8	Zinsen	=B4*B5*B6/(100*360)	

- Formatieren Sie die Tabelle wie unten angegeben. Die dunkle Schattierung wurde durch die Wahl einer hellgelben Hintergrundfarbe erreicht.

	A	B	C
1			
2	Zinsberechnung		
3			
4	Kapital	10000	
5	Zinssatz	5	
6	Tage	180	
7			
8	Zinsen	250	

Anwendung von Formeln anhand der Zinseszinsrechnung ohne Verwendung der Zinseszinsformel

Mit Hilfe der Zinseszinsrechnung wird ermittelt, wie hoch ein Kapital bei Anlage zu einem festen Zinssatz nach einer bestimmten Anzahl von Jahren wird. Die Berechnung von Zinseszinsen gehört zu den traditionellen kaufmännischen Aufgaben.

Zunächst soll die Zinseszinsrechnung mit Hilfe der traditionellen Zinsrechnung durchgeführt werden, um zu zeigen, dass Tabellen mit einem relativ kleinen Aufwand erstellt werden können. Durch geschicktes Anwenden von Formeln und durch das Kopieren dieser Formeln in andere Zellen lässt sich das Arbeiten sehr vereinfachen.

Bearbeitungsschritte:

- Geben Sie die Tabelle zunächst in der nachfolgend dargestellten Form ein. In den dunkel unterlegten Zellen **C4** bis **C6** sollen die Eingaben erfolgen. Werden später Alternativrechnungen benötigt, so sollen nur die Angaben in diesen Zellen geändert werden.

	A	B	C	D
1				
2	Zinseszinsrechnung			
3				
4	Kapital		10000	
5	Zinssatz		5	
6	Jahre		4	
7				
8				
9	Jahr	Kapital am Jahresanfang	Zinsen	Kapital am Jahresende

- Tragen Sie in die Zelle **A10** die Zahl **1** für das erste Jahr ein. Diese Zahl soll die Grundlage für die Berechnung der weiteren Jahre darstellen.
- Die weiteren Jahreszahlen sollen nun mit einer sehr einfachen Formel berechnet werden. Tragen Sie in die Zelle **A11** die folgende Formel ein: *=A10+1*. Es soll also zum Inhalt der Zelle **A10** (1) die Zahl **1** addiert werden. Kopieren Sie nun diese Formel zwecks Berechnung der weiteren Jahre in die Zellen **A12** bis **A13**.

	A	B	C	D
9	Jahr	Kapital am Jahresanfang	Zinsen	Kapital am Jahresende
10	1			
11	=A10+1			
12	=A11+1			
13	=A12+1			

- Übernehmen Sie das Kapital aus der Zelle **C4** in die Zelle **B10**, indem Sie in die Zelle **B10** die folgende Formel eintragen: *= C4*.
- In die Zelle **B11** soll als Kapital am Jahresanfang des Jahres **2** das Kapital am Jahresende des ersten Jahres eingetragen werden. Daher lautet die Formel: *= D10*. Ein Ergebnis wird noch nicht angezeigt, da das Kapital am Jahresende noch nicht berechnet wurde. Kopieren Sie die Formel in die Zellen **B12** bis **B13**.

	A	B	C	D
9	Jahr	Kapital am Jahresanfang	Zinsen	Kapital am Jahresende
10	1	=C4		
11	=A10+1	=D10		
12	=A11+1	=D11		
13	=A12+1	=D12		

Bearbeitungsschritte (Fortsetzung):

- Berechnen Sie die Zinsen in der Zelle **C10** mit der Formel für Jahreszinsen:

  = B10 * $C$5/100 (*Kapital * Zinssatz/100*)

- Der Zinssatz muss in absoluter Adressierung angegeben werden, da er sich jeweils in der angegebenen Zelle **C5** befindet. Das Kapital muss relativ adressiert werden, da es sich durch das Kopieren ändern soll, also aus der Zelle **B10** in der nächsten Zeile die Zelle **B11** usw. werden soll.

- Kopieren Sie die Formel der Zelle **C10** in die Zellen **C11** bis **C13**. Es wird zunächst noch kein Ergebnis angezeigt, da das Kapital am Jahresende noch nicht ermittelt wurde und daher ein Wert in der Formel noch nicht zur Verfügung steht.

	A	B	C	D
9	Jahr	Kapital am Jahresanfang	Zinsen	Kapital am Jahresende
10	1	=C4	=B10*$C$5/100	
11	=A10+1	=D10	=B11*$C$5/100	
12	=A11+1	=D11	=B12*$C$5/100	
13	=A12+1	=D12	=B13*$C$5/100	

- Berechnen Sie das Kapital am Jahresende in der Zelle **D10**, indem Sie das Kapital am Jahresbeginn und die Zinsen addieren: **= B10 + C10**. Kopieren Sie die Formel in die Zellen **D11** bis **D13**.

	A	B	C	D
9	Jahr	Kapital am Jahresanfang	Zinsen	Kapital am Jahresende
10	1	=C4	=B10*$C$5/100	=B10+C10
11	=A10+1	=D10	=B11*$C$5/100	=B11+C11
12	=A11+1	=D11	=B12*$C$5/100	=B12+C12
13	=A12+1	=D12	=B13*$C$5/100	=B13+C13

- Das Ergebnis sieht formatiert folgendermaßen aus:

	A	B	C	D
1				
2		**Zinseszinsrechnung**		
3				
4	Kapital		10.000,00 €	
5	Zinssatz		5	
6	Jahre		4	
7				
8				
9	Jahr	Kapital am Jahresanfang	Zinsen	Kapital am Jahresende
10	1	10.000,00 €	500,00 €	10.500,00 €
11	2	10.500,00 €	525,00 €	11.025,00 €
12	3	11.025,00 €	551,25 €	11.576,25 €
13	4	11.576,25 €	578,81 €	12.155,06 €

- Speichern Sie die Tabelle unter der Bezeichnung *Zinsen (tabellarisch)* ab.

Anwendung von Formeln anhand der Zinseszinsrechnung unter Verwendung der Zinseszinsformel

Komplexe Formeln erfordern die genaue Beachtung der von EXCEL vorgeschriebenen Schreibweisen und der Klammersetzung. Sollte dies nicht beachtet werden, gibt das Programm entsprechende Fehlermeldungen aus.

Die Zinseszinsrechnung, die vorhin mit Hilfe der Zinsrechnung durchgeführt wurde, soll nun mit der Zinseszinsformel durchgeführt werden. Diese Formel soll als Beispiel für die Anwendung einer etwas komplexeren mathematischen Formel dienen.

Die Zinseszinsformel lautet:

$$K_n = K_0 * \left(1 + \frac{p}{100}\right)^n$$

Zeichenerklärung: K_n = Kapitalendwert K_0 = Kapital   P = Zinssatz   n = Jahre

Bearbeitungsschritte:

- Geben Sie die Tabelle zunächst in der nachfolgend dargestellten Form ein. In den Zellen **C4** bis **C6** erfolgt die Eingabe der Werte, die für die Berechnung der Zinseszinsen benötigt werden.

	A	B	C	D
1				
2	Zinseszinsrechnung			
3				
4	Kapital		10000	
5	Zinssatz		5	
6	Jahre		4	
7				
8	Kapitalendwert			

- Erstellen Sie in der Zelle **C8** die Formel in der folgenden Form:

  =C4*(1+(C5/100))^C6

- Es empfiehlt sich tatsächlich, die Formel vollständig über die Tastatur einzugeben. Es ist zwar möglich, durch das Markieren von Feldern Bestandteile in die Formel zu übernehmen. Dies ist jedoch weitaus komplizierter und führt daher des Öfteren zu Fehlern.

- In der Zelle **C8** steht daher die folgende Formel:

	A	B	C	D
8	Kapitalendwert		=C4*(1+(C5/100))^C6	

- Formatieren Sie anschließend die Zellen wie nachstehend abgebildet:

	A	B	C	D
1				
2	Zinseszinsrechnung			
3				
4	Kapital		10.000,00 €	
5	Zinssatz		5	
6	Jahre		4	
7				
8	Kapitalendwert		12.155,06 €	

- Speichern Sie die Berechnung unter dem Namen *Zinsenzins* ab.

3.7.3   Funktionen

Vorbemerkungen

Das Tabellenkalkulationsprogramm EXCEL kennt über 200 vom Programm definierte Funktionen aus verschiedenen Bereichen, z. B. finanzmathematische Funktionen, Logikfunktionen und mathematische Funktionen. Die Funktionen sollen Berechnungen vereinfachen.

Anwendung von einfachen Funktionen

In dem Beispiel der Umsatzberechnung wurde bisher schon eine Funktion **Summe** benutzt. Diese Funktion wird unterschiedlich angewandt und die Arbeit mit der Funktion in der Regel durch das Anklicken der Schaltfläche **Summe** Σ eingeleitet.

= Summe(D6:D9) oder *= Summe(Umsatz).*

Es ist übrigens auch möglich, den zu summierenden Bereich zu markieren und danach das Symbol **Summe** anzuklicken. Daraufhin wird die Summe in einem Feld darunter oder daneben ausgegeben.

Der grundsätzliche Syntax der Funktion lautet:

> **Syntax:**
>
> **= Summe(Zahl1;Zahl2;...)**
> **= Summe(Name einer Zelle oder eines Bereichs)**

Anhand einer zweiten Funktion, die den durchschnittlichen Umsatz der Vertreter ermittelt, soll die Anwendung von Funktionen demonstriert werden. Diese Funktion heißt Mittelwert.

> **Syntax:**
>
> **= Mittelwert(Zahl1;Zahl2;...)**
> **= Mittelwert(Name einer Zelle oder eines Bereichs)**

> **Bearbeitungsschritte:**
>
> - Laden Sie die Mappe *Umsatz* und speichern Sie die Mappe unter dem Namen *Umsatz9* nochmals ab.
> - Tragen Sie in der Zelle **A15** den Text „Durchschnittlicher Umsatz pro Vertreter" ein und berechnen Sie in der Zelle **D15** den durchschnittlichen Umsatz.
> - Das Ergebnis der Berechnung sieht folgendermaßen aus:

	A	B	C	D	E
13	Durchschnittlicher Umsatz pro Vertreter			2350	

Wichtige Funktionsergebnisse können jederzeit einfach ermittelt werden. Die Summe eines markierten Bereichs wird am unteren Bildschirmrand angegeben. Fährt man mit der Maus auf diesen Bereich und drückt die rechte Maustaste, kann man zwischen verschiedenen Funktionen mit der linken Maustaste wählen. Das ausgewählte Ergebnis, z. B. die Summe oder der Mittelwert, wird am unteren Bildschirmrand angezeigt.

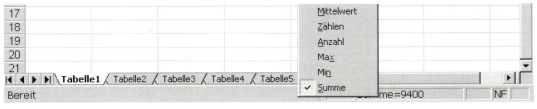

Benutzen des Funktions-Assistenten

Die Benutzung des Funktions-Assistenten erleichtert die Arbeit mit den vom Programm definierten Funktionen, die das Tabellenkalkulationsprogramm EXCEL zur Verfügung stellt. Grundsätzlich lassen sich zwar alle Funktionen über die Tastatur eingeben, aber mit Hilfe des Funktions-Assistenten wird die Wahl einer Funktion vereinfacht und die Eingabe der benötigten Daten sicherer vorgenommen.

Der Funktions-Assistent wird durch den Menüpunkt **Einfügen/Funktion** oder durch das Anklicken der Schaltfläche **Funktion** f_* aufgerufen. Danach kann man die gewünschte Funktion auswählen. Dabei kann man im Bereich Kategorie bestimmen, ob alle Funktionen oder nur bestimmte, wie etwa mathematische, finanzmathematische oder Logikfunktionen, angezeigt werden sollen.

Interessant ist auch die Möglichkeit, sich die zuletzt verwendeten Funktionen anzeigen zu lassen, da diese Funktionen wahrscheinlich die am meisten benutzten Funktionen sind. Dadurch wird das Suchen nach bestimmten Funktionen erleichtert.

Bearbeitungsschritte:

- Laden Sie die Mappe *Zinsen*. Löschen Sie in der Zelle **C8** das Währungsformat, das nicht mehr benötigt wird.

- Vervollständigen Sie die Tabelle folgendermaßen:

	A	B	C	D
8	Kapitalendwert		12155,0625	
9				
10	Kapitalendwert (gerundet)			

- Markieren Sie die Zelle **C10** und wählen Sie danach den Menüpunkt **Einfügen/-Funktion**, um mit Hilfe des Funktions-Assistenten eine Funktion in der markierten Zelle einzufügen.

  Alternative: Schaltfläche **Funktion** f_*

  Die folgende Dialogbox wird auf dem Bildschirm angezeigt:

- Wählen Sie aus der Kategorie **Mathematik & Trigonomie** die Funktion **Runden** aus. Der allgemeine Syntax und die Bedeutung der Funktion werden angegeben. Klicken Sie danach die Schaltfläche **OK** an.

Bearbeitungsschritte (Fortsetzung):

- Im Schritt 2 von 2 des **Funktions-Assistenten** muss zunächst die Zahl angegeben werden, die gerundet werden soll. Da sich die zu rundende Zahl in der Zelle **C8** befindet, ist diese Zelle einzugeben oder mit der Maus anzuklicken.

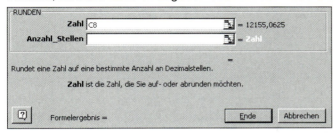

- Wollen Sie überprüfen, ob die richtige Zelle markiert ist, und das Dialogfeld verdeckt die markierte Zelle, so können Sie das Dialogfeld durch Anklicken der Schaltfläche ▦ in der rechten Ecke des Dialogfeldes verkleinern. Durch das Anklicken der Schaltfläche im verkleinerten Fenster wird die Dialogbox wieder eingeblendet.

- Danach ist die Anzahl der Nachkommastellen anzugeben. Dies ist bei der Funktion **Runden** unbedingt notwendig. Ist eine Eingabe **optional**, kann eine Eingabe erfolgen. Sie ist jedoch nicht unbedingt notwendig.

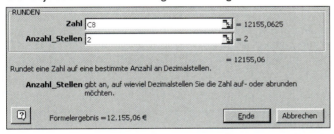

- Mit dem Anklicken der Schaltfläche **Ende** wird die Arbeit mit dem **Funktions-Assistenten** abgeschlossen.

- Das Ergebnis sieht folgendermaßen aus:

	A	B	C	D
8	Kapitalendwert		12155,0625	
9				
10	Kapitalendwert (gerundet)		12155,06	

- Eleganter wäre sicherlich gewesen direkt in der Zelle **C8** den Kapitalendwert zu berechnen und gleichzeitig die richtige Rundung vorzunehmen. Die in die Zelle **C8** einzugebende Formel lautet:

  = RUNDEN(C4*(1+(C5/100))^C6;2)

- Auch über den **Funktions-Assistenten** ist das Ergebnis zu realisieren:

Anwendung des Funktions-Assistenten am Beispiel der Zinseszinsrechnung

Für die Zinseszinsberechnung gibt es im Tabellenkalkulationsprogramm EXCEL die Funktion **Zukunftswert**. Sie entspricht dem Kapitalendwert bei der Zinseszinsrechnung.

Mit dieser Funktion könnten auch so genannte Rentenendwerte berechnet werden, wenn zusätzlich jährliche Zahlungen erfolgen sollen. Dies wird in diesem Beispiel jedoch nicht gezeigt.

Syntax:

= ZW(Zins;Zzr;Rmz;Bw;F)

Bezeichnung	Bedeutung/Beispiel
ZW	Zukunftswert (Zinseszins- oder Rentenrechnung)
Zins	Zinssatz
Zzr	Zeitraum (Jahre)
Rmz	Zahlung pro Zeitraum (in der Zinseszinszinsrechnung, da keine Jahreszahlungen erfolgen, 0)
Bw (optional)	Kapital (sogenannter Barwert oder Kapitalanfangswert)
F (optional)	Zahlungen pro Zeitraum am Anfang des Zeitraumes: 1,
	Zahlungen pro Zeitraum am Ende des Zeitraumes: 0.

Da die Funktion **Zukunftswert** in erster Linie Rentenendwerte berechnen soll, ist das Kapital am Anfang des Jahres lediglich ein optionaler einzugebender Wert, er wird für die Rentenrechnung nicht unbedingt benötigt. Ist ein Wert optional, kann eine Eingabe erfolgen, sie ist jedoch nicht unbedingt notwendig.

Mit Hilfe der Funktion **Zukunftswert** soll die Zinseszinsrechnung durchgeführt werden:

Bearbeitungsschritte:

- Erstellen Sie zunächst wiederum die folgende Tabelle:

	A	B	C	D
1				
2	Zinseszinsrechnung			
3				
4	Kapital		-10000	
5	Zinssatz		5%	
6	Jahre		4	
7				
8	Kapitalendwert			

- Es ergeben sich folgende Besonderheiten bei der Eingabe der Werte:

  Das Kapital muss als negativer Wert eingegeben werden. Dies wird damit begründet, dass ausgegebenes Geld negativ und eingenommenes Geld (Kapitalendwert) positiv dargestellt werden soll.

  Der Zinssatz muss als 0,05 eingegeben werden. Durch das Anklicken des Prozentzeichens (%) in der Symbolleiste wird der Zinssatz als 5 % dargestellt. Auch ohne das Anklicken des Symbols würde die Rechnung ordnungsgemäß durchgeführt.

Bearbeitungsschritte (Fortsetzung):

- Markieren Sie die Zelle **C8** und rufen Sie den Menüpunkt **Einfügen/Funktion** auf, um die entsprechende Funktion aufzurufen.

  Alternative: Schaltfläche **Funktion** *fx*

- Der Schritt 1 des Funktions-Assistenten wird daraufhin auf dem Bildschirm abgebildet. Wählen Sie aus der Kategorie **Finanzmathematik** die Funktion **ZW** aus. Alternativ können Sie auch die Kategorie **Alle** aufrufen und dann die entsprechende Funktion wählen. Dabei müssen Sie jedoch unter allen Funktionen die gesuchte Funktion heraussuchen. Sind Sie sicher, dass eine Funktion einer bestimmten Kategorie angehört, sollten Sie die bestimmte Kategorie wählen und dann die Funktion aufrufen.

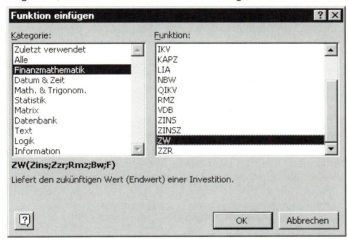

- Nach dem Anklicken der Schaltfläche **OK** wird der Schritt 2 des Funktions-Assistenten dargestellt. Geben Sie jeweils die entsprechende Zelle bei Zins usw. ein. Sie können dies auch durch das jeweilige Markieren der Zelle erreichen. Bei der Zahlung pro Zeitraum geben Sie eine 0 ein, da keine Zahlung erfolgt. Das Ergebnis wird in der rechten oberen Ecke der Dialogbox angezeigt.

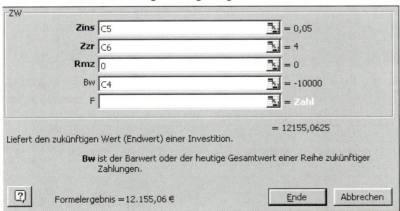

- Das Ergebnis wird in der Zelle **C8** nach dem Anklicken der Schaltfläche **Ende** angezeigt.

Logik-Funktionen am Beispiel der Wenn-Funktion

Die Tabellenkalkulation EXCEL bietet verschiedene Logik-Funktionen, unter anderem die **Wenn-Funktion**, mit der man Fallunterscheidungen betreiben kann. Am Beispiel der Umsatzberechnung soll durch Hinzufügen der Provisionsberechnung für die einzelnen Vertreter diese Funktion erklärt werden.

Syntax:

= WENN(Prüfung;Dann_Wert;Sonst_Wert)
= WENN(D6>2000;D6*15/100;D6*10/100)

Bearbeitungsschritte:

- Laden Sie die Mappe *Umsatz3* und speichern Sie die Mappe unter dem Namen *Umsatz11* wieder ab.
- Löschen Sie den Inhalt des Bereichs **E6** bis **E9**. Bei einem Umsatz von über 2000,00 € soll eine Provision von 15 % gezahlt werden, ansonsten eine Provision von 10 %. Daher sollen zunächst mit Hilfe des Funktions-Assistenten die entsprechenden Eingaben entwickelt werden.
- Markieren Sie die Zelle **E6**. Wählen Sie nach Aufruf des Funktions-Assistenten die Kategorie **Logik** und danach die **Wenn-Funktion**. Füllen Sie im zweiten Schritt die Maske entsprechend aus, dass zunächst die Bedingung (D6>2000) eingegeben wird, die geprüft werden muss. Danach werden die beiden Alternativen eingetragen. Rechts oben wird der korrekt berechnete Wert angegeben, nämlich in diesem Fall 15 % von 4000 gleich 600.

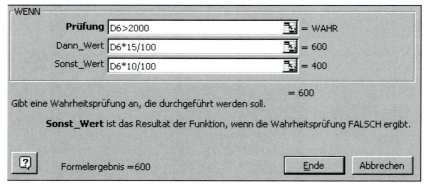

- Nach Anklicken der Schaltfläche **Ende** wird das Ergebnis in der Zelle **E6** angezeigt.
- Kopieren Sie die Berechnung in die Zellen **E7** bis **E9**. Das Ergebnis sieht folgendermaßen aus und gibt die korrekte Berechnung der Provisionen wieder:

	A	B	C	D	E
4		Menge	Preis	Umsatz	Provision
5					
6	Vertreter A	200	20	4000	600
7	Vertreter B	100	15	1500	150
8	Vertreter C	80	30	2400	360
9	Vertreter D	150	10	1500	150

Bearbeitungsschritte:

- Es ergeben sich hierbei die folgenden Formeln:

	A	B	C	D	E
4		Menge	Preis	Umsatz	Provision
5					
6	Vertreter A	200	20	=B6*C6	=WENN(D6>2000;D6*15/100;D6*10/100)
7	Vertreter B	100	15	=B7*C7	=WENN(D7>2000;D7*15/100;D7*10/100)
8	Vertreter C	80	30	=B8*C8	=WENN(D8>2000;D8*15/100;D8*10/100)
9	Vertreter D	150	10	=B9*C9	=WENN(D9>2000;D9*15/100;D9*10/100)

- Selbstverständlich kann die entsprechende Formel auch ohne den **Funktions-Assistenten** über die Tastatur eingegeben werden.

- Darüber hinaus können in den Formeln Namen verwandt werden, wenn diese definiert wurden. Die Formeln sehen dann folgendermaßen aus:

	A	B	C	D	E
4		Menge	Preis	Umsatz	Provision
5					
6	Vertreter A	200	20	=Menge*Preis	=WENN(Umsatz>2000;Umsatz*15/100;Umsatz*10/100)
7	Vertreter B	100	15	=Menge*Preis	=WENN(Umsatz>2000;Umsatz*15/100;Umsatz*10/100)
8	Vertreter C	80	30	=Menge*Preis	=WENN(Umsatz>2000;Umsatz*15/100;Umsatz*10/100)
9	Vertreter D	150	10	=Menge*Preis	=WENN(Umsatz>2000;Umsatz*15/100;Umsatz*10/100)

- Außerdem könnten die einzelnen Provisionssätze (15 und 10) in Zellen eingegeben und später jederzeit andere Prozentsätze eingesetzt werden.

Auswählen mehrerer Alternativen am Beispiel der Wenn-Funktion

Mit Hilfe des **Funktions-Assistenten** können Funktionen mit mehreren Alternativen erstellt werden. Beispielsweise soll bis zu einem Umsatz von 2000,00 € 10 %, bis zu einem Umsatz von 3000,00 € 15 % und bei einem Umsatz von mehr als 3000,00 € 20 % Provision gewährt werden. Die manuelle Eingabe ist allerdings eine zu überlegende Alternative, wenn mehr als zwei Alternativen benötigt werden.

Syntax:

= WENN(Prüfung;Dann_Wert;WENN(Prüfung;Dann_Wert;Sonst_Wert)
= WENN(D6<=2000;D6*10/100;WENN(D6<=3000;D6*15/100;D6*20/100)

Bearbeitungsschritte:

- Laden Sie die Mappe *Umsatz3* und speichern Sie die Mappe unter dem Namen *Umsatz12* wieder ab. Löschen Sie die Zellen **E6** bis **E9**.

- Markieren Sie die Zelle **E6** und rufen Sie den Menüpunkt **Einfügen/Funktion** auf, um die entsprechende Funktion aufzurufen.

  Alternative: Schaltfläche **Funktion**

- Wählen Sie die Wenn-Funktion aus.

Bearbeitungsschritte (Fortsetzung):

- Geben Sie die erste Prüfbedingung und den **Dann_Wert** ein.

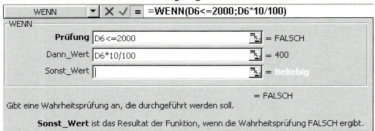

- Klicken Sie mit der Maus in das Feld **Sonst_Wert**. In der Bearbeitungszeile wird eine Funktion (in diesem Fall die Wenn-Funktion) angegeben. Durch das Anklicken des Pfeils nach unten werden weitere Funktionen angezeigt.

- Falls die Wenn-Funktion in der Auswahl vorhanden ist, klicken Sie diese an. Ansonsten können Sie über **Weitere Funktionen** die Wenn-Funktion auswählen.

- Geben Sie in dem dann eingeblendeten Dialogfeld **Wenn** die zweite Prüfbedingung und die Alternativen ein.

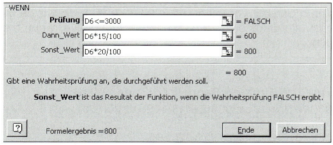

- Klicken Sie die Schaltfläche **Ende** an. Das Ergebnis wird richtig angezeigt und die Formel in der Bearbeitungszeile angezeigt.

- Kopieren Sie die Formel in die Zellen **E7** bis **E9**. Formelmäßig sieht das Ergebnis in der Spalte **E** folgendermaßen aus:

	E
6	=WENN(D6<=2000;D6*10/100;WENN(D6<=3000;D6*15/100;D6*20/100))
7	=WENN(D7<=2000;D7*10/100;WENN(D7<=3000;D7*15/100;D7*20/100))
8	=WENN(D8<=2000;D8*10/100;WENN(D8<=3000;D8*15/100;D8*20/100))
9	=WENN(D9<=2000;D9*10/100;WENN(D9<=3000;D9*15/100;D9*20/100))

Logik-Funktionen am Beispiel der Und-Funktion und der Oder-Funktion

Will man überprüfen, ob bestimmte Bedingungen wahr oder falsch sind, benutzt man die **Und-Funktion**. Will man z. B. feststellen, ob alle Vertreter eine Provision von mindestens 200,00 € erreicht haben, lauten Syntax und Formel in der Zelle **F6** folgendermaßen:

Syntax:

= UND(Wahrheitswert1;Wahrheitswert2;...)

= UND(E6>200;E7>200;E8>200;E9>200;)

Das Ergebnis lautet FALSCH, da die Vertreter B und D die Provision nicht erreicht haben. Es würde WAHR lauten, wenn der jeweilige Umsatz mit 100,00 € angegeben worden wäre.

	A	B	C	D	E	F
6	Vertreter A	200	20	4000	800	FALSCH
7	Vertreter B	100	15	1500	150	
8	Vertreter C	80	30	2400	360	
9	Vertreter D	150	10	1500	150	

Die **Oder-Funktion** ist identisch aufgebaut. Das Ergebnis lautet WAHR, da zwei Vertreter eine höhere Provision erreicht haben.

Syntax:

= ODER(Wahrheitswert1;Wahrheitswert2;...)

= ODER(E6>200;E7>200;E8>200;E9>200;)

Logik-Funktionen am Beispiel der Verbindung der Wenn-Funktion und der Und-Funktion

Logik-Funktionen lassen sich verbinden. So kann z. B. eine Abfrage konstruiert werden, die sowohl die **Wenn-Funktion** als auch die **Und-Funktion** enthält. Am Beispiel der Umsatzberechnung soll dies gezeigt werden. Ein Vertreter soll nur dann 10 % Provision erhalten, wenn er mindestens 100 Produkte abgesetzt hat und mindestens 1000,00 € Umsatz erzielt hat.

Syntax:

= WENN(UND(Prüfung;Prüfung);Dann_Wert;Sonst_Wert)

= WENN(UND(D6>=1000;B6>=100);D6*10/100;0)

Bearbeitungsschritte:

- Laden Sie die Mappe *Umsatz3* und speichern Sie die Mappe unter dem Namen *Umsatz12* wieder ab. Löschen Sie den Inhalt des Bereichs **E6** bis **E9**.
- Tragen Sie in der Zelle **E6** die folgende Formel ein:

  *=WENN(UND(D6>=1000;B6>=100);D6*10/100;0)*
- Das Ergebnis sieht nach dem Kopieren in die Zellen **E7** bis **E9** folgendermaßen aus:

	A	B	C	D	E
6	Vertreter A	200	20	4000	400
7	Vertreter B	100	15	1500	150
8	Vertreter C	80	30	2400	0
9	Vertreter D	150	10	1500	150

Übungen:

1. Im Lager Ihres Unternehmens befinden sich die folgenden Waren:

Warenbezeichnung	Verkaufspreis pro Stück	Neuer Verkaufspreis pro Stück
Computer	3500,00	
Drucker	900,00	
Scanner	1860,00	
Monitore	390,00	

Preiserhöhung bei einem Verkaufspreis < 1000,00 (in %)	5
Preiserhöhung bei einem Verkaufspreis >= 1000,00 (in %)	3

a) Die Preise der Artikel sollen wie angegeben erhöht werden. Erstellen Sie eine Tabelle, die es erlaubt, einen beliebigen Prozentsatz in die Zellen mit den Preiserhöhungen einzugeben und in der danach die neuen Verkaufspreise pro Stück errechnet werden.

b) Erstellen Sie die Tabelle unter Verwendung der Namen *Preiserhöhung1*, *Preiserhöhung2* und *Verkaufspreis*.

2. Die Verkaufszahlen Ihres Unternehmens sind in der folgenden Tabelle zusammengefasst:

Verkaufszahlen			
Monat	**Drucker**	**Computer**	**Monitor**
Januar	150	123	66
Februar	302	244	34
März	74	134	54
April	130	65	12
Mai	140	124	33
Juni	89	112	87
Gesamtverkauf			
Durchschnittlicher Verkauf			
Minimaler Verkauf			
Maximaler Verkauf			

a) Berechnen Sie mit Hilfe von Funktionen den Gesamtverkauf, den durchschnittlichen Verkauf, den minimalen und maximalen Verkauf.

b) Versehen Sie die Bereiche, in denen die Verkaufszahlen stehen, mit Namen. Berechnen Sie die Werte unter Verwendung von Namen.

3. Ein PKW Ihres Unternehmens wird für 24000,00 € gekauft. Er soll im Betrieb 8 Jahre benutzt werden und dann zu einem Restwert von 2000,00 € verkauft werden.

a) Erstellen Sie die Tabelle unter Nutzung der Funktion *Lineare Abschreibung*.

b) Erstellen Sie die Tabelle unter Verwendung von Namen.

3.8 Sortieren innerhalb von Tabellen

Für verschiedene Probleme kann es notwendig werden, dass Daten sortiert werden. Beispielsweise kann es interessant sein, die Vertreter nach dem erzielten Umsatz auszugeben.

Bearbeitungsschritte:

- Laden Sie die Mappe *Umsatz3* und speichern Sie die Mappe unter dem Namen *Umsatz13* wieder ab.

- Markieren Sie zunächst den Bereich **A6** bis **E9**.

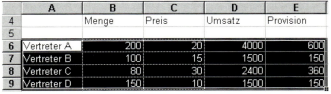

	A	B	C	D	E
4		Menge	Preis	Umsatz	Provision
5					
6	Vertreter A	200	20	4000	600
7	Vertreter B	100	15	1500	150
8	Vertreter C	80	30	2400	360
9	Vertreter D	150	10	1500	150

- Wählen Sie den Menüpunkt **Daten/Sortieren**. Danach können Sie die Spalte angeben, nach der zunächst sortiert werden soll, also z. B. die Spalte D, in der der Umsatz berechnet worden ist. Wird eine absteigende Sortierung vorgenommen, so wird der Vertreter mit dem höchsten Umsatz als erster angezeigt. Nach weiteren Kriterien, etwa nach der Menge, könnte anschließend als nächstes Kriterium sortiert werden.

- Nach Anklicken der Schaltfläche **Optionen** können Einstellungen vorgenommen werden, etwa ob nach Zeilen oder nach Spalten sortiert werden soll.

- Das Ergebnis zeigt eine korrekte Sortierung nach dem Umsatz der Vertreter:

	A	B	C	D	E
4		Menge	Preis	Umsatz	Provision
5					
6	Vertreter A	200	20	4000	600
7	Vertreter C	80	30	2400	360
8	Vertreter B	100	15	1500	150
9	Vertreter D	150	10	1500	150

- Sortierungen durch Anklicken der Schaltflächen **Aufsteigend sortieren** (⬇) und **Absteigend sortieren** (⬆) sollten nicht vorgenommen werden, da nur die markierte Spalte sortiert wird und die restlichen Spalten nicht verändert werden.

3.9   Berechnung von Zeitabständen

3.9.1   Formatierung von Zellen zur Aufnahme eines Datums

Eine Zelle oder ein Bereich können so formatiert werden, dass sie ein Datum darstellen. Sind mehrere Zellen bzw. Bereiche als Datum formatiert, so können Berechnungen mit den entsprechenden Zellen erfolgen, z. B. kann ermittelt werden, wie viele Tage zwischen den beiden Daten liegen. Damit eignet sich eine Tabellenkalkulation besonders gut für die Berechnung von Zinszeiträumen, Arbeitszeiten usw.

Bearbeitungsschritte:

- Erstellen Sie die folgende Tabelle und markieren Sie die Zellen **B4** und **B5**, in denen jeweils ein Datum eingetragen werden soll:

	A	B	C	D
1				
2	Zeitberechnung			
3				
4	Einzahlungstag			
5	Auszahlungstag			
6				
7	Tage			

- Wählen Sie den Menüpunkt **Format/Zellen** und wählen Sie danach das dargestellte Datumsformat aus. Dieses Format ist die nach DIN EN 28 601 ab 1996 gültige numerische Datumsform in der Reihenfolge Jahr-Monat-Tag. Andere Formate können durch einfaches Anklicken gewählt werden.

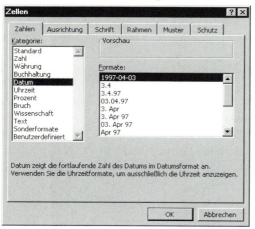

- Beenden Sie mit Anklicken der Schaltfläche **OK** die Formatierung der Zellen als Datum.
- Geben Sie die folgenden Daten ein. Dabei müssen Sie berücksichtigen, dass das Jahr mit 2002 eingetragen werden muss, also insgesamt 2002-03-02 eingegeben werden muss:

	A	B	C	D
4	Einzahlungstag	2002-03-02		
5	Auszahlungstag	2002-06-30		

3.9.2 Berechnung des Zeitabstandes mit Hilfe der Subtraktion von Zellen

Mit Hilfe der Subtraktion von Zellen lassen sich Zeitabstände berechnen. Erforderlich ist jedoch, dass vorher die Zellen als Datumszellen formatiert wurden.

Bearbeitungsschritte:

- Führen Sie die folgende Berechnung durch:

	A	B	C	D
2	Zeitberechnung			
3				
4	Einzahlungstag	2002-03-02		
5	Auszahlungstag	2002-06-30		
6				
7	Tage	=B5-B4		

- Die Berechnungsmethode berechnet die tatsächlichen Tage. Es wird also beispielsweise berücksichtigt, dass der Januar 31 und der April 30 Tage hat. Auch wird die Anzahl der Tage in einem Jahr korrekt mit 365 bzw. 366 berechnet. Eventuell wird statt der Zahl 120 in der Zelle **B7** ein Datum ausgegeben. Der korrekte Wert wird nach dem Markieren der Zelle und der Wahl des Menüpunkts **Bearbeiten/Löschen/Formate** angezeigt.

	A	B	C	D
7	Tage	120		

3.9.3 Berechnung des Zeitabstandes mit Hilfe einer Funktion

Mit Hilfe einer Funktion **Tage360** lassen sich ebenfalls Zeitabstände berechnen. Erforderlich ist wiederum, dass vorher die Zellen als Datumszellen formatiert wurden.

Syntax:

= Tage360(Ausgangsdatum;Enddatum;Methode)

Bearbeitungsschritte:

- Markieren Sie die Zelle **B7**.
- Wählen Sie den Menüpunkt **Einfügen/Funktion**.

  Alternative: Schaltfläche **Funktions-Assistent** *fx*

- Wählen Sie die nachfolgend angezeigte Funktion aus:

Kategorie:	Funktion:
Zuletzt verwendet	TAG
Alle	TAGE360

- Im zweiten Schritt des Funktions-Assistenten müssen die Zellen des Ausgangs- und des Enddatums durch Anklicken der Zellen eingetragen werden:

TAGE360		
Ausgangsdatum	B4	= 35856
Enddatum	B5	= 35976

- Als Ergebnis werden 118 Tage angegeben, da der Monat mit 30 Tagen berechnet wird.

Übungen:

1. Die Waren, die im Lager vorhanden sind, sollen sortiert werden.

Warenbezeichnung	Bestand	Verkaufspreis pro Stück
Computer	150	3500,00
Drucker	302	900,00
Scanner	74	1860,00
Monitore	130	390,00

   a) Sortieren Sie die Waren nach der Warenbezeichnung.
   b) Sortieren Sie die Waren nach dem Bestand absteigend.
   c) Sortieren Sie die Waren nach dem Verkaufspreis pro Stück absteigend.

2. Bei der Produktion von Schreibtischen wurden nach einer Aufstellung der Produktionsabteilung die folgenden Zeiträume benötigt:

Produktionszeiträume

	Beginn	Ende	Tage
Produktionsschritt A	2002-02-02	2002-02-15	
Produktionsschritt B	2002-02-16	2002-03-14	
Produktionsschritt C	2002-05-15	2002-08-23	
Produktionsschritt D	2002-08-24	2002-09-04	
Produktionsschritt E	2002-09-05	2002-10-30	

   a) Berechnen Sie die benötigten Tage nach der Subtraktionsmethode.
   b) Berechnen Sie die benötigten Tage mit Hilfe einer Funktion.

3. Berechnen Sie die Zinsen für ein Kapital von 5400,00 € vom 13.01.2002 bis zum 25.08.2004. Die Verzinsung beträgt 6,5 %. Die Verzinsung soll taggenau erfolgen.

4. Die folgenden Beträge sind zum 30.06.2002 zuzüglich 8 % Zinsen zu zahlen:

Fälligkeitsdatum	Betrag
2002-02-15	23.047,90 €
2002-03-17	15.987,56 €
2002-04-19	12.498,45 €
2002-05-22	7.658,90 €

   a) Berechnen Sie die einzelnen Zinsen taggenau. Runden Sie die Ergebnisse auf zwei Stellen genau. Berechnen Sie außerdem die Gesamtzinsen und den gesamten Betrag, der am 30.06.2002 zu zahlen ist.
   b) Führen Sie die Berechnung mit Namen durch.

3.10   Aufbau einer Tabelle

Grundsätzlich sollte eine umfangreichere Tabelle so aufgebaut sein, dass der Eingabe- und der Ausgabebereich voneinander getrennt sind. Dies hat den Vorteil, dass im Ausgabebereich, in dem die Verarbeitungen geschehen, keine Veränderungen vorgenommen werden müssen. Man kann also den Ausgabebereich und Teile des Eingabebereichs, wie später noch gezeigt werden wird, vor Änderungen schützen und damit verhindern, dass Formeln usw. unbeabsichtigt gelöscht oder verändert werden.

Das Prinzip soll anhand der Verteilung von Transportkosten nach dem Gewicht gezeigt werden. Der Aufbau der Tabelle dürfte kein großes Problem darstellen.

	A	B	C
1			
2	**Verteilungsrechnung**		
3			
4	**Eingabeteil**		
5			
6	Kosten des Transports		1.400,00 €
7			
8	Gewicht des Produktes A		100,000
9	Gewicht des Produktes B		150,000
10	Gewicht des Produktes C		200,000
11	Gewicht des Produktes D		250,000
12			
13	**Ausgabeteil**		
14			
15	Kosten pro Kilogramm		2,00 €
16			
17		Gewicht	Kosten
18	Produkt A	100,000	200,00 €
19	Produkt B	150,000	300,00 €
20	Produkt C	200,000	400,00 €
21	Produkt D	250,000	500,00 €
22	Gesamtgewicht	700,000	1.400,00 €

Die Formeln für diese Berechnung sehen folgendermaßen aus:

	A	B	C
13	**Ausgabeteil**		
14			
15	Kosten pro Kilogramm		=C6/B22
16			
17		Gewicht	Kosten
18	Produkt A	=C8	=$C$15*B18
19	Produkt B	=C9	=$C$15*B19
20	Produkt C	=C10	=$C$15*B20
21	Produkt D	=C11	=$C$15*B21
22	Gesamtgewicht	=SUMME(B18:B21)	=SUMME(C18:C21)

3.11   Schutz von Zellen, Bereichen und Formeln

3.11.1   Aktivieren des Schutzes

Zellen und Bereiche, die der Anwender einer Tabelle nicht für Eingabezwecke nutzen soll, werden sinnvollerweise geschützt, d. h. es können keinerlei Änderungen vorgenommen werden.

Zu Übungszwecken soll die Tabelle *Umsatz* so geschützt werden, dass nur noch die notwendigen Eingaben vorgenommen werden können. Zusätzlich sollen die einzelnen Formeln geschützt werden. Dies bedeutet, dass sie für den Benutzer nicht angezeigt werden und damit das geistige Eigentum des Erstellers geschützt wird.

Bearbeitungsschritte:

- Laden Sie die Mappe *Umsatz3* und speichern Sie sie unter dem Namen *Umsatz15* ab.
- Markieren Sie zunächst die Zelle **E13**, drücken Sie danach die Taste [Strg] und markieren Sie anschließend bei gedrückter Taste [**Strg**] die Zellen **B6** bis **C9**. In diese Zellen sollen Eingaben gemacht werden.

	A	B	C	D	E
1					
2		Umsatzberechnung 2002			
3					
4		Menge	Preis	Umsatz	Provision
5					
6	Vertreter A	200	20	4000	600
7	Vertreter B	100	15	1500	225
8	Vertreter C	80	30	2400	360
9	Vertreter D	150	10	1500	225
10					
11	Gesamtumsatz			9400	1410
12					
13	Provisionssatz in %				15

- Wählen Sie den Menüpunkt **Format/Zellen**. Anschließend müssen Sie den Bereich **Schutz** wählen. Deaktivieren Sie danach das Kontrollkästchen **Gesperrt**. Es wird dadurch kein Häkchen mehr angezeigt. Mit **OK** bestätigen Sie die Eingabe.

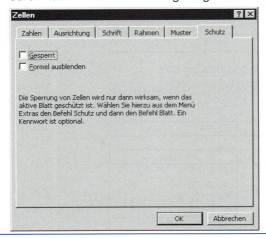

Bearbeitungsschritte (Fortsetzung):

- Markieren Sie nun auf die bekannte Art alle Zellen, die Formeln enthalten. Es sind dies die Bereiche **D6** bis **E9** und **D11** bis **E11**.

	A	B	C	D	E
6	Vertreter A	200	20	4000	600
7	Vertreter B	100	15	1500	225
8	Vertreter C	80	30	2400	360
9	Vertreter D	150	10	1500	225
10					
11	Gesamtumsatz			9400	1410

- Wählen Sie den Menüpunkt **Format/Zellen** und aktivieren Sie das Kontrollkästchen **Formel ausblenden**. Es wird dadurch ein Häkchen angezeigt. Mit **OK** bestätigen Sie die Eingabe.

☑ Gesperrt
☑ Formel ausblenden

- Wählen Sie im Menü **Extras** den Menüpunkt **Dokument schützen** und danach den Unterpunkt **Blatt** aus.

Blatt...   Schutz ▶

- Geben Sie in der folgenden Dialogbox **Blatt schützen** ein Kennwort ein. Sie sollten im Regelfall alles schützen und daher das Häkchen in den Kontrollkästchen nicht verändern. Nach der Eingabe werden Sie nochmals gebeten, das Kennwort einzugeben. Außerdem wird darauf hingewiesen, dass das Vergessen eines Kennwortes dazu führt, dass die Tabelle nicht mehr verändert werden kann.

3.11.2   Aufheben des Schutzes

Das Aufheben oder Deaktivieren des Schutzes ist dann notwendig, wenn der Ersteller einer Tabelle Änderungen vornehmen will.

Bearbeitungsschritte:

- Wählen Sie im Menü **Extras** den Menüpunkt **Dokument schützen** und danach den Unterpunkt **Blattschutz aufheben** aus.

Blattschutz aufheben...   Schutz ▶

- Geben Sie in der folgenden Dialogbox **Blattschutz aufheben** das gewählte Kennwort ein. Der Blattschutz wird dadurch aufgehoben.

3.12   Geschäftsgrafik

3.12.1   Vorbemerkungen

Die Erstellung von Diagrammen, die wirtschaftliche Zahlen aussagekräftig darstellen, ist durch die Verwendung leistungsfähiger Tabellenkalkulationsprogramme relativ einfach geworden.

Die Umwandlung von Zahlenmaterial in grafische Darstellungen macht den Sachverhalt für den Betrachter anschaulich. Das Erkennen von Trends, wirtschaftlichen Entwicklungen usw. wird wesentlich vereinfacht.

3.12.2   Darstellungsarten

Wirtschaftliche Daten lassen sich auf verschiedene Art und Weise darstellen, beispielsweise als Säulen-, Linien- oder Kreisdiagramm. Es empfiehlt sich, genau zu bedenken, welche Darstellungsart für einen bestimmten Sachverhalt gewählt werden soll. So lassen sich Umsätze sehr gut als Säulendiagramm darstellen; wenn der jeweilige Anteil am Umsatz zu erkennen sein soll, auch besonders gut als Kreisdiagramm.

Besonders geeignet, um die Entwicklung wirtschaftlicher Tatbestände anzugeben, sind beispielsweise Linien- oder Säulendiagramme. Sollen verschiedene Tatbestände in einem Diagramm abgebildet werden, so ist ein Verbunddiagramm zu wählen. Optisch ansprechend sind sehr oft 3D-Darstellungen, da sie den Sachverhalt besonders formschön präsentieren.

Ein wesentlicher Gesichtspunkt bei der Auswahl des Diagrammtyps muss jedoch die Übersichtlichkeit sein. Überfrachtete Grafiken sind sehr oft nicht mehr aussagekräftig und werden daher vom Betrachter nicht angenommen.

Die Tabellenkalkulation EXCEL stellt die nachfolgend abgebildeten Diagrammtypen zur Verfügung. Jeder Diagrammtyp wird wiederum in unterschiedlichen Varianten angeboten.

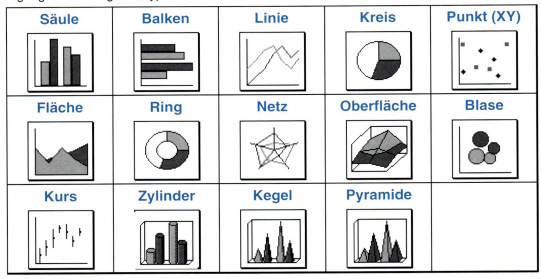

Säule	Balken	Linie	Kreis	Punkt (XY)
Fläche	Ring	Netz	Oberfläche	Blase
Kurs	Zylinder	Kegel	Pyramide	

Nachfolgend wird die Erstellung und Änderung eines Säulendiagramms erklärt. Die Erstellung und Änderung anderer Diagrammtypen verläuft ähnlich.

Daneben stehen benutzerdefinierte Formen zur Verfügung. Vom Programm sind bereits einige Standardformen vorgegeben. Der Benutzer kann jederzeit weitere Formen hinzufügen.

3.12.3 Erstellung eines Diagramms mit Hilfe des Diagramm-Assistenten

Zur Erstellung eines Diagramms stellt EXCEL einen Diagramm-Assistenten zur Verfügung, der die Erstellung eines Diagramms erleichtert.

Am Beispiel des Umsatzes der Vertreter soll der Einsatz dieses Hilfsinstruments bei der Erstellung eines Diagramms demonstriert werden.

Bearbeitungsschritte:

- Laden Sie die Mappe *Umsatz3* und speichern Sie die Mappe unter dem Namen *Umsatz16* wieder ab.
- Löschen Sie alle Inhalte ab der Zeile 14 und das Textfenster.
- Markieren Sie die Bereiche, die für die Erstellung eines Diagramms benötigt werden. Markieren Sie zunächst den Bereich **A6** bis **A9**, drücken Sie die Taste [**Strg**] und markieren Sie anschließend bei gedrückter Taste [**Strg**] den Bereich **D6** bis **D9**.

	A	B	C	D	E
2		Umsatzberechnung 2002			
3					
4		Menge	Preis	Umsatz	Provision
5					
6	Vertreter A	200	20	4000	600
7	Vertreter B	100	15	1500	225
8	Vertreter C	80	30	2400	360
9	Vertreter D	150	10	1500	225

- Wählen Sie den Menüpunkt **Einfügen/Diagramm/Auf dieses Blatt**.

  Alternative: Schaltfläche Diagramm-Assistent
- Der erste Schritt des Diagramm-Assistenten wird angezeigt:

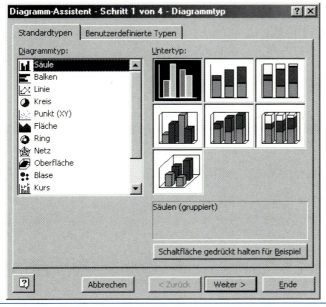

Bearbeitungsschritte (Fortsetzung):

- Im Schritt 1 von 4 des Diagramm-Assistenten müssen Sie den von Ihnen gewünschten Diagrammtyp auswählen.

- Wählen Sie, falls es nicht markiert ist, durch Anklicken das erste Säulen-Diagramm aus. Klicken Sie danach auf die Schaltfläche **Schaltfläche gedrückt halten für Beispiel**. Sie können sich einen Überblick darüber verschaffen, wie das Diagramm in etwa aussehen wird. Ergibt die Darstellung nicht das gewünschte Ergebnis, sollten Sie die Bearbeitung abbrechen.

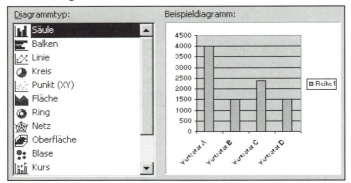

- Klicken Sie die Schaltfläche **Weiter** an um mit der Erstellung des Diagramms fortzufahren.

- Die Bereiche, die im Diagramm verarbeitet werden sollen, werden im nächsten Dialogfeld angegeben. Sind es nicht die richtigen, sollten Sie die Erstellung des Diagramms abbrechen und von vorne beginnen.

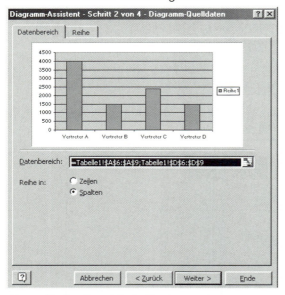

- Wenn Sie im Bereich **Reihe in**: *Zeilen* anklicken, wird sich die Darstellung ändern. Probieren Sie es aus, kehren Sie jedoch dann zu *Spalten* zurück.

Bearbeitungsschritte (Fortsetzung):

- Klicken Sie die Registrierkarte **Reihe** an. Es wird angegeben, welche Daten für die Werte und welche Daten für die Beschriftung der X-Achse benutzt werden. Im Bereich **Datenreihe** können Datenreihen, die markiert werden, aus der Grafik entfernt bzw. wieder in die Grafik aufgenommen werden. Dies ist dann interessant, wenn mehrere Datenreihen markiert wurden.

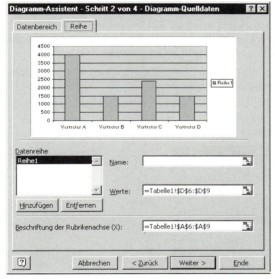

- In diesem Fall führt die Grafik sofort zum richtigen Ergebnis. Ist dies nicht der Fall, kann man z. B. mit der Maus die Schaltfläche [ICON] im Bereich **Beschriftung der Rubrikenachse (X)** anklicken und dann den für die Beschriftung notwendigen Bereich markieren. Über die Schaltfläche [ICON] wird das gesamte Fenster wieder eingeblendet. Im oberen Bereich des Fensters kann man dann das Ergebnis sehen, so dass nicht erwünschte Ergebnisse sofort wieder geändert werden können.

- Klicken Sie die Schaltfläche **Weiter** an. Im Schritt 3 von 4 des Diagramm-Assistenten werden Diagrammoptionen festgelegt.

- Legen Sie im Bereich **Titel** den Diagrammtitel und die Bezeichnung der Größenachse (Y) fest. Eine Bezeichnung der Rubrikenachse (X) soll nicht erfolgen.

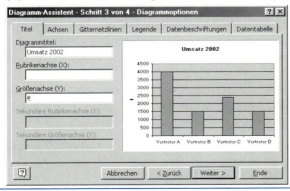

Bearbeitungsschritte (Fortsetzung):

- In der Registrierkarte **Achsen** sind keine Einstellungen erforderlich.
- In der Registrierkarte **Gitternetz** können Sie die Auswirkungen des Setzens von Gitternetzlinien ausprobieren. Sie sollten jedoch zur ursprünglichen Form zurückkehren.
- Da die Legende in diesem Fall (Reihe 1) keine Aussagekraft hat, sollten Sie die Legende in der Registrierkarte **Legende** durch Anklicken des Bereiches **Legende anzeigen** ausblenden.
- In der Registrierkarte **Datenbeschriftungen** können Sie einstellen, dass Werte oder Beschriftungen angezeigt werden. Probieren Sie die Effekte aus. Kehren Sie danach zur ursprünglichen Darstellung ohne Datenbeschriftungen zurück.
- In der Registrierkarte **Datentabelle** können Sie bestimmen, dass eine Datentabelle eingeblendet werden soll. Dies soll jedoch unterbleiben.
- Klicken Sie die Schaltfläche **Weiter** an. Im Schritt 4 des Diagramm-Assistenten können Sie festlegen, ob das Diagramm als neues Blatt in der Mappe dargestellt oder in der Tabelle1 als Objekt eingefügt werden soll.

- Fügen Sie das Diagramm als Objekt in Tabelle1 ein.

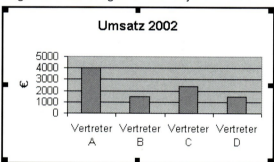

- Um die Position des Diagramms zu verändern, gehen Sie mit der Maus auf das Diagramm. Wird die Bezeichnung *Diagrammfläche* (Diagrammfläche) angezeigt, drücken Sie die linke Maustaste. Bei gedrückter linker Maustaste können Sie dann das Diagramm versetzen.
- Um die Größe des Diagramms zu ändern müssen Sie einen Eckpunkt des Diagramms mit der Maus anfahren. Der Mauspfeil verändert sich in einen Doppelpfeil. Bei gedrückter linker Maustaste können Sie dann die Größe bestimmen.
- Über den Befehl **Bearbeiten/Ausschneiden** oder das Symbol Ausschneiden ✂ können Sie die Grafik löschen.
- Erstellen Sie das Diagramm nochmals als neues Blatt in der Mappe.

3.12.4 Änderungen der Darstellung eines Diagramms

Grundsätzliche Bearbeitungsmöglichkeiten

Um ein verbessertes Aussehen zu erreichen kann die zuvor erstellte Grafik bearbeitet werden. Einige Bearbeitungsmöglichkeiten werden nachfolgend dargestellt.

Bearbeitungsschritte:

- Klicken Sie auf die Grafik in der Tabelle 1. Durch die kleinen Rechtecke an den Seiten und in den Ecken wird angezeigt, dass sie markiert ist. Blenden Sie über den Menüpunkt **Ansicht/Symbolleisten** die Symbolleiste **Diagramm** ein.

- Klicken Sie den Pfeil nach unten neben der Bezeichnung *Diagrammfläche* an. Die einzelnen Elemente des Diagramms, die bearbeitet werden können, werden angezeigt. Durch das Anklicken einer Bezeichnung ist das entsprechende Element in der Grafik markiert.

- Alternativ können Sie auch in der Grafik z. B. mit der Maus auf den Diagrammtitel fahren. Das jeweils von der Maus erfasste Element wird angezeigt.

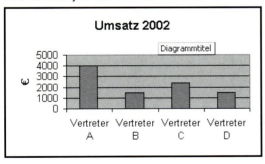

- Markieren Sie den Diagrammtitel durch Anklicken mit der Maus.

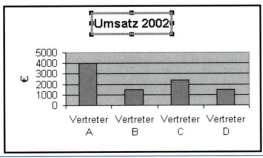

Bearbeitungsschritte (Fortsetzung):

- Klicken Sie die Schaltfläche **Diagrammtitel formatieren** 🖼 an bzw. wählen Sie den Menüpunkt **Format/Markierter Diagrammtitel**. Die Bezeichnung und die Funktion der Schaltfläche und des Menüpunkts ändern sich übrigens jeweils mit dem markierten Element.

- In dem dann eingeblendeten Dialogfeld können Sie das Muster (u. U. mit Fülleffekten), die Schrift und die Ausrichtung der Grafik bestimmen.

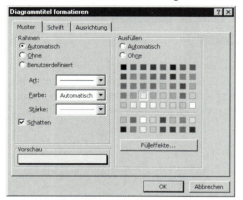

- Markieren und bearbeiten Sie danach andere Elemente der Grafik. Das Ergebnis könnte folgendermaßen aussehen:

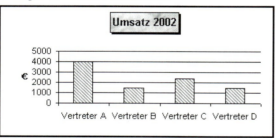

Änderung der Darstellung einer Säule

Eine einzelne Säule kann markiert und anders als die anderen Säulen gestaltet werden.

Bearbeitungsschritte:

- Markieren Sie die Säulen. Um eine einzelne Säule zu markieren müssen Sie diese Säule nochmals anklicken. Danach können Sie die Säule über die Schaltfläche **Datenpunkt formatieren** 🖼 bzw. über den **Format/Markierter Datenpunkt** formatieren.

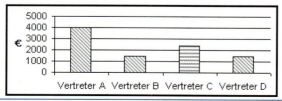

Änderung der Skalierung

Durch eine Änderung der Skalierung wird eine veränderte Darstellung des Diagramms erreicht. Allgemein wird versucht das Diagramm übersichtlicher zu gestalten.

Bearbeitungsschritte:

- Markieren Sie die Größenachse (y-Achse). Stellen Sie über die Schaltfläche ⊞ oder den entsprechenden Menüpunkt das Hauptintervall wie folgt ein.

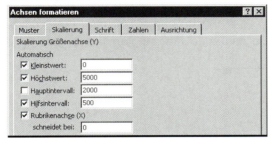

- Das Ergebnis sieht folgendermaßen aus:

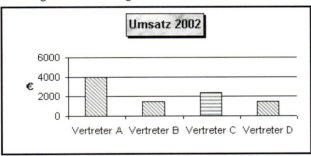

Einfügen eines Textes in die Grafik

Durch einen Text können Elemente in der Grafik hervorgehoben werden.

Bearbeitungsschritte:

- Blenden Sie die Symbolleiste **Zeichnen** ein. Danach können Sie ein Textfeld aufziehen und einen Text eingeben. Über die Schaltfläche **Linienfarbe** stellen Sie die Linienfarbe der Umrandung des Textfeldes ein. Mit der Schaltfläche **Pfeil** fügen Sie einen Pfeil ein.

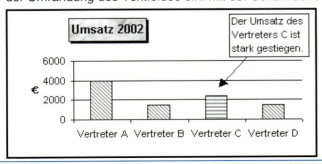

3.12.5 Diagrammtyp und Diagrammoptionen

Der Diagrammtyp kann sofort bei der Erstellung einer Grafik gewählt werden. Ein bestehendes Diagramm kann jedoch auch nachträglich in einen anderen Diagrammtyp umgewandelt werden. Danach kann das Diagramm bearbeitet werden.

Bearbeitungsschritte:

- Erstellen Sie ein Säulendiagramm in der ursprünglichen Form, wie es auf der Seite 106 abgebildet ist.
- Markieren Sie das gesamte Diagramm. Wählen Sie danach den Menüpunkt **Diagramm/Diagrammtyp**. Wählen Sie das erste Kreisdiagramm aus. Das Ergebnis sieht folgendermaßen aus:

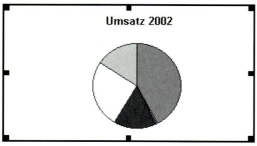

- Das Diagramm ist unvollständig. Es ist eine weitere Bearbeitung notwendig. Wählen Sie daher den Menüpunkt **Diagramm/Diagramm-Optionen**. Es stehen Ihnen nun Möglichkeiten der Gestaltung des Diagramms zur Verfügung.

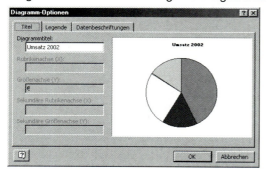

- Gestalten Sie die Grafik folgendermaßen:

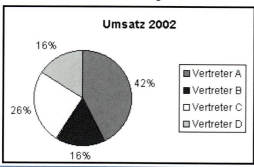

3.12.6   Diagrammquelle und Daten hinzufügen

In einem Diagramm können Daten hinzugefügt bzw. entfernt werden.

Bearbeitungsschritte:

- Erstellen Sie die folgende Tabelle:

	A	B	C	D
1				
2		Umsatzberechnung 2002		
3				
4		Januar	Februar	März
5	Vertreter A	3400	3000	4000
6	Vertreter B	4500	2000	1500
7	Vertreter C	2800	700	2400
8	Vertreter D	2000	1000	1500

- Markieren Sie den Bereich **A4** bis **C8** und erstellen Sie das folgende Diagramm ohne die Daten des Monats *März*. Fügen Sie das Diagramm als neues Blatt *Diagramm1* ein.

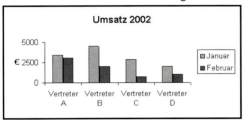

- Die Daten, aus deren Werte sich das Diagramm zusammensetzt, sind markiert.

	A	B	C	D
5	Vertreter A	3400	3000	4000
6	Vertreter B	4500	2000	1500
7	Vertreter C	2800	700	2400
8	Vertreter D	2000	1000	1500

- Gehen Sie mit der Maus an den Punkt an die rechte untere Ecke der Zelle **C8**. Der Mauszeiger verwandelt sich in ein dünnes Kreuz. Ziehen Sie den Datenbereich in die Spalte **D**.

	A	B	C	D
5	Vertreter A	3400	3000	4000
6	Vertreter B	4500	2000	1500
7	Vertreter C	2800	700	2400
8	Vertreter D	2000	1000	1500

- Die Grafik enthält nun auch die Daten des Monats März. Das Hinzufügen ist auch über den Menüpunkt **Diagramm/Daten hinzufügen** und das Hinzufügen und Entfernen über den Menüpunkt **Diagramm/Datenquelle** möglich.
- Wenn Sie mit der Maus an den Rand der Datenmarkierung gehen, können Sie den Datenbereich verschieben, also z. B. die Monate Februar und März in der Grafik darstellen. Speichern Sie danach die Mappe unter dem Namen *Umsatzmo*.

3.12.7   Benutzerdefinierte Grafiken

Nach dem Markieren von Daten und der Wahl des Menüpunkts **Einfügen/Diagramm** kann im ersten Schritt des Diagramm-Assistenten auch ein benutzerdefinierter Typ gewählt werden. Aus einer Reihe von Diagrammen wird das für den Zweck beste ausgewählt und in den weiteren Schritten des Diagramm-Assistenten entsprechend gestaltet.

Übungen:

1. Die Verkaufszahlen Ihres Unternehmens sind in der folgenden Tabelle zusammengefasst:

Monat	Drucker	Computer	Monitor
Januar	150	123	66
Februar	302	244	34
März	74	134	54
April	130	65	12
Mai	140	124	33
Juni	89	112	87
Gesamtverkauf			
Durchschnittlicher Verkauf			
Minimaler Verkauf			
Maximaler Verkauf			

a) Berechnen Sie mit Hilfe von Funktionen den Gesamtverkauf, den durchschnittlichen, den minimalen und maximalen Verkauf.

b) Stellen Sie den Gesamtverkauf der einzelnen Produkte mit den entsprechenden Prozentzahlen in einem Kreisdiagramm dar. In der Legende sollen die Produkte aufgeführt werden.

c) Stellen Sie in einem Säulendiagramm die Verkäufe der drei Produkte in den Monaten Januar bis Juni dar. In der Legende sollen die Produkte angegeben werden. Kennzeichnen Sie den insgesamt höchsten Umsatz eines Produkts in einem Monat, indem Sie die Säule mit einem Muster versehen und in einem Textfenster mit Rahmen und Pfeil zur Säule den folgenden Text anbringen: „Höchster Umsatz eines Produkts".

d) Stellen Sie den durchschnittlichen, minimalen und maximalen Verkauf in einem 3D-Balkendiagramm dar. Verändern Sie die Skalierung so, dass nur noch Hunderterwerte angezeigt werden.

2. Der Verkaufspreis mehrerer Produkte wird in der folgenden Tabelle dargestellt:

Warenbezeichnung	2004	2005	2006
Computer	2.300,00 €	2.200,00 €	2.000,00 €
Drucker	800,00 €	900,00 €	1.050,00 €
Scanner	2.100,00 €	1.800,00 €	1.500,00 €
Monitore	400,00 €	400,00 €	410,00 €

a) Erstellen Sie ein Liniendiagramm, in dem die Preisentwicklung der einzelnen Produkte dargestellt wird.

b) Kommentieren Sie die Preisentwicklung in einem Textfenster.

c) Stellen Sie die Preise der Produkte im Jahre 2006 in Form einer 3D-Säulengrafik dar. Ändern Sie die Farben der einzelnen Säulen und fügen Sie jeweils auch ein Muster bei. Versetzen Sie die Legende und formatieren Sie den Titel „Verkaufspreise 2006" mit einer Textfarbe und einem farbigen Hintergrund. Fügen Sie außerdem einen Rahmen um den Titel hinzu. Beschriften Sie die Säulen mit den Verkaufspreisen, indem Sie Datenbeschriftungen anbringen. Sollten diese Beschriftungen unglücklich dargestellt sein, können sie nach dem Markieren versetzt werden.

Übungen:

3. Die folgenden Artikel sind im Lager, zum Teil in nicht ausreichender Zahl, vorhanden:

Warenbezeichnung	Bestand	Mindestbestand	Fehlbestand
Computer	250	200	
Drucker	302	350	
Scanner	135	100	
Monitore	130	150	

a) Berechnen Sie den Fehlbestand. Stellen Sie sicher, dass bei keinem Fehlbestand auch keine Zahl, auch nicht die Zahl 0, ausgegeben wird. Der Fehlbestand soll als Minuszahl ausgegeben werden.

b) Erstellen Sie ein Säulendiagramm, in dem die jeweiligen Bestände, Mindestbestände und eventuellen Fehlbestände dargestellt sind. Geben Sie die Werte als Zahlen auf den Säulen ebenfalls aus.

c) Stellen Sie in einem Kreisdiagramm die Bestände der einzelnen Artikel dar. In dem Diagramm sollen die einzelnen Warenbezeichnungen in der Legende angegeben werden und die Anteile prozentual ausgegeben werden.

d) Verändern Sie das Kreisdiagramm folgendermaßen:

-   Klicken Sie den Kreis an, so dass er durch kleine Rechtecke markiert ist. Klicken Sie danach den Kreisausschnitt der Computer an. Dieser Ausschnitt ist nun durch kleine Rechtecke markiert. Verändern Sie den Ausschnitt farbig und geben Sie ihm ein Muster.

-   Ziehen Sie den markierten Kreisausschnitt etwas nach außen, damit er besonders hervorgehoben wird.

-   Erstellen Sie ein Textfenster mit dem folgenden Text: „Der Anteil der Computer hat sich deutlich erhöht." Umrahmen Sie den Text und führen Sie einen Pfeil vom Textfenster zum Kreisausschnitt der Computer.

e) Erstellen Sie das Kreisdiagramm (ohne Änderungen) nochmals neu. Klicken Sie mit der Maus knapp neben den Kreis. Wenn daraufhin die Umrandung angezeigt wird, können Sie den Kreis über die Rechtecke an den Ecken vergrößern bzw. verkleinern. Wenn Sie den Rand anklicken, können Sie den Kreis bei gedrückter linker Maustaste versetzen. Verändern Sie die Größe des Kreises und versetzen Sie den Kreis.

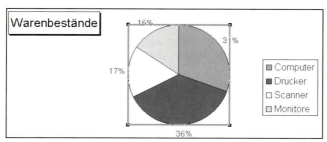

f) Verändern Sie das erstellte Diagramm in ein 3D-Kreisdiagramm.

g) Verändern Sie das Diagramm in ein 3D-Balkendiagramm. Entfernen Sie eine eventuelle Legende und beschriften Sie die Größenachse.

h) Verändern Sie das erstellte Diagramm in ein Liniendiagramm.

3.13   Sonstige Möglichkeiten von EXCEL

3.13.1   Fixieren des Bildschirms

Tabellen können fixiert werden, d. h. ein Teilbereich der Tabelle, z. B. die Überschrift, wird grundsätzlich auf dem Bildschirm dargestellt, während der Rest verschoben werden kann.

Bearbeitungsschritte:

- Laden Sie die Mappe *Umsatz3.*
- Markieren Sie die Zelle **A5**.
- Wählen Sie den Menüpunkt **Fenster/Fixieren**. Auf dem Bildschirm wird unterhalb der Zeile 4 ein Strich dargestellt. Wenn man nun mit der Bildlaufleiste durch Anklicken des Pfeils nach unten geht, bleibt der obere Teil des Bildschirms unverändert (fixiert), während der untere Teil des Bildschirms nach oben geschoben wird. Hat man z. B. umfangreiche Tabellen, so kann man die Überschrift und die einzelnen Spaltenüberschriften auf dem Bildschirm darstellen lassen.

	A	B	C	D	E
1					
2		Umsatzberechnung 2002			
3					
4		Menge	Preis	Umsatz	Provision
9	Vertreter D	150	10	1500	225
10					
11	Gesamtumsatz			9400	1410
12					
13	Provisionssatz in %				15

- Durch die Wahl des Menüpunkts **Fenster/Fixierung aufheben** wird zur ursprünglichen Darstellung der Inhalte zurückgekehrt.

3.13.2   Teilen des Bildschirms

Die Teilung von Tabellen bewirkt, dass die Inhalte einer Tabelle in zwei oder mehreren Fenstern gleichzeitig sichtbar gemacht werden können.

Bearbeitungsschritte:

- Laden Sie die Mappe *Umsatz16* und markieren Sie die Zelle **A2**.
- Wählen Sie den Menüpunkt **Fenster/Teilen**. Die Teilung bewirkt, dass der Inhalt des Bildschirms im Prinzip zweimal angezeigt wird. So können Sie sich im oberen Bildschirmbereich den Gesamtumsatz und im unteren Bildschirmbereich die gesamte Tabelle einstellen und ansehen.

	A	B	C	D	E
11	Gesamtumsatz			9400	1410
4		Menge	Preis	Umsatz	Provision
5					
6	Vertreter A	200	20	4000	600

- Durch die Wahl des Menüpunkts **Fenster/Teilung aufheben** wird die Teilung des Bildschirms aufgehoben.

3.13.3 Automatisches Ausfüllen

Zahlenreihen und sonstige Reihen können automatisch vom Programm erstellt werden. Damit wird das Eingeben von bestimmten Werten stark vereinfacht.

Bearbeitungsschritte:

- Bauen Sie die folgende Tabelle auf und markieren Sie den Bereich **A1** bis **D2**.

	A	B	C	D	E
1	1	Mo	Jan	1998	
2	2	Di	Feb	1999	
3					

- Gehen Sie mit der Maus auf das Rechteck am rechten unteren Rand des markierten Bereichs und kopieren Sie beliebig nach unten.

	A	B	C	D	E
1	1	Mo	Jan	1998	
2	2	Di	Feb	1999	
3	3	Mi	Mrz	2000	
4	4	Do	Apr	2001	
5	5	Fr	Mai	2002	

- Wählen Sie den Menüpunkt **Extras/Optionen/AutoAusfüllen**. Sie können in der Benutzerliste sehen, welche AutoAusfüllungen zur Verfügung stehen. Über die Schaltfläche **Einfügen** können Sie weitere Ausfüllungen definieren.

3.13.4 Benennen und Kopieren von Tabellen

Tabellen können so benannt werden, dass der Benutzer den Sinn einer Tabelle anhand der Bezeichnung erkennen kann. So kann beispielsweise eine Tabelle, in der Werte eingegeben werden sollen, als Werteingabe und eine Tabelle, in der die Berechnung eines Wertes erfolgen soll, als Ergebnis bezeichnet werden.

Bearbeitungsschritte:

- Öffnen Sie eine neue Mappe und speichern Sie die Mappe unter dem Namen *Benennen*. Gehen Sie mit der Maus auf die Benennung der Tabelle1 am unteren Bildschirmrand und führen Sie einen Doppelklick mit der linken Maustaste aus. Danach können Sie statt Tabelle1 einen anderen Namen eingeben.

  ⏮ ◀ ▶ ⏭ \ **Werteingabe** / Tabelle2 / Tabelle3 /

- Bezeichnen Sie die Tabelle2 als Ergebnis und die Tabelle3 als Grafik. Folgendes Ergebnis ist am unteren Bildschirmrand zu erkennen:

  ⏮ ◀ ▶ ⏭ \ Werteingabe / Ergebnis \ **Grafik** /

- Wenn Sie mit der Maus auf die Benennung einer Tabelle am unteren Bildschirmrand gehen und die rechte Maustaste drücken, wird das nachstehende Menü eingeblendet. Es ist danach möglich Tabellen umzubenennen, aber auch z. B. Tabellen in eine andere Mappe zu kopieren.

3.13.5 Berechnungen unter Nutzung von mehreren Tabellen

Tabellen können miteinander verbunden werden, beispielsweise werden in der *Tabelle1*
Werte eingegeben, die dann in der *Tabelle2* rechnerisch ausgewertet werden. Unter Umständen wird dadurch das Aussehen von Tabellen aussagekräftiger, vor allem auch dann, wenn
man vorher die Tabellen mit einem Namen versehen hat.

Bearbeitungsschritte:

- Öffnen Sie die Mappe *Benennen*. Speichern Sie die Mappe unter dem Namen *Berechnungen* ab.
- Bauen Sie in der Tabelle1 (Werteingabe) die nachfolgende Tabelle auf. Die eingegebenen Werte sollen in einer weiteren Tabelle zur Grundlage einer Berechnung gemacht
  werden.

	A	B	C	D	E
1					
2		Umsatzberechnung 2002			
3					
4		Menge	Preis		
5					
6	Vertreter A	200	20		

- Legen Sie in der Tabelle2 (Ergebnis) die folgende Tabelle an, markieren Sie die Zelle
  B6 und leiten Sie die nachfolgende Berechnung mit dem Gleichheitszeichen = ein.

	A	**B**	C	D	E
4		Umsatz			
5					
6	Vertreter A	=			
7					

- Klicken Sie am unteren Rand die Tabelle1 (Werteingabe) an. Danach markieren Sie die
  Zelle **B6**, geben das Multiplikationszeichen * ein und markieren danach die Zelle **C6**.
  Die Berechnung wird in der Bearbeitungszelle angezeigt:

SUMME	▼ X ✓ =	=Werteingabe!B6*Werteingabe!C6			
	A	B	C	D	E
1					
2		Umsatzberechnung 2002			
3					
4		Menge	Preis		
5					
6	Vertreter A	200	20		

- Mit dem Anklicken der Eingabeschaltfläche (✓) bzw. mit dem Drücken der Taste **Return** wird die Bearbeitung abgeschlossen. In der Tabelle2 (Ergebnis) wird das richtige
  Ergebnis angezeigt.

B6	▼ =	=Werteingabe!B6*Werteingabe!C6			
	A	**B**	C	D	E
4		Umsatz			
5					
6	Vertreter A	4000			

3.13.6 Gültigkeitsprüfung

Erstellen einer Gültigkeitsprüfung

Mit einer Gültigkeitsprüfung können Sie verhindern, dass Werte eingegeben werden, die nicht zugelassen sind. So kann beispielsweise festgelegt werden, welche Preise eingegeben werden dürfen oder es kann eine Textlänge für einen Bereich festgelegt werden.

Bearbeitungsschritte:

- Erstellen Sie die folgende Tabelle:

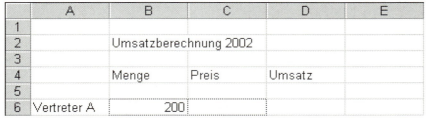

	A	B	C	D	E
1					
2		Umsatzberechnung 2002			
3					
4		Menge	Preis	Umsatz	
5					
6	Vertreter A	200			

- Markieren Sie die Zelle **C6**. Wählen Sie dann den Menüpunkt **Daten/Gültigkeit**.
- Geben Sie in dem Dialogfeld **Gültigkeit/Einstellungen** die Gültigkeitskriterien ein:

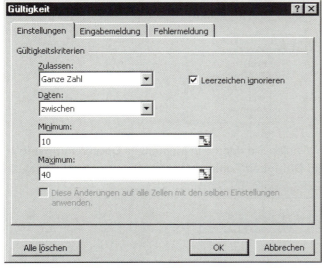

- Klicken Sie die Schaltfläche **OK** an und geben Sie in der Zelle **C6** den Wert 50 ein. Die folgende Fehlermeldung verhindert die Eintragung in die Zelle:

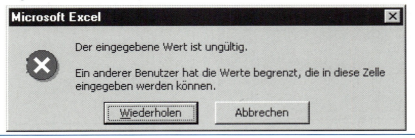

Gültigkeitsprüfung mit Eingabe- und Fehlermeldung

Die Gültigkeitsprüfung kann durch eine Eingabemeldung und eine Fehlermeldung für den Anwender durchschaubarer gestaltet werden.

Bearbeitungsschritte:

- Markieren Sie die Zelle **C6**. Wählen Sie dann den Menüpunkt **Daten/Gültigkeit**.
- Geben Sie in dem Dialogfeld **Gültigkeit/Eingabemeldung** die folgende Meldung ein:

- Die Eingabemeldung wird beim Markieren der Zelle **C6** eingeblendet:

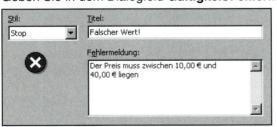

- Markieren Sie die Zelle **C6**. Wählen Sie dann den Menüpunkt **Daten/Gültigkeit**.
- Geben Sie in dem Dialogfeld **Gültigkeit/Fehlermeldung** die folgende Meldung ein:

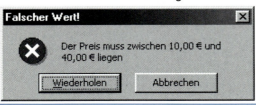

- In Zukunft wird bei falscher Eingabe als Fehlermeldung ausgegeben:

3.13.7 Einfügen eines Kommentars

Eintragungen in einzelnen Zellen können mit einem Kommentar versehen werden, beispielsweise kann der Gesamtumsatz gewürdigt werden.

Bearbeitungsschritte:

- Laden Sie die Mappe *Umsatz1* und speichern Sie die Mappe unter dem Namen *Umsatz18* ab.
- Markieren Sie die Zelle **D11**. Wählen Sie danach den Menüpunkt **Einfügen/Kommentar**.
- Geben Sie in dem Kommentarfeld den nachfolgenden Text ein:

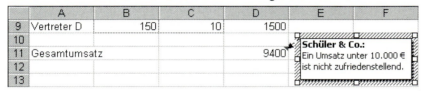

- Klicken Sie eine andere Zelle an. Die Kommentarzelle **D11** wird durch ein kleines rotes Dreieck in der rechten oberen Ecke gekennzeichnet. Wird die Zelle angeklickt, wird der Kommentar angezeigt.
- Klicken Sie die Zelle **D11** an. Drücken Sie danach die rechte Maustaste. Mit den dann zur Verfügung stehenden Menüpunkten können Sie den Kommentar sowohl bearbeiten als auch löschen.

3.13.8 Erstellen eines Organigrammes

Als Organigramm bezeichnet man die bildliche Darstellung des Zusammenhangs verschiedener Stellen und ihrer Beziehungen im einer betrieblichen Organisation. Mit Excel kann ein Programm zur Erstellung von Organigrammen aufgerufen werden.

Bearbeitungsschritte:

- Wählen Sie den Menüpunkt **Einfügen/Grafik/Organigramm**.

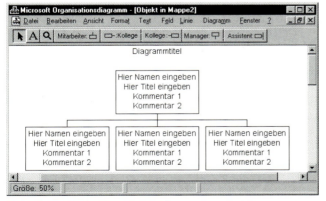

- Experimentieren Sie durch Eingaben von Namen, Kommentaren usw. Fügen Sie auch andere Elemente wie Mitarbeiter usw. hinzu.

3.14   Spezielle Funktionen und Berechnungsmethoden

3.14.1   Vorbemerkungen

Die Tabellenkalkulation Excel bietet eine Reihe spezieller Funktionen und Berechnungs-methoden. Einige dieser Möglichkeiten werden auf den nächsten Seiten dargestellt.

3.14.2   Zielwertsuche

Bei der Zielwertsuche wird ein Wert bestimmt, der verändert werden muss, damit ein be-stimmtes Ergebnis erreicht wird. Beispielsweise soll ein Zinsertrag erreicht werden und durch eine Zielwertsuche das einzusetzende Kapital bestimmt werden. Oder es kann bei einem gegebenen Kapital der Zinssatz bestimmt werden, der zu einem bestimmten Zinsertrag führt. Auch ist es möglich zu bestimmen, wie lange ein Kapital bei einem bestimmten Zinssatz an-gelegt werden muss, um einen bestimmten Zinsertrag zu erzielen.

Bearbeitungsschritte:

- Bauen Sie die folgende Tabelle auf:

	A	B	C	D
4	Kapital	20000		
5	Tage	180		
6	Zinssatz	6		
7				
8	Zinsen	600		

- In der Zelle **B8** erfolgt die Berechnung mit der Zinsformel:

	A	B	C	D
8	Zinsen	=B4*B5*B6/(100*360)		

- Markieren Sie die Zelle **B8**, in der ein Zielwert, der erreicht werden soll, eingegeben werden soll.

- Wählen Sie den Menüpunkt **Extras/Zielwertsuche**. In dem Dialogfeld **Zielwertsuche** geben Sie einen Zielwert für die Zinsen ein und danach die Zelle, die sich auf Grund des Zielwerts verändern soll. Das Programm gibt an, ob ein Zielwert gefunden wurde.

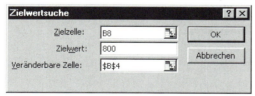

- Als Ergebnis wird in der Zelle **B4** das Kapital angegeben, das eingesetzt werden muss um den eingegebenen Zinsbetrag zu erhalten.

	A	B	C	D
4	Kapital	26666,66667		
5	Tage	180		
6	Zinssatz	6		
7				
8	Zinsen	800		

- Der Vorteil der Zielwertsuche liegt darin, dass auch andere Werte durch die Zielwertsu-che verändert werden können, also z. B. der Zinssatz. Oftmals führen erst mehrere Zielwertberechnungen zu einem vernünftigen Ergebnis.

3.14.3 Solver

Vorbemerkungen

Mit Hilfe des Solvers können Alternativrechnungen durchgeführt werden. Im Gegensatz zur Zielwertberechnung, bei der auf Grund des eingegebenen Endergebnisses eine Zelle angegeben werden kann, die sich ändern soll, können mehrere Zellen bei der Berechnung mit dem Solver angegeben werden, die sich eventuell ändern können.

Hinweis: Der Solver muss extra mit dem Setup-Programm installiert werden, da er bei der Standardinstallation nicht installiert wird. Es muss also eine vollständige Installation erfolgen oder der Solver nachträglich installiert werden.

Berechnungen mit dem Solver

Soll z. B. das Kapital bei einer Zinseszinsrechnung nach 5 Jahren 20.000,00 € betragen, so kann die Veränderung des Kapitals und/oder des Zinssatzes zum gewünschten Ergebnis führen. Der Solver macht entsprechende Vorschläge.

Bearbeitungsschritte:

- Führen Sie die folgende Zinseszinsrechnung durch:

	A	B	C
1			
2	**Zinseszinsrechnung**		
3			
4	Kapital	10.000,00 €	
5	Zinssatz (in %)	5	
6	Jahre	5	
7			
8	Kapitalendwert	12.762,82 €	

- Die Formel für den Zinseszins lautet:

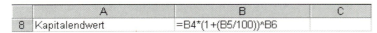

	A	B	C
8	Kapitalendwert	=B4*(1+(B5/100))^B6	

- Markieren Sie die Zellen **B8**. Wählen Sie den Menüpunkt **Extras/Solver**.
- Geben Sie den Wert ein, der am Ende der Laufzeit (20.000,00 €) ausgezahlt werden soll. Bestimmen Sie außerdem die Zellen (B4 und B5), die sich verändern dürfen. Die Zelle **B6** darf nicht verändert werden, da die Laufzeit maximal 5 Jahre betragen soll.

Bearbeitungsschritte (Fortsetzung):

- Da nicht mehr als 14.000,00 € zur Verfügung stehen, bestätigen Sie die Schaltfläche **Hinzufügen** um eine entsprechende Nebenbedingung einzugeben.

- Weiterhin soll ein Zinssatz von mindestens 5 % erreicht werden. Klicken Sie daher die Schaltfläche **Hinzufügen** in dem Dialogfeld **Nebenbedingungen hinzufügen** an um diese Nebenbedingung einzugeben.

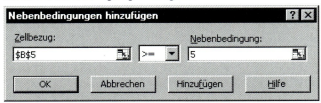

- Ein Zinssatz von 8 % und darüber ist unrealistisch. Daher soll eine entsprechende Nebenbedingung ebenfalls formuliert werden.

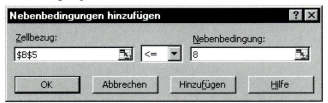

- Mit Anklicken der Schaltfläche **OK** wird die Formulierung der Nebenbedingungen abgeschlossen. Die Nebenbedingungen werden in dem Dialogfeld **Solver-Parameter** angegeben.

Bearbeitungsschritte (Fortsetzung):

- Klicken Sie die Schaltfläche **Lösen** an. Das Programm meldet, dass eine Lösung gefunden wurde.

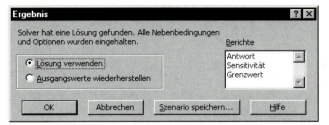

- Ziehen Sie die Schaltfläche **Ergebnis** zur Seite um das Ergebnis zu sehen.

- Durch Anklicken der Schaltfläche **OK** in dem Dialogfeld **Ergebnis** wird das Ergebnis verwendet.

Alternativrechnungen

Ist ein Zinssatz von 8 % unrealistisch, so muss die entsprechende Nebenbedingung geändert werden.

Bearbeitungsschritte:

- Markieren Sie die Zelle **B8** und rufen Sie den Menüpunkt **Extras/Solver** auf.
- In der Dialogbox **Solver-Parameter** markieren Sie die Nebenbedingung, dass der Zinssatz nicht über 8 % sein darf. Klicken Sie die Schaltfläche **Ändern** an und legen Sie fest, dass der Zinssatz nicht über 7 % sein darf. Es wird danach angegeben, dass es keine realisierbare Lösung des Problems gibt.

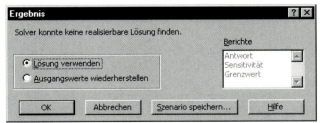

- Sie können sich die Lösung durch Verschieben des Dialogfelds **Ergebnis** ansehen und dann entscheiden, ob die „Lösung" verwandt werden soll oder ob die Ausgangswerte wiederhergestellt werden sollen.

Auswertungen mit dem Solver

Um sinnvolle Alternativrechnungen mit dem Solver durchführen zu können, empfiehlt es sich, Berechnungen zu analysieren. Sie bekommen Hinweise über veränderte Zellen usw., die Sie in Alternativrechnungen berücksichtigen können.

Bearbeitungsschritte:

- Geben Sie die Ausgangswerte (10.000,00 €, 5 %, 5 Jahre) ein und führen Sie die Berechnung mit den ursprünglichen Bedingungen (Kapital <= 14.000,00 €, Zinssatz >= 5 %, Zinssatz <= 8 %) durch.

- Markieren Sie in dem Dialogfeld **Ergebnis** die Berichte **Antwort**, **Sensibilität** und **Grenzwert**.

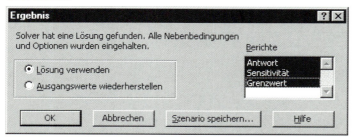

- Klicken Sie die Schaltfläche **OK** an. Die Lösung wird angezeigt.

- Am unteren Rand des Excel-Bildschirms finden Sie neben den Tabellen mehrere Berichte.

- Klicken Sie den Bericht **Antwortbericht 1** an. Es werden Angaben zu den Zielzellen usw. gemacht. Für die Erstellung von Alternativrechnungen werden dadurch wertvolle Hinweise gegeben.

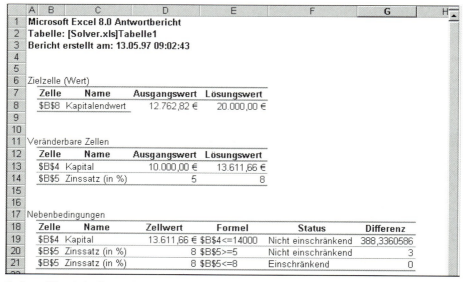

- Sehen Sie sich die anderen Berichte ebenfalls an und analysieren Sie die Ergebnisse.

3.14.4 Mehrfachoperationen

Durch Mehrfachoperationen können Alternativrechnungen in der Hinsicht durchgeführt werden, dass z. B. die Auswirkungen einer Zinsänderung sofort angezeigt werden.

Bearbeitungsschritte:

- Geben Sie die folgenden Daten ein. Berechnen Sie die Zinsen in der Zelle **B10**. Die Zinsformel finden Sie auf der Seite 81.

	A	B	C	D	E
1					
2		**Zinsen**			
3					
4				Zinssatz	Zinsen
5					
6	Kapital	2.000,00 €			
7	Tage	180			
8	Zinssatz	6			
9					
10	Zinsen	60,00 €			

- Übernehmen Sie in die Zellen **D6** und **E6** die Werte aus den Zellen **B8** und **B10**.

	A	B	C	D	E
4				Zinssatz	Zinsen
5					
6	Kapital	2000		=B8	=B10

- Tragen Sie in die Zellen **D7** bis **D12** die Zinssätze 1 bis 6 ein und markieren Sie den Bereich **D6** bis **E12**.

	A	B	C	D	E
1					
2		**Zinsen**			
3					
4				Zinssatz	Zinsen
5					
6	Kapital	2.000,00 €		6	60,00 €
7	Tage	180		1	
8	Zinssatz	6		2	
9				3	
10	Zinsen	60,00 €		4	
11				5	
12				6	

- Wählen Sie den Menüpunkt **Daten/Mehrfachoperationen**. In dem Dialogfeld **Mehrfachoperationen** müssen Sie im Bereich **Werte aus Spalte** die Zelle auswählen, in der der Zinssatz steht. Der Zinssatz muss ausgewählt werden, da er in den Berechnungen variiert werden soll.

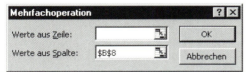

Bearbeitungsschritte (Fortsetzung):

- Das richtige Ergebnis der Alternativberechnungen wird angezeigt:

	A	B	C	D	E
1					
2			Zinsen		
3					
4				Zinssatz	Zinsen
5					
6	Kapital	2.000,00 €		6	60,00 €
7	Tage	180		1	10,00 €
8	Zinssatz	6		2	20,00 €
9				3	30,00 €
10	Zinsen	60,00 €		4	40,00 €
11				5	50,00 €
12				6	60,00 €

3.14.5 Auswahl mit der Funktion SVERWEIS

Vorbemerkung

Die Funktion **SVERWEIS** eignet sich besonders zum Auswählen von Daten in einer Tabelle. Wenn Sie den Bereich **Datenbanken und Listen** dieses Buches durcharbeiten, bietet es sich an, die Funktion **SVERWEIS** erst dann durchzuarbeiten. Für den Bereich **Datenbanken und Listen** und für die Funktion **SVERWEIS** werden die gleichen Grunddaten benutzt.

Arbeit mit der Funktion SVERWEIS

Mit der Funktion SVERWEIS können bestimmte Daten aus einer Tabelle ausgewählt werden. Diese Daten können dann in weiteren Berechnungen genutzt werden. Die Funktion WVER-WEIS hat einen ähnlichen Aufbau.

Syntax:

= SVERWEIS(Suchkriterium;Matrix;Spaltenindex;Bereich_Verweis)
= SVERWEIS(F16;A2:F14;1)

Bearbeitungsschritte:

- Bauen Sie die folgende Tabelle auf bzw. laden Sie die Mappe *Lager*. Speichern Sie die Mappe nach den unten dargestellten Änderungen unter dem Namen *Sverweis* ab.

	A	B	C	D	E	F
1	Artikel_Nr	Artikelart	Artikel_Bez	Bestand	Einkaufspreis	Verkaufspreis
2	1000	Schreibtisch	Gabriele	5	800,00 €	1.365,00 €
3	1001	Schreibtisch	Modern	10	456,00 €	735,00 €
4	1002	Schreibtisch	Exklusiv	20	1.250,00 €	1.848,00 €
5	1003	Büroschrank	Elegant	12	2.400,00 €	3.190,00 €
6	1004	Büroschrank	Aktuell	17	897,00 €	1.345,00 €
7	1005	Büroschrank	Elegant	12	2.400,00 €	724,50 €
8	1006	Drucker	Stil	8	1.300,00 €	1.972,95 €
9	1007	Drucker	Klassic	12	2.900,00 €	4.305,00 €
10	2000	Scanner	Swift	8	1.578,00 €	2.198,00 €
11	2001	Scanner	Akura	4	2.790,00 €	3.700,00 €
12	3000	Computer	AGIB HS	10	3.322,93 €	3.980,00 €
13	3001	Computer	Trup AK	5	3.576,00 €	4.190,00 €
14	3002	Computer	Ambro Super	21	3.454,98 €	4.050,00 €
15						
16	Geben Sie die Artikelnummer des Produktes ein:					1007

Bearbeitungsschritte (Fortsetzung):

- In der Zelle **F16** soll durch Angabe der Artikelnummer festgelegt werden, welche Daten aus der Liste ausgewählt werden sollen.
- Markieren Sie die Zelle **A18**. Wählen Sie den Menüpunkt **Einfügen/Funktion**.
- Wählen Sie die Funktion *SVERWEIS* aus. Als **Suchkriterium** geben Sie die Zelle **F16** ein. In diese Zelle soll der Anwender die Artikelnummer des gewünschten Datensatzes eingeben. Im Bereich **Matrix** wird der gesamte Datenbereich angegeben, in dem Daten stehen, also der Bereich **A2** bis **F14**. Im **Spaltenindex** wird die Spalte eingetragen, in der die Artikelnummer gesucht werden soll.

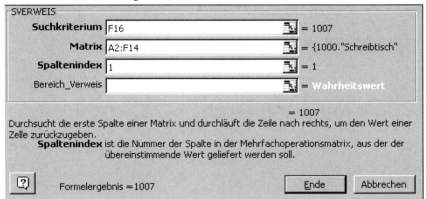

- Als Ergebnis wird in der Zelle **A18** die ausgesuchte Artikelnummer ausgegeben.

	A	B	C	D	E	F
16	Geben Sie die Artikelnummer des Produktes ein:					1007
17						
18	1007					

- Geben Sie in den Zellen **B18** bis **F18** die entsprechenden Formeln ein. Als Suchkriterium ist jeweils die Zelle **F16** anzugeben Der Bereich der Matrix verändert sich nicht. Lediglich der Spaltenindex muss angepasst werden.

	A	B	C
18	=SVERWEIS(F16;A2:F14;1)	=SVERWEIS(F16;A2:F14;2)	=SVERWEIS(F16;A2:F14;3)

- Das Ergebnis sieht folgendermaßen aus:

	A	B	C	D	E	F
16	Geben Sie die Artikelnummer des Produktes ein:					1007
17						
18	1007	Drucker	Klassic	12	2.900,00 €	4.305,00 €

- Speichern Sie das Ergebnis unter dem Namen *Sverweis1*.
- Die Arbeit mit dem Befehl *SVERWEIS* lässt sich vereinfachen, wenn man Namen für einzelne Zellen und Bereiche definiert. Wenn die Zelle **F16** als *Artnummer* und der Bereich **A2** bis **F14** als *Artikel* definiert wird, ergeben sich folgende Formeln:

	A	B
18	=SVERWEIS(Artnummer;Artikel;1)	=SVERWEIS(Artnummer;Artikel;2)

- Speichern Sie das Ergebnis unter dem Namen *Sverweis2*.

Anwendungsbeispiel für die Arbeit mit der Funktion SVERWEIS

Anhand eines Beispiels sollen die Möglichkeiten der Funktion SVERWEIS demonstriert werden. Ein Kunde möchte wissen, wie viel 3 Drucker Classic, 4 Scanner Swift und 2 Computer AGIB HS plus 16 % MWSt. zusammen kosten. Mit Hilfe der Funktion SVERWEIS werden die Daten aus einer Datenliste ausgelesen und dann weiterverarbeitet. In dem Beispiel werden Zellen und Bereiche mit Namen versehen und angesprochen. Nachfolgend werden das Ergebnis und der Inhalt der Zellen wiedergegeben.

Bearbeitungsschritte:

- Laden Sie die Mappe *Sverweis1* bzw. *Sverweis2*. Speichern Sie die Mappe sofort unter dem Namen *Sverweis3* wieder ab.
- Der Aufbau und das Ergebnis sollen folgendermaßen aussehen:

	A	B	C	D	E	F
14	3002	Computer	Ambro Super	21,00 €	3.454,98 €	4.050,00 €
15						
16	Geben Sie die Artikelnummer des 1. Produktes ein:					1007
17	Geben Sie die Artikelnummer des 2. Produktes ein:					2000
18	Geben Sie die Artikelnummer des 3. Produktes ein:					3000
19						
20						
21	Menge	Art-Nummer	Artikelart	Artikel_Bez	Einzelpreis	Gesamtpreis
22	3	1007	Drucker	Klassic	4.305,00 €	12.915,00 €
23	4	2000	Scanner	Swift	2.198,00 €	8.792,00 €
24	2	3000	Computer	AGIB HS	3.980,00 €	7.960,00 €
25						
26	Rechnungspreis					29.667,00 €
27	+ 15 % Mehrwertsteuer					4.746,72 €
28	Rechnungspreis + Mehrwertsteuer					34.413,72 €

- Die Zellen **F16** bis **F18** werden mit den Namen *Artnummer, Artnummer2* und *Artnummer3* versehen. In diese Zellen werden die Artikelnummern der Artikel eingegeben. Der Bereich **A2** bis **F14** wird als *Artikel* definiert.
- Die Mengen werden in die Zellen **A 22** bis **A24** eingetragen.
- Die Formeln für die Übernahme der Daten und die Berechnung sind nachfolgend angegeben:

	A	B	C
21	Menge	Art-Nummer	Artikelart
22	3	=SVERWEIS(Artnummer;Artikel;1)	=SVERWEIS(Artnummer;Artikel;2)
23	4	=SVERWEIS(Artnummer2;Artikel;1)	=SVERWEIS(Artnummer2;Artikel;2)
24	2	=SVERWEIS(Artnummer3;Artikel;1)	=SVERWEIS(Artnummer3;Artikel;2)

	D	E	F
21	Artikel_Bez	Einzelpreis	Gesamtpreis
22	=SVERWEIS(Artnummer;Artikel;3)	=SVERWEIS(Artnummer;Artikel;6)	=A22*E22
23	=SVERWEIS(Artnummer2;Artikel;3)	=SVERWEIS(Artnummer2;Artikel;6)	=A23*E23
24	=SVERWEIS(Artnummer3;Artikel;3)	=SVERWEIS(Artnummer3;Artikel;6)	=A24*E24
25			
26			=SUMME(F22:F24)
27			=F26*16/100
28			=SUMME(F26:F27)

- Speichern Sie das Ergebnis ab.

3.14.6 Trendberechnungen

Für die Erstellung von Prognosen über die Entwicklung von Umsätzen usw. können mit Excel Trendberechnungen durchgeführt werden. Anhand des Beispiels der Entwicklung von Umsätzen sollen die Möglichkeiten der Trendberechnung gezeigt werden.

Bearbeitungsschritte:

- Erstellen Sie die folgende Tabelle (bis zum Monat Dezember) und markieren Sie die Zellen **B4** bis **B6**.

 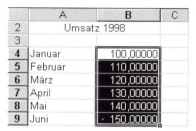

- Gehen Sie mit der Maus auf das Rechteck unten rechts in der Zelle **B6** und kopieren Sie die Zahlen in die **B7** bis **B15**. Die arithmetische Entwicklung der Zahlen wird dargestellt.

- Löschen Sie den Inhalt der Zellen **B7** bis **B15**. Markieren Sie die Zellen **B4** bis **B6**. Gehen Sie mit der Maus auf das Rechteck unten rechts in der Zelle **B6** und kopieren Sie die Zahlen in die **B7** bis **B15**. Benutzen Sie jedoch nicht, wie gewohnt, für das Kopieren die linke, sondern die *rechte* Maustaste. Das folgende Kontextmenü wird eingeblendet:

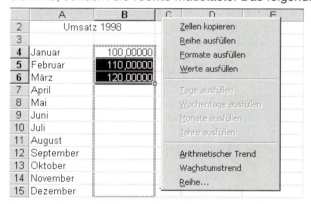

- Wählen Sie den Menüpunkt **Reihe**. Stellen Sie in dem nachfolgenden Dialogfeld **Reihe** den Trend der geometrischen Reihe ein.

- Probieren Sie weitere Möglichkeiten der Trendberechnung aus.

Übungen:

1. Bauen Sie die folgende Liefererdatei auf:

L_Nr	Name1	Name2	Strasse	PLZ	Ort
100	Wagner & Co.	Büromöbel	Vogtweg 23	33607	Bielefeld
101	Büromöbel AG	Büroeinrichtungen	Gutachtstr. 342	13469	Berlin
102	Tranel GmbH	Büromöbel	Bechemstr. 67	47058	Duisburg
103	Computerland	Computer	Fischadler 65	22119	Hamburg
104	Computer 2000	EDV-Herstellung	Koloniestr. 128	28777	Bremen
105	Mircro Hansen	Computerlösungen	Am Stau 47	26112	Oldenburg
106	Computer Voges	EDV-Bedarf	Schloßstr. 45	30159	Hannover

   a) Erarbeiten Sie mit Hilfe der Funktion *Sverweis* eine Möglichkeit, durch Eingabe der Liefrernummer einen Datensatz auszuwählen. Stellen Sie dabei den gewählten Datensatz in Form einer Adresse auf dem Bildschirm dar.

   b) Erarbeiten Sie die genannte Möglichkeit unter Verwendung von Namen.

2. Erstellen mit Hilfe der Zinseszinsformel eine Tabelle, die bei einer 30-jährigen Laufzeit den Kapitalendwert für ein Kapital von 10.000,00 € mit 6 % Zinsen und Zinseszinsen berechnet.

   a) Ermitteln Sie mit Hilfe der Zielwertsuche den Zinssatz, zu dem das Geld angelegt werden muss, wenn es nach Ablauf von 30 Jahren 70.000,00 € erbringen soll.

   b) Wie viele Jahre muss ein Kapital von 10.000,00 € angelegt werden, damit es bei einer Verzinsung von 8 % pro Jahr 100.000,00 € erbringt? Ermitteln Sie den Wert mit der Zielwertsuche.

3. Führen Sie die folgende Mehrfachoperation durch.

   a) Ermitteln Sie, wie viel ein Kapital von 15.000,00 € bei einer Verzinsung von 4 % in 10 Jahren ergibt.

   b) Berechnen Sie die Werte mit Hilfe der Mehrfachoperation für die Zinssätze 1 % bis 8 %.

4. Erstellen Sie die folgende Vertreterdatei:

Vertreter_Nr	Nachname	Menge	Preis	Umsatz	Provision
500	Hegemann	200	1500,00	300000,00	45000,00
501	Halbrich	150	1200,00	180000,00	21600,00
502	Donker	165	987,00	162855,00	19542,60
503	Pöker	324	1400,00	453600,00	68040,00
504	Faller	134	1800,00	241200,00	36180,00

   a) Erarbeiten Sie mit Hilfe der Funktion *Sverweis* eine Möglichkeit, durch Eingabe der Vertreternummer einen Datensatz auszuwählen.

   b) Erarbeiten Sie die genannte Möglichkeit unter Verwendung von Namen.

3.15 Datenbanken und Listen

3.15.1 Vorbemerkungen

Die Tabellenkalkulation EXCEL verfügt über Funktionen, mit denen es möglich ist, Listen mit Daten anzulegen und auszuwerten.

3.15.2 Anlegen einer Datenbank

Sollen Daten ausgewertet werden, so müssen sie zunächst eingegeben werden. In der ersten Zeile sind die Überschriften (Datenfeldbezeichnungen) einzutragen.

Bearbeitungsschritte:

- Geben Sie die folgende Datenfeldbezeichnungen und Datensätze ein:

	A	B	C	D	E	F
1	Artikel_Nr	Artikelart	Artikel_Bez	Bestand	Einkaufspreis	Verkaufspreis
2	1000	Schreibtisch	Gabriele	5	800,00 €	1.365,00 €
3	1001	Schreibtisch	Modern	10	456,00 €	735,00 €
4	1002	Schreibtisch	Exklusiv	20	1.250,00 €	1.848,00 €
5	1003	Büroschrank	Elegant	12	2.400,00 €	3.190,00 €
6	1004	Büroschrank	Aktuell	17	897,00 €	1.345,00 €
7	1005	Büroschrank	Elegant	12	2.400,00 €	724,50 €
8	1006	Drucker	Stil	8	1.300,00 €	1.972,95 €
9	1007	Drucker	Klassic	12	2.900,00 €	4.305,00 €
10	2000	Scanner	Swift	8	1.578,00 €	2.198,00 €
11	2001	Scanner	Akura	4	2.790,00 €	3.700,00 €
12	3000	Computer	AGIB HS	10	3.322,93 €	3.980,00 €
13	3001	Computer	Trup AK	5	3.576,00 €	4.190,00 €
14	3002	Computer	Ambro Super	21	3.454,98 €	4.050,00 €

- Wenn Sie den Menüpunkt **Daten/Maske** wählen, können Sie einzelne Datensätze über ein Formular eingeben, mit den Pfeilen (▲ ▼) innerhalb der Datei von Datensatz zu Datensatz wechseln, Datensätze löschen usw.

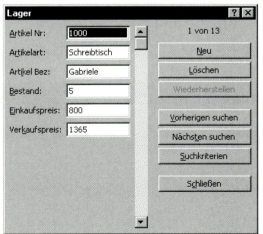

- Speichern Sie die Mappe unter dem Namen *Lager* ab.

3.15.3   Sortieren von Daten

Eine Möglichkeit der Auswertung von Daten ist das Sortieren der Daten nach unterschiedlichen Kriterien.

Bearbeitungsschritte:

- Markieren Sie den Bereich **A1** bis **F14**.
- Wählen Sie den Menüpunkt **Daten/Sortieren**. Bestimmen Sie in der nachfolgenden Dialogbox die Sortierkriterien. Da ein Zeilenkopf mit den entsprechenden Bezeichnungen (Artikelart usw.) vorhanden ist, ist die entsprechende Schaltfläche aktiviert. Enthält die Datenliste keinen Zeilenkopf, ist die entsprechende Schaltfläche zu aktivieren.

- Nach dem Anklicken der Schaltfläche **OK** wird die Sortierung vorgenommen. Soll die Sortierung nicht vorgenommen werden, ist die Schaltfläche **Abbrechen** anzuklicken.
- Sortieren Sie anschließend die Daten wieder nach der Artikelnummer.

3.15.4   Ausgeben von Daten nach bestimmten Kriterien

Ausgeben von Daten nach einem Kriterium mit dem AutoFilter

Das Ausgeben von Daten nach bestimmten Kriterien, z. B. nach Computern oder Druckern, wird auch als Filtern von Daten bezeichnet.

Bearbeitungsschritte:

- Markieren Sie den Bereich **A1** bis **F14**.
- Wählen Sie den Menüpunkt **Daten/Filter/AutoFilter**. Der Anzeige der Datensätze verändert sich folgendermaßen:

	A	B	C	D	E	F
1	Artikel_I ▼	Artikelart ▼	Artikel_Bez ▼	Besta ▼	Einkaufspre ▼	Verkaufspre ▼
2	1000	Schreibtisch	Gabriele	5	800,00 €	1.365,00 €
3	1001	Schreibtisch	Modern	10	456,00 €	735,00 €
4	1002	Schreibtisch	Exklusiv	20	1.250,00 €	1.848,00 €
5	1003	Büroschrank	Elegant	12	2.400,00 €	3.190,00 €

Bearbeitungsschritte (Fortsetzung):

- Durch Anklicken des Pfeils (▾) werden die einzelnen **Artikelarten** wie Computer usw. angezeigt.

	A	B	C	D	E	F
1	Artikel_l ▾	Artikelart ▾	Artikel_Bez ▾	Bestar ▾	Einkaufspre ▾	Verkaufspre ▾
2	1000	(Alle)	Gabriele	5	800,00 €	1.365,00 €
3	1001	(Top 10...)	Modern	10	456,00 €	735,00 €
4	1002	(Benutzerdefiniert...) / Büroschrank	Exklusiv	20	1.250,00 €	1.848,00 €
5	1003	Computer	Elegant	12	2.400,00 €	3.190,00 €
6	1004	Drucker	Aktuell	17	897,00 €	1.345,00 €
7	1005	Scanner / Schreibtisch	Elegant	12	2.400,00 €	724,50 €
8	1006	Drucker	Stil	8	1.300,00 €	1.972,95 €

- Nach dem Anklicken der **Artikelart** Computer werden alle Computer auf dem Bildschirm angezeigt.

	A	B	C	D	E	F
1	Artikel_l ▾	Artikelart ▾	Artikel_Bez ▾	Bestar ▾	Einkaufspre ▾	Verkaufspre ▾
12	3000	Computer	AGIB HS	10	3.322,93 €	3.980,00 €
13	3001	Computer	Trup AK	5	3.576,00 €	4.190,00 €
14	3002	Computer	Ambro Super	21	3.454,98 €	4.050,00 €

- Wählen Sie danach wieder den Menüpunkt **Daten/Filter/AutoFilter**. Es werden daraufhin wieder alle Datensätze angezeigt.

Auch eine vom Benutzer definierte Auswahl ist möglich:

Bearbeitungsschritte:

- Markieren Sie den Bereich **A1** bis **F14**.
- Wählen Sie den Menüpunkt **Daten/Filter/AutoFilter**. Klicken Sie im Bereich **Artikelart** den Pfeil (▾) an und danach die Möglichkeit **Benutzerdefiniert**. Danach müssen die Kriterien unter Nutzung einer **Oder-Bedingung** wie angegeben gewählt werden:

- Folgendes Ergebnis wird auf dem Bildschirm angezeigt:

	A	B	C	D	E	F
1	Artikel_l ▾	Artikelart ▾	Artikel_Bez ▾	Bestar ▾	Einkaufspre ▾	Verkaufspre ▾
8	1006	Drucker	Stil	8	1.300,00 €	1.972,95 €
9	1007	Drucker	Klassic	12	2.900,00 €	4.305,00 €
12	3000	Computer	AGIB HS	10	3.322,93 €	3.980,00 €
13	3001	Computer	Trup AK	5	3.576,00 €	4.190,00 €
14	3002	Computer	Ambro Super	21	3.454,98 €	4.050,00 €

Ausgeben von Daten nach mehreren Kriterien mit dem AutoFilter

Durch eine andere Abfrage, in der eine **Und-Bedingung** genutzt werden soll, können beispielsweise alle Artikel mit bestimmten Verkaufspreisen ausgegeben werden. In einem weiteren Schritt sollen dann nur noch bestimmte Artikelarten, wie z. B. Büroschränke, mit den entsprechenden Verkaufspreisen angezeigt werden.

Bearbeitungsschritte:

- Markieren Sie den Bereich **A1** bis **F14**.

- Wählen Sie den Menüpunkt **Daten/Filter/AutoFilter**. Klicken Sie im Bereich **Verkaufspreis** den Pfeil (▼) an und danach die Möglichkeit **Benutzerdefiniert**. Danach müssen die Kriterien wie angegeben gewählt werden:

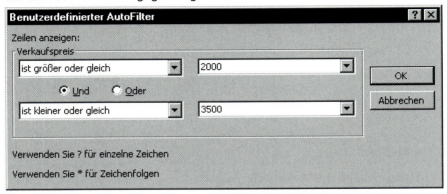

- Das Ergebnis des benutzerdefinierten Autofilters mit den ausgewählten Artikeln wird auf dem Bildschirm angezeigt:

	A	B	C	D	E	F
1	Artikel_I ▼	Artikelart ▼	Artikel_Bez ▼	Besta ▼	Einkaufspre ▼	Verkaufspre ▼
5	1003	Büroschrank	Elegant	12	2.400,00 €	3.190,00 €
10	2000	Scanner	Swift	8	1.578,00 €	2.198,00 €

- Wählen Sie danach durch Anklicken des Pfeils (▼) im Bereich **Artikelart** die Artikelart Büroschrank aus:

	A	B	C	D	E	F
1	Artikel_I ▼	Artikelart ▼	Artikel_Bez ▼	Bestar ▼	Einkaufspre ▼	Verkaufspre ▼
5	1003	(Alle)	Elegant	12	2.400,00 €	3.190,00 €
10	2000	(Top 10...)	Swift	8	1.578,00 €	2.198,00 €
15		(Benutzerdefiniert...)				
		Büroschrank				
16	Geben Sie	Scanner	des Produktes ein:			

- Als Ergebnis wird ein Büroschrank ausgegeben, der den gewählten Kriterien entspricht:

	A	B	C	D	E	F
1	Artikel_I ▼	Artikelart ▼	Artikel_Bez ▼	Bestar ▼	Einkaufspre ▼	Verkaufspre ▼
5	1003	Büroschrank	Elegant	12	2.400,00 €	3.190,00 €

- Weitere Filter könnten in den Bereichen Artikel_Nr, Artikel_Bez, Einkaufspreis usw. gesetzt werden.

Ausgeben von Daten mit einem Spezialfilter

Durch die Definition eines Spezialfilters ist die Ausgabe von Daten nach unterschiedlichsten Kriterien möglich, so dass praktisch jedes Ergebnis erreicht werden kann.

Die Erstellung eines Spezialfilters erfordert eine ganz genaue Beachtung der Eingabe der entsprechenden Bedingungen. Daher soll die Eingabe genau beschrieben werden.

Bearbeitungsschritte:

- Laden Sie die Mappe *Lager* und speichern Sie sie unter dem Namen *Lager1* ab.
- Tragen Sie die Datenfeldbezeichnungen und die gewünschten Kriterien an einer beliebigen Stelle in der Tabelle ein. Dabei kann, wie im angegebenen Beispiel, ein Datenfeld mehrere Male angegeben werden. Dadurch können also mehrere Bedingungen in einem Datenfeld überprüft werden.

	A	B	C	D	E
17	Artikelart	Verkaufspreis	Verkaufspreis		
18	Büroschrank	>=2000	<=3500		

- Markieren Sie den Bereich **A1** bis **F14**, in dem alle Daten und die Datenfeldbezeichnungen stehen.
- Wählen Sie den Menüpunkt **Daten/Filter/Spezialfilter**. Im Listenbereich müsste bereits der markierte Bereich **A1** bis **F14** angegeben sein. Als Kriterienbereich geben Sie den Bereich **A17** bis **C18** an, in dem die Datenfeldbezeichnungen und die Kriterien eingetragen worden sind. Sie können den Kriterienbereich über die Tastatur eingeben oder mit der Maus markieren.

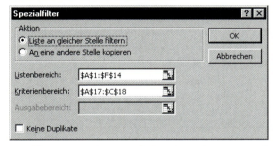

- Als Ergebnis wird der Büroschrank ausgegeben, der den angegebenen Bedingungen im Hinblick auf den Verkaufspreis entspricht. Der andere Büroschrank wird nicht ausgegeben, weil der Verkaufspreis zu gering ist.

	A	B	C	D	E	F
1	Artikel_Nr	Artikelart	Artikel_Bez	Bestand	Einkaufspreis	Verkaufspreis
5	1003	Büroschrank	Elegant	12	2.400,00 €	3.190,00 €
15						
16						
17	Artikelart	Verkaufspreis	Verkaufspreis			
18	Büroschrank	>=2000	<=3500			

- Weitere Abfragen können nach den unterschiedlichsten Kriterien vorgenommen werden, so dass verschiedenartigste Auswertungen möglich sind. Daher bietet es sich an andere Abfragen vorzunehmen.
- Alle Datensätze werden nach der Wahl des Menüpunkts **Daten/Filter/Alle anzeigen** wieder auf dem Bildschirm angezeigt.

3.15.5 Arbeiten mit Datenbankfunktionen

Die Auswertung der erstellten Datenbank erfolgt unter anderem mit den sogenannten Datenbankfunktionen. Selbstverständlich können auch sämtliche anderen Funktionen von EXCEL benutzt werden.

Bearbeitungsschritte:

- Laden Sie die Mappe *Lager* und speichern Sie sie unter dem Namen *Lager2* ab. Markieren Sie die Zelle **D16**.

- Wählen Sie, um eine Datenbankfunktion in die Tabelle einzufügen, den Menüpunkt **Einfügen/Funktion**.

- Wählen Sie in der folgenden Dialogbox **Funktions-Assistent 1** die Kategorie **Datenbank** oder die Kategorie **Alle** aus und klicken Sie die Funktion **DBSUMME** an.

- Geben Sie die entsprechenden Werte durch Markieren mit der Maus oder durch das Eingeben mit der Tastatur in der Dialogbox **Funktions-Assistent 2** ein. Als **Datenbank** müssen Sie den gesamten Bereich der Datenbank markieren oder eingeben. Als **Datenbankfeld** wird die Datenfeldbezeichnung, in diesem Fall *Bestand*, gekennzeichnet. Als **Suchkriterium** geben Sie dann den Bereich an, der summiert werden soll.

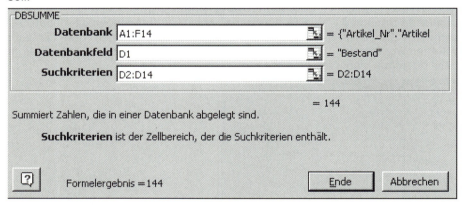

- Als Ergebnis wird die Summe ausgegeben:

	A	B	C	D	E
16			Summe	144	

- Alternativ kann die normale Summenfunktion benutzt werden.

- Mit Hilfe weiterer Datenbankfunktionen können beispielsweise das Maximum, das Minimum, der Mittelwert usw. des Bestandes ermittelt und ausgegeben werden:

	A	B	C	D	E	F
14	3002	Computer	Ambro Super	21	3.454,98 €	4.050,00 €
15						
16			Summe	144		
17			Maximum	21		
18			Minimum	4		
19			Mittelwert	11,077		
20			Anzahl	13		

3.15.6 Teilergebnisse

Innerhalb einer Datenbank lassen sich Teilergebnisse ausgeben.

- Laden Sie die Mappe *Lager* und speichern Sie sie unter dem Namen *Lager3* ab. Markieren Sie den Bereich **A1** bis **F14**.

- Wählen Sie den Menüpunkt **Daten/Teilergebnisse**. Wählen Sie die nachfolgenden Einstellungen aus.

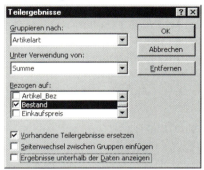

- Das Ergebnis sieht folgendermaßen aus. Der Gesamtbestand, die Bestände der Artikelarten und die einzelnen Bestände werden angezeigt.

		A	B	C	D	E	F
	1	Artikel_Nr	Artikelart	Artikel_Bez	Bestand	Einkaufspreis	Verkaufspreis
	2		**Gesamtergebnis**		144		
	3		**Schreibtisch Ergebnis**		35		
	4	1000	Schreibtisch	Gabriele	5	800,00 €	1.365,00 €
	5	1001	Schreibtisch	Modern	10	456,00 €	735,00 €
	6	1002	Schreibtisch	Exklusiv	20	1.250,00 €	1.848,00 €
	7		**Büroschrank Ergebnis**		41		
	8	1003	Büroschrank	Elegant	12	2.400,00 €	3.190,00 €
	9	1004	Büroschrank	Aktuell	17	897,00 €	1.345,00 €
	10	1005	Büroschrank	Elegant	12	2.400,00 €	724,50 €

- Klicken Sie auf die Zahl 2 in der linken Ecke des Tabellenbereichs. Der Gesamtbestand und die Bestände der einzelnen Artikelarten werden angezeigt:

		A	B	C	D	E	F
	1	Artikel_Nr	Artikelart	Artikel_Bez	Bestand	Einkaufspreis	Verkaufspreis
	2		**Gesamtergebnis**		144		
	3		**Schreibtisch**		35		
	7		**Büroschrank**		41		
	11		**Drucker**		20		
	14		**Scanner**		12		
	17		**Computer**		36		

- Durch Anklicken der Pluszeichen können Sie einzelne Artikel einblenden.

- Klicken Sie auf die Zahl 1 in der linken Ecke des Tabellenbereichs. Der Gesamtbestand wird angezeigt:

		A	B	C	D	E	F
	1	Artikel_Nr	Artikelart	Artikel_Bez	Bestand	Einkaufspreis	Verkaufspreis
	2		**Gesamtergebnis**		144		

3.15.7 Datendarstellung mit einer Pivot-Tabelle

Erstellen einer Pivot-Tabelle

Die Darstellung der Daten einer Datenbank kann mit Hilfe einer so genannten Pivot-Tabelle in ansprechender Form erfolgen. Dabei sind sehr unterschiedliche Auswertungen möglich. Vor allem soll jedoch erreicht werden, dass man aus der Auswertung einen Sachverhalt schnell erfassen kann.

Bearbeitungsschritte:

- Laden Sie die Mappe *Lager* und speichern Sie sie unter dem Namen *Lager4* ab.
- Wählen Sie den Menüpunkt **Daten/Pivot-Tabelle**. Im **Pivot-Tabellen-Assistent 1** geben Sie an, dass es sich um eine EXCEL-Datenbank oder -Liste handelt.
- Im **Pivot-Tabellen-Assistent 2** markieren Sie den Datenbankbereich **A1** bis **F7**.

	A	B	C	D	E	F
1	Artikel_Nr	Artikelart	Artikel_Bez	Bestand	Einkaufspreis	Verkaufspreis
2	1000	Schreibtisch	Gabriele	5	800,00 €	1.365,00 €
3	1001	Schreibtisch	Modern	10	456,00 €	735,00 €
4	1002	Schreibtisch	Exklusiv	20	1.250,00 €	1.848,00 €
5	1003	Büroschrank	Elegant	12	2.400,00 €	3.190,00 €
6	1004	Büroschrank	Aktuell	17	897,00 €	1.345,00 €
7	1005	Büroschrank	Elegant	12	2.400,00 €	724,50 €

- Im **Pivot-Tabellen-Assistent 3** legen Sie die Struktur der Pivot-Tabelle fest. Klicken Sie die Bezeichnung **Artikelart** an. Bei gedrückter linker Maustaste ziehen Sie die Bezeichnung in den Bereich **SPALTE**. In den Bereich **ZEILE** wird danach die Bezeichnung **Artikel_Bez** gezogen und in den Bereich **DATEN** der Bestand, der als **Summe - Bestand** danach angegeben wird.

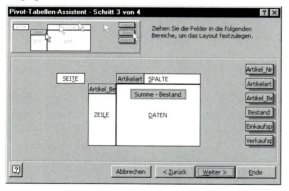

- Im Schritt 4 des **Assistenten** geben Sie an, dass der Bericht auf einem neuen Blatt ausgegeben werden soll. Danach klicken Sie die Schaltfläche **Ende** an. Folgendes Ergebnis wird angezeigt:

	A	B	C	D	E
1	Summe - Bestand	Artikelart			
2	Artikel_Bez	Büroschrank	Schreibtisch	Gesamtergebnis	
3	Aktuell	17		17	
4	Elegant	24		24	
5	Exklusiv		20	20	
6	Gabriele		5	5	
7	Modern		10	10	
8	Gesamtergebnis	41	35	76	

Bearbeiten einer Pivot-Tabelle

Nach der Erstellung einer **Pivot-Tabelle** kann die Tabelle mit Hilfe der Schaltflächen der Symbolleiste **Pivot-Tabelle** bearbeitet werden. Unterschiedliche Auswertungen werden er-möglicht.

Bearbeitungsschritte:

* Die Symbolleiste **Pivot-Tabelle** wird normalerweise nach dem Erstellen einer **Pivot-Tabelle** eingeblendet. Ansonsten wird die Symbolleiste über den Menüpunkt **Ansicht/Symbolleisten** eingeblendet.

* Klicken Sie die Schaltfläche **Pivot-Tabellen-Feld** an. Bestimmen Sie, dass der maximale Bestand angezeigt werden soll.

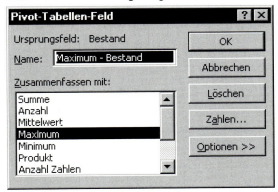

* Das Ergebnis sieht folgendermaßen aus:

	A	B	C	D
1	Maximum - Bestand	Artikelart		
2	Artikel_Bez	Büroschrank	Schreibtisch	Gesamtergebnis
3	Aktuell	17		17
4	Elegant	12		12
5	Exklusiv		20	20
6	Gabriele		5	5
7	Modern		10	10
8	Gesamtergebnis	17	20	20

* Der Pivot-Tabellen-Assistent wird über die Schaltfläche **Pivot-Tabellen-Assistent** aufgerufen. Dadurch kann der Aufbau der Tabelle bearbeitet werden.

* Wenn Sie die Schaltfläche Pivot-Tabelle ▼ anklicken und danach den Bereich **Optionen**, können Sie beispielsweise bestimmen, ob Gesamtsummen für Zeilen und Spalten gebildet werden sollen oder nicht.

Übungen:

1. Bauen Sie die folgende Liefererdatei auf bzw. laden Sie die entsprechende Tabelle:

L_Nr	Name1	Name2	Strasse	PLZ	Ort
100	Wagner & Co.	Büromöbel	Vogtweg 23	33607	Bielefeld
101	Büromöbel AG	Büroeinrichtungen	Gutachtstr. 342	13469	Berlin
102	Tranel GmbH	Büromöbel	Bechemstr. 67	47058	Duisburg
103	Computerland	Computer	Fischadler 65	22119	Hamburg
104	Computer 2000	EDV-Herstellung	Koloniestr. 128	28777	Bremen
105	Mircro Hansen	Computerlösungen	Am Stau 47	26112	Oldenburg
106	Computer Voges	EDV-Bedarf	Schloßstr. 45	30159	Hannover

a) Sortieren Sie die Daten nach dem *Namen1* aufsteigend.

b) Sortieren Sie die Daten nach dem Ort aufsteigend.

c) Filtern Sie mit dem AutoFilter *Orte* heraus, deren Postleitzahlen kleiner als 30000 sind.

d) Stellen Sie fest, welche Orte eine Postleitzahl zwischen 20000 und 30000 haben.

e) Stellen Sie fest, welche Lieferanten Büromöbel liefern.

2. Erstellen Sie die folgende Vertreterdatei bzw. laden Sie die entsprechende Tabelle:

Vertreter_Nr	Nachname	Menge	Preis	Umsatz	Provision
500	Hegemann	200	1500,00	300000,00	45000,00
501	Halbrich	150	1200,00	180000,00	21600,00
502	Donker	165	987,00	162855,00	19542,60
503	Pöker	324	1400,00	453600,00	68040,00
504	Faller	134	1800,00	241200,00	36180,00

a) Sortieren Sie die Vertreter nach dem Namen.

b) Sortieren Sie die Vertreter nach der Provision absteigend.

c) Geben Sie alle Vertreter aus, die 200 Stück und mehr verkauft haben.

d) Geben Sie alle Vertreter aus, die eine Menge von mehr als 160 und einen Umsatz von mehr als 200000,00 € erzielt haben.

3. Erstellen Sie die folgende Kundenkartei:

Kunden_Nr	Name1	Strasse	PLZ	Ort
200	Otto Artig	Mühlenstr. 45	26789	Leer
201	Hans Kassens	Am Forst 45	49809	Lingen
202	Bürohandlung GmbH	Markt 21	49716	Meppen
203	Bürobedarf Hinze	Auguststr. 12	49751	Sögel
204	Rohr & Co.	Gallotweg 67	26723	Emden
205	Willi Garstig OHG	Hachstr. 15	26725	Emden
206	Hans Truppe	Adlerstr. 45	48429	Rheine

a) Geben Sie alle Kunden der Orte Leer und Emden aus.

b) Geben Sie mit einem Spezialfilter die Kunden aus Lingen und Meppen aus.

3.16 Überprüfung von Ergebnissen

3.16.1 Überprüfung von Formeln

Ergibt eine Berechnung nicht das gewünschte Ergebnis, so kann durch einen Doppelklick auf die Ergebniszelle der Aufbau der Formel überprüft werden. Einzelne Elemente der Formel sind farbig gekennzeichnet. Die entsprechenden Zellen werden in der gleichen Farbe umrandet.

Formel mit relativer Adressierung		A	B	C	D	E
	4		Menge	Preis	Umsatz	
	5					
	6	Vertreter A	200	20	=B6*C6	
	7	Vertreter B	100	15	1500	

Formel mit absoluter Adressierung		A	B	C	D	E
	4		Menge	Preis	Umsatz	Provision
	5					
	6	Vertreter A	200	20	4000	=D6*$E$13/100
	7	Vertreter B	100	15	1500	225
	8	Vertreter C	80	30	2400	360
	9	Vertreter D	150	10	1500	225
	10					
	11	Gesamtumsatz			9400	
	12					
	13	Provisionssatz in %				15

Formel mit Namen		A	B	C	D	E
	4		Menge	Preis	Umsatz	
	5					
	6	Vertreter A	200	20	=Menge*Preis	
	7	Vertreter B	100	15	1500	

3.16.2 Überprüfung von Grafiken

Zeigt eine Grafik nicht das erwartete Ergebnis, können die Zellen und Bereiche überprüft werden, die die Grundlage der Darstellung bilden. Nach dem Anklicken der Grafik werden die Zellen und Bereiche farbig gekennzeichnet. Mit der Maus (siehe Seite 111) kann der richtige Bereich gewählt werden.

Grafik	
	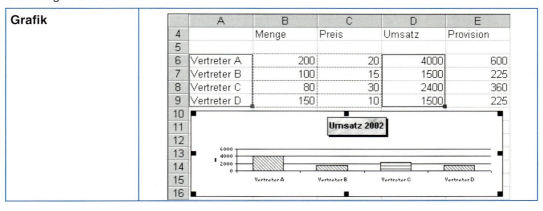

3.17   Fehlermeldungen und Fehlererkennung

3.17.1   Fehlermeldungen

Ist eine Formel durch einen Fehler nicht zu berechnen, so wird vom Programm eine Fehler-meldung ausgegeben. Alle Fehlermeldungen sollen hier kurz beschrieben werden.

Fehlerwert	Bedeutung
#DIV/0!	In einer Formel wird versucht durch Null zu dividieren.
#NV	Es wurde versehentlich ein Bezug zu einer leeren Zelle hergestellt, in der kein Wert verfügbar ist. (Nur bei bestimmten Befehlen erscheint diese Mel-dung.)
#Name?	In einer Formel wird ein Name verwendet, der noch nicht für eine Zelle oder einen Bereich definiert wurde.
#Null!	Es wurde eine Schnittmenge von zwei Bereichen angegeben, die sich nicht überschneiden.
#Zahl!	Ein Problem mit einer Zahl ist aufgetreten, z. B. wurde versucht aus der Zahl -1 die Wurzel zu ziehen.
#Bezug!	Es wurde in einer Formel Bezug auf eine Zelle genommen, die z. B. vorher gelöscht worden ist.
#Wert!	Ein falscher Typ wurde beispielsweise in einer Funktion verwendet, statt z. B. einem Wahrheitswert wurde eine Zahl verwandt.

3.17.2   Fehlererkennung

Excel erkennt eine Reihe von Fehlern beim Aufbau von Formeln. Ist eine Formel fehlerhaft, wird die Formel automatisch angepasst (z. B. bei nur einer fehlenden Klammer) oder ein Lö-sungsvorschlag unterbreitet. Es empfiehlt sich den Lösungsvorschlag zu überprüfen.

Fehler	Beispiel	Korrektur bzw. Korrekturvorschlag
fehlende Klammer	=Mittelwert (B2:B3	Die fehlende Klammer wird am Ende eingefügt.
fehlendes Anfüh-rungszeichen	=Wenn(A2<5;"Gut"; "Schlecht)	Es wird vorgeschlagen ein Anführungszeichen nach *Schlecht* zu setzen.
umgedrehte Zellbe-zeichnung	=2B	Die Zellbezeichnung *2B* wird vorgeschlagen.
überflüssiger Opera-tor am Formelanfang	==B2	Die Berechnung *=2B* wird vorgeschlagen.
doppelter Operator in einer Formel	=Summe(B2++C2)	Der überflüssige Operator wird gelöscht bzw. nicht beachtet.
Operator ohne Ope-rand am Formelende	=B2+B3-	Die Berechnung *=2B+B3* wird vorgeschlagen.
fehlender Multiplikati-onsoperator	=B2+2(B3+B4)	Die Formel *= B2+2+(B3+B4)* wird vorgeschla-gen.
falsche Operatorrei-henfolge	=> oder >< oder =<	Die richtige Syntax *>= oder <> oder <=* wird vorgeschlagen.
x statt * als Multipli-kationsoperator	=2x3	Die Formel *=2*3* wird vorgeschlagen.
überflüssiger Doppel-punkt	=Mittelwert(B:2:B3)	Das Programm schlägt vor den überflüssigen Doppelpunkt (*B:2*) zu entfernen.

4 Datenbank mit ACCESS 97

4.1 Grundlegende Bemerkungen

4.1.1 Funktionen einer Datenbank

Datenbanken sind in der Lage, Dateien über Produkte, Lieferanten usw. aufzubauen. Dabei muss man sehr genau planen, welche Daten zu welchen Zwecken benötigt und damit für bestimmte Zwecke ausgewertet werden können.

Kennzeichen einer guten Dateiverarbeitung ist jedoch auch, dass durch betrieblich bedingte Notwendigkeiten später Änderungen vorgenommen werden können, die es erlauben, zusätzliche Daten zu erfassen und zu verarbeiten.

Von einer relationalen Datenbank spricht man, wenn Daten aus verschiedenen Tabellen miteinander verknüpft werden können, also beispielsweise bestimmte Artikel einem Hersteller zugeordnet werden können.

4.1.2 Aufbau einer Datenbank

Das Erfassen von komplexen betrieblichen Daten erfordert den Aufbau einer Datenbank. Eine Datenbank besteht aus mehreren Dateien, die unterschiedliche Sachverhalte aufnehmen können. Eine betriebliche Aufgabe könnte es sein, die Daten über das Lager und über die Hersteller in einer Datenbank zu erfassen. Man legt daher eine Datenbank mit dem Namen *Betrieb* an, in der verschiedene Dateien (Tabellen) vorhanden sind:

Dateien/Tabellen	Lager	Hersteller
	Datensätze	Datensätze

In den einzelnen Dateien werden Datensätze, die aus einzelnen so genannten Datenfeldern bestehen, aufgenommen. Beim Anlegen der entsprechenden Datei werden einzelne Felder mit entsprechenden Bezeichnungen wie Artikelart usw. eingerichtet, später werden einzelne Datensätze eingegeben, wie z. B. die Artikelart *Schreibtisch*.

Der Aufbau eines Datensatzes und ein eingegebener Datensatz könnten so aussehen:

Datensatz	Lager/Datenfeldnamen	Lager/Datenfeldinhalte
	Artikelnummer	1000
	Artikelart	Schreibtisch
	Artikelbezeichnung	Gabriele
	Bestand	5
	Einkaufspreis	800,00 €
	Verkaufspreis	1365,00 €

Ein Datenfeld ist, wie bereits angedeutet, ein Element des Datensatzes und damit die kleinste Einheit, die in einer Datei vorhanden ist. Bei der Errichtung der Datei wird angegeben, wie das Datenfeld bezeichnet wird.

Außerdem kann ein Datenfeld mit einem bestimmten Format ausgestattet werden, damit es beispielsweise ein Datum aufnehmen kann. Im Folgenden wird das Datenfeld *Artikelart* mit dem Datenfeldinhalt *Schreibtisch* gezeigt.

Datenfeld	Artikelart	Schreibtisch

4.1.3   Datenarten

Die Datenfeldinhalte (wie z. B. das Wort Schreibtisch, die Zahl 10 usw.) lassen sich nach verschiedenen Kriterien einteilen:

Daten nach der Häufigkeit der Veränderung	**Stammdaten**	Diese Daten werden sehr selten geändert, wie z. B. die Artikelart und die Artikelnummer. Änderungen dieser Daten werden normalerweise nicht vorgenommen, da sie feste Konstanten in den Dateien darstellen.
	Bewegungsdaten	Diese Daten werden sehr oft verändert, wie z. B. der Bestand an Waren oder der Einkaufs- und Verkaufspreis eines Artikels.
Daten nach ihrer Aufgabe im Verarbeitungsprozess	**Rechendaten**	Mit diesen Daten können Berechnungen vorgenommen werden, z. B. kann aus dem Bestand der Ware und dem Einkaufspreis der Gesamteinkaufspreis der im Lager vorhandenen Waren ermittelt werden.
	Ordnungsdaten	Diese Daten werden für das Ordnen und Sortieren von Daten eingesetzt, wie z. B. die Artikelnummer oder die Artikelart eines Artikels.
Daten nach der Art der verwendeten Zeichen	**numerische Daten**	Diese Daten beinhalten ausschließlich Zahlen, z. B. 10. Diese Zahlen werden in der Regel zum Ordnen oder zum Berechnen benötigt.
	Alphabetische Daten	Diese Daten setzen sich aus Buchstaben zusammen, z. B. Schreibtisch oder Computer. In der Regel werden in die Datenfelder Texte eingegeben.
	Alphanumerische Daten	Diese Daten enthalten sowohl Buchstaben als auch Zahlen, z. B. 1200,00 €.
	Sonderzeichen	Als Sonderzeichen werden u. a. die folgenden Zeichen bezeichnet: $, &, %.
Daten nach ihrer Bedeutung im Datenverarbeitungsprozess	**Eingabedaten**	Daten, die in die Datenverarbeitungsanlage eingegeben werden. Diese Daten sollen im Laufe des Verarbeitungsprozesses verwendet werden, es soll also beispielsweise mit ihnen gerechnet werden oder sie sollen zur Sortierung von Daten eingesetzt werden.
	Ausgabedaten	Aus den eingegebenen Daten werden bestimmte Ergebnisse erzielt, beispielsweise werden Gesamteinkaufspreise summiert und ausgegeben oder im Rahmen der Rechnungserstellung eingegebene Daten multipliziert.

4.1.4   Aufbau des Bildschirms

Der Aufbau des ACCESS-Bildschirms wird nach dem Erstellen einer Datenbank in etwa wie unten abgebildet aussehen. Dabei wird in der Darstellung das so genannte Datenbankfenster mit einbezogen, da dieses Fenster bei der Arbeit mit dem Programm ACCESS von entscheidender Bedeutung ist.

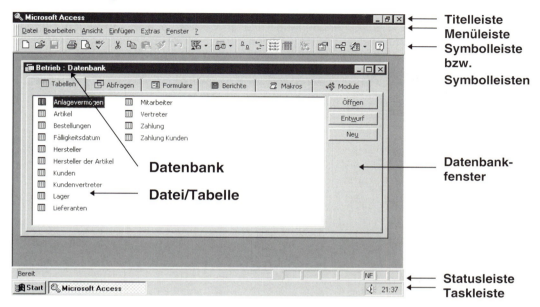

4.1.5   Arbeitsablauf mit einer Datenbank

In Gegensatz zur Arbeit mit einer Tabellenkalkulation oder einer Textverarbeitung, wo Daten direkt eingegeben werden können, müssen bei einer Datenbank gewisse Strukturen zunächst festgelegt werden. Erst danach können Daten erfasst werden.

Im Wesentlichen lässt sich der folgende Arbeitsablauf festlegen:

- Erstellen einer Datenbank
- Erstellen einer Tabelle mit Festlegung der Datenstruktur
- Eingeben von Daten in eine Tabelle
- Auswertung der Daten durch Abfragen
- Rechnerische Verknüpfung von Daten
- Verknüpfung von Daten aus verschiedenen Tabellen
- Präsentation der Daten über einen Bericht
- Nutzung der erfassten Daten für Serienbriefe usw.

Daneben lässt sich die Datenerfassung über das Erstellen eines Formulars vereinfachen.

Selbstverständlich lassen sich die Daten formatieren, die Datenstrukturen später ändern oder jederzeit weitere Daten eingeben.

4.1.6   Datenbankfenster

Wenn eine neue Datenbank erstellt oder eine bestehende Datenbank geöffnet wird, erscheint auf dem Bildschirm das so genannte Datenbankfenster. Das Datenbankfenster wird auch dann grundsätzlich eingeblendet, wenn man innerhalb einer Datei gearbeitet hat, beispielsweise Daten eingegeben hat und danach diesen Bereich der Bearbeitung durch Schließen des Bereiches wieder verlässt.

Durch das Anklicken der entsprechenden Möglichkeiten werden Tabellen, Abfragen, Formulare usw. ausgewählt. Über dieses Fenster können dann z. B. neue Dateien erstellt, bestehende Dateien geöffnet oder der Entwurf einer bestehenden Datei gewählt werden.

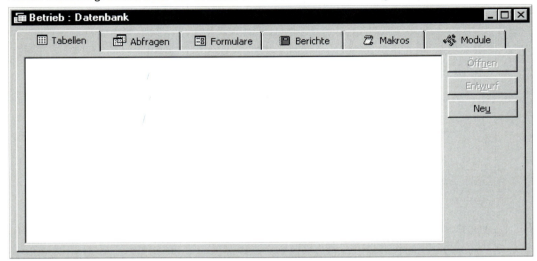

Die wichtigsten Wahlmöglichkeiten und damit die wichtigsten Bearbeitungsmöglichkeiten des Programms für den normalen Benutzer werden hier kurz dargestellt.

Tabelle	Die einzelnen Dateien, wie *Lager* oder *Hersteller*, müssen zunächst entworfen werden. Danach können Daten eingegeben werden. Die Dateneingabe erfolgt zunächst in einer Tabelle, die der Dateneingabe in einer Tabellenkalkulation gleicht. Daher ist hier von einer Tabelle die Rede.
Abfrage	Daten können nach verschiedenen Kriterien sortiert (z. B. aufsteigend oder absteigend) oder ausgewählt (z. B. alle Artikel mit der Artikelnummer zwischen 1000 und 2000) werden. Dies wird durch Abfragen realisiert. Abfragen können so gestaltet werden, dass verschiedene Bedingungen gleichzeitig erfüllt sein müssen bzw. verschiedene Bedingungen entweder/oder erfüllt sein müssen.
Formular	Die Dateneingabe lässt sich wesentlich komfortabler durch die Erstellung eines für den jeweiligen Zweck besonders gut geeigneten Formulars erledigen. Dabei können die Formulare auch vom Programm automatisch oder mit Hilfe eines Assistenten sehr schnell erstellt werden.
Bericht	Daten können nach verschiedenen Kriterien ausgewählt und dann über den Drucker ausgegeben und/oder in der Datenbank/Datei abgespeichert werden. Dabei können z. B. Endsummen und andere mathematische Werte in einem Bericht ermittelt und ausgegeben werden.

4.2   Anlegen der Datenbank Betrieb

Der Start des Programms ACCESS und das Anlegen der ersten Datenbank soll als Grundlage für die weitere Arbeit mit dem Programm zunächst erklärt werden.

Bearbeitungsschritte:

- Starten Sie das Programm ACCESS. Die Möglichkeiten des Startens sind auf Seite 33 angegeben. Danach wird der unten abgebildete Bildschirm angezeigt:

- Durch Anklicken der Schaltfläche **Leerer Datenbank** wird das Fenster **Neue Datenbankdatei** aufgerufen, in dem das Laufwerk und eventuell ein Verzeichnis, in das die Datenbank gespeichert werden soll, und der Dateiname festzulegen sind. Als Dateiname sollte der Name **Betrieb** festgelegt werden, da in der Datenbank betriebliche Daten wie Lager- und Herstellerdaten gespeichert werden sollen.

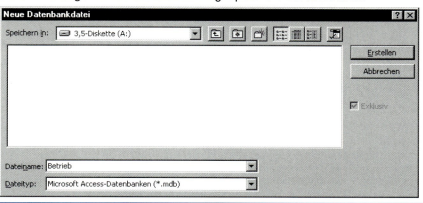

Bearbeitungsschritte (Fortsetzung):

- Nach dem Festlegen des Datenträgers und dem Benennen der Datei wird nach dem Anklicken der Schaltfläche **Erstellen** der Hauptbildschirm des Programms ACCESS mit dem Datenbankfenster **Betrieb** angezeigt:

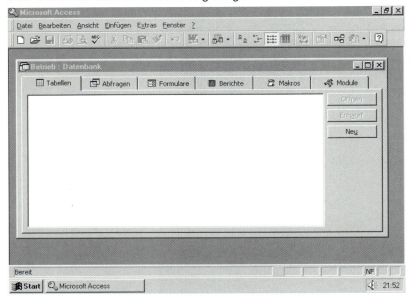

- Schließen Sie anschließend die Datenbank *Betrieb* durch die Wahl des Menüpunktes **Datei/Schließen**. Damit wird lediglich die Datenbank *Betrieb* geschlossen, die Arbeit mit dem Programm ACCESS wird jedoch nicht beendet.

- Es besteht nun die Möglichkeit, über den Menüpunkt **Datei/Neue Datenbank anlegen** eine neue Datenbank anzulegen. Dabei kann man in der Dialogbox **Neu** bestimmen, dass eine leere Datenbank angelegt werden soll. Nach Anklicken des Bereichs **Datenbanken** können mit Hilfe von so genannten Datenbank-Assistenten vorgefertigte Datenbanken erstellt werden. Dies wird später beschrieben. Sie sollten jedoch durch das Anklicken der Schaltfläche **Abbrechen** auf das Anlegen einer neuen Datenbank verzichten.

- Durch die Wahl des Menüpunktes **Datei/Datenbank öffnen** können Sie die Datenbank *Betrieb* wieder für die weitere Bearbeitung öffnen. Das Schließen und Öffnen von Datenbanken wird später noch genauer erklärt.

Soll das Programm sofort wieder beendet werden, muss man mit der Maus den Dateipunkt **Datei/Beenden** aufrufen. Ansonsten können Sie, wie im nächsten Punkt beschrieben, mit dem Anlegen einer Tabelle und dem Eingeben von Daten beginnen.

4.3 Anlegen einer Tabelle und Eingeben von Daten

4.3.1 Vorbemerkungen

Das Anlegen einer neuen Datenbank war der erste Schritt, Daten aufzunehmen und zu verarbeiten. In einer Datenbank können mehrere Dateien, im Programm als Tabellen bezeichnet, aufgenommen werden. Das Anlegen bzw. Aufrufen einer Datei in einer Datenbank, die betriebliche Lagerdaten aufnehmen soll, wird nachfolgend dargestellt.

Der wesentliche Bestandteil dieser Datenbank soll eine Datei mit dem Namen *Lager* sein. Die grundsätzliche Überlegung beim Entwerfen der Datei ist, festzulegen, welche Daten erfasst werden sollen und daher als Datenfeld in den Datensatz aufgenommen werden müssen. Neben der Datei *Lager* wird später eine Datei *Hersteller* aufgebaut. Beide Dateien sollen danach miteinander verknüpft werden.

4.3.2 Datenfelder und Felddatentypen

In einem Datenfeld sollen Daten aufgenommen werden, so z. B. in einem Datenfeld die Artikelart Computer. Für jedes Datenfeld muss ein so genannter Felddatentyp festgelegt werden. Der Typ des Feldes entscheidet z. B. darüber, ob mit dem Feldinhalt gerechnet werden kann oder ob in einem Datenfeld alle Zeichen, also Buchstaben, Zahlen und Sonderzeichen eingegeben werden können oder nicht. ACCESS stellt u. a. folgende Datentypen zur Verfügung:

Text	In einem Textfeld können bis zu 255 Zeichen eingegeben werden. Der Datentyp *Text* wird vom Programm als Standardtyp vorgesehen. Erfolgt keine Eingabe, so wird das Datenfeld als Textdatenfeld eingerichtet.
Memo	Umfangreiche *Texte* mit einer Gesamtlänge von ca. 32000 Zeichen können eingegeben werden.
Zahl	Sollen Berechnungen vorgenommen werden, ist der Datentyp *Zahl* zu wählen. Dieser Datentyp bietet zahlreiche Einstellungsmöglichkeiten, es kann z. B. die Anzahl der Nachkommastellen festgelegt werden.
Datum/ Zeit	Es kann ein *Datum* eingegeben werden. Unterschiedliche Möglichkeiten der Eingabeform (z. B. 16.05.1996, 1996-05-16) werden verarbeitet und können eingestellt werden.
Währung	Dieser Datentyp gleicht dem Datentyp *Zahl*. Es können beispielsweise Berechnungen vorgenommen werden und Währungsformate festgelegt werden.
AutoWert	Eine eindeutige, fortlaufende Zahl (die jeweils um 1 hochgezählt wird) oder eine Zufallszahl, die von Access zugewiesen wird, wenn ein neuer Datensatz in eine Tabelle eingetragen wird. AutoWerte können nicht geändert werden.
Ja/Nein	Es können Wahrheitswerte eingegeben werden.

Außerdem können bestimmte Feldeigenschaften für ein Feld festgelegt werden. Wichtig ist zum Beispiel die Angabe der Feldgröße. Es kann beispielsweise auch bestimmt werden, dass bei einer Eingabe eines Datums dieses Datum automatisch in eine bestimmte Form gebracht wird (beispielsweise wird aus 16. Mai 97 automatisch 1997-05-16).

Eine weitere Möglichkeit ist die Festlegung bestimmter Zahlenformate, z. B. die Festlegung der Nachkommastellen oder das Hinzufügen des Prozentzeichens. Diese Einstellungsmöglichkeiten sind für den erfahrenen Benutzer des Datenbankprogramms ACCESS sicherlich sehr wichtig, sollten jedoch zunächst nur für die Festlegung der Feldgröße genutzt werden.

4.3.3   Anlegen der Datei/Tabelle *Lager*

Bevor Daten in eine Datenbank eingegeben werden können, muss zunächst eine Datei/Tabelle eingerichtet werden. Der erste Schritt dabei ist die Festlegung der Struktur der Datei. Es wird bestimmt, welche Datenfelder in die Datei aufgenommen werden sollen und welche Daten, also beispielsweise Texte oder Zahlen, die jeweiligen Datenfelder aufnehmen sollen.

Bearbeitungsschritte:

- Laden Sie die Datenbank *Betrieb*. Dies kann nach dem Starten des Programms ACCESS durch das Öffnen der Datenbank *Betrieb* erfolgen oder durch die Wahl des Menüpunkts **Datei/Datenbank öffnen**. Das Datenbankfenster wird eingeblendet:

- Klicken Sie die Schaltfläche **Neu** an, um die Datei (Tabelle) *Lager* zu erstellen. Die Dialogbox **Neue Tabelle** wird eingeblendet:

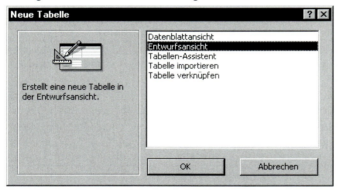

- Wählen Sie den Bereich **Entwurfsansicht**, um die Struktur der Tabelle *Lager* zu erstellen. Durch Anklicken der Schaltfläche **OK** wird in die **Entwurfsansicht** gewechselt.

- Die Wahl der **Datenblattansicht** ist zum jetzigen Zeitpunkt unsinnig, da noch keine Datenfelder definiert wurden.

- Mit Hilfe des **Tabellenassistenten** können vom Programm definierte Tabellen erstellt werden. Aus anderen Programmen (Datenbanken, Tabellenkalkulationen) können Daten durch Wahl des Bereichs **Tabelle importieren** in die Datenbank übernommen werden. Durch Wahl des Punktes **Tabelle verknüpfen** können Beziehungen zwischen den einzelnen Tabellen hergestellt werden. Alle angedeuteten Möglichkeiten werden später am Beispiel gezeigt.

Bearbeitungsschritte (Fortsetzung):

- Danach kann der Aufbau der **Tabelle** *Lager* eingegeben werden. Die Bereiche **Feldname** und **Felddatentyp** müssen ausgefüllt werden. Geben Sie daher die Bezeichnung *Artikel_Nr* ein. Die Wahl des **Felddatentyps** wird durch das Anklicken des entsprechenden Feldes eingeleitet. Es erscheint an der rechten Seite des Feldes ein Pfeil nach unten. Wird dieser Pfeil angeklickt, werden die zur Verfügung stehenden **Felddatentypen** ausgegeben. Durch das Anklicken der entsprechenden Bezeichnungen wird der Datentyp ausgewählt. Wenn kein **Felddatentyp** eingegeben wird, legt das Programm standardmäßig den Datentyp Text fest. Dieser Typ muss also nicht bestimmt werden. Der Bereich **Beschreibung** muss nicht ausgefüllt werden, kann aber Erläuterungen zum **Feldnamen** oder zum **Datentyp** enthalten.

- Geben Sie die Struktur der Datei wie nachfolgend dargestellt ein.

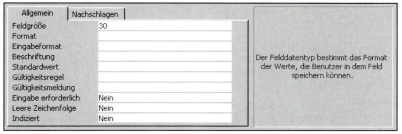

- Grundsätzlich können Feldeigenschaften festgelegt werden. So kann beispielsweise die Schreibweise bei der Währung oder ein Zahlenformat festgelegt werden. Die Eingabe eines Standardwertes (etwa die Festlegung der Artikelart *Computer*) kann die Eingabe der Werte sehr erleichtern, da der Standardwert automatisch in die Datenfelder eingetragen wird. Bei den Textfeldern legen Sie die Feldgröße mit 30 fest.

Allgemein	Nachschlagen	
Feldgröße	30	
Format		
Eingabeformat		
Beschriftung		Der Felddatentyp bestimmt das Format
Standardwert		der Werte, die Benutzer in dem Feld
Gültigkeitsregel		speichern können.
Gültigkeitsmeldung		
Eingabe erforderlich	Nein	
Leere Zeichenfolge	Nein	
Indiziert	Nein	

- Speichern Sie danach die Datei unter dem Namen *Lager* durch Wählen des Menüpunktes **Datei/Speichern** ab. Sollten Sie den Menüpunkt **Datei/Schließen** wählen, werden Sie vom Programm aufgefordert, die Datei abzuspeichern.

  Alternative: Schaltfläche **Speichern** 🖫

- Sollten Schaltflächen nicht angezeigt werden, so können Sie die entsprechenden Symbolleisten über den Menüpunkt **Ansicht/Symbolleisten** einblenden.

Bearbeitungsschritte (Fortsetzung):

- In der folgenden Dialogbox tragen Sie den Namen *Lager* ein.

- Danach wird vom Programm gefragt, ob ein **Primärschlüssel** definiert werden soll. Der **Primärschlüssel** stellt ein **Datenfeld** zur Verfügung, das die **Datensätze** durchnummeriert. Da diese Nummerierung in der **Datei** *Lager* erfolgen soll, sollte die Frage mit **Ja** beantwortet werden. Durch die Nummerierung der **Datensätze** lässt sich jederzeit die Anzahl der im Lager vorhandenen verschiedenen Artikel feststellen. Jeder **Datensatz** ist mit einer **Datensatznummer** versehen. Da **Datenfelder**, die den **Primärschlüssel** enthalten, niemals einen identischen Wert beinhalten dürfen, ist die wichtigste Funktion des **Primärschlüssels** sicherlich die eindeutige Abgrenzung der einzelnen **Datensätze** voneinander. Daher können **Datenfelder** mit dem **Primärschlüssel** für die Verknüpfung mehrerer **Dateien** eingesetzt werden.

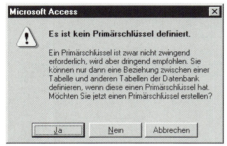

- Es wird das Schlüsselfeld *ID* mit dem Felddatentyp *AutoWert* hinzugefügt. Das Schlüsselfeld wird durch einen Schlüssel an der linken Bildschirmseite gekennzeichnet. Die neue **Datenstruktur** sieht daher folgendermaßen aus:

Feldname	Felddatentyp	Beschreibung
ID	AutoWert	
Artikel_Nr	Zahl	
Artikelart	Text	
Artikel_Bez	Text	
Bestand	Zahl	
Einkaufspreis	Währung	
Verkaufspreis	Währung	

- Das Festlegen der **Datenstruktur** wird durch die Wahl des Menüpunkts **Datei/Schließen** beendet.
- Es ist ebenfalls möglich, sofort mit der Dateneingabe zu beginnen, wenn der Menüpunkt **Ansicht/Datenblatt** aufgerufen wird.

  Alternative: Schaltfläche **Datenblatt** ▦

  (Die Dateneingabe wird im nächsten Kapitel beschrieben.)
- Das Zurückwechseln in den Bereich des Entwurfes einer **Datei** wird durch das Anwählen des Menüpunktes **Ansicht/Tabellenentwurf** vorgenommen.

  Alternative: Schaltfläche **Tabellenentwurf** 📝

4.3.4   Eingabe von Daten in eine Datei

Der nächste Schritt beim Aufbau einer Lagerdatei ist das Eingeben von Daten. Einfach und unproblematisch können dabei Daten über das so genannte Datenblatt eingegeben werden, welches einer Tabelle einer Tabellenkalkulation gleicht. Probleme könnten lediglich dadurch entstehen, dass unter Umständen nicht alle Datenfelder gleichzeitig auf dem Bildschirm zu sehen sind. Dieses Problem lässt sich jedoch, wie später gezeigt wird, auch einfach lösen.

Beim Eingeben der Werte muss beachtet werden, dass in ein Datenfeld nur die zum Felddatentyp passenden Werte eingegeben werden. So ist die Eingabe eines Buchstabens in ein Datenfeld mit dem Felddatentyp *Zahl* oder *Währung* nicht zulässig und führt zu einer Fehlermeldung des Programms.

Bearbeitungsschritte:

- Nachdem Sie die Eingabe der **Dateistruktur** beendet haben, wird das so genannte **Datenbankfenster** eingeblendet:

- Die Dialogbox wird ebenfalls eingeblendet, wenn nach dem Starten des Programms ACCESS der Menüpunkt **Datei/Datenbank öffnen** und danach die Datenbank *Betrieb* ausgewählt wird.

  Alternative: Schaltfläche **Datenbank öffnen**

- Sie haben jetzt die Möglichkeit, eine neue Datei, z. B. eine *Herstellerdatei*, in der Datenbank *Betrieb* anzulegen, eine **Datei** durch Anklicken mit der Maus auszuwählen (in diesem Fall nicht möglich, da nur die Datei *Lager* angelegt wurde) und diese **Datei** zu öffnen oder den Dateientwurf der ausgewählten Datei (Dateistruktur) zu bearbeiten. Beim Wählen des Entwurfs wird die Dateistruktur aufgerufen und kann verändert werden, wie später noch beschrieben wird. Durch das Anklicken des Wortes **Öffnen** wird das Datenblatt eingeblendet.

- Klicken Sie die Schaltfläche **Öffnen** an, um Daten einzugeben. Der folgende (hier unvollständig abgebildete und in der Spaltenbreite veränderte) Bildschirm wird eingeblendet:

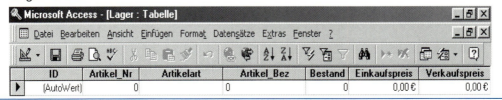

- Falls eine benötigte Symbolleiste nicht angezeigt wird, kann sie über den Menüpunkt **Ansicht/Symbolleisten** eingeblendet werden. Eingeblendete Symbolleisten werden mit einem Häkchen angezeigt. Durch Anklicken wird das Häkchen ein- oder ausgeblendet. Über den Menüpunkt **Ansicht/Symbolleisten/Anpassen** können Sie alle Symbolleisten ein- und ausblenden.

- Geben Sie die folgenden Artikel in die **Tabelle (Datenblatt)** ein:

	ID	Artikel_Nr	Artikelart	Artikel_Bez	Bestand	Einkaufspreis	Verkaufspreis
▶	1	1000	Schreibtisch	Gabriele	5	800,00 €	1.365,00 €
	2	1001	Schreibtisch	Modern	10	456,00 €	735,00 €
	3	1002	Schreibtisch	Exklusiv	20	1.250,00 €	1.848,00 €
	4	1003	Büroschrank	Elegant	12	2.400,00 €	3.190,00 €
	5	1004	Büroschrank	Aktuell	17	897,00 €	1.345,00 €
	6	1005	Drucker	Hanso	12	430,00 €	724,50 €
	7	1006	Drucker	Stil	8	1.300,00 €	1.972,95 €
	8	1007	Drucker	Klassic	12	2.900,00 €	4.305,00 €
	9	2000	Scanner	Swift	8	1.578,00 €	2.198,00 €
	10	2001	Scanner	Akura	4	2.790,00 €	3.700,00 €
	11	3000	Computer	AGIB HS	10	3.322,93 €	3.980,00 €
	12	3001	Computer	Trup AK	5	3.576,00 €	4.190,00 €
	13	3002	Computer	Ambro Super	21	3.454,98 €	4.050,00 €
	14	3003	Computer	Compo Genial	3	3.456,00 €	3.890,00 €
	15	3004	Computer	Akka Uni	4	3.670,00 €	4.350,00 €
✱	(AutoWert)	0		0	0	0,00 €	0,00 €

- Die Breite der Spalten lässt sich mit der Maus verändern. Gehen Sie mit der Maus auf die Zeile mit den Bezeichnungen *ID*, *Artikel_Nr* usw. Der Mauszeiger verändert sich, wenn er zwischen zwei Spalten gesetzt wird, in einen senkrechten Balken mit Pfeilen nach links und rechts. Bei gedrückter linker Maustaste können Sie nun die einzelne Spalte vergrößern oder verkleinern. Dies geschieht durch das Bewegen der Maus nach links oder rechts. Mit einem Doppelklick zwischen die beiden Spalten wird die optimale Breite vom Programm eingestellt. Alternativ können Sie die Spaltenbreite auch über den Menüpunkt **Format/Spaltenbreite** verändern, indem Sie die gewünschte Spaltenbreite in die dann auf dem Bildschirm angezeigte Dialogbox eintragen:

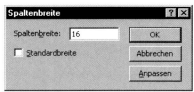

- Das Speichern, Drucken usw. der Daten wird auf den nächsten Seiten erklärt.

4.4 Speichern, Öffnen und Drucken

4.4.1 Vorbemerkung

Auf den folgenden Seiten sollen wichtige Funktionen der Dateiverarbeitung ACCESS angesprochen werden. Da das Programm die gesamten eingegebenen Werte in Form einer Tabelle verwaltet und auch im Programm von Tabellen gesprochen wird, soll dieser Begriff im Folgenden benutzt werden. Die nachfolgenden Äußerungen beziehen sich daher vor allem auf Tabellen, die innerhalb einer Datenbank angelegt wurden.

4.4.2 Schließen von Tabellen

Das Schließen der Entwurfsansicht von **Tabellen** und das Schließen der **Tabellen** nach der Eingabe von Daten geschieht folgendermaßen:

Bearbeitungsschritte:
• Öffnen Sie die Tabelle *Lager* bzw. den Entwurf der Tabelle *Lager*. Dies wird durch Wahl der entsprechenden Schaltflächen im Datenbankfenster vorgenommen.
• Wählen Sie in der Menüleiste den Menüpunkt Datei und danach den Unterpunkt Schließen aus. Die Tabelle wird automatisch unter dem Namen, der bei der Abspeicherung der Dateistruktur gewählt wurde, gespeichert. Verändern Sie die Dateistruktur, so werden Sie vom Programm gefragt, ob eine Abspeicherung erfolgen soll.
• Die Abspeicherung von Formularen und Abfragen, die später beschrieben werden, erfolgt auf die gleiche Weise.

4.4.3 Öffnen von Tabellen

Das Öffnen bzw. Laden von **Tabellen** geschieht folgendermaßen:

Bearbeitungsschritte:
• Wählen Sie im Datenbankfenster eine Tabelle durch das Anklicken des Namens aus.
• Klicken Sie danach die Schaltfläche **Öffnen** an. Die Tabelle wird auf dem Bildschirm angezeigt.

4.4.4 Drucken von Tabellen

Bevor Sie eine **Datei** ausgeben, sollten Sie in der Regel den Menüpunkt **Datei/Seitenansicht** im Tabellenbereich wählen, um dadurch einen Eindruck von dem zu gewinnen, was ausgegeben wird. Die Seite wird so dargestellt, wie sie gedruckt wird.

Alternative: Schaltfläche **Seitenansicht**

Wenn Sie damit einverstanden sind, können Sie den eigentlichen Druckvorgang starten. Durch das nochmalige Wählen der Schaltfläche **Schließen** wird die Tabelle wieder angezeigt.

Nach der Wahl des Menüpunkts **Datei/Seite einrichten** können Sie bestimmen, ob die Tabelle im Hoch- oder im Querformat gedruckt werden soll. Außerdem können Sie z. B. die Seitenränder festlegen.

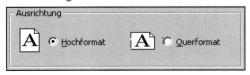

Das Drucken der Tabelle *Lager* geschieht folgendermaßen:

Bearbeitungsschritte:

- Wählen Sie in der Menüleiste bei angezeigter **Tabelle** den Menüpunkt **Datei** und danach den Unterpunkt **Drucken** aus.

  Alternative: Schaltfläche **Drucken**

  Die folgende Dialogbox wird auf dem Bildschirm angezeigt:

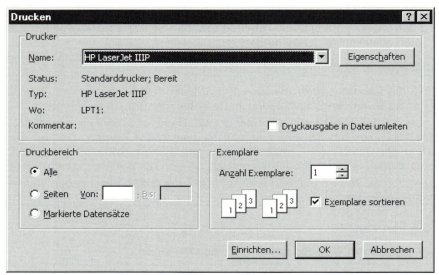

- Bestimmen Sie, was gedruckt werden soll; die gesamte **Tabelle** oder bestimmte Seiten. Sie können durch Anklicken auch nur markierte Datensätze ausgeben lassen. Daher ist es empfehlenswert, sich zunächst durch **Datei/Seitenansicht** einen Überblick zu verschaffen. Wenn Sie einzelne Seiten ausgeben wollen, müssen Sie zunächst die Schaltfläche **Seiten** anklicken und danach angeben, von welcher Seite bis zu welcher Seite gedruckt werden soll.

4.4.5   Anlegen einer neuen Tabelle

Durch das Anklicken der Schaltfläche **Neu** im Datenbankfenster wird eine neue Tabelle in einer Datenbank angelegt. Die Vorgehensweise wurde bereits beim Anlegen der Tabelle *Lager* genau beschrieben.

4.4.6   Schließen/Öffnen der Datenbank

Soll die gesamte Datenbank, jedoch nicht das Programm ACCESS, geschlossen werden, muss bei Anzeige des Datenbankfensters der Menüpunkt **Datei/Schließen** gewählt werden. Eine Datenbank wird durch den Menüpunkt **Datei/Datenbank öffnen** geladen.

4.4.7   Beenden von ACCESS

Das Programm wird durch die Wahl des Menüpunktes **Datei/Beenden** verlassen.

Übungen:

1. Die Daten der Schülerinnen und Schüler der Berufsbildenden Schulen in Dortmund sollen erfasst werden, damit sie später nach verschiedenen Kriterien ausgewertet werden können.

   a) Erstellen Sie eine Datenbank mit dem Namen *Schule*.

   b) Legen Sie in der Datenbank *Schule* eine Tabelle mit dem Namen *Bürokaufleute* an, die die nachfolgende Dateistruktur aufweisen soll. Die Textfelder sollen jeweils mit einer Feldgröße von 25 Zeichen ausgestattet werden. Das Datumsformat soll als **Datum, kurz** gewählt werden.

Feldname	Felddatentyp
Name	Text
Vorname	Text
Straße	Text
PLZ	Zahl
Ort	Text
Geburtsdatum	Datum/Zeit

   c) Geben Sie die folgenden Daten in die Tabelle *Bürokaufleute* ein. Speichern Sie danach die Tabelle mit einem Primärschlüssel ab.

Name	Vorname	Straße	PLZ	Ort	Geburt
Beckmann	Stefan	Laaker Str. 45	47137	Duisburg	19.06.79
Raun	Petra	Zeisigstr. 98	41540	Dormagen	12.03.77
Högemann	Katharina	Hagenstr. 43	59075	Hamm	21.08.75
Röring	Katharina	Am Ostheck 51	44309	Dortmund	01.01.78
Zinklage	Ramon	Bachstr 33	44787	Bochum	15.12.76
Bengelke	Florentina	Märchenweg 17	47279	Duisburg	16.05.78
Waake	Tobias	Jahnstr 54	45883	Gelsenkirchen	12.11.79
Regemann	Maria	Kämpenstr 34	45147	Essen	08.09.75
Meyers	Jasmin	Teuschstr. 23	41549	Dormagen	23.05.77
Hansen	Thekla	Lautstr. 55	45359	Essen	12.08.72
Maiser	Thekla	Nadlerweg 11	44329	Dortmund	15.03.77
Wonen	Wilfried	Oberdelle 62	44388	Dortmund	31.01.79
Kammes	Jennifer	Koksstr. 17	45326	Essen	22.07.73
Kuckli	Karsten	Händelstr. 73	45884	Gelsenkirchen	15.11.76
Knie	Manuel	Christstr. 98	44789	Bochum	07.07.70
Rennemann	Katja	Ackerstr. 1	46282	Dorsten	18.06.77
Schmees	Jasmin	Paßweg 38	44357	Dortmund	09.09.76
Dürken	Stefanie	Saalestr. 112	47229	Duisburg	14.07.77

   d) Passen Sie die Breite der Spalten den jeweiligen Erfordernissen an. Bedenken Sie dabei, dass dies Auswirkungen auf den späteren Ausdruck haben kann.

   e) Drucken Sie die Tabelle *Bürokaufleute* aus. Überprüfen Sie zunächst anhand der Seitenansicht den voraussichtlichen Ausdruck.

   f) Schließen Sie die Datenbank *Schule*.

4.5   Bearbeiten der Datensätze und Datenfelder

4.5.1   Löschen von Datensätzen

Nicht mehr in einer **Datei** benötigte **Datensätze** sollten gelöscht werden, damit sie nicht mehr die Bearbeitung von Daten beeinflussen, also etwa bei der Zahl der **Datensätze** mitgezählt werden. Die Löschung der **Datensätze** 14 bis 15 wird folgendermaßen vorgenommen:

Bearbeitungsschritte:

- Öffnen Sie im Datenbankfenster die Tabelle *Lager*.

- Nach dem Einblenden der Tabelle gehen Sie mit der Maus auf den linken Rand des Bildschirmes und danach auf den ersten zu löschenden Datensatz. Der Mauspfeil verändert sich in einen Pfeil nach rechts. Bei gedrückter linker Maustaste können Sie dann nach unten oder oben weitere Datensätze markieren. Diese Datensätze werden dunkel angezeigt.

ID	Artikel_Nr	Artikelart	Artikel_Bez	Bestand	Einkaufspreis	Verkaufspreis
13	3002	Computer	Ambro Super	21	3.454,98 €	4.050,00 €
14	3003	Computer	Compo Genial	3	3.456,00 €	3.890,00 €
15	3004	Computer	Akka Uni	4	3.670,00 €	4.350,00 €
(AutoWert)	0		0	0	0,00 €	0,00 €

- Wählen Sie danach den Menüpunkt **Bearbeiten/Löschen** oder den Menüpunkt **Bearbeiten/Ausschneiden**. Als Alternative können Sie auch die Taste [Entf] betätigen.

  Alternative: Schaltflächen **Ausschneiden** ✂ / **Datensatz löschen** ✗

- Es wird eine Dialogbox eingeblendet, in der Sie darauf hingewiesen werden, dass Sie beabsichtigen, zwei Datensätze zu löschen. Durch das Anklicken der Schaltfläche **Ja** werden die **Datensätze** endgültig gelöscht. Soll dies nicht geschehen, muss die Schaltfläche **Nein** angeklickt werden.

- Löschen Sie die **Datensätze** endgültig. Das Ergebnis sieht (ausschnittsweise) folgendermaßen aus:

ID	Artikel_Nr	Artikelart	Artikel_Bez	Bestand	Einkaufspreis	Verkaufspreis
1	1000	Schreibtisch	Gabriele	5	800,00 €	1.365,00 €
2	1001	Schreibtisch	Modern	10	456,00 €	735,00 €
3	1002	Schreibtisch	Exklusiv	20	1.250,00 €	1.848,00 €
4	1003	Büroschrank	Elegant	12	2.400,00 €	3.190,00 €
5	1004	Büroschrank	Aktuell	17	897,00 €	1.345,00 €
6	1005	Drucker	Hanso	12	430,00 €	724,50 €
7	1006	Drucker	Stil	8	1.300,00 €	1.972,95 €
8	1007	Drucker	Klassic	12	2.900,00 €	4.305,00 €
9	2000	Scanner	Swift	8	1.578,00 €	2.198,00 €
10	2001	Scanner	Akura	4	2.790,00 €	3.700,00 €
11	3000	Computer	AGIB HS	10	3.322,93 €	3.980,00 €
12	3001	Computer	Trup AK	5	3.576,00 €	4.190,00 €
13	3002	Computer	Ambro Super	21	3.454,98 €	4.050,00 €
(AutoWert)	0		0	0	0,00 €	0,00 €

4.5.2   Löschen aller Datensätze

Sollen alle Datensätze gelöscht werden, muss man durch den Menüpunkt **Bearbeiten/Alle Datensätze markieren** die gesamten in der Datei vorhandenen Datensätze markieren. Die Löschung der Datensätze erfolgt dann wie im vorherigen Punkt beschrieben. Es dürfte jedoch in der Regel nicht im Interesse des Anwenders liegen, alle **Datensätze** zu löschen.

4.5.3   Löschen einer Datei

Soll die gesamte Datei *Lager* gelöscht werden und dabei auch die Dateistruktur (der Entwurf) der Datei, so ist die Datei (Tabelle) zunächst im Datenbankfenster zu markieren. Danach kann die Datei durch das Wählen des Menüpunktes **Bearbeiten/Löschen** oder den Menüpunkt **Bearbeiten/Ausschneiden** oder auch durch das Anklicken der Schaltfläche **Ausschneiden** gelöscht werden.

4.5.4   Löschen eines Datenfeldes

Das Löschen einzelner Datenfelder, zum Beispiel des Inhaltes der Artikelbezeichnung im Datensatz 9, wird folgendermaßen ausgeführt:

Bearbeitungsschritte:

- Öffnen Sie im Datenbankfenster die Tabelle *Lager*.
- Markieren Sie das zu löschende Datenfeld, indem Sie mit der Maus auf die linke Seite des zu löschenden Feldes gehen, die linke Maustaste drücken und bei gedrückter linker Maustaste den Text markieren.

	ID	Artikel_Nr	Artikelart	Artikel_Bez	Bestand	Einkaufspreis	Verkaufspreis
	8	1007	Drucker	Klassic	12	2.900,00 €	4.305,00 €
▶	9	2000	Scanner	Swift	8	1.578,00 €	2.198,00 €
	10	2001	Scanner	Akura	4	2.790,00 €	3.700,00 €

- Wählen Sie danach den Menüpunkt **Bearbeiten/Löschen** oder den Menüpunkt **Bearbeiten/Ausschneiden**. Als Alternative können Sie auch die Taste [Entf] betätigen.

  Alternative: Schaltfläche **Ausschneiden** ✂

- Die Löschung des Datenfeldes kann durch das Wählen des Menüpunktes **Bearbeiten/Rückgängig** wieder zurückgenommen werden. Wurde beim Löschen der Menüpunkt **Bearbeiten/Löschen** gewählt, so heißt dieser Menüpunkt **Rückgängig/Löschen**, ansonsten **Rückgängig/Ausschneiden**.

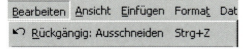

- Eine weitere Möglichkeit, den Inhalt eines Datenfeldes zu löschen, ist die Wahl des Feldes und das Betätigen der Tasten [**Backspace**] oder [**Entf**], also das normale Entfernen von Wörtern, wie es etwa in einer Textverarbeitung vorgenommen wird.

4.5.5   Löschen aller Daten eines bestimmten Datenfeldes

Sollen alle Inhalte in der Spalte *Artikelart* gelöscht werden, so kann man die einzelnen Datenfelder, wie zuvor beschrieben, einzeln löschen. Dies dürfte jedoch bei umfangreichen Tabellen zu umständlich sein. Es bietet sich daher an, in der Dateistruktur das gesamte Datenfeld zu löschen und u. U. danach das Datenfeld, falls es ohne Inhalte benötigt wird, neu wieder hinzuzufügen. Dies wird im Kapitel „Bearbeiten der Dateistruktur" genau beschrieben.

4.5.6   Ändern von Daten durch Ersetzen

In umfangreichen Tabellen kann es von Zeit zu Zeit vorkommen, dass Bezeichnungen, beispielsweise bei der *Artikelart*, geändert werden sollen oder müssen. Dies soll nicht durch das Ändern eines jeden Datenfeldes, sondern in einem Schritt erfolgen.

Das Ändern der Bezeichnung „Schreibtisch" in der Spalte *Artikelart* in die neue Bezeichnung „Bürotisch" wird folgendermaßen vorgenommen:

Bearbeitungsschritte:

- Öffnen Sie im Datenbankfenster die Tabelle *Lager*.

- Markieren Sie die Spalte *Artikelart*, indem Sie zunächst mit der Maus auf das Wort *Artikelart* gehen. Der Mauszeiger verändert sich in einen Pfeil nach unten. Klicken Sie mit der linken Maustaste auf das Wort *Artikelart*. Alle Inhalte in der entsprechenden Spalte werden durch die Markierung dunkel unterlegt.

	ID	Artikel_Nr	Artikelart	Artikel_Bez	Bestand	Einkaufspreis	Verkaufspreis
▶	1	1000	Schreibtisch	Gabriele	5	800,00 €	1.365,00 €
	2	1001	Schreibtisch	Modern	10	456,00 €	735,00 €
	3	1002	Schreibtisch	Exklusiv	20	1.250,00 €	1.848,00 €

- Wählen Sie den Menüpunkt **Bearbeiten/Ersetzen** und lassen Sie nach dem Begriff „Schreibtisch" suchen. Danach tragen Sie in das nächste Feld die neue Bezeichnung „Bürotisch" ein. Da in allen Feldern ersetzt werden soll, ist als Suchbegriff das Kriterium **Alle** zu bestimmen. Danach klicken Sie die Schaltfläche **Alle ersetzen** an. Die Frage des Programms, ob der Vorgang trotz der fehlenden Möglichkeit der Rückgängigmachung fortgesetzt werden soll, bestätigen Sie mit **Ja**. Danach klicken Sie die Schaltfläche **Schließen** an.

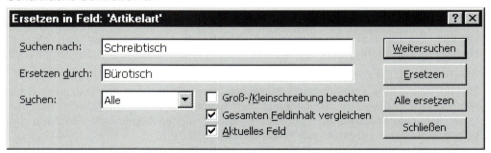

- Die Inhalte sind danach ausgetauscht:

	ID	Artikel_Nr	Artikelart	Artikel_Bez	Bestand	Einkaufspreis	Verkaufspreis
	1	1000	Bürotisch	Gabriele	5	800,00 €	1.365,00 €
	2	1001	Bürotisch	Modern	10	456,00 €	735,00 €
	3	1002	Bürotisch	Exklusiv	20	1.250,00 €	1.848,00 €

- Ändern Sie anschließend die *Artikelart* wieder in „Schreibtisch" um.

- Durch das Anklicken der Schaltfläche **Ersetzen** in der Dialogbox **Ersetzen im Feld** kann auch der Inhalt einzelner Datenfelder geändert werden.

4.5.7   Ändern von Daten in Datenfeldern

Das Ändern von Daten ist relativ einfach und kann auf unterschiedliche Art erfolgen. Die bequemste Möglichkeit ist das Ändern in der Tabelle.

Wenn sich z. B. der Bestand an Artikeln mit den Artikelnummern 1000 bis 1001 auf Grund eines Einkaufes um jeweils zwei Stück erhöht, kann folgendermaßen vorgegangen werden:

Bearbeitungsschritte:

- Öffnen Sie im Datenbankfenster die Tabelle *Lager*.
- Nach dem Einblenden der Tabelle gehen Sie mit der Maus auf das zu ändernde Feld (Bestand in der ersten Zeile), löschen den entsprechenden Wert und tragen den neuen Wert ein.
- Verändern Sie danach den nächsten Bestand auf die gleiche Weise. Das Ergebnis sieht dann folgendermaßen aus:

	ID	Artikel_Nr	Artikelart	Artikel_Bez	Bestand	Einkaufspreis	Verkaufspreis
	1	1000	Schreibtisch	Gabriele	7	800,00 €	1.365,00 €
	2	1001	Schreibtisch	Modern	12	456,00 €	735,00 €
	3	1002	Schreibtisch	Exklusiv	20	1.250,00 €	1.848,00 €

- Geben Sie danach wieder die ursprünglichen Bestände ein.

4.5.8   Suchen von Daten

Nach einem bestimmten Begriff, wie z. B. die *Artikelart* Schreibtisch, kann in einer Tabelle gesucht werden.

Bearbeitungsschritte:

- Öffnen Sie im Datenbankfenster die Tabelle *Lager*.
- Markieren Sie, wie zuvor beschrieben, die Spalte *Artikelart*.
- Wählen Sie den Menüpunkt **Bearbeiten/Suchen**. In der folgenden Dialogbox tragen Sie den Suchbegriff *Schreibtisch* ein.

  Alternative: Schaltfläche **Suchen**

- Es bietet sich an, zunächst die Schaltfläche **Am Anfang beginnen** anzuklicken. Damit wird das Datenfeld von Anfang an durchsucht. Wenn der Begriff gefunden wurde, wird er markiert angezeigt. Soll nach dem Begriff weitergesucht werden, so ist die Schaltfläche **Weitersuchen** zu aktivieren. Ist der Begriff nochmals vorhanden, wird er in dem nächsten **Datenfeld**, in dem er vorhanden ist, angezeigt.

4.5.9   Sortieren nach Datenfeldern

Alle Datensätze können innerhalb kürzester Zeit nach verschiedenen Kriterien, z. B. *Artikelart*, *Bestand*, *Artikel_Nr* usw. aufsteigend bzw. absteigend sortiert werden.

Bearbeitungsschritte:

- Öffnen Sie im Datenbankfenster die Tabelle *Lager*.
- Markieren Sie die Spalte *Artikelart*. Sie wird dunkel unterlegt.

ID	Artikel_Nr	Artikelart	Artikel_Bez	Bestand	Einkaufspreis	Verkaufspreis
1	1000	Schreibtisch	Gabriele	5	800,00 €	1.365,00 €
2	1001	Schreibtisch	Modern	10	456,00 €	735,00 €
3	1002	Schreibtisch	Exklusiv	20	1.250,00 €	1.848,00 €
4	1003	Büroschrank	Elegant	12	2.400,00 €	3.190,00 €

- Wählen Sie den Menüpunkt **Datensätze/Sortierung/Aufsteigend**.

  Alternative: Schaltfläche **Sortierung/Aufsteigend**

- Das Ergebnis sieht (hier verkürzt dargestellt) folgendermaßen aus:

ID	Artikel_Nr	Artikelart	Artikel_Bez	Bestand	Einkaufspreis	Verkaufspreis
5	1004	Büroschrank	Aktuell	17	897,00 €	1.345,00 €
4	1003	Büroschrank	Elegant	12	2.400,00 €	3.190,00 €
13	3002	Computer	Ambro Super	21	3.454,98 €	4.050,00 €
12	3001	Computer	Trup AK	5	3.576,00 €	4.190,00 €
11	3000	Computer	AGIB HS	10	3.322,93 €	3.980,00 €
8	1007	Drucker	Klassic	12	2.900,00 €	4.305,00 €
7	1006	Drucker	Stil	8	1.300,00 €	1.972,95 €
6	1005	Drucker	Hanso	12	430,00 €	724,50 €
10	2001	Scanner	Akura	4	2.790,00 €	3.700,00 €

- Die Sortierung kann ebenfalls absteigend erfolgen. Dafür ist der Menüpunkt **Datensätze/Sortierung/Absteigend** zu wählen. Diese Sortiermöglichkeit bietet sich unter Umständen bei der Darstellung von Zahlen, etwa bei Darstellung des jeweiligen Bestandes von Ware, an.

  Alternative: Schaltfläche **Sortierung/ Absteigend**

- Sortieren Sie anschließend wieder aufsteigend nach der *Artikel_Nr*.
- Durch die Markierung mehrerer unmittelbar aufeinander folgender Datenfelder kann auch nach mehreren Kriterien sortiert werden. Markieren Sie daher die folgenden Datenfelder und sortieren Sie die Datenfelder wie angegeben:

ID	Artikel_Nr	Artikelart	Artikel_Bez	Bestand	Einkaufspreis	Verkaufspreis
1	1000	Schreibtisch	Gabriele	5	800,00 €	1.365,00 €
2	1001	Schreibtisch	Modern	10	456,00 €	735,00 €

- Das Ergebnis sieht (hier verkürzt dargestellt) folgendermaßen aus:

ID	Artikel_Nr	Artikelart	Artikel_Bez	Bestand	Einkaufspreis	Verkaufspreis
5	1004	Büroschrank	Aktuell	17	897,00 €	1.345,00 €
4	1003	Büroschrank	Elegant	12	2.400,00 €	3.190,00 €
11	3000	Computer	AGIB HS	10	3.322,93 €	3.980,00 €
13	3002	Computer	Ambro Super	21	3.454,98 €	4.050,00 €
12	3001	Computer	Trup AK	5	3.576,00 €	4.190,00 €

- Sortieren Sie anschließend wieder aufsteigend nach der *Artikel_Nr*.

4.5.10 Sortierung mit einem Spezialfilter

Bei der bisher gezeigten Sortierung war es nur möglich, Daten in einem Datenfeld bzw. in unmittelbar nebeneinander liegenden Datenfeldern zu sortieren.

Durch die Definition einer Spezialsortierung ist es möglich, Daten nach unterschiedlichsten Kriterien zu sortieren. Gleichzeitig können auch Filter gesetzt werden, es kann beispielsweise bestimmt werden, dass nur die Artikelarten Computer und Drucker nach bestimmten Kriterien sortiert werden.

Bearbeitungsschritte:

- Öffnen Sie im Datenbankfenster die Tabelle *Lager*.
- Wählen Sie den Menüpunkt **Datensätze/Filter/Spezialfilter/-sortierung**.
- Nachdem der nachfolgend dargestellte Bildschirm eingeblendet wurde, klicken Sie auf die Zelle hinter dem Wort „Feld". Wenn Sie auf den Pfeil nach unten klicken, werden die Bezeichnungen der einzelnen Datenfelder angezeigt. Klicken Sie die Feldbezeichnung *Artikelart* an. Die Feldbezeichnung wird danach in der Zelle nach dem Wort „Feld" angezeigt. Alternativ können Sie auch im Fenster *Lager* das Wort *Artikelart* anklicken und bei gedrückter linker Maustaste in die Zelle hinter das Wort „Feld" ziehen.

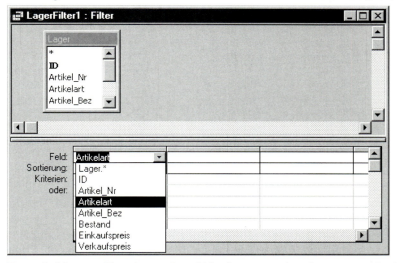

- Danach können Sie ein zweites Kriterium usw. bestimmen, nach dem später sortiert werden kann. Wählen Sie, wie oben beschrieben, im nächsten Feld als zweites Kriterium den *Bestand* aus. Das erste Kriterium, die *Artikelart*, muss im ersten Feld erhalten bleiben, um die vorgesehene Sortierung vornehmen zu können.

Bearbeitungsschritte (Fortsetzung):

- Klicken Sie danach die Zelle hinter der Bezeichnung Sortierung an, und bestimmen Sie eine aufsteigende Sortierung:

Feld:	Artikelart	Bestand		
Sortierung:	▾			
Kriterien:	Aufsteigend			
oder:	Absteigend			
	(nicht sortiert)			

- Legen Sie auch für den Bestand eine aufsteigende Sortierung fest:

Feld:	Artikelart	Bestand		
Sortierung:	Aufsteigend	Aufsteigend		

- Wählen Sie den Menüpunkt **Filter/Filter/Sortierung anwenden**.

  Alternative: Schaltfläche **Filter/Sortierung anwenden** ▽

- Das Ergebnis gibt die angestrebte Sortierung wieder:

	ID	Artikel_Nr	Artikelart	Artikel_Bez	Bestand	Einkaufspreis	Verkaufspreis
▶	4	1003	Büroschrank	Elegant	12	2.400,00 €	3.190,00 €
	5	1004	Büroschrank	Aktuell	17	897,00 €	1.345,00 €
	12	3001	Computer	Trup AK	5	3.576,00 €	4.190,00 €
	11	3000	Computer	AGIB HS	10	3.322,93 €	3.980,00 €
	13	3002	Computer	Ambro Super	21	3.454,98 €	4.050,00 €
	7	1006	Drucker	Stil	8	1.300,00 €	1.972,95 €
	8	1007	Drucker	Klassic	12	2.900,00 €	4.305,00 €
	6	1005	Drucker	Hanso	12	430,00 €	724,50 €
	10	2001	Scanner	Akura	4	2.790,00 €	3.700,00 €
	9	2000	Scanner	Swift	8	1.578,00 €	2.198,00 €
	1	1000	Schreibtisch	Gabriele	5	800,00 €	1.365,00 €
	2	1001	Schreibtisch	Modern	10	456,00 €	735,00 €
	3	1002	Schreibtisch	Exklusiv	20	1.250,00 €	1.848,00 €
✱	(AutoWert)	0		0	0	0,00 €	0,00 €

- Durch die Wahl des Menüpunkts **Datensätze/Filter/Sortierung entfernen** wird der Filter aufgehoben und die gesamte Tabelle wieder angezeigt.

- Wählen Sie den Menüpunkt **Datensätze/Filter/Spezialfilter/-sortierung**, um eine spezielle Sortierung vorzunehmen. Geben Sie bei den Artikelarten die Kriterien *Computer* und *Drucker* ein. Dabei werden die Anführungszeichen vom Programm selbst gesetzt.

Feld:	Artikelart	Bestand		
Sortierung:	Aufsteigend	Aufsteigend		
Kriterien:	"Computer"			
oder:	"Drucker"			

- Das Ergebnis zeigt die Computer und Drucker in der gewünschten Sortierung an:

	ID	Artikel_Nr	Artikelart	Artikel_Bez	Bestand	Einkaufspreis	Verkaufspreis
▶	12	3001	Computer	Trup AK	5	3.576,00 €	4.190,00 €
	11	3000	Computer	AGIB HS	10	3.322,93 €	3.980,00 €
	13	3002	Computer	Ambro Super	21	3.454,98 €	4.050,00 €
	7	1006	Drucker	Stil	8	1.300,00 €	1.972,95 €
	8	1007	Drucker	Klassic	12	2.900,00 €	4.305,00 €
	6	1005	Drucker	Hanso	12	430,00 €	724,50 €
✱	(AutoWert)	0		0	0	0,00 €	0,00 €

Übungen:

1. Die Daten der Schülerinnen und Schüler der Berufsbildenden Schulen in Dortmund sollen nach verschiedenen Kriterien sortiert und ausgewertet werden. Dabei soll die Datenbank *Schule* (siehe Seite 157) genutzt werden.

   a) Laden Sie die Datenbank mit dem Namen *Schule*.

   b) Öffnen Sie die Tabelle *Bürokaufleute*.

   c) Erstellen Sie ein AutoFormular auf Grund der Tabelle *Bürokaufleute* und speichern Sie das Formular unter dem Namen *Bürokaufleute* ab. Zu diesem Zweck sollten Sie sich die Erstellung eines AutoFormulars auf der Seite 190 ansehen.

   d) Erstellen Sie mit Hilfe des Formularassistenten ein Formular und speichern Sie das Formular unter dem Namen *Bürokaufleute1* ab. Zu diesem Zweck sollten Sie sich die Erstellung eines Formulars auf der Seite 190 ansehen.

   e) Geben Sie die folgenden Datensätze der neuen Schülerinnen und Schüler zusätzlich in die Tabelle *Bürokaufleute* ein.

Name	Vorname	Strasse	PLZ	Ort	Geburtsd.
Jansen	Nils	Beekstr. 17	47051	Duisburg	19.08.79
Schlereth	Marc	Telgenkamp 89	46284	Dorsten	13.04.77
Blömer	Anke	Bertoldstr. 67	44379	Dortmund	09.02.74
Agnesmeyer	Maike	Gartenstr.	47179	Duisburg	23.11.76
Geers	Sebastian	Talstr. 56	52353	Düren	07.03.79

   f) Sortieren Sie die Tabelle nach dem Nach- und dem Vornamen.

   g) Verändern Sie den Namen Agnesmeyer in Pleister und den Namen Blömer in Mauer. Realisieren Sie die Änderung durch Ersetzen des Namens.

   h) Sortieren Sie die Tabelle nach dem Ort.

   i) Suchen Sie in der Tabelle den Namen Rennemann.

   j) Löschen Sie die Datensätze der neuen Schülerinnen und Schüler unwiderruflich.

   k) Sortieren Sie die Datensätze nach dem Ort und als zweites Kriterium nach dem Namen.

   l) Sortieren Sie die Datensätze der Schülerinnen und Schüler, die in Dortmund und Essen wohnen, nach dem Namen.

   m) Sortieren Sie die Datensätze nach dem Geburtsdatum absteigend.

   n) Nehmen Sie weitere Auswertungen vor. Dies kann durch Sortierungen nach verschiedenen Kriterien oder durch Abfragen erfolgen.

4.6 Abfragen

4.6.1 Vorbemerkungen

Das Auswählen von einmal erfassten Daten nach bestimmten Kriterien wird als Selektion von Daten bezeichnet. Diese Möglichkeit, Daten nach verschiedenen Gesichtspunkten auszugeben, gehört zu den großen Vorteilen der elektronischen Datenverarbeitung.

Die Datei *Lager* soll nun durch verschiedene Abfragen (diese Bezeichnung wählt das Programm ACCESS) ausgewertet werden, z. B. sollen etwa alle Artikel der Artikelart *Computer* ausgegeben werden oder es sollen Aussagen zum Bestand einzelner Artikel getroffen werden. Die Abfragen werden nicht mit dem Abfrageassistenten durchgeführt, da dieser eigentlich nur für sehr komplizierte Abfragen benötigt wird.

Der große Vorteil der Abfragen besteht darin, dass man diese Abfragen abspeichern kann. Damit stehen sie für die weitere Arbeit zur Verfügung. Ändern sich die Ausgangsdaten, beziehen sich die Abfragen automatisch auf den veränderten Datenstamm.

4.6.2 Syntax der Abfrage

Einige Abfragemöglichkeiten werden zunächst im Überblick dargestellt. Entscheidend ist, dass die Abfragemöglichkeiten vom Felddatentyp abhängig sind. Zu einem bestimmten Felddatentyp ist ein bestimmter Syntax notwendig. So wird in einem Datenfeld mit dem Felddatentyp Text die Angabe des Abfragekriteriums mit Anführungszeichen dargestellt. In der Regel gibt der Anwender nur das Abfragekriterium, z. B. Computer, ein und das Programm ändert die Darstellung automatisch in „Computer". Sollte dies im Einzelfall nicht zu dem gewünschten Ergebnis führen, sollten Sie die Anführungsstriche usw. selber setzen.

In der nachfolgenden Übersicht sind einige Möglichkeiten von Abfragen angegeben.

Feld-name	Feldda-tentyp	Syntax einer Abfrage	Bedeutung
Artikelart	Text	„Computer"	Alle *Computer*, die in der Tabelle *Lager* gespeichert sind, werden ausgegeben.
		„S*"	Alle Artikelarten, die mit dem Buchstaben S beginnen, also z. B. *Scanner*, werden ausgegeben.
		„Computer" Oder „Drucker"	Alle *Computer* und *Drucker* in der Tabelle *Lager* werden ausgegeben.
		In („Computer"; „Drucker")	Alle *Computer* und *Drucker* in der Tabelle *Lager* werden ausgegeben.
Bestand	Zahl	< 10	Alle Artikel, deren Bestand unter 10 Stück liegt, werden ausgegeben.
		Zwischen 10 Und 20	Alle Artikel, deren Bestand zwischen 10 und 20 Stück liegt, werden ausgegeben.
Artikel-art/Be-stand	Text/Zahl	„Computer"/ Zwischen 10 Und 20	Alle *Computer*, deren Bestand zwischen 10 und 20 Stück liegt, werden ausgegeben.
Tag	Datum	#15.12.1994#	Alle Datensätze, die in dem Datenfeld *Tag* das angegebene Datum enthalten, werden ausgegeben.

Auf den nächsten Seiten wird die Erstellung einer Abfrage zunächst genau erklärt. Danach werden verschiedene Beispiele für Abfragen gezeigt.

4.6.3 Ausdrücke

Vorbemerkungen

Durch die nachfolgend dargestellte Abfrage, deren Erstellung später genau erklärt wird, soll der Preis für alle Computer und Drucker, die über 3.000,00 € kosten, um 5 % erhöht werden. Wie zu sehen ist, werden Logische Operatoren (Oder), Arithmetische Operatoren (*) und Vergleichsoperatoren (>) angewandt.

Die wichtigsten Operatoren, die in Abfragen benutzt werden können, sollen nachfolgend angegeben werden.

Logische Operatoren

Durch logische Operatoren werden Bedingungen für Abfragen festgelegt, so z. B., ob beide oder mehrere Kriterien (Und) erfüllt sein müssen oder ob ein angegebenes Kriterium (Oder) für die Erfüllung der Bedingung ausreicht.

Und	Logisches Und
Nicht	Logisches Nicht
Oder	Inklusives Oder
ExOder	Exklusives Oder

Arithmetische Operatoren

Um Berechnungen in Abfragen vorzunehmen, werden arithmetische Operatoren verwandt.

+	Addieren
-	Subtrahieren
*	Multiplizieren
/	Dividieren
^	Potenzieren

Vergleichsoperatoren

Vergleichsoperatoren, auch als relationale Operatoren bezeichnet, werden verwandt, um zwei Ausdrücke durch eine Abfrage miteinander zu vergleichen.

=	Gleich
<>	Ungleich
<	Kleiner als
<=	Kleiner oder gleich
>	Größer als
>=	Größer oder gleich

4.6.4   Erstellen einer Abfrage

Bei einer Abfrage innerhalb eines Datenfeldes soll zunächst nur eine Bedingung in einem Datenfeld angegeben werden. Es soll also beispielsweise festgestellt werden, ob in der Datei Lager Artikel der Artikelart Computer vorhanden sind.

Bearbeitungsschritte:

- Öffnen Sie im **Datenbankfenster** den Bereich **Abfragen**.
- Da noch keine **Abfragen** in der **Datenbank** vorhanden sind, müssen Sie die Schaltfläche **Neu** anklicken. Die folgende Dialogbox wird eingeblendet:

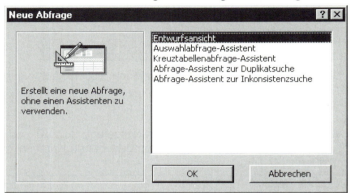

- Markieren Sie die **Entwurfsansicht** und klicken Sie danach die Schaltfläche **OK** an. Die Dialogbox **Tabelle einfügen** wird eingeblendet:

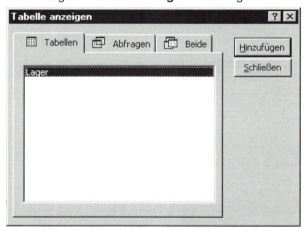

- Normalerweise müssen Sie nun die Tabelle bzw. Abfrage markieren, in der eine Abfrage durchgeführt werden soll. Durch Anklicken können Sie festlegen, ob vorhandene Tabellen oder Abfragen oder beides in dem Fenster dargestellt werden soll. Das Markieren einer bestimmten Tabelle oder Abfrage entfällt jedoch, da nur die Tabelle *Lager* zur Verfügung steht. Klicken Sie anschließend die Schaltfläche **Hinzufügen** an. Wenn Sie eine **Abfrage** in mehreren Tabellen vornehmen wollen, klicken Sie die nächste Tabelle an und aktivieren danach die Schaltfläche **Hinzufügen**. Als letztes müssen Sie die Schaltfläche **Schließen** anklicken.

Bearbeitungsschritte (Fortsetzung):

- Nachdem das nächste Fenster eingeblendet wurde, klicken Sie auf die Zelle hinter dem Wort „Feld". Wenn Sie auf den Pfeil nach unten klicken, werden die Bezeichnungen der einzelnen **Datenfelder** angezeigt. Klicken Sie die Feldbezeichnung *Artikelart* an. Die Feldbezeichnung wird danach in der Zelle nach dem Wort „Feld" angezeigt. Alternativ können Sie auch im Fenster *Lager* das Wort *Artikelart* anklicken und bei gedrückter linker Maustaste in die Zelle hinter das Wort „Feld" ziehen.

- Füllen Sie die anderen Felder wie beschrieben und unten dargestellt aus und geben Sie als Kriterium bei der Artikelart *Computer* ein. Die Anführungszeichen werden vom Programm automatisch gesetzt.

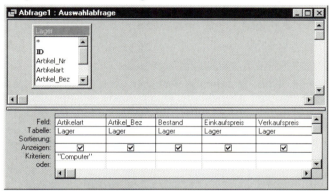

- Alle Felder, die durch die **Abfrage** angezeigt werden sollen, müssen aufgerufen werden. Durch das Häkchen in der Schaltfläche **Anzeigen** wird bestimmt, dass die Daten in der **Tabelle** angezeigt werden. Sollen sie nicht angezeigt werden, so ist das Häkchen anzuklicken. Damit wird es ausgeblendet und das Datenfeld in der Abfrage nicht angezeigt.

- Wählen Sie den Menüpunkt **Abfrage/Ausführen** bzw. **Ansicht/Datenblatt**, um zum Ergebnis dieser **Abfrage** zu kommen.

  Alternative: Schaltfläche **Ausführen** !

  Alternative: Schaltfläche **Tabelle** ▦

- Das Ergebnis sieht folgendermaßen aus:

	Artikelart	Artikel_Bez	Bestand	Einkaufspreis	Verkaufspreis
▶	Computer	AGIB HS	10	3.322,93 €	3.980,00 €
	Computer	Trup AK	5	3.576,00 €	4.190,00 €
	Computer	Ambro Super	21	3.454,98 €	4.050,00 €
∗			0	0,00 €	0,00 €

- Wählen Sie den Menüpunkt **Datei/Speichern**, um die Abfrage abzuspeichern.

  Alternative: Schaltfläche **Speichern** 🖫

- Wählen Sie den Menüpunkt **Datei/Schließen**, um zum Datenbankfenster zu kommen.

4.6.5   Aufrufen von Abfragen

Das Aufrufen von Abfragen und das Wechseln zwischen dem Abfrageentwurf und dem Datenblatt soll als Nächstes genauer dargestellt werden.

Bearbeitungsschritte:

- Klicken Sie im **Datenbankfenster** den Bereich **Abfragen** an:

- Sie haben nun die Möglichkeit, eine bestehende Abfrage nach dem Markieren der Abfrage zu öffnen, um das Datenblatt anzusehen. Durch Anklicken der Schaltfläche **Entwurf** können Sie sich die Entwurfsansicht einer Abfrage ansehen. Darüber hinaus können Sie nach Anklicken der Schaltfläche **Neu** eine neue Abfrage erstellen.

- Markieren Sie die Abfrage *Computer* und klicken Sie die Schaltfläche **Öffnen** an. Das Datenblatt der Abfrage *Computer* wird eingeblendet:

- Wenn das Ergebnis eventuell nicht ganz dem Wunsch entspricht oder der Entwurf aus anderen Gründen nochmals angesehen werden soll, können Sie durch Wahl des Menüpunkts **Datei/Schließen** in das **Datenbankfenster** zurückkehren und dann durch das Anklicken der Schaltfläche **Entwurf** in die Entwurfsansicht der **Abfrage** wechseln. Einfacher ist es jedoch, durch Wahl des Menüpunkts **Ansicht/Abfrageentwurf** in die Entwurfsansicht zu wechseln.

  Alternative: Schaltfläche **Entwurfsansicht** ![icon]

- Durch die Wahl des Menüpunkts **Ansicht/Datenblatt** können Sie zurückwechseln.
- Alternative: Schaltfläche **Tabelle** ![icon]

4.6.6 Möglichkeiten der Abfrage

Das Erstellen von Abfragen und Bearbeiten von Abfragen wird grundsätzlich immer identisch vorgenommen. Dies wurde auf den letzten Seiten erklärt. Im Weiteren werden daher lediglich Abfragemöglichkeiten kurz dargestellt. Es bietet sich an, die einzelnen Abfragen nachzuvollziehen und sich die Ergebnisse anzusehen.

Sie sollten für die einzelnen Abfragen grundsätzlich Namen vergeben, die den Sachverhalt genau beschreiben, so dass bei einem späteren Aufruf der Abfrage keinerlei Missverständnisse möglich sind.

Größer-Bedingung und Kleiner-Bedingung	Feld: Artikelart, Artikel_Bez, Bestand, Einkaufspreis, Verkaufspreis; Tabelle: Lager; Sortierung: ; Anzeigen: ☑ ☑ ☑ ☑ ☑; Kriterien: <>"Computer"; oder:
Abfrage mit Sortierung	Feld: Artikelart, Artikel_Bez, Bestand, Einkaufspreis, Verkaufspreis; Tabelle: Lager; Sortierung: Aufsteigend; Anzeigen: ☑ ☑ ☑ ☑ ☑; Kriterien: <>"Computer"; oder:
Wie-Bedingung	Feld: Artikelart, Artikel_Bez, Bestand, Einkaufspreis, Verkaufspreis; Tabelle: Lager; Sortierung: Aufsteigend; Anzeigen: ☑ ☑ ☑ ☑ ☑; Kriterien: Wie "S*"; oder:
Oder-Bedingung	Feld: Artikelart, Artikel_Bez, Bestand, Einkaufspreis, Verkaufspreis; Tabelle: Lager; Sortierung: ; Anzeigen: ☑ ☑ ☑ ☑ ☑; Kriterien: "Computer"; oder: "Drucker" Feld: Artikelart, Artikel_Bez, Bestand, Einka...; Tabelle: Lager; Sortierung: ; Anzeigen: ☑ ☑ ☑; Kriterien: "Computer" Oder "Drucker" Oder "Schreibtisch"; oder:
In-Bedingung	Feld: Artikelart, Artikel_Bez, Bestand, E...; Tabelle: Lager; Sortierung: ; Anzeigen: ☑ ☑ ☑; Kriterien: In ("Computer";"Drucker";"Schreibtisch"); oder:

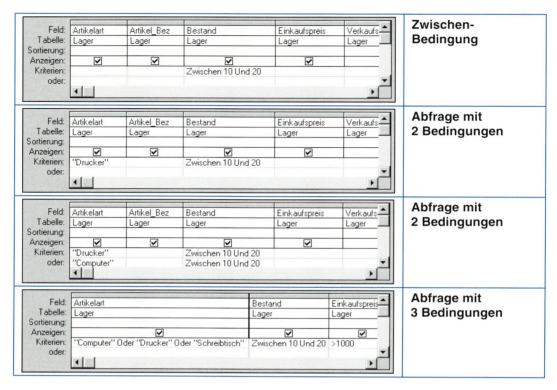

Feld:	Artikelart	Artikel_Bez	Bestand	Einkaufspreis	Verkaufs
Tabelle:	Lager	Lager	Lager	Lager	Lager
Sortierung:					
Anzeigen:	☑	☑	☑	☑	
Kriterien:			Zwischen 10 Und 20		
oder:					

Zwischen-Bedingung

Feld:	Artikelart	Artikel_Bez	Bestand	Einkaufspreis	Verkaufs
Tabelle:	Lager	Lager	Lager	Lager	Lager
Sortierung:					
Anzeigen:	☑	☑	☑	☑	
Kriterien:	"Drucker"		Zwischen 10 Und 20		
oder:					

Abfrage mit 2 Bedingungen

Feld:	Artikelart	Artikel_Bez	Bestand	Einkaufspreis	Verkaufs
Tabelle:	Lager	Lager	Lager	Lager	Lager
Sortierung:					
Anzeigen:	☑	☑	☑	☑	
Kriterien:	"Drucker"		Zwischen 10 Und 20		
oder:	"Computer"		Zwischen 10 Und 20		

Abfrage mit 2 Bedingungen

Feld:	Artikelart		Bestand	Einkaufspreis
Tabelle:	Lager		Lager	Lager
Sortierung:				
Anzeigen:		☑	☑	☑
Kriterien:	"Computer" Oder "Drucker" Oder "Schreibtisch"		Zwischen 10 Und 20	>1000
oder:				

Abfrage mit 3 Bedingungen

4.6.7   Benutzen der Löschabfrage

Eine Möglichkeit, nicht mehr benötigte Daten zu löschen, ist die Löschabfrage. Dazu soll zunächst die Datei *Lager* unter dem Namen *Lager1* nochmals abgespeichert werden, damit die Originaldatei *Lager* in der ursprünglichen Form erhalten bleibt.

Mit einer Löschabfrage sollte sehr vorsichtig und nach reiflicher Überlegung umgegangen werden, da Daten endgültig verloren gehen und für die weitere Bearbeitung nicht mehr zur Verfügung stehen.

Bearbeitungsschritte:

- Markieren Sie im Datenbankfenster die Tabelle *Lager*.
- Wählen Sie den Menüpunkt **Bearbeiten/Kopieren**.

  Alternative: Schaltfläche **Kopieren** 🗈

- Wählen Sie den Menüpunkt **Bearbeiten/Einfügen**.

  Alternative: Schaltfläche **Einfügen** 🗈

- Geben Sie in dem Dialogfeld **Einfügen als** den Namen *Lager1* der neuen Tabelle ein.

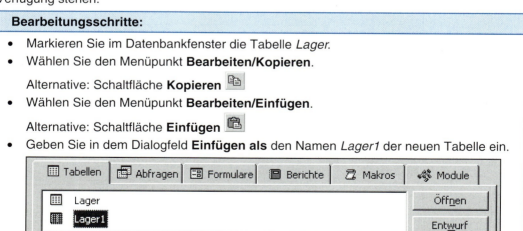

Bearbeitungsschritte (Fortsetzung):

- Führen Sie in der Tabelle *Lager1* die folgende Abfrage durch:

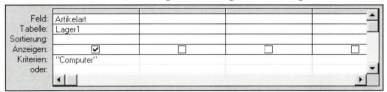

- Wählen Sie den Menüpunkt **Abfrage/Löschabfrage**. Alternativ können Sie den Pfeil neben der Schaltfläche **Abfragetyp** 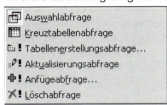 anklicken. Die zur Verfügung stehenden Abfragemöglichkeiten werden eingeblendet. Durch Anklicken des Begriffs **Löschabfrage** wird die Löschung eingeleitet.

     Aus<u>w</u>ahlabfrage
     <u>K</u>reuztabellenabfrage
     Tabelle<u>n</u>erstellungsabfrage...
     Akt<u>u</u>alisierungsabfrage
     An<u>f</u>ügeabfrage...
     <u>L</u>öschabfrage

- Der Abfrageentwurf verändert sich wie folgt:

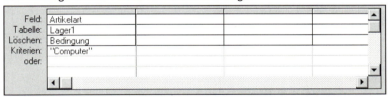

- Wählen Sie den Menüpunkt **Abfrage/Ausführen**.

  Alternative: Schaltfläche **Ausführen** !

- Die folgende Meldung wird auf dem Bildschirm eingeblendet:

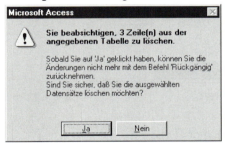

Microsoft Access

⚠ **Sie beabsichtigen, 3 Zeile(n) aus der angegebenen Tabelle zu löschen.**

Sobald Sie auf 'Ja' geklickt haben, können Sie die Änderungen nicht mehr mit dem Befehl 'Rückgängig' zurücknehmen.
Sind Sie sicher, daß Sie die ausgewählten Datensätze löschen möchten?

[Ja]   [Nein]

- Bestätigen Sie das Löschen der Datensätze durch das Anklicken der Schaltfläche **Ja**. Anschließend können Sie die Abfrage unter dem Namen **Löschen der Computer** abspeichern. Sobald wieder Computer im Bestand sind, können Sie sie mit dem Öffnen der Abfrage löschen. Die Abspeicherung einer Löschabfrage ist daher nicht ganz unproblematisch.

- Öffnen Sie die Tabelle *Lager1* im Datenbankfenster. Die *Computer* wurden in der Tabelle *Lager1* gelöscht.

4.6.8   Kreuztabellenabfrage

Wenn Daten in einem Zeilen-Spalten-Format zusammengefasst werden sollen, spricht man von einer Kreuztabelle. Die Kreuztabelle wird durch eine Kreuztabellenabfrage realisiert. Anhand eines einfachen Beispiels soll diese Möglichkeit der Abfrage gezeigt werden.

Bearbeitungsschritte:

- Erstellen Sie zunächst die folgende Abfrage.

- Wählen Sie den Menüpunkt **Abfrage/Kreuztabellenabfrage**. Zusätzlich werden die Felder **Funktion** und **Kreuztabelle** eingeblendet. Sie müssen nun für die **Kreuztabelle** eine Zeilenüberschrift (z. B. *Artikelart* Drucker), eine Spaltenüberschrift (z. B. *Artikel_Bez*) und einen Wert (z. B. *Bestand*) festlegen. Dies können Sie durch Anklicken der Felder hinter der Bezeichnung **Kreuztabelle** einleiten. Die einzelnen Möglichkeiten (Zeilenüberschrift usw.) werden eingeblendet.

- In den Feldern hinter dem Namen „Funktion" können Sie sich anzeigen lassen, welche Möglichkeiten der Ausgabe von Werten gegeben sind, z. B. Minimum, Maximum, Summe usw. Wählen Sie für das **Datenfeld** *Bestand* den Begriff „ErsterWert" aus.

- Wählen Sie den Menüpunkt **Abfrage/Ausführen**.

  Alternative: Schaltfläche **Ausführen**

- Das Ergebnis zeigt eine Übersicht der Bestände der Drucker:

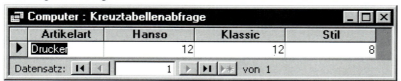

- Eine sinnvolle Aufgabenstellung könnte unter anderem in der Erstellung einer Kreuztabelle liegen, die die Verkaufspreise der einzelnen Produkte enthält.

Übungen:

1. Die Daten der Schülerinnen und Schüler der Klasse *Bürokaufleute* der Berufsbildenden Schulen in Dortmund sollen durch Abfragen nach verschiedenen Kriterien ausgewertet werden. Dabei soll die bestehende Datenbank *Schule* genutzt werden. Die einzelnen Abfragen sollen unter einem aussagekräftigen Namen abgespeichert werden.

   a) Laden Sie die Datenbank mit dem Namen Schule.

   b) Geben Sie alle Schülerinnen und Schüler aus, die in Dortmund wohnen.

   c) Geben Sie alle Schülerinnen und Schüler aus, die nicht in Dortmund wohnen.

   d) Geben Sie alle Schülerinnen und Schüler aus, die nicht in Dortmund wohnen und sortieren Sie die Datensätze nach dem Ort aufsteigend.

   e) Stellen Sie fest, welche Schülerinnen und Schüler aus einem Ort kommen, der mit dem Buchstaben D anfängt.

   f) Stellen Sie fest, welche Schülerinnen und Schüler aus einem Ort kommen, dessen Postleitzahl mit der Zahl 44 beginnt. Benutzen Sie dazu die Und-Bedingung.

   g) Stellen Sie fest, welche Schülerinnen und Schüler aus einem Ort kommen, dessen Postleitzahl mit der Zahl 44 beginnt. Benutzen Sie dazu die Zwischen-Bedingung.

   h) Geben Sie alle Schülerinnen und Schüler aus, die in den Jahren 1977 und 1978 geboren sind.

   i) Geben Sie alle Schülerinnen und Schüler aus, die in den Jahren 1977 und 1978 geboren sind und in Dortmund wohnen.

   j) Geben Sie alle Schülerinnen und Schüler aus, die in den Jahren 1977 und 1978 geboren sind und in Duisburg, Dormagen oder Dorsten wohnen. Realisieren Sie diese Abfrage unter Nutzung der Oder-Bedingung.

   k) Geben Sie alle Schülerinnen und Schüler aus, die in den Jahren 1977 und 1978 geboren sind und in Duisburg, Dormagen oder Dorsten wohnen. Realisieren Sie diese Abfrage unter Nutzung der In-Bedingung.

   l) Geben Sie alle Schülerinnen und Schüler aus, die am 01.01.1996 das 18. Lebensjahr noch nicht vollendet haben.

   m) Geben Sie alle Schülerinnen und Schüler aus, die am 01.01.1996 das 18. Lebensjahr noch nicht vollendet haben und im Jahre 1996 18 Jahre alt werden.

   n) Geben Sie in einer Kreuztabelle alle Schülerinnen und Schüler mit Geburtsdatum aus, die in Dortmund wohnen.

4.7   Formatieren von Daten

Das Gestalten von Tabellen mit Schriftarten, Schriftgrößen usw. wird als Formatierung bezeichnet. Die Formatierung hat Einfluss sowohl auf die Bildschirm- als auch auf die Druckausgabe. Daher ist für eine sinnvolle Ausgabe von Daten über den Drucker eine Überprüfung, ob die Daten in der gewünschten Form ausgegeben werden, unbedingt notwendig.

In der folgenden Übersicht sind einige wichtige Aussagen zur Formatierung von Tabellen, Abfragen usw. zusammengefasst:

Schriftart, Schriftschnitt, Schriftgrad	Über den Menüpunkt **Format/Schriftart** und über die Symbolleiste **Format/Datenblatt** können die entsprechenden Einstellungen vorgenommen werden.
Zeilenhöhe/Spaltenbreite	Die entsprechenden Einstellungen werden über die Menüpunkte **Format/Zeilenhöhe** und **Format/Spaltenbreite** vorgenommen.
Rasterlinien und Darstellungseffekte	Über den Menüpunkt **Format/Zellen** werden entsprechende Darstellungsmöglichkeiten realisiert.
Ein- und Ausblenden von Spalten	Die Menüpunkte **Format/Spalten ausblenden** und **Format/Spalten einblenden** sind besonders wichtig. Sollen Daten aus einer Tabelle über den Bildschirm oder vor allem über den Drucker ausgegeben werden, so müssen eventuell Spalten ausgeblendet werden, um die Ausgabe realisieren zu können. Außerdem werden u. U. bewusst Spalten ausgeblendet, wenn beispielsweise für eine Preisliste Einkaufspreise, Bestände usw. nicht benötigt werden. Auch für die Datenübertragung (siehe Punkt **Datenaustausch**) ist das Ausblenden wichtig. Auf diese Art und Weise können bestimmte Datenfelder einer Tabelle übertragen werden.
Fixieren von Spalten	Durch das Fixieren von Datenfeldern werden bestimmte Datenfelder, z. B. die wichtigen Angaben über Artikel, grundsätzlich auf dem Bildschirm dargestellt, während andere je nach Bedarf zusätzlich dargestellt werden können. Dies ist besonders bei Tabellen mit vielen Datenfeldern sehr vorteilhaft.

4.8 Bearbeiten der Dateistruktur

4.8.1 Einfügen von Datenfeldern

Ein Merkmal für eine gute Dateiverarbeitung ist die Möglichkeit, nachträglich die Dateistruktur einer Tabelle ändern zu können. Damit können zusätzliche, im Betrieb benötigte Daten erfasst werden.

Die für eine Lagerdatei notwendigen Datenfelder *Mindestbestand* und *Höchstbestand* sollen in die Datei *Lager* eingefügt und die im Betrieb festgelegten Werte eingetragen werden.

Bearbeitungsschritte:

- Gehen Sie in das **Datenbankfenster** und rufen Sie den Entwurf der **Datei** *Lager* auf.
- Markieren Sie mit der Maus das **Datenfeld** *Einkaufspreis*.

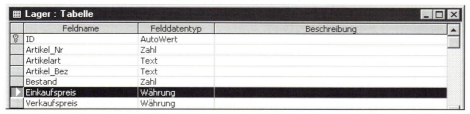

- Wählen Sie den Menüpunkt **Einfügen/Zeilen**. Vor der markierten Zeile wird eine Leerzeile eingefügt:

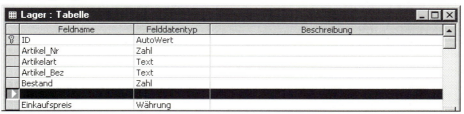

- Tragen Sie in die leere Zeile den Feldnamen *Mindestbestand* ein und wählen Sie den Felddatentyp *Zahl* aus.

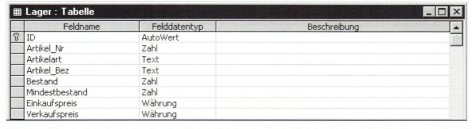

- Fügen Sie außerdem noch ein Datenfeld mit dem Feldnamen *Höchstbestand* und dem Felddatentyp *Zahl* nach dem Datenfeld *Mindestbestand* und ein Datenfeld mit dem Feldnamen *Verkaufspreis2* und dem Felddatentyp *Währung* am Ende der Tabelle ein.
- Eventuell erstellte Formulare (siehe Seite 190) werden durch die Änderung der Dateistruktur nicht automatisch angepasst. Die Formulare müssen daher u. U. neu erstellt werden. Diese Vorgehensweise des Programms ist sicherlich richtig, da das Programm nicht erkennen kann, ob die neuen Datenfelder überhaupt in ein Formular aufgenommen werden sollen.

Bearbeitungsschritte (Fortsetzung):

- Tragen Sie die entsprechenden Daten wie dargestellt ein. Die Darstellung wurde durch das Ausblenden der Datenfelder *Einkaufspreis* und *Verkaufspreis* realisiert.

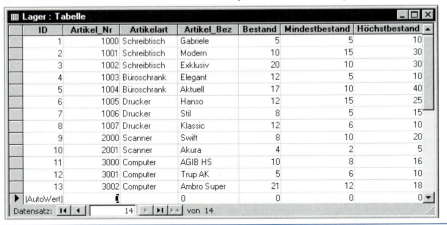

	ID	Artikel_Nr	Artikelart	Artikel_Bez	Bestand	Mindestbestand	Höchstbestand
	1	1000	Schreibtisch	Gabriele	5	5	10
	2	1001	Schreibtisch	Modern	10	15	30
	3	1002	Schreibtisch	Exklusiv	20	10	30
	4	1003	Büroschrank	Elegant	12	5	10
	5	1004	Büroschrank	Aktuell	17	10	40
	6	1005	Drucker	Hanso	12	15	25
	7	1006	Drucker	Stil	8	5	15
	8	1007	Drucker	Klassic	12	6	10
	9	2000	Scanner	Swift	8	10	20
	10	2001	Scanner	Akura	4	2	5
	11	3000	Computer	AGIB HS	10	8	16
	12	3001	Computer	Trup AK	5	6	10
	13	3002	Computer	Ambro Super	21	12	18
▶	(AutoWert)				0	0	0

Datensatz: |◀ ◀ 14 ▶ ▶| ▶* von 14

4.8.2 Löschen von Datenfeldern

Nicht mehr benötigte Datenfelder sollten gelöscht werden, damit sie eine Datenbank nicht unnötig vergrößern.

Bearbeitungsschritte:

- Gehen Sie in das **Datenbankfenster** und öffnen Sie die Tabelle *Lager*. Geben Sie einige frei gewählte Preise in das Datenfeld *Verkaufspreis2* ein.

- Rufen Sie den Entwurf der **Datei** *Lager* auf und markieren Sie mit der Maus das **Datenfeld** *Verkaufspreis2*.

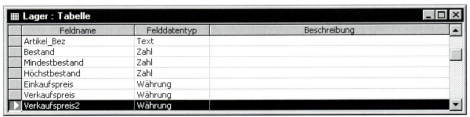

Lager : Tabelle

	Feldname	Felddatentyp	Beschreibung
	Artikel_Bez	Text	
	Bestand	Zahl	
	Mindestbestand	Zahl	
	Höchstbestand	Zahl	
	Einkaufspreis	Währung	
	Verkaufspreis	Währung	
▶	Verkaufspreis2	Währung	

- Wählen Sie den Menüpunkt **Bearbeiten/Löschen** bzw. **Bearbeiten/Zeile löschen**.

  Alternative: Schaltfläche **Ausschneiden** ✂

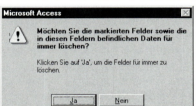

Microsoft Access

⚠ Möchten Sie die markierten Felder sowie die in diesen Feldern befindlichen Daten für immer löschen?

Klicken Sie auf 'Ja', um die Felder für immer zu löschen.

[Ja] [Nein]

- Mit dem Anklicken der Schaltfläche **Ja** wird das Datenfeld mit allen Daten gelöscht

4.8.3   Ändern von Datenfeldname und Datenfeldtyp

Das Ändern von Datenfeldname und Datenfeldtyp kann jederzeit im Entwurfsbereich der Tabelle vorgenommen werden. Vollkommen unproblematisch ist dabei die Änderung des Datenfeldnamens. Das entsprechende Feld wird mit der Maus markiert und der neue Name eingegeben. In der Tabelle erscheint danach das Feld unter dem neuen Namen.

Problematischer ist jedoch die Änderung des Datenfeldtyps. Ändert man beispielsweise das Datenfeld Verkaufspreis in ein Textfeld, so sind die Möglichkeiten, mit den Inhalten des Datenfeldes Berechnungen vorzunehmen, nicht mehr gegeben. Noch problematischer ist die Änderung eines Textfeldes in ein Zahlenfeld. Texte können selbstverständlich nicht in das Zahlenfeld übertragen werden. Das Programm macht darauf aufmerksam, dass beim Übertragen (Konvertieren) einige Daten gelöscht werden.

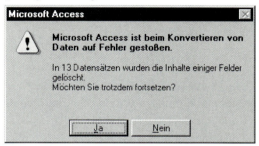

Auf Grund der Konvertierungsprobleme sollte man grundsätzlich die Änderung eines Textfeldes in ein Zahlenfeld vermeiden.

4.8.4   Ändern von Feldeigenschaften

Eine weitere Möglichkeit, die Struktur einer Datei zu verändern, ist das Bearbeiten der Feldeigenschaften. So ist beispielsweise die Möglichkeit gegeben, in einem Textfeld die Feldgröße vom Standardwert 50 je nach Bedarf in einen anderen Wert zu ändern. Weitere Einstellungsmöglichkeiten sind z. B. dadurch gegeben, dass bei Zahlen die Anzahl der Dezimalstellen bestimmt oder angegeben werden kann.

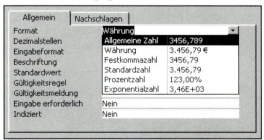

Auch ist es möglich, festzulegen, ob in einem Datenfeld unbedingt eine Eingabe zu erfolgen hat. So erscheint es vernünftig, festzulegen, dass Stammdaten in Datenfeldern wie etwa Artikelart, Artikel_Bez usw. eine Eingabe erfordern.

Interessant ist die Möglichkeit, einen Standardwert vom Programm automatisch in ein Datenfeld eingeben zu lassen. Ist der Mindestbestand bei den Artikeln in der Regel 5 Stück und nur in Ausnahmefällen größer oder kleiner, so gibt man diesen Wert als Standardwert bei den Feldeigenschaften ein. In allen Datenfeldern, in denen nicht vom Standardwert abgewichen wird, ist dann keine Eingabe mehr erforderlich.

4.9   Rechnerische Verknüpfungen

4.9.1   Vergleich zwischen Datenfeldern

Der Vergleich von Daten ermöglicht eine Vielzahl von nützlichen Anwendungen, durch die betriebliche Erkenntnisse auf Grund des erarbeiteten Zahlenmaterials gewonnen werden können. Anhand der Daten der Datei *Lager* kann man z. B. feststellen, ob der Mindestbestand bei bestimmten Artikeln unterschritten wurde. Diesen Minderbestand kann man dann berechnen und ausgeben.

Bearbeitungsschritte:

- Gehen Sie in das **Datenbankfenster**, um eine neue Abfrage zu erstellen.
- Führen Sie die folgende Abfrage durch:

Feld:	Artikelart	Artikel_Bez	Bestand	Mindestbestand
Tabelle:	Lager	Lager	Lager	Lager
Sortierung:				
Anzeigen:	☑	☑	☑	☑
Kriterien:			<[Mindestbestand]	
oder:				

Hinweis: Das Wort Mindestbestand muss in eckige Klammern gesetzt werden.

Tastenkombination: **[Alt Gr] [8]** und **[Alt Gr] [9]**

- Als Ergebnis werden alle Artikel ausgegeben, deren Bestand zu gering ist:

	Artikelart	Artikel_Bez	Bestand	Mindestbestand
▶	Schreibtisch	Modern	10	15
	Drucker	Hanso	12	15
	Scanner	Swift	8	10
	Computer	Trup AK	5	6
*			0	0

Datensatz: |◀| ◀| 1 |▶| |▶|| |▶*| von 4

4.9.2   Berechnung von Differenzen

Ein Ergebnis, das lediglich ausgibt, welche Artikel im Lager nicht ausreichend vorhanden sind, jedoch den genauen Fehlbestand nicht berechnet, überzeugt noch nicht vollständig. Es soll daher die Berechnung des Fehlbestandes durch eine Abfrage vorgenommen werden. Die Berechnung von Daten erfolgt durch eine so genannte Aktualisierungsabfrage.

Bearbeitungsschritte:

- Tragen Sie in der Dateistruktur der Tabelle *Lager* ein zusätzliches Datenfeld mit der Bezeichnung *Fehlbestand* und dem Datenfeldtyp *Zahl* ein.
- Wählen Sie danach den Menüpunkt **Abfrage/Aktualisierungsabfrage**.

   Alternative: Schaltfläche **Abfragetyp** 📇▾ / Schaltfläche **Aktualisierungsabfrage**

- Berechnen Sie die Differenz zwischen den Datenfeldern *Mindestbestand* und *Bestand*.

Feld:	Artikelart	Artikel_Bez	Bestand	Mindestbestand	Fehlbestand
Tabelle:	Lager	Lager	Lager	Lager	Lager
Aktualisieren:					[Mindestbestand]-[Bestand]
Kriterien:			<[Mindestbestand]		
oder:					

Bearbeitungsschritte (Fortsetzung):

- Wählen Sie den Menüpunkt **Abfrage/Ausführen**.

  Alternative: Schaltfläche **Ausführen** !

- Die folgende Meldung wird eingeblendet:

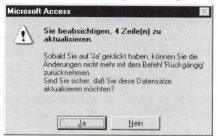

- Klicken Sie die Schaltfläche **Ja** an, damit die Fehlbestände berechnet werden.
- Wählen Sie den Menüpunkt **Abfrage/Auswahlabfrage**.

  Alternative: Schaltfläche **Abfragetyp** / Schaltfläche **Auswahlabfrage**

- Die Wahl der Auswahlabfrage ist notwendig, damit das Ergebnis vernünftig ausgegeben wird. Der Bildschirm verändert sich folgendermaßen:

- Wählen Sie den Menüpunkt **Abfrage/Ausführen**.

  Alternative: Schaltfläche **Ausführen** !

- Das Ergebnis sieht folgendermaßen aus:

- Alternativ können Sie sich in der Tabelle die Änderung des Datenbestandes ansehen:

4.9.3   Berechnungen in einem Datenfeld

Die Anpassung von Zahlenmaterial an neue Gegebenheiten kann mit der Dateiverarbeitung ACCESS relativ einfach vorgenommen werden, da in Zahlenfeldern und in Währungsfeldern gerechnet werden kann. Berechnungen innerhalb eines Textfeldes sind selbstverständlich nicht möglich. Daher ist bei der Planung einer Datei sorgsam zu überlegen, welcher Datentyp gewählt werden soll.

Am Beispiel der Anpassung der Verkaufspreise für Schreibtische und Drucker soll die Berechnung innerhalb eines Datenfeldes demonstriert werden. Dabei wird die bereits bekannte Möglichkeit genutzt, durch das Festlegen von Kriterien nur bestimmte Produkte auszuwählen.

Bearbeitungsschritte:

- Erstellen Sie die nachfolgende Abfrage. Wählen Sie den Menüpunkt **Abfrage/Aktualisierungsabfrage** und berechnen Sie den neuen Verkaufspreis für Schreibtische und Drucker.

  Alternative: Schaltfläche **Abfragetyp** / Schaltfläche **Aktualisierungsabfrage**

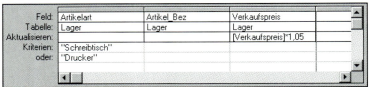

- Wählen Sie den Menüpunkt **Abfrage/Ausführen**.

  Alternative: Schaltfläche **Ausführen**

- In der folgenden Dialogbox bestätigen Sie mit **Ja**, dass 6 Datensätze aktualisiert werden sollen.

- Sie können nun den Menüpunkt **Abfrage/Auswahlabfrage** wählen und sich danach die Daten in der Datenblattansicht ansehen.

- In der Tabellenansicht der Tabelle *Lager* können Sie sich ansehen, dass die Preise für die Schreibtische und Drucker erhöht und die anderen Preise nicht verändert wurden.

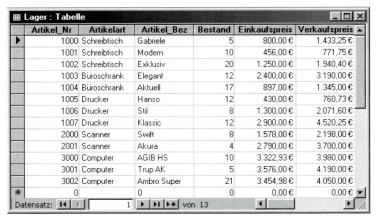

- Bedenken Sie bitte, dass Sie jedes Mal, wenn Sie diese Abfrage ausführen, eine Preiserhöhung vornehmen. Daher sollten Sie überprüfen, ob die Werte in der Tabelle noch stimmen. Sie können diese Werte durch eine Abfrage *Preissenkung* korrigieren.

4.9.4 Berechnungen mit Hilfe mehrerer Datenfelder

Mit Hilfe mehrerer Datenfelder können ebenfalls Berechnungen durchgeführt werden. So können, wie bereits gezeigt wurde, Differenzen zwischen einzelnen Inhalten von Datenfeldern ermittelt werden. Für die praktische Arbeit mit einer Dateiverarbeitung ist es auch besonders wichtig, neue Daten zu ermitteln, beispielsweise Lagerwerte usw.

Will man z. B. ermitteln, wie hoch die Gesamteinkaufspreise für die einzelnen Produkte sind, die sich im Lager befinden, multipliziert man den Bestand mit dem Einkaufspreis.

Bearbeitungsschritte:

- Tragen Sie in der Dateistruktur der Tabelle *Lager* ein zusätzliches Datenfeld mit der Bezeichnung *Gesamteinkaufspreis* und dem Datenfeldtyp *Währung* ein. In diesem Datenfeld sollen keine Werte eingegeben werden, sondern es soll eine Berechnung erfolgen.

- Erstellen Sie die nachfolgende Abfrage. Wählen Sie den Menüpunkt **Abfrage/Aktualisierungsabfrage** und berechnen Sie den Gesamteinkaufspreis der Produkte.

  Alternative: Schaltfläche **Abfragetyp** 🗗 ▾ / Schaltfläche **Aktualisierungsabfrage** 🖈

Feld:	Artikelart	Artikel_Bez	Bestand	Einkaufspreis	Gesamteinkaufspreis
Tabelle:	Lager	Lager	Lager	Lager	Lager
Aktualisieren:					[Bestand]*[Einkaufspreis]
Kriterien:					
oder:					

- Wählen Sie den Menüpunkt **Abfrage/Ausführen**.

  Alternative: Schaltfläche **Ausführen** 〔!〕

- In der folgenden Dialogbox bestätigen Sie mit **Ja**, dass 13 Datensätze aktualisiert werden sollen.

- Sie können nun den Menüpunkt **Abfrage/Auswahlabfrage** wählen und sich danach die Daten in der Datenblattansicht ansehen.

- In der Tabellenansicht der Tabelle *Lager* können Sie sich das Ergebnis ansehen:

🎛 **Lager : Tabelle**

Artikel_Nr	Artikelart	Artikel_Bez	Bestand	Einkaufspreis	Gesamteinkaufspreis
1000	Schreibtisch	Gabriele	5	800,00 €	4.000,00 €
1001	Schreibtisch	Modern	10	456,00 €	4.560,00 €
1002	Schreibtisch	Exklusiv	20	1.250,00 €	25.000,00 €
1003	Büroschrank	Elegant	12	2.400,00 €	28.800,00 €
1004	Büroschrank	Aktuell	17	897,00 €	15.249,00 €
1005	Drucker	Hanso	12	430,00 €	5.160,00 €
1006	Drucker	Stil	8	1.300,00 €	10.400,00 €
1007	Drucker	Klassic	12	2.900,00 €	34.800,00 €
2000	Scanner	Swift	8	1.578,00 €	12.624,00 €
2001	Scanner	Akura	4	2.790,00 €	11.160,00 €
3000	Computer	AGIB HS	10	3.322,93 €	33.229,30 €
3001	Computer	Trup AK	5	3.576,00 €	17.880,00 €
3002	Computer	Ambro Super	21	3.454,98 €	72.554,58 €
* 0	0		0	0,00 €	0,00 €

Datensatz: ◄◄ ◄ 1 ► ►► ►* von 13

4.9.5   Summenbildung

Eine weitere Berechnungsmöglichkeit ist die Summenbildung. Es können beispielsweise die Endsummen einzelner Datenfelder festgestellt werden oder auch die Gesamtsummen einzelner Artikelarten, wie etwa die Endsumme der Einkaufspreise aller Computer. Zunächst soll die Gesamtsumme der Einkaufspreise aller gekauften Artikel ermittelt werden. Danach sollen die Gesamtsummen der Einkaufspreise einzelner Artikelarten berechnet werden.

Bearbeitungsschritte:

- Erstellen Sie eine neue Abfrage.

- Wählen Sie den Menüpunkt **Ansicht/Funktionen**.

  Alternative: Schaltfläche **Funktionen** Σ

- Zusätzlich wird daraufhin eine Zeile mit dem Namen „Funktion" eingeblendet. Nach dem Markieren dieser Zeile mit der Maus erscheint an der rechten Seite des Feldes ein Pfeil nach unten. Durch das Anklicken dieses Pfeils werden Funktionen zur Verfügung gestellt. Wählen Sie die Funktion **Summe** aus, um den Gesamteinkaufspreis zu ermitteln.

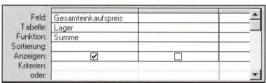

- Wählen Sie den Menüpunkt **Abfrage/Ausführen**.

  Alternative: Schaltfläche **Ausführen** !

- Das folgende Ergebnis wird eingeblendet:

- Durch Einfügen des Datenfeldes *Artikelart* werden die Gesamteinkaufspreise der einzelnen Artikelarten berechnet.

- Das Ergebnis sieht folgendermaßen aus:

4.10 Verknüpfung von Daten

4.10.1 Relationale Datenbank

Wenn Daten aus verschiedenen Tabellen in einer Datenbank miteinander verknüpft werden können, spricht man von einer relationalen Datenbank. Zwischen den einzelnen Tabellen können dauerhafte Beziehungen definiert werden, z. B. wird anhand der Artikelnummer in der Tabelle *Lager* der Hersteller eines bestimmten Artikels mit der genauen Anschrift bestimmt. Über Abfragen lassen sich weitere sinnvolle Beziehungen bei Bedarf herstellen. Darüber hinaus ist es möglich, über diese Verbindung in der Datenbank *Betrieb* eine neue Tabelle zu erstellen, die Daten aus den Tabellen Lager und Hersteller enthält.

Der große Vorteil einer relationalen Datenbank ist daher, dass Daten nur einmal erfasst werden müssen und dann miteinander verbunden werden. Dies hält die Datenmenge geringer und vermeidet zusätzliche Arbeit beim Eingeben von Daten.

4.10.2 Erstellung einer Herstellerdatei

Damit überhaupt Daten aus unterschiedlichen Tabellen miteinander verknüpft werden können, muss zunächst eine zweite Tabelle, in diesem Fall eine Tabelle über die Hersteller der Produkte, erstellt werden.

Bei der Planung dieser Tabelle ist darauf zu achten, dass ein Datenfeld angelegt wird, das sich besonders gut eignet, Beziehungen zwischen den beiden Tabellen herzustellen. Dieses Verbindungsdatenfeld soll das Datenfeld *Lieferer_Nr* sein, welches ebenfalls in die Lagerdatei aufgenommen werden muss.

Bearbeitungsschritte:

- Erstellen Sie eine Tabelle mit der folgenden Dateistruktur:

Feldname	Felddatentyp	Beschreibung
Lieferer_Nr	Zahl	
Name1	Text	
Name2	Text	
Strasse	Text	
PLZ	Zahl	
Ort	Text	

⊞ Hersteller : Tabelle

- Speichern Sie die Tabelle unter dem Namen *Hersteller* ab, damit sie für die Verbindung mit der Tabelle *Lager* genutzt werden kann.

- Geben Sie danach die folgenden Angaben zu den Herstellern der einzelnen Produkte in die Tabelle *Hersteller* ein:

⊞ Hersteller : Tabelle

Lieferer_Nr	Name1	Name2	Strasse	PLZ	Ort
100	Wagner & Co.	Büromöbel	Vogtweg 23	33607	Bielefeld
101	Büromöbel AG	Büroeinrichtungen	Gutachtstr. 342	13469	Berlin
102	Tranel GmbH	Büromöbel	Bechemstr 67	47058	Duisburg
103	Computerland GmbH	Computer	Fischadlerstieg 65	22119	Hamburg
104	Computer 2000	EDV-Herstellung	Koloniestr. 128	28777	Bremen
105	Micro Hansen	Computerlösungen	Am Stau 47	26112	Oldenburg
106	Microcomputer Voges	EDV-Bedarf	Schloßstr 45	30159	Hannover
0				0	

Datensatz: |◄ ◄ 1 ► ►| ►* von 7

4.10.3   Verknüpfung der Tabellen *Lager* und *Hersteller*

Einfügen eines Datenfeldes in die Tabelle *Lager*

Um eine dauerhafte Verbindung zwischen den Tabellen *Lager* und *Hersteller* aufbauen zu können, müssen Sie in der Tabelle *Lager* ein Datenfeld *Lieferer_Nr* einfügen.

Bearbeitungsschritte:

- Fügen Sie in der Struktur der Tabelle *Lager* ein Datenfeld *Lieferer_Nr* mit dem Datenfeldtyp *Zahl* ein.
- Geben Sie danach die jeweiligen Lieferernummern in die Tabelle *Lager* ein.

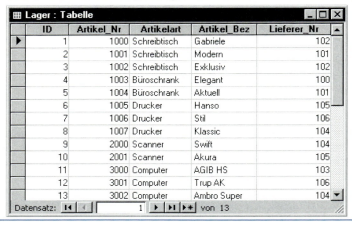

Aufbau einer Verknüpfung zwischen den Tabellen *Lager* und *Hersteller*

Als nächstes sollen nun die beiden Tabellen *Lager* und *Hersteller* über das Datenfeld *Lieferer_Nr* so miteinander verbunden werden, dass in Abfragen die Daten der beiden Tabellen für gemeinsame Zwecke genutzt werden können. Grundsätzlich können auch mehr als zwei Tabellen miteinander verbunden werden, z. B. bietet es sich an, noch eine Bestelldatei aufzubauen und mit Hilfe dieser Datei und der beiden anderen das Bestellwesen zu bearbeiten.

Bearbeitungsschritte:

- Wählen Sie im **Datenbankfenster** den Menüpunkt **Extras/Beziehungen**, um die Verknüpfung der beiden Tabellen *Lager* und *Hersteller* einzuleiten.

  Alternative: Schaltfläche **Beziehungen** ⬚
- Die nachfolgende Dialogbox wird eingeblendet. Falls dies nicht geschieht, wählen Sie den Menüpunkt **Beziehungen/Tabelle anzeigen**. Es muss bestimmt werden, welche Tabellen für die Verknüpfung benötigt werden.

Bearbeitungsschritte (Fortsetzung):

- Standardmäßig werden Tabellen in dem Fenster dargestellt. Es ist jedoch auch möglich, sich Abfragen oder beides (Tabellen und Abfragen) anzeigen zu lassen. Dies bedeutet, dass auch bereits erstellte Abfragen für die Verknüpfung von Daten aus unterschiedlichen Tabellen genutzt werden können.

- Markieren Sie die Tabelle *Lager* und klicken Sie die Schaltfläche **Hinzufügen** an. Danach markieren Sie die Tabelle *Hersteller* und klicken ebenfalls die Schaltfläche **Hinzufügen** an. Über die Schaltfläche **Schließen** verlassen Sie die Dialogbox und kehren zum Beziehungsbildschirm zurück.

- Sollen später weitere Tabellen für die Herstellung von Beziehungen genutzt werden, ist der Menüpunkt **Beziehungen/Tabelle anzeigen** zu wählen.

  Alternative: Schaltfläche **Tabelle anzeigen**

- Auf dem Bildschirm werden die beiden Tabellen *Lager* und *Hersteller* dargestellt. Damit Sie alle vorhandenen Datenfelder der Tabelle *Lager* sehen können, gehen Sie mit der Maus auf die rechte untere Ecke des Fensters *Lager*. Der Mauszeiger verwandelt sich in einen Doppelpfeil. Bei gedrückter linker Maustaste können Sie nun das Fenster so weit vergrößern, dass alle Datenfelder zu sehen sind. Auf die gleiche Weise können Sie danach das Fenster *Hersteller* vergrößern.

- Die Beziehung wird hergestellt, indem man mit der Maus das Datenfeld *Lieferer_Nr* im Fenster *Lager* markiert und bei gedrückter linker Maustaste auf das Datenfeld *Lieferer_Nr* im Fenster *Hersteller* fährt. Nach dem Loslassen der linken Maustaste wird die folgende Dialogbox eingeblendet:

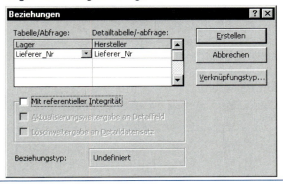

Bearbeitungsschritte (Fortsetzung):

- Mit dem Anklicken der Schaltfläche **Erstellen** ist die Verbindung zwischen den beiden Tabellen hergestellt. Dies wird auf dem Bildschirm durch eine Verbindungslinie zwischen den beiden Datenfeldern angezeigt:

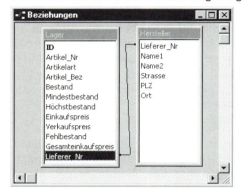

- Durch das Wählen des Menüpunktes **Datei/Schließen** verlassen Sie den Bereich *Beziehungen* und kehren zum **Datenbankfenster** zurück.

- Sollte die angezeigte Beziehung nicht richtig sein, so kann man die Beziehung durch das Anklicken der Verbindungslinie mit der Maus und das anschließende Wählen des Menüpunktes **Bearbeiten/Löschen** wieder aufheben.

- Wird eine Tabelle nicht mehr für die Verknüpfung von Daten benötigt, so markiert man zunächst ein Datenfeld im entsprechenden Tabellenfenster. Durch die Wahl des Menüpunkts **Bearbeiten/Löschen** wird die Tabelle aus dem Beziehungsbildschirm entfernt. Die Tabelle müsste, wenn sie wiederum genutzt werden soll, neu hinzugefügt werden.

Erstellen einer Abfrage unter Nutzung von Datenfeldern der Tabellen *Lager* und *Hersteller*

Durch eine Abfrage sollen nun alle Artikel mit der Artikelart, der Artikelbezeichnung und der vollständigen Adresse des Herstellers ausgegeben werden. Die Daten zum Artikel werden aus der Tabelle *Lager* entnommen, alle anderen Daten aus der Tabelle *Hersteller*.

Bearbeitungsschritte:

- Wählen Sie im **Datenbankfenster** den Bereich **Abfrage** und erstellen Sie danach eine neue Abfrage.

- Markieren Sie im Fenster **Tabelle anzeigen** zunächst die Tabelle *Lager* und klicken Sie dann die Schaltfläche **Hinzufügen** an. Auf dieselbe Art fügen Sie die **Tabelle** *Hersteller* hinzu und verlassen das Fenster durch Anklicken der Schaltfläche **Schließen**. Im oberen Bereich des Bildschirms werden die beiden **Dateien** in Fenstern dargestellt.

- Führen Sie danach die folgende **Abfrage** durch:

Feld:	Artikelart	Artikel_Bez	Lieferer_Nr	Name1	Name2	Strasse	PLZ	Ort
Tabelle:	Lager	Lager	Lager	Hersteller	Hersteller	Hersteller	Hersteller	Hersteller
Sortierung:								
Anzeigen:	☑	☑	☑	☑	☑	☑	☑	☑
Kriterien:								
oder:								

Bearbeitungsschritte (Fortsetzung):

- Das Ergebnis der **Abfrage** unter Nutzung von zwei Tabellen sieht folgendermaßen aus:

Artikelhersteller : Auswahlabfrage

Artikelart	Artikel_Bez	Liefe	Name1	Name2	Strasse	PLZ	Ort
Büroschrank	Elegant	100	Wagner & Co.	Büromöbel	Vogtweg 23	33607	Bielefeld
Schreibtisch	Modern	101	Büromöbel AG	Büroeinrichtungen	Gutachtstr. 342	13469	Berlin
Büroschrank	Aktuell	101	Büromöbel AG	Büroeinrichtungen	Gutachtstr. 342	13469	Berlin
Schreibtisch	Gabriele	102	Tranel GmbH	Büromöbel	Bechernstr 67	47058	Duisburg
Schreibtisch	Exklusiv	102	Tranel GmbH	Büromöbel	Bechernstr 67	47058	Duisburg
Computer	AGIB HS	103	Computerland GmbH	Computer	Fischadlerstieg 65	22119	Hamburg
Drucker	Klassic	104	Computer 2000	EDV-Herstellung	Koloniestr. 128	28777	Bremen
Scanner	Swift	104	Computer 2000	EDV-Herstellung	Koloniestr. 128	28777	Bremen
Computer	Ambro Super	104	Computer 2000	EDV-Herstellung	Koloniestr. 128	28777	Bremen
Drucker	Hanso	105	Micro Hansen	Computerlösungen	Am Stau 47	26112	Oldenburg
Scanner	Akura	105	Micro Hansen	Computerlösungen	Am Stau 47	26112	Oldenburg
Drucker	Stil	106	Microcomputer Voges	EDV-Bedarf	Schloßstr 45	30159	Hannover
Computer	Trup AK	106	Microcomputer Voges	EDV-Bedarf	Schloßstr 45	30159	Hannover

Datensatz: |◄ ◄ | 1 | ► | ►| | ►* von 13

- Da kein Sortierkriterium angegeben wurde, werden die **Datensätze** nach der *Liefe-rer_Nr*, also dem Beziehungsdatenfeld, sortiert. Durch die Angabe eines anderen Sortierkriteriums, z. B. der aufsteigenden Sortierung nach der *Artikelart*, wird eine andere Sortierung der Daten vorgenommen. Eine solche Abfrage sieht folgendermaßen aus:

Feld:	Artikelart	Artikel_Bez	Lieferer_Nr	Name1	Name2	Strasse	PLZ	Ort
Tabelle:	Lager	Lager	Lager	Hersteller	Hersteller	Hersteller	Herste	Hersteller
Sortierung:	Aufsteigend							
Anzeigen:	☑	☑	☑	☑	☑	☑	☑	☑
Kriterien:								
oder:								

Erstellen einer Abfrage mit Kriterien unter Nutzung von Datenfeldern der Tabellen *Lager* und *Hersteller*

Durch die Verknüpfung der Tabellen können jetzt Abfragen definiert werden, die ansonsten nur innerhalb einer Tabelle möglich wären. Als Beispiel soll durch eine Abfrage festgestellt werden, welche Produkte der Hersteller mit der Lieferer_Nr 104 herstellt.

Bearbeitungsschritte:

- Führen Sie danach die folgende **Abfrage** durch:

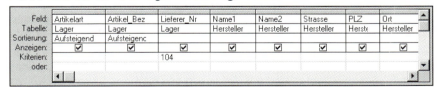

Feld:	Artikelart	Artikel_Bez	Lieferer_Nr	Name1	Name2	Strasse	PLZ	Ort
Tabelle:	Lager	Lager	Lager	Hersteller	Hersteller	Hersteller	Herste	Hersteller
Sortierung:	Aufsteigend	Aufsteigenc						
Anzeigen:	☑	☑	☑	☑	☑	☑	☑	☑
Kriterien:			104					
oder:								

- Das Ergebnis zeigt alle Produkte, die vom Hersteller mit der *Lieferer_Nr* 104 angeboten werden und den Namen des Herstellers:

Artikelhersteller (104) : Auswahlabfrage

Artikelart	Artikel_Bez	Liefe	Name1	Name2	Strasse	PLZ	Ort
Computer	Ambro Super	104	Computer 2000	EDV-Herstellung	Koloniestr. 128	28777	Bremen
Drucker	Klassic	104	Computer 2000	EDV-Herstellung	Koloniestr. 128	28777	Bremen
Scanner	Swift	104	Computer 2000	EDV-Herstellung	Koloniestr. 128	28777	Bremen

Datensatz: |◄ ◄ | 1 | ► | ►| | ►* von 3

4.11   Erstellen von Formularen

4.11.1   Erstellen eines AutoFormulars

Die Dateneingabe kann unter Umständen durch die Erstellung eines Formulars vereinfacht und dabei sogar in der Regel komfortabler gestaltet werden. Die schnellste und in vielen Fällen vollkommen ausreichende Möglichkeit, ein Formular für die Dateneingabe zu erstellen, ist das Erstellen eines so genannten AutoFormulars.

Bearbeitungsschritte:

- Gehen Sie in den Bereich des **Datenbankfensters** und markieren Sie die Tabelle, in der über ein Formular Daten eingegeben werden sollen. Wählen Sie die Tabelle *Hersteller* aus.

- Wählen Sie den Menüpunkt **Einfügen/Autoformular**. Das Formular wird automatisch aufgebaut und mit dem ersten Datensatz eingeblendet.

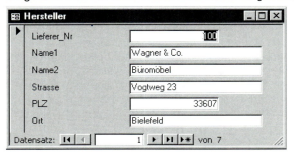

- Speichern Sie das **Formular**, bevor Sie Daten eingeben, ab. Wählen Sie den Menüpunkt **Datei/Speichern** und tragen Sie den Namen *Hersteller* ein.

- Sie können das Formular in Zukunft nach Anwählen des Bereichs *Formular* im **Datenbankfenster** benutzen.

4.11.2   Erstellen eines Formulars

Mit Hilfe des Formularassistenten können verschiedene Formulare erstellt werden. Während beim AutoFormular das Programm alle Schritte automatisch ausführt, werden dem Benutzer beim Formularassistenten Alternativmöglichkeiten geboten.

Bearbeitungsschritte:

- Klicken Sie zunächst mit der Maus auf das Wort **Formulare** im **Datenbankfenster** und klicken Sie danach auf die Schaltfläche **Neu** für die Erstellung eines neuen **Formulars.**

- Geben Sie nun in das auf dem Bildschirm abgebildete Dialogfeld den Namen *Lager* ein und klicken Sie den **Formular-Assistenten** an. Den Namen können Sie auch über das Anklicken des Pfeiles nach unten und das Anklicken des Namens *Lager* auswählen.

- Entscheiden Sie sich im Dialogfeld **Formular-Assistent**, welche Datenfelder in das Formular aufgenommen werden sollen. Geben Sie danach an, dass es sich um ein einspaltiges Formular handeln soll.

- Danach können Sie den Stil des Formulars, z. B. *Stein*, wählen. Sie können andere Darstellungen für die Erstellung weiterer Formulare ausprobieren. Durch Anklicken anderer Stilarten können Sie einen Eindruck von dem jeweiligen Formular gewinnen.

- Im letzten Dialogfeld müssen Sie lediglich die Schaltfläche **Fertigstellen** anklicken.

4.12 Erstellen von Berichten

4.12.1 Vorbemerkungen

Die Dateiverarbeitung ACCESS ist in der Lage, Daten ansprechend durch so genannte Berichte zu präsentieren. Daher soll mit Hilfe des Berichtsassistenten ein einfacher Bericht aufgebaut werden.

4.12.2 Erstellen von einfachen Berichten

Tabellen oder Abfragen können die Grundlage für einen Bericht darstellen. Es erscheint vernünftiger, durch eine Abfrage zunächst festzulegen, welche Daten in dem Bericht ausgegeben werden sollen. Am Beispiel einer Preisliste für Computer wird die Erstellung eines Berichts demonstriert.

Bearbeitungsschritte:

- Erstellen Sie die folgende Abfrage in der Tabelle *Lager*:

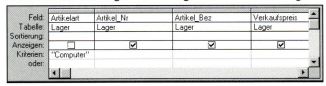

- Speichern Sie die Abfrage unter dem Namen *Computer1* ab. Das Ergebnis der Abfrage soll die Grundlage des **Berichts** darstellen:

- Wählen Sie im **Datenbankfenster** den Bereich **Berichte** und klicken Sie die Schaltfläche **Neu** an. In der nun eingeblendeten Dialogbox **Neuer Bericht** muss die Tabelle oder Abfrage für den **Bericht**, in diesem Fall *Computer*, bestimmt werden. Klicken Sie danach die Schaltfläche **Berichts-Assistenten** in der Dialogbox an, da eine Erstellung eines **Berichts** normalerweise nur mit Hilfe des Assistenten ratsam erscheint.

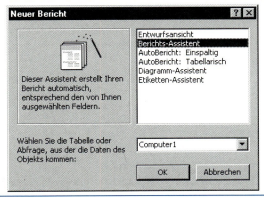

Bearbeitungsschritte (Fortsetzung):

- Im nächsten Schritt wählen Sie durch Anklicken des Doppelpfeils nach rechts alle verfügbaren Felder aus, damit sie in den Bericht aufgenommen werden:

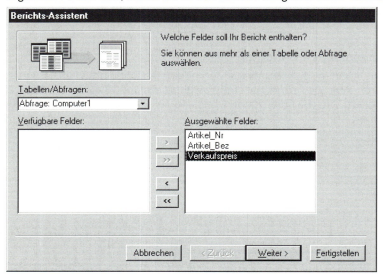

- Den nächsten Schritt können Sie durch Anklicken der Schaltfläche **Weiter** übergehen.

- Eine Sortierreihenfolge soll nicht festgelegt werden, so dass Sie den nächsten Bildschirm durch Anklicken der Schaltfläche **Weiter** überspringen können.

- Im nächsten Bildschirm legen Sie fest, dass die tabellarische Darstellung im Hochformat erfolgen soll.

- Legen Sie danach den Stil des Berichts im nächsten Bildschirm fest:

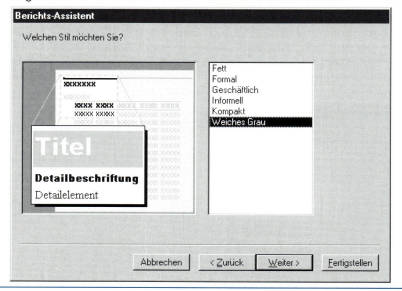

Bearbeitungsschritte (Fortsetzung):

- Legen Sie danach im nächsten Fenster als Titel für den Bericht den Namen *Computer* fest. Das Ergebnis sieht nach Anklicken der Schaltfläche **Fertigstellen** in etwa so aus:

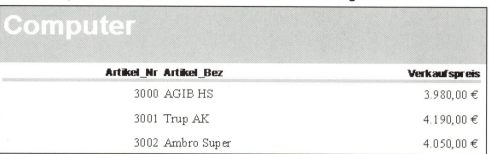

- Um Änderungen am Bericht vornehmen zu können, müssen Sie den Menüpunkt **Ansicht/Entwurfsansicht** wählen bzw. die Schaltfläche **Schließen** anklicken.

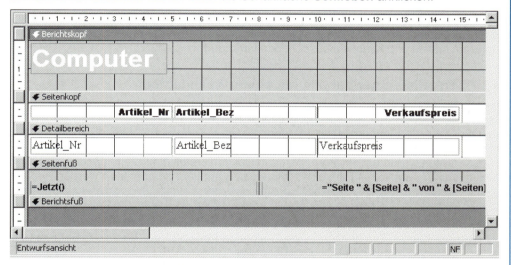

- Nach dem Markieren können Sie einzelne Bereiche löschen, versetzen, mit den Schaltflächen rechts- oder linksbündig anordnen, die Schriftgröße ändern usw. Der Formularentwurf könnte danach folgendermaßen aussehen:

Bearbeitungsschritte (Fortsetzung):

- Nach dem Ändern könnte das Ergebnis folgendermaßen aussehen:

Computer

Artikel_Nr	Artikel_Bez	Verkaufspreis
3000	AGIB HS	3.980,00 €
3001	Trup AK	4.190,00 €
3002	Ambro Super	4.050,00 €

4.12.3 Erstellung eines AutoBerichts

Ein einfacher Bericht kann auch vom Programm automatisch erstellt werden. Nachdem im Datenbankfenster die Schaltfläche **Neu** angeklickt wird, kann u. a. zwischen der Erstellung eines einspaltigen oder tabellarischen AutoBerichts gewählt werden. Der Bericht wird dann vom Programm erstellt und kann wie beschrieben verändert werden.

4.13 Erstellen einer Tabelle mit einem Assistenten

Neben der individuellen Erstellung von Tabellen bietet das Programm ACCESS die Möglichkeit, Tabellen mit Hilfe so genannter Assistenten zu erstellen. Dabei werden lediglich Datenfelder zur Verfügung gestellt, die dann zu einer Tabelle zusammengefasst werden. Das Ändern, Löschen, Eingeben von Datensätzen usw. erfolgt wie beschrieben. Die Benutzung von Assistenten wurde bei der Formular- und Berichterstellung bereits gezeigt. Daher soll die Erstellung einer Tabelle mit Hilfe eines Assistenten nur kurz demonstriert werden.

Bearbeitungsschritte:

- Wählen Sie im **Datenbankfenster** den Bereich **Tabelle**. Klicken Sie die Schaltfläche **Neu** an. Klicken Sie danach in der Dialogbox **Fenster** den Bereich **Tabellenassistent** an. Wählen Sie aus den Beispieltabellen die Tabelle *Artikel* aus.

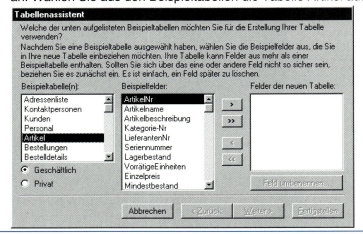

Bearbeitungsschritte (Fortsetzung):

- Wählen Sie die Datenfelder aus, die in die Tabelle aufgenommen werden sollen.

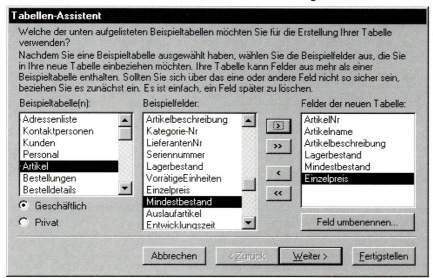

- Bestimmen Sie im nächsten Fenster den Tabellennamen *Artikel*. Der Assistent soll den Primärschlüssel selbstständig festlegen. Danach können Sie die Schaltfläche **Fertigstellen** anklicken. Die Tabelle wird automatisch geöffnet.

- Im Entwurfsbereich können Sie sich die erstellte Tabelle ansehen:

- Der Entwurf der Tabelle kann nun geändert werden. Daten können über das Datenblatt eingegeben werden usw.

Übungen:

1. Neben den Daten der Schülerinnen und Schüler sollen auch die Daten der Ausbildungsbetriebe erfasst werden:

   a) Legen Sie in der Datenbank *Schule* eine Tabelle mit dem Namen *Ausbildungsbetriebe* an, die die nachfolgende Dateistruktur aufweisen soll:

Feldname	Felddatentyp
Name_1	Text
Name_2	Text
Strasse	Text
PLZ	Zahl
Ort	Text
Bereich	Text

   b) Geben Sie die folgenden Daten in die Tabelle *Ausbildungsbetriebe* ein. Speichern Sie danach die Tabelle mit einem Primärschlüssel ab.

ID	Name_1	Name_2	Strasse	PLZ	Ort	Bereich
1	Büro Schmitz	Bürobedarf	Salzstr. 765	44894	Bochum	Handel
2	Hoffmann AG	Stahlhandel	Güterstr. 23	44145	Dortmund	Industrie
3	Santel GmbH	Schuhhandel	Sydowstr. 56	44369	Dortmund	Handel
4	Donike OHG	Textilwaren	Stembergstr.	44807	Bochum	Handwerk
5	Geiger KG	Malerbetrieb	Gögestr. 78	44225	Dortmund	Handwerk
6	Klüver GmbH	Bürohandel	Wabenweg 89	44795	Bochum	Handel
7	Schlömer AG	Gardinenwerk	Kafkastr. 67	44328	Dortmund	Industrie

   c) Geben Sie die Daten über den Drucker aus.

2. Stellen Sie in Form eines Berichts die Ausbildungsbetriebe der Schülerinnen und Schüler dar. Das Ergebnis könnte in etwa so aussehen:

Ausbildungsbetriebe

Name_1	Name_2	Strasse	PLZ	Ort
Büro Schmitz	Bürobedarf	Salzstr. 765	44894	Bochum
Donike OHG	Textilwaren	Stembergstr.	44807	Bochum
Geiger KG	Malerbetrieb	Gögestr. 78	44225	Dortmund
Hoffmann AG	Stahlhandel	Güterstr. 23	44145	Dortmund
Klüver GmbH	Bürohandel	Wabenweg 89	44795	Bochum
Santel GmbH	Schuhhandel	Sydowstr. 56	44369	Dortmund

5 Textverarbeitung mit Word 97

5.1 Grundlegende Bemerkungen

5.1.1 Funktionen einer Textverarbeitung

Mit einer Textverarbeitung werden Texte erfasst, bearbeitet und gestaltet. Die Textverarbeitung erlaubt die dauernde Überarbeitung geschriebener Texte.

5.1.2 Start des Programms

Bearbeitungsschritte:

- Starten Sie das Programm Word. Die Möglichkeiten des Startens sind auf Seite 33 angegeben.

Der Word-Bildschirm beinhaltet die folgenden Komponenten:

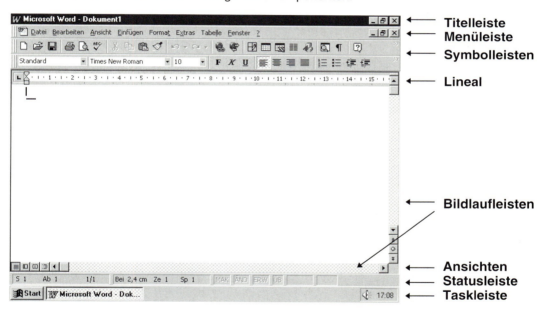

Neben den normalen Komponenten eines Windows-Programms wie Menüleiste, Symbolleisten usw. gibt es bei einer Textverarbeitung noch das Lineal. Werden in Zellen Inhalte eingegeben, so wird dies in der Bearbeitungsleiste ebenfalls angezeigt. Änderungen des linken und rechten Textrandes, Tabulatoren und Absatzeinzüge können über das Lineal gesetzt und verändert werden.

Die Einstellung, welche Symbolleisten eingeblendet werden, können nach den jeweiligen Bedürfnissen festgelegt werden. Die Arbeit mit dem Programm Word wird erschwert, wenn einzelne Komponenten, die benötigt werden, nicht eingeblendet sind. Daher wird zunächst die Einstellung des Word-Bildschirmes erläutert.

Darüber hinaus werden die verschiedenen Ansichten des Word-Bildschirmes erklärt und außerdem wird gezeigt, wie eine Seite eingerichtet wird.

5.1.3   Programmeinstellungen

Die Einstellung des Bildschirmes mit den benötigten Bildschirmkomponenten sollte vor jeder Arbeit mit dem Programm überprüft werden und gegebenenfalls vorgenommen werden. Außerdem ist es oftmals notwendig, die Symbolleisten wieder in den ursprünglichen Zustand zurückzuversetzen, wenn sie beispielsweise verändert worden sind.

Bearbeitungsschritte:

- Wählen Sie den Menüpunkt **Ansicht**.

- Die Darstellung der Schaltfläche vor der Bezeichnung **Normal** gibt an, dass die Normalansicht eingeblendet ist. Für die normale Arbeit mit der Textverarbeitung ist auch die Ansicht Seiten-Layout interessant. Sie zeigt die Seiten so, wie sie gedruckt werden.

- Ein Häkchen vor dem Menüpunkt Lineal zeigt an, dass das Lineal eingeblendet ist. Dies sollte immer der Fall sein, denn das Lineal zeigt unter anderem die Seitenränder, Tabulatoren, Tabellen usw. an. Durch Anwählen des Menüpunkts und anschließendem Anklicken mit der Maus wird die Leiste ein- bzw. ausgeblendet.

- Wählen Sie den Menüpunkt **Ansicht/Symbolleisten**. Die einzelnen Symbolleisten werden eingeblendet:

- Eingeblendete Symbolleisten sind mit einem Häkchen gekennzeichnet. Die Symbolleisten **Standard** und **Format** sollten immer eingeblendet sein, da die Schaltflächen dieser Symbolleisten für eine vernünftige Arbeit mit der Textverarbeitung benötigt werden. Durch Anklicken können Symbolleisten ein- und ausgeblendet werden.

- Sind in einer Symbolleiste Schaltflächen vorhanden, die normalerweise nicht in die Symbolleiste gehören, so kann man die Symbolleiste über den Menüpunkt **Ansicht/Symbolleisten/Anpassen** markieren und anschließend durch Anklicken der Schaltfläche **Zurücksetzen** die Symbolleiste in den ursprünglichen Zustand versetzen.

5.2 Einstellungen für die Texteingabe

5.2.1 Einrichten der Seite

Vor der Texteingabe sollten die Seiten eingerichtet werden. Dies bezieht sich vor allem auf die Auswahl des Papierformats und die Festlegung der Seitenränder.

Bearbeitungsschritte:

- Wählen Sie den Menüpunkt **Datei/Seite einrichten**. Stellen Sie die Seitenränder normgerecht ein:

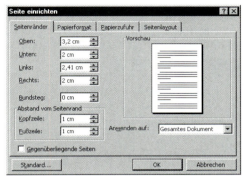

- Klicken Sie danach die Schaltfläche **Papierformat** an. Stellen Sie als Ausrichtung des Papiers **Hochformat** ein.

- Wählen Sie als Papierformat **A4 210 x 297 mm.** In diesem Feld können Sie auch bei Bedarf andere Formate einstellen, z. B. **Briefumschlag C5.**

5.2.2 Einfüge- und Überschreibmodus

Bei der Texteingabe wird zwischen dem Einfügemodus und dem Überschreibmodus unterschieden.

Bearbeitungsschritte:

- Wenn die Buchstaben "ÜB" in der Statuszeile matt dargestellt sind, befinden Sie sich im Einfügemodus der Texteingabe. Normalerweise wird in diesem Modus gearbeitet. So kann Text an beliebiger Stelle eingegeben werden, ohne dass die Gefahr besteht, vorhandenen Text zu überschreiben und damit zu löschen.

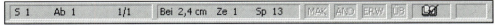

- Sollten Sie im Überschreibmodus arbeiten wollen, müssen Sie den Menüpunkt **Extras/Optionen** wählen. Im Fenster **Bearbeiten** müssen Sie die Schaltfläche **Überschreibmodus** anklicken. Ein Häkchen (☑ Überschreibmodus) zeigt an, dass der Modus aktiviert wurde. In der Statuszeile sind die Buchstaben "ÜB" deutlich zu erkennen.

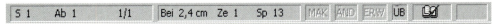

- Kehren Sie zum Einfügemodus zurück, indem Sie den Überschreibmodus wieder durch Anklicken des Wortes *Überschreibmodus* deaktivieren.

5.2.3   Automatische Silbentrennung

Die Eingabe eines Textes führt oftmals dazu, dass lange Wörter in die nächste Zeile übertragen werden und daher die Zeilen eines Dokuments beim Flattersatz sehr unterschiedlich
lang sind. Schreibt man im Blocksatz, haben zwar die Zeilen dieselbe Länge, es entstehen
aber zwischen den Wörtern oftmals große Lücken. Durch das Einstellen der Silbentrennung
lassen sich diese Effekte vermeiden.

Bearbeitungsschritte:

- Wählen Sie den Menüpunkt **Extras/Sprache/Silbentrennung**. Nach Anklicken des
  Kästchens **Automatische Silbentrennung** wird durch ein Häkchen angezeigt, dass
  die Silbentrennung aktiviert wurde. Nach dem anschließenden Anklicken der Schaltfläche **OK** wird in Zukunft die Silbentrennung automatisch vorgenommen.

Silbentrennung	? ☒
☑ Automatische Silbentrennung	
☑ Wörter in Großbuchstaben trennen	
Silbentrennzone:	0,75 cm ▲▼
Aufeinanderfolgende Trennstriche:	Unbegrenzt ▲▼
OK	Abbrechen	Manuell...

5.2.4   Einstellen der Schrift

Sowohl für die Bildschirmanzeige als auch für die Druckausgabe sollte eine gut lesbare Schrift
eingestellt werden. Besonders geeignet erscheinen die Schriftarten Arial, Times New Roman
und Courier.

Bearbeitungsschritte:

- Stellen Sie über die Symbolleiste **Format** die Schriftart **Arial** mit dem Schriftgrad **11**
  ein. Dazu müssen Sie jeweils den Pfeil nach unten anklicken und dann aus den zur
  Verfügung stehenden Schriftarten die gewünschte auswählen. Danach können Sie auf
  die gleiche Weise den Schriftgrad festlegen. Für Briefe sind Schriftgrade zwischen 10
  und 12 zweckmäßig.

- Die Schriftart und der Schriftgrad, aber auch z. B. die farbliche Darstellung eines Textes oder Stilmerkmale wie das Hoch- oder Tiefstellen von Texten können auch nach
  der Wahl des Menüpunkts **Format/Zeichen** in dem Fenster **Zeichen** eingestellt werden.

- Die Einstellung einer vernünftigen Formatierung wird im Bereich Zeichen- und Absatzformatierung später angegeben.

5.3 Texteingabe und -bearbeitung

5.3.1 Eingeben eines Textes

Der folgende Text soll eingegeben werden. Eventuelle Fehler bei der Eingabe sollten sofort korrigiert werden. Später wird eine Gesamtkorrektur des Textes vorgenommen.

Bearbeitungsschritte:

- Geben Sie den nachfolgenden Übungstext ein. Die Taste [**Return**] darf nur gedrückt werden, wenn die Eingabe eines Absatzes abgeschlossen ist. Es sollen keinerlei Formatierungen vorgenommen werden.

Das Angebot

Das Angebot ist eine Willenserklärung, die an eine bestimmte Person gerichtet ist. Es ist verbindlich und an keine bestimmte Form gebunden.

Zeitungsanzeigen, Kataloge oder andere an die Allgemeinheit gerichtete Angebote gelten rechtlich nicht als Angebot, sondern als Aufforderung zum Kauf. Sie sind rechtlich unverbindlich.

In einem Angebot sollte die Art, die Beschaffenheit, die Güte, die Menge und der Preis der Ware sowie die Liefer- und Zahlungsbedingungen angegeben werden.

Unter der Art der Ware versteht man die handelsübliche Bezeichnung eines Artikels. Die Beschaffenheit und Güte kann durch Abbildungen, durch Angabe von Güteklassen und Gütezeichen beschrieben und durch Muster und Proben festgelegt werden.

Die Menge der Ware wird in Maßeinheiten wie beispielsweise Stück, Meter oder Kilogramm angegeben. Der Preis der Ware bezieht sich auf eine bestimmte Menge und wird durch Rabatte, Skonto und Beförderungskosten verändert.

Zu den Lieferbedingungen gehören die Lieferzeit und die Versandkosten. Die Angabe des Zahlungstermins gehört zu den Zahlungsbedingungen.

Die Bindungsfrist für das Angebot ist gesetzlich geregelt. Mündliche Angebote müssen sofort angenommen werden, schriftliche Angebote binden den Anbieter so lange, bis man nach verkehrsüblichen Bedingungen mit einer Antwort rechnen kann. Normalerweise wird der Anbieter jedoch einen konkreten Termin festlegen, wie lange das Angebot gilt, z. B. „Das Angebot ist bis zum 15. Dez.19.. gültig".

Durch so genannte Freizeichnungsklauseln werden Angebote in ihrer Verbindlichkeit eingeschränkt. So bedeutet beispielsweise die Formulierung „Preisänderung vorbehalten", dass der Preis der Ware unverbindlich ist. Die Zusätze „unverbindlich", „freibleibend" oder „ohne Obligo" bestimmen, dass das gesamte Angebot unverbindlich ist.

5.3.2 Korrekturen im Text

Bei der Eingabe eines Textes können fehlerhafte Eingaben, z. B. Schreibfehler, vorkommen. Fehler im Text *Angebot* sollen korrigiert werden.

Bearbeitungsschritte:

- Fehlerhaft eingegebene Buchstaben können mit Hilfe der Tasten [**Rücktaste**] und [**Entf**] entfernt werden. Durch das Drücken der Taste [**Rücktaste**] wird das Zeichen vor dem Cursor gelöscht. Mit der Taste [**Entf**] wird das Zeichen hinter dem Cursor entfernt. Danach kann das richtige Zeichen eingegeben werden.

5.3.3   Rechtschreibprüfung

Zu den großen Vorteilen eines Textverarbeitungsprogramms gehört die Möglichkeit, Texte auf Rechtschreibfehler untersuchen zu lassen.

Bearbeitungsschritte:

- Gehen Sie mit dem Cursor an den Textanfang. Wählen Sie danach den Menüpunkt **Extras/Rechtschreibung**.

  Alternativen: Symbol Rechtschreibung  / Funktionstaste [**F7**]

- Wörter, die im Wörterbuch des Programms nicht vorhanden sind, werden in der Dialogbox **Rechtschreibung: Deutsch (Deutschland)** angezeigt. Das Programm zeigt das nicht erkannte Wort rot an. Es schlägt außerdem in der Regel Wörter vor, die das falsch eingegebene oder nicht vorhandene Wort ersetzen sollen. Ansonsten können Sie das falsche Wort dadurch ändern, dass Sie mit der Maus in das Wort gehen und die notwendigen Korrekturen vornehmen. Wird das Wort nicht mehr rot dargestellt, ist die Korrektur in ein mögliches richtiges Wort erfolgt. Durch Anklicken der Schaltflächen können Sie bestimmen, dass das Wort im Text geändert, nicht geändert usw. wird. Normalerweise sollten Sie ein neues Wort durch das Anklicken der Schaltfläche **Hinzufügen** in das Wörterbuch einfügen. Dieses Wort wird in Zukunft automatisch erkannt.

5.3.4   Thesaurus

Der Thesaurus ermöglicht das Ersetzen eines Wortes durch ein Wort mit gleicher oder ähnlicher Bedeutung. Dadurch werden Texte abwechslungsreicher.

Bearbeitungsschritte:

- Das Wort *Menge* soll durch ein ähnliches Wort ersetzt werden. Stellen Sie daher den Cursor in das Wort *Menge*. Wählen Sie danach den Menüpunkt **Extras/Sprache/Thesaurus**. Das Wort *Menge* wird dunkel unterlegt angezeigt. Es werden verschiedene Synonyme für den Begriff *Menge* angeboten. Wählen Sie das Wort *Anzahl* aus.

- Durch Anklicken der Schaltfläche **Ersetzen** wird das Wort *Menge* ersetzt.

5.3.5   Anzeigen der Absatzmarke usw.

Je nach Bedarf können Sie bei der Eingabe von Dokumenten die Absatzmarke/Zeilenschaltung und andere Merkmale wie die Tabulatorpositionen ein- bzw. ausschalten.

Bearbeitungsschritte:

- Klicken Sie die Schaltfläche **anzeigen/verbergen** ¶ an. Die Absatzmarken werden angezeigt.

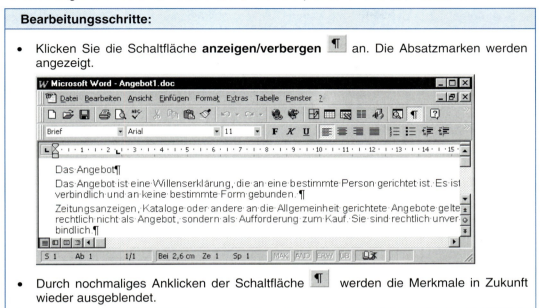

- Durch nochmaliges Anklicken der Schaltfläche ¶ werden die Merkmale in Zukunft wieder ausgeblendet.

5.3.6   Auswählen einer Textstelle

In einem Dokument muss oftmals eine bestimmte Textstelle, etwa zur Korrektur, erreicht werden. Mit der Maus kann der Text innerhalb eines Dokuments mit der Bildlaufleiste an der rechten Seite nach oben und unten verschoben werden. Dadurch kann man jeden gewünschten Punkt im Dokument erreichen.

Durch das Anklicken des Pfeils nach oben oder unten wird der Text nach oben bzw. unten verschoben. Bewegt man mit gedrückter linker Maustaste das Rechteck in der Mitte der Bildlaufleiste, wird sehr schnell im Text geblättert.

Daneben können Textstellen auch mit Tastaturkombinationen, so genannten Shortcuts, angewählt werden. In der Word-Hilfe sind alle Shortcuts aufgeführt.

5.4   Speichern usw. von Dokumenten

Das Speichern, Öffnen und Drucken von Word-Dokumenten ist vollkommen identisch mit den entsprechenden Tätigkeiten bei Excel. Daher wird auf die Seiten 55 bis 57 in diesem Buch verwiesen.

Auch das Anlegen eines neuen Dokumentes, das Schließen eines Dokumentes und das Beenden der Textverarbeitung entspricht dem Vorgehen bei der Tabellenkalkulation Excel.

5.5   Markieren, Löschen, Kopieren usw. von Texten und Textteilen

5.5.1   Vorbemerkungen

Neben der Texteingabe ist das Markieren eines Wortes, eines Absatzes usw. eine besonders häufige Aufgabe bei der Arbeit mit einem Textverarbeitungsprogramm. In der Regel muss zunächst ein Textteil markiert werden, um danach z. B. formatiert, gelöscht, versetzt werden zu können. Daher werden zunächst Möglichkeiten der Markierung dargestellt.

Word für Windows stellt mehrere Alternativen zur Verfügung. Die sinnvollste Art ist meistens das Markieren mit Hilfe der Maus (eventuell in Verbindung mit der Taste [**Strg**]), da man sich nur wenige Möglichkeiten merken muss. Für Vielschreiber sind jedoch auch Tastenkombinationen zum Markieren interessant.

5.5.2   Markieren mit der Maus

Nachstehend werden die wichtigsten Möglichkeiten des Markierens mit der Maus angegeben. Es bietet sich an, Markierungen anhand des Textes *Angebot* auszuprobieren.

Ein Zeichen oder mehrere Zeichen	Es wird mit der Maus vor das zu markierende Zeichen geklickt und danach bei gedrückter linker Maustaste mit der Maus nach rechts gefahren. Dabei können auch mehrere Zeichen, Absätze usw. markiert werden.
Wort	Ein einzelnes Wort wird durch einen Doppelklick mit der linken Maustaste auf das entsprechende Wort markiert.
Satz	Bei gedrückter Taste [**Strg**] wird mit der linken Maustaste auf ein Zeichen im Satz geklickt. Als Satzende wird immer ein Punkt angesehen.
Eine oder mehrere Zeilen	Mit der Maus wird zunächst der Bereich links neben einer zu markierenden Zeile angeklickt. Sollen mehrere Zeilen markiert werden, so muss die linke Maustaste gedrückt gehalten und dann die Maus nach unten oder oben bewegt werden.
Absatz	Der zu markierende Absatz wird durch einen Dreifachklick mit der linken Maustaste auf den Absatz oder einen Doppelklick links neben dem Absatz markiert.
Gesamter Text	Bei gedrückter Taste [**Strg**] wird mit der linken Maustaste links neben dem Text auf eine beliebige Stelle geklickt.

5.5.3   Markieren mit der Tastatur

Markieren kann man auch über die Tastatur durch Tastenkombinationen. Die wichtigsten Möglichkeiten werden hier dargestellt. Markiert wird jeweils von der aktuellen Cursor-Position bis zur angegebenen Position, also z. B. bis zum Ende des Dokuments.

Zeichen nach links	⇧ ←	vorheriges Wort	Strg ⇧ ←
Zeichen nach rechts	⇧ →	nächstes Wort	Strg ⇧ →
Zeile nach oben	⇧ ↑	Anfang des Absatzes	Strg ⇧ ↑
Zeile nach unten	⇧ ↓	Ende des Absatzes	Strg ⇧ ↓
Anfang der Zeile	⇧ Pos 1	Anfang des Dokuments	Strg ⇧ Pos 1
Ende der Zeile	⇧ Ende	Ende des Dokuments	Strg ⇧ Ende

5.5.4 Löschen von Texten

Nicht mehr benötigte Textteile können jederzeit gelöscht werden.

Bearbeitungsschritte:

* Öffnen Sie das Dokument *Angebot* und speichern Sie es unter dem Namen *Angebot1* nochmals ab. Wählen Sie dafür den Menüpunkt **Datei/Speichern unter**.
* Markieren Sie den dunkel dargestellten Bereich:

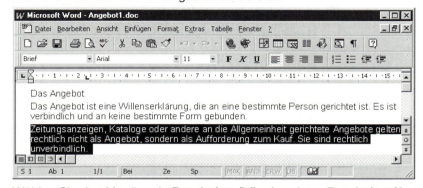

* Wählen Sie den Menüpunkt **Bearbeiten/Löschen** bzw. **Bearbeiten/Ausschneiden**.

  Alternativen: Schaltfläche **Ausschneiden** ✂ /Taste [**Entf**]

5.5.5 Kopieren und Einfügen

Ein gesamter Text oder seine Teile können kopiert und dann zusätzlich ein zweites Mal in das Dokument eingefügt werden.

Bearbeitungsschritte:

* Öffnen Sie das Dokument *Angebot* und speichern Sie es unter *Angebot3* nochmals ab. Markieren Sie den Absatz „Zeitungsanzeigen … unverbindlich.“
* Wählen Sie den Menüpunkt **Bearbeiten/Kopieren**.

  Alternativen: Schaltfläche **Kopieren** 📋 /Tastenkombination [**Strg**] + [**C**]
* Gehen Sie mit dem Cursor an das Ende des Dokuments und drücken Sie die Taste [**Return**], um einen neuen Absatz einzufügen.
* Wählen Sie den Menüpunkt **Bearbeiten/Einfügen**.

  Alternativen: Schaltfläche **Einfügen** 📋 /Tastenkombination [**Strg**] + [**V**]
* Der markierte Text ist zusätzlich am Ende des Textes eingefügt.

5.5.6 Einfügen in ein neues Dokument

Es besteht die Möglichkeit, den Text in ein anderes oder neues Dokument einzufügen. Damit sind identische Texte in verschiedenen Dokumenten nur einmal einzugeben.

Bearbeitungsschritte:

- Öffnen Sie das Dokument *Angebot* und speichern Sie es unter dem Namen *Angebot4* nochmals ab.
- Markieren und kopieren Sie den Satz „Das Angebot ... gerichtet ist.“
- Wählen Sie den Menüpunkt **Datei/Neu**. Bestimmen Sie danach, dass ein leeres Dokument zur Verfügung gestellt werden soll.

  Alternativen: Schaltfläche **Neu** ⬜ /Tastenkombination [**Strg**] + [**N**]
- Fügen Sie den Satz in das neue Dokument ein.
- Zwischen den Dokumenten kann durch die Wahl des Menüpunkts **Fenster** gewechselt werden. Schließen Sie das neue Dokument ohne Speichern.

5.5.7 Ausschneiden und Einfügen

Beim Kopieren und Einfügen wird der Textausschnitt ein zweites Mal in demselben oder einem anderen Dokument eingefügt. Im Gegensatz dazu wird beim Ausschneiden und Einfügen der Text an einer Stelle gelöscht und an einer anderen Stelle eingefügt.

Bearbeitungsschritte:

- Öffnen Sie das Dokument *Angebot* und speichern Sie es unter dem Namen *Angebot5* nochmals ab.
- Markieren Sie den Absatz „Die Menge ... verändert.“
- Wählen Sie den Menüpunkt **Bearbeiten/Ausschneiden**.

  Alternativen: Schaltfläche **Ausschneiden** ✂ /Tastenkombination [**Strg**] + [**X**]
- Gehen Sie mit dem Cursor vor den Absatz „Die Bindungsfrist ... gültig“.
- Wählen Sie den Menüpunkt **Bearbeiten/Einfügen**.

  Alternativen: Schaltfläche **Einfügen** 📋 /Tastenkombination [**Strg**] + [**V**]
- Der Text wurde damit an die gewünschte Stelle verschoben.

5.5.8 Drag and Drop

Als „Drag and Drop“ (Ziehen und Ablegen) bezeichnet man die Möglichkeit, Textteile von einer zu einer anderen Stelle im Dokument allein über Mausbewegungen zu versetzen. Im Prinzip wird der Text ausgeschnitten und an einer anderen Stelle eingefügt.

Bearbeitungsschritte:

- Öffnen Sie das Dokument *Angebot* und speichern Sie es unter dem Namen *Angebot6* nochmals ab.
- Markieren Sie den Absatz „Zu ... Zahlungsbedingungen.“

Bearbeitungsschritte (Fortsetzung):

- Klicken Sie danach auf den markierten Text und halten Sie die linke Maustaste gedrückt. Die Maus wird nun zusammen mit einem Rechteck dargestellt. Darüber hinaus wird der Cursor nun punktiert dargestellt (siehe Abbildung).

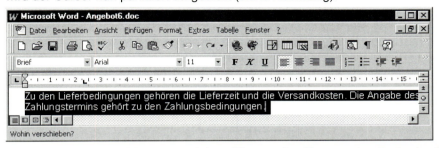

- Bei gedrückter linker Maustaste ziehen Sie nun den Text an das Ende des Textes. An der ursprünglichen Stelle wird der Text gelöscht.

5.5.9   Rückgängig und Wiederherstellen

Ein nicht erwünschtes Ergebnis, z. B. ein Löschen, kann rückgängig gemacht werden.

Bearbeitungsschritte:

- Verschieben Sie den Satz „Das Angebot … gerichtet ist." an eine beliebige Stelle.
- Wählen Sie den Menüpunkt **Bearbeiten/Rückgängig**. Es wird angegeben, was rückgängig gemacht werden kann, im diesem Fall: **Verschieben**.

  Alternativen: Schaltfläche **Rückgängig** /Tastenkombination [**Strg**] + [**Z**]

- Stellen Sie fest, dass die Verschiebung des Satzes doch geschehen sollte, wählen Sie den Menüpunkt **Wiederherstellen**.

  Alternativen: Schaltfläche **Wiederherstellen** /Tastenkombination [**Strg**] + [**Y**]

5.5.10   Wiederholen

Die letzte Aktion, also beispielsweise das Löschen von Textpassagen oder das Formatieren von Textteilen, kann durch die Wahl eines Menüpunkts wiederholt werden.

Bearbeitungsschritte:

- Löschen Sie den Absatz „Die Menge der Ware ... verändert".
- Markieren Sie den Satz „Zu den Lieferungsbedingungen ... Versandkosten".
- Wählen Sie den Menüpunkt **Bearbeiten/Wiederholen**.

  Alternative: Tastenkombination [**Strg**] + [**Y**]

  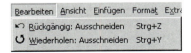

- Der zuletzt markierte Text wird ebenfalls gelöscht.

5.6   Zeichenformatierung

5.6.1   Formatierung bei der Texteingabe

Vor der Eingabe eines Textes, eines Absatzes, eines Wortes usw. wird durch Anklicken eines
Symbols bzw. durch eine Tastenkombination die Formatierung eines Textes vorgenommen.
Mit derselben Tastenkombination oder dem nochmaligen Anklicken des Symbols wird die
Formatierung nach der Eingabe wieder aufgehoben. Alle Formatierungen werden durch die
Tastenkombination [**Strg**] + [**Leertaste**] wieder aufgehoben. Die folgende Übersicht zeigt die
Möglichkeiten der Formatierung von Wörtern usw. an:

Fettdruck	Strg	⇧	F	**F**
Kursivdruck	Strg	⇧	K	*K*
<u>Unterstrichen</u>	Strg	⇧	U	<u>U</u>
^{Hoch}stellen	Strg	+		
$_{Tief}$stellen	Strg	#		
<u>Doppelt unterstrichen</u>	Strg	⇧	D	
Nur <u>Worte</u> <u>unterstrichen</u>	Strg	⇧	W	
Kapitälchen	Strg	⇧	Q	
Aufheben aller Schriftstile	Strg	Leertaste		

Bearbeitungsschritte:

- Geben Sie den folgenden Text ein. Formatieren Sie den Text bei der Eingabe mit Hilfe
der Tastatur bzw. mit der Maus. Speichern Sie den Text unter dem Namen *Format* ab.

Formatierung eines Textes

Mit Hilfe der Maus ist es möglich, durch das Anklicken von Symbolen ein Wort, einen
Absatz, einen Text usw. **fett**, *kursiv* oder <u>unterstrichen</u> darzustellen. Soll das nachfolgende Wort beispielsweise **fett** dargestellt werden, muss zunächst das entsprechende Symbol angeklickt werden. Das Wort wird danach eingegeben. Es wird dann automatisch **fett** dargestellt. Danach muss das Symbol nochmals angeklickt werden,
um zum normalen Schriftstil zurückzukehren. Selbstverständlich können auch mehrere Symbole angeklickt werden, so dass ein Text sowohl **fett** als auch *kursiv* dargestellt wird.

Noch umfangreicher und unter Umständen auch schneller sind die Möglichkeiten der
Textformatierung über die Tastatur. Natürlich lassen sich die Texte ebenfalls **fett**,
kursiv und <u>unterstrichen</u> darstellen. Außerdem können Textteile <u>doppelt unterstrichen</u>
oder nur die <u>Worte</u> <u>unterstrichen</u> werden. Als Kapitälchen bezeichnet man die Möglichkeit, Worte in Großbuchstaben darzustellen, wobei der erste Buchstabe jeweils
etwas größer dargestellt wird. Eine weitere Möglichkeit ist das ^{Hoch}stellen und $_{Tief}$stel-
len eines Textes. Dies ist bei mathematischen Ausdrücken notwendig: $K_n = K_0 * x^2$.
Unterschiedliche Kombinationen, also z. B. **<u>fettunterstrichen</u>**, sind auch möglich.

5.6.2 Nachträgliche Formatierung

Die nachträgliche Formatierung ist eine Alternative zur sofortigen Formatierung eines Textes.

Bearbeitungsschritte:

- Schreiben Sie zunächst den Text ohne die angegebenen Formatierungen. Speichern Sie danach den Text unter dem Namen *Format1* ab.

Die nachträgliche Formatierung eines Textes

Ein Text kann nachträglich auf verschiedene Weise formatiert werden. *Zunächst muss das jeweilige Wort, der jeweilige Absatz usw. markiert werden.* Danach kann die eigentliche Formatierung erfolgen. Die nachträgliche Formatierung als **Fettschrift**, *Kursivschrift* und <u>unterstrichener Schrift</u> sollte mit Hilfe der Symbole der Symbolleiste **Format** erfolgen. Andere Formatierungen können über den Menüpunkt **Format/Zeichen** vorgenommen werden. Wird ein Textteil hochgestellt oder tiefgestellt, so kann dies in der Dialogbox **Zeichen** durch Anklicken der jeweiligen **Schaltfläche** eingestellt werden. Unterstreichungen können in Form der <u>einfachen Unterstreichung,</u> der <u>doppelten Unterstreichung,</u> der <u>punktierten Unterstreichung</u> und der <u>Unterstreichung</u> von <u>Wörtern</u> vorgenommen werden.

Bearbeitungsschritte:

- Markieren Sie jeweils die zu formatierenden Wörter. Formatieren Sie die fett, kursiv und unterstrichen dargestellten Textteile mit Hilfe der Symbole.
- Wählen Sie zur Formatierung der anderen Textteile jeweils den Menüpunkt **Format/Zeichen**. Vor allem im Bereich **Darstellung** und **Unterstreichung** können Sie die jeweils notwendigen Formatierungen vornehmen. Durch Anklicken der jeweiligen Schaltflächen können Wörter, Sätze und Absätze hochgestellt und tiefgestellt werden. Nach Anklicken des Pfeils nach unten im Bereich **Unterstreichung** kann die Art der Unterstreichung festgelegt werden.

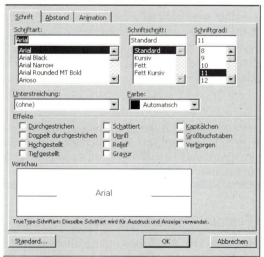

- Speichern Sie den Text unter dem Namen *Format2* nochmals ab.

5.7 Absatzformatierung

5.7.1 Absatzformatierung über Tastaturbefehle und Symbole

Unter Absatzformatierung wird im Wesentlichen die Ausrichtung eines Absatzes verstanden. In der folgenden Übersicht sind die Tastaturbefehle und die Symbole für die Ausrichtung von Absätzen zusammengestellt:

Linksbündig	Strg	L	☰
Zentriert	Strg	E	☰
Rechtsbündig	Strg	R	☰
Blocksatz	Strg	B	☰

Bearbeitungsschritte:

- Schreiben Sie den nachfolgenden Text. Sie können die Ausrichtung der einzelnen Absätze direkt bei der Eingabe vornehmen oder den gesamten Text zunächst schreiben und dann die Formatierung vornehmen. Bei der nachträglichen Formatierung müssen Sie lediglich den Cursor in den entsprechenden Absatz stellen.
- Speichern Sie den Text unter dem Namen *Format3* ab.

Absatzformatierung

Normalerweise wird ein Text linksbündig geschrieben. Dabei ist der Text am rechten Rand unterschiedlich lang. Der optische Eindruck eines solchen Textes ist daher nicht immer besonders gelungen. Diese Darstellung des Textes wird als Flattersatz bezeichnet.

Die zentrierte Darstellung eines Textes eignet sich vor allem für Überschriften. Diese Darstellungsart bietet sich jedoch auch im Text an, wenn beispielsweise ein Textteil besonders herausgestellt werden soll.

Die rechtsbündige Darstellung wird sich auf Ausnahmefälle beschränken. Dabei kann es sich beispielsweise um Zahlen- und Währungsangaben handeln.

2.500,00 €

234.876,89 €

Bei einem Blocksatz werden der linke und der rechte Rand des Textes jeweils genau untereinander ausgerichtet. Dadurch wird der Text optisch ansprechend präsentiert. Der Abstand zwischen den einzelnen Wörtern wird vom Programm so ausgerichtet, dass auch am rechten Rand keine Lücken entstehen.

5.7.2 Absatzformatierung über den Menüpunkt Format/Absatz

Über den Menüpunkt **Format/Absatz** lassen sich bei der Texteingabe umfangreiche Einstellungen für die Ausgabe eines Textes auf dem Bildschirm und auf dem Drucker vornehmen. So kann der Abstand zwischen den Zeilen und den Absätzen und die Ausrichtung des Textes bestimmt werden.

Bearbeitungsschritte:

- Schreiben Sie den nachfolgenden Text ohne Formatierungen.
- Speichern Sie den Text unter dem Namen *Format4* ab.

Die Formatierung eines Textes über den Menüpunkt Format/Absatz

Über den Menüpunkt **Format/Absatz** können Einzüge und Abstände eines Textes bestimmt werden. So kann für einen Absatz bzw. für das gesamte Dokument der linke und rechte Einzug verändert werden. Die erste Zeile kann beispielsweise eingerückt werden.

Der Abstand zwischen den einzelnen Absätzen wird im Bereich **Abstand** festgelegt. Nach einem Absatz kann ein Zwischenraum zum nächsten Absatz festgelegt werden.

Der Zeilenabstand sollte ebenfalls bestimmt werden. Wird ein Text mit der Schriftart **Arial** und dem Schriftgrad **11** eingegeben, ist er deutlich besser lesbar, wenn der Zeilenabstand genau bestimmt wird und das Maß mit 13 pt angegeben wird.

Die Ausrichtung eines Absatzes oder des gesamten Dokuments kann ebenfalls festgelegt werden. Es kann also bestimmt werden, ob ein Text als Flattersatz oder als Blocksatz, links- oder rechtsbündig dargestellt werden soll.

Dieses Buch wurde unter Nutzung dieser Möglichkeiten geschrieben.

Bearbeitungsschritte:

- Wählen Sie den Menüpunkt **Format/Absatz**. Markieren Sie den gesamten Text. Legen Sie die Formatierung des Textes wie angegeben fest. Je nach Schriftart und Schriftgrad können Sie das Maß des Zeilenabstandes anders festlegen.

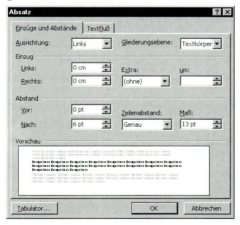

- Speichern Sie den Text unter dem Namen *Format5* nochmals ab.
- Probieren Sie andere Einstellungen aus, um deren unterschiedliche Wirkung zu testen.

5.8   Texteinzug

Im oberen Bildschirmbereich sollte grundsätzlich das Lineal eingeblendet werden. Durch das Ziehen der Randsymbole im Lineal werden unterschiedliche Textdarstellungen ermöglicht. Die verschiedenen Möglichkeiten, Absätze darzustellen, werden nachfolgend dargestellt.

Bearbeitungsschritte:

- Geben Sie den folgenden Text ein. Speichern Sie den Text unter dem Namen *Format6*.

> Durch das Versetzen der Randsymbole im Lineal können unterschiedliche Effekte bei der Textdarstellung erzielt werden. So kann der linke Rand in der ersten Zeile eines Absatzes beispielsweise nach rechts verschoben werden, während alle anderen Zeilen nicht versetzt werden. Der rechte Rand eines Absatzes kann nach links versetzt werden, alle anderen Absätze werden normal dargestellt usw.

Bearbeitungsschritte:

- Ziehen Sie das obere Randsymbol mit gedrückter linker Maustaste nach rechts. Das Ergebnis sieht so aus:

> Durch das Versetzen der Randsymbole im Lineal können unterschiedliche Effekte bei der Textdarstellung erzielt werden. So kann der linke Rand in der ersten Zeile eines Absatzes beispielsweise nach rechts verschoben werden, während alle anderen Zeilen nicht versetzt werden. Der rechte Rand eines Absatzes kann nach links versetzt werden, alle anderen Absätze werden normal dargestellt usw.

Bearbeitungsschritte:

- Probieren Sie die folgenden Einstellungen des linken und rechten Randes aus.
- Bei der nachfolgenden Einstellung des Einzugs werden alle Zeilen außer der ersten eingerückt dargestellt.

- Der rechte Rand des Textes wird nach vorne gezogen.

- Der linke Rand eines Absatzes wird nach rechts verschoben:

Durch das Anklicken der Symbole **Einzug vergrößern** ⬚ und **Einzug verkleinern** ⬚ wird das linke Einzugssymbol nach rechts bzw. nach links verschoben.

5.9 Tabulatoren

5.9.1 Vorbemerkungen

Als Tabstopps (im Programm als Tabstops bezeichnet) werden Positionen innerhalb einer Zeile bezeichnet, die durch das Betätigen der Taste [**Tab**] angesprungen werden können. Tabstopps werden vom Programm vorgegeben oder können individuell gesetzt werden.

5.9.2 Standardtabstopps

Vom Programm werden Tabstopps standardmäßig vorgegeben. Diese Standardvorgaben können jedoch geändert werden.

Bearbeitungsschritte:

- Wählen Sie den Menüpunkt **Format/Tabulator**. Standardmäßig werden nach jeweils 1,25 cm Tabstopps gesetzt. Ändern Sie den Abstand in 4 cm und schließen Sie die Bearbeitung mit dem Anklicken der Schaltfläche **OK** ab.

- Geben Sie den nachfolgenden Text ein. Die jeweiligen Tabstopps werden mit der Taste [Tab] angesprungen. Eine Zeile müssen Sie mit der Taste [**Return**] abschließen, damit der linke Rand der neuen Zeile angesprungen wird.
- Speichern Sie den Text unter dem Namen *Tab1*.

Lieferanten

Name	Straße	PLZ	Ort
Wagner & Co	Vogtweg 23	33607	Bielefeld
Büromöbel AG	Gutachtstr. 342	13469	Berlin
Tranel GmbH	Bechemstr. 67	47058	Duisburg
Computerland GmbH	Fischadlerstieg 65	22119	Hamburg
Computer 2000	Koloniestr. 128	28777	Bremen
Micro Hansen	Am Stau 47	26112	Oldenburg
Microcomputer Voges	Schlossstr. 45	30159	Hannover

5.9.3   Setzen usw. von Tabulatoren

Über das Setzen von Tabulatoren können die Eingaben in ein Dokument nach den jeweiligen Erfordernissen vorgenommen werden. So können beispielsweise Zahlen rechtsbündig und Währungen mit Dezimaltabulatoren eingegeben werden.

Bearbeitungsschritte:

- Klicken Sie mit der linken Maustaste auf die Zahl 2 im Lineal. Es wird ein linksbündiger Tabulator gesetzt.

- Klicken Sie danach auf das Zeichen auf der linken Seite des Lineals. Dadurch wird automatisch ein zentrierter Tabulator eingestellt. Klicken Sie danach die Zahl 5 an, um den zentrierten Tabulator zu setzen.

- Klicken Sie auf das Zeichen auf der linken Seite des Lineals, bis das Zeichen für den Dezimaltabulator eingestellt ist. Setzen Sie diesen Tabulator auf die Zahl 8.

- Wählen Sie durch Anklicken des linken Zeichens den rechtsbündigen Tabulator aus. Setzen Sie den Tabulator auf die Zahl 12.

- Wählen Sie den Menüpunkt **Format/Tabulator**. Setzen Sie einen weiteren rechtsbündigen Tabulator auf 14 cm. Legen Sie die **Tabstopp-Position** und die Ausrichtung fest. Klicken Sie danach die Schaltflächen **Setzen** und **OK** an.

- Versetzen Sie den zweiten Tabstopp, indem Sie den Tabstopp anklicken und bei gedrückter linker Maustaste auf die Zahl 6 ziehen. An der ursprünglichen Stelle ist damit der Tabulator nicht mehr vorhanden.

- Wählen Sie nochmals den Menüpunkt **Format/Tabulator** bzw. rufen Sie die Dialogbox **Tabulator** durch einen Doppelklick auf eine **Tabstopp-Position** auf. Markieren Sie danach die **Tabstopp-Position** 12 cm. Löschen Sie durch Anklicken der Schaltfläche **Löschen** den Tabulator. Die Löschung kann auch durch das Anklicken des Tabulators im Lineal und das Ziehen des Tabulatorzeichens in den Textbereich bei gedrückter linker Maustaste erfolgen.

- Durch das Anklicken der Schaltfläche **Alle löschen** werden alle **Tabstopps** gelöscht.

5.10　Tabellen

5.10.1　Einrichten einer Tabelle

Der grundsätzliche Aufbau einer Tabelle wird in der nachfolgenden Darstellung gezeigt:

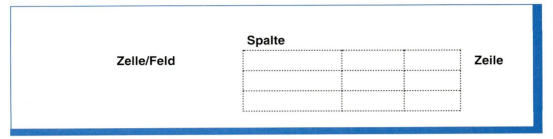

Bearbeitungsschritte:

- Schreiben Sie zunächst die Überschrift der nachfolgenden Tabelle. Drücken Sie danach zweimal die Taste [Return].
- Wählen Sie den Menüpunkt **Tabelle/Tabelle einfügen**. Stellen Sie Spalten- und Zeilenanzahl jeweils auf 4 ein. Eine Änderung der Spalten- und Zeilenanzahl ist später jederzeit möglich.

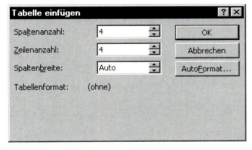

- Die Spalten- und Zeilenanzahl kann auch über das Symbol **Tabelle einfügen** vorgenommen werden. Bei gedrückter linker Maustaste wird die Anzahl der Spalten und Zeilen ausgewählt und danach dunkel angezeigt.

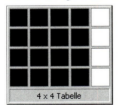

- Geben Sie die Inhalte der einzelnen Zellen ohne Formatierung und ohne Änderung der Zeilenbreite ein. Springen Sie mit der Taste [**Tab**] jeweils die nächste Zelle an. Mit der Taste [**Return**] wird ein Zeilenumbruch in der jeweiligen Zelle vorgenommen.
- Stehen keine Zeilen mehr zur Verfügung, so wird nach Drücken der Taste [**Tab**] in der letzten Zelle automatisch eine neue Zelle eingefügt. Die Tabelle kann also beliebig vergrößert werden.
- Speichern Sie den Text unter der Bezeichnung *Tabelle1*.

- Speichern Sie den Text unter der Bezeichnung *Tabelle1*.

Lieferanten

Name1	Straße	PLZ	Ort
Wagner & Co	Vogtweg 23	33607	Bielefeld
Büromöbel AG	Gutachtstr. 342	13469	Berlin
Tranel GmbH	Bechemstr. 67	47058	Duisburg
Computerland GmbH	Fischadlerstieg 65	22119	Hamburg
Computer 2000	Koloniestr. 128	28777	Bremen
Micro Hansen	Am Stau 47	26112	Oldenburg
Microcomputer Hansen	Schlossstr. 45	30159	Hannover

5.10.2   Steuerung innerhalb einer Tabelle

Neben der Möglichkeit, mit der Maus eine bestimmte Zelle anzuklicken, können Zellen mit der Tastatur angesteuert werden.

Zelle nach rechts	`Tab`	Letzte Zelle der Zeile	`Alt` `Ende`
Zelle nach links	`⇧` `Tab`	Erste Zelle der Zeile	`Alt` `Pos 1`
Zelle nach unten	`↓`	Letzte Zelle der Spalte	`Alt` `↓ Bild`
Zeile nach oben	`↑`	Erste Zelle der Spalte	`Alt` `↑ Bild`

5.10.3   Markierung von Zellen usw.

Um eine Bearbeitung des Tabellenaufbaus vorzunehmen, müssen die Zellen, Zeilen usw. in der Regel zunächst markiert werden.

Markieren	Menüpunkt	Maus
Zelle/Feld		Bewegen Sie den Mauszeiger innerhalb der Zelle an den linken Rand, bis er einen Pfeil nach rechts darstellt. Klicken Sie die Zelle mit der Maus an.
Zellen/-Felder		Markieren Sie zunächst eine Zelle und ziehen Sie dann bei gedrückter linker Maustaste die Markierung über andere Zellen.
Zeile	Tabelle/Zeile markieren	Stellen Sie den Mauszeiger links vor die Zeile und führen Sie einen Mausklick durch.
Spalte	Tabelle/Spalte markieren	Stellen Sie den Mauszeiger an die obere Begrenzungslinie der Spalte. Der Mauszeiger verändert sich in einen Pfeil nach unten. Führen Sie danach einen Mausklick durch.
Gesamte Tabelle	Tabelle/Tabelle	Markieren Sie die erste Zeile. Ziehen Sie die Markierung bei gedrückter linker Maustaste nach unten.

5.10.4 Bearbeiten von Tabellen

Formatierung von Zellen, Zeilen usw.

Die Schriftart, der Schriftgrad usw. innerhalb einer Tabelle kann wie in einem sonstigen Text individuell bestimmt werden.

Bearbeitungsschritte:

- Laden Sie das Dokument *Tabelle1*.
- Markieren Sie die erste Zeile der Tabelle. Formatieren Sie danach die Zeile wie auf der vorherigen Seite angegeben.
- Markieren Sie die nächsten Zeilen und formatieren Sie die Zeilen.
- Speichern Sie den Text unter dem Namen *Tabelle2*.
- Probieren Sie verschiedene Arten der Markierung und anschließenden Formatierung aus. Selbstverständlich kann der Text in einer Zelle linksbündig, rechtsbündig usw. und außerdem fett, kursiv usw. gestaltet werden.

Absatzformatierung innerhalb der Tabelle

Die gesamte Tabelle bzw. einzelne Zellen müssen in der Regel formatiert werden, um eine bessere Darstellung zu erreichen.

Bearbeitungsschritte:

- Markieren Sie die gesamte Tabelle.
- Wählen Sie den Menüpunkt **Format/Absatz**. Formatieren Sie die Tabelle folgendermaßen:

- Durch die vorgenommene Formatierung wird der Einzug um 0,1 cm vom linken und rechten Rand der Zelle entfernt. Außerdem wird oben und unten jeweils ein kleiner Abstand vom Rand der einzelnen Zelle eingestellt.
- Speichern Sie den Text unter dem Namen *Tabelle3*.

Zellenhöhe und -breite

Zellen müssen je nach Bedarf vor allem in der Breite und unter Umständen in der Höhe angepasst werden.

Bearbeitungsschritte:

- Laden Sie das Dokument *Tabelle3*. Markieren Sie die gesamte Tabelle.
- Im Lineal werden bei Tabellen **Spaltenmarken** (hier z. B. bei ca. 3,75 cm) angezeigt.

- Gehen Sie mit der Maus auf die erste **Spaltenmarke**, bis sich der Mauspfeil in einen Doppelpfeil nach links und rechts verwandelt. Bei gedrückter linker Maustaste können Sie nun die **Spaltenmarke** nach links und rechts verschieben, um die Spalte zu verkleinern oder zu verbreitern.

- Über den Menüpunkt **Tabelle/Zellenhöhe und -breite** können Sie genauere Einstellungen vornehmen. Probieren Sie die verschiedenen Effekte aus.

- Speichern Sie den Text unter dem Namen *Tabelle4*.

Zellen teilen, einfügen und verbinden

Eine Tabelle kann nachträglich den Erfordernissen angepasst werden, also beispielsweise um eine Spalte ergänzt werden.

Bearbeitungsschritte:

- Laden Sie das Dokument *Tabelle3*.
- Markieren Sie die Spalte *Ort*. Wählen Sie den Menüpunkt **Tabelle/Zellen teilen**. Stellen Sie in der Dialogbox **Zellen teilen** die Spaltenanzahl auf 2 ein.
- Geben Sie danach in der neuen Spalte die zusätzlichen Inhalte ein. Ändern Sie u. U. die Breite der einzelnen Spalten.
- Speichern Sie den Text unter dem Namen *Tabelle5*.

Lieferanten

Name1	Straße	PLZ	Ort	Bundesland
Wagner & Co	*Vogtweg 23*	*33607*	*Bielefeld*	*Nordrhein/W.*
Büromöbel AG	*Gutachtstr. 342*	*13469*	*Berlin*	*Berlin*
Tranel GmbH	*Bechemstr. 67*	*47058*	*Duisburg*	*Nordrhein/W.*
Computerland GmbH	*Fischadlerstieg 65*	*22119*	*Hamburg*	*Hamburg*
Computer 2000	*Koloniestr. 128*	*28777*	*Bremen*	*Bremen*
Micro Hansen	*Am Stau 47*	*26112*	*Oldenburg*	*Niedersachsen*
Microcomputer Hansen	*Schlossstr. 45*	*30159*	*Hannover*	*Niedersachsen*

Ebenfalls können Sie beispielsweise die Spalten **PLZ** und **Ort** markieren und über den Menüpunkt **Tabelle/Zellen verbinden** miteinander verbinden. Sie können auch eine Spalte markieren und über den Menüpunkt **Tabelle/Spalten einfügen** eine Spalte einfügen.

Rahmen und Schattierungen

Die Übersichtlichkeit einer Darstellung wird durch das Einfügen von Rahmen und Schattierungen gesteigert.

Bearbeitungsschritte:

- Laden Sie das Dokument *Tabelle3*. Markieren Sie die gesamte Tabelle.
- Wählen Sie den Menüpunkt **Format/Rahmen und Schattierung**. Klicken Sie den Bereich **Gitternetz** an. Legen Sie die Linienart fest. Im Bereich **Rahmen** wird die Stärke des Rahmens angezeigt.

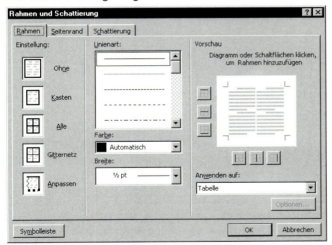

- Markieren Sie die Überschriften in der Tabelle.
- Wählen Sie nochmals den Menüpunkt **Format/Rahmen und Schattierung**. Klicken Sie den Bereich **Schattierung** an und legen Sie den Grad der Schattierung mit 20 % fest.
- Speichern Sie den Text unter dem Namen *Tabelle6*.

Lieferanten

Name1	Straße	PLZ	Ort
Wagner & Co	Vogtweg 23	33607	Bielefeld
Büromöbel AG	Gutachtstr. 342	13469	Berlin
Tranel GmbH	Bechemstr. 67	47058	Duisburg
Computerland GmbH	Fischadlerstieg 65	22119	Hamburg
Computer 2000	Koloniestr. 128	28777	Bremen
Micro Hansen	Am Stau 47	26112	Oldenburg
Microcomputer Hansen	Schlossstr. 45	30159	Hannover

Sortieren in einer Tabelle

Eine Tabelle kann nach verschiedenen Kriterien sortiert und für unterschiedliche Auswertungen genutzt werden. Mögliche Sortierkriterien sind beispielsweise der Name oder der Ort.

Bearbeitungsschritte:

- Laden Sie das Dokument *Tabelle3*. Markieren Sie die Spalte *Ort*.
- Wählen Sie den Menüpunkt **Tabelle/Sortieren**.

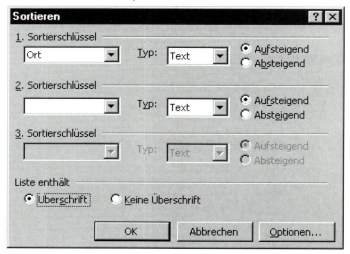

- Das Sortierkriterium *Ort* ist bereits durch die Markierung festgelegt. Durch Anklicken des Pfeils nach unten kann auch ein anderes Kriterium gewählt werden.
- Da die Tabelle eine Überschrift, die selbstverständlich nicht sortiert werden soll, enthält, muss die Schaltfläche **Überschrift** aktiviert sein.
- Klicken Sie die Schaltfläche **OK** an, um die Sortierung vorzunehmen.
- Speichern Sie den Text unter dem Namen *Tabelle7* ab.

AutoFormat

Die Formatierung einer Tabelle kann auch automatisch vom Programm vorgenommen werden. Etwa 30 verschiedene Möglichkeiten stehen zur Verfügung.

Bearbeitungsschritte:

- Laden Sie das Dokument *Tabelle3*. Markieren Sie die gesamte Tabelle.
- Wählen Sie den Menüpunkt **Tabelle/Tabelle AutoFormat**.

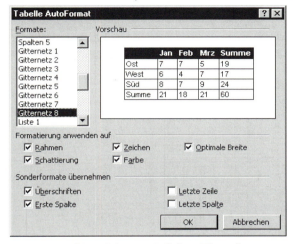

- Probieren Sie einige mögliche Einstellungen aus. Über den Menüpunkt **Bearbeiten/Rückgängig** können Sie die Einstellungen jederzeit rückgängig machen.
- Speichern Sie den Text unter dem Namen *Tabelle8*.

Texte in Tabelle umwandeln und umgekehrt

Tabelleninhalte können bei Bedarf in einen Text umgewandelt werden. Auch die Umwandlung eines Textes mit Tabstopps in eine Tabelle ist möglich.

Bearbeitungsschritte:

- Laden Sie das Dokument *Tabelle3*. Markieren Sie die gesamte Tabelle.
- Wählen Sie den Menüpunkt **Tabelle/Tabelle in Text**.

- Wandeln Sie die Tabelle in einen Text mit Tabstopps um.
- Speichern Sie den Text unter dem Namen *Tabelle9*.
- Umgekehrt können Sie nun den gesamten Text markieren und über den Menüpunkt **Tabelle/Text in Tabelle** wieder in eine Tabelle umwandeln.

5.11   Nummerierungen/Aufzählungen

5.11.1   Erstellung einer Nummerierung

Tagesordnungen, Klausuren usw. werden normalerweise nummeriert. Die Textverarbeitung bietet die Möglichkeit der automatischen Nummerierung.

Bearbeitungsschritte:

- Geben Sie zunächst das Wort *Tagesordnung* ein und formatieren Sie es entsprechend der nachfolgenden Darstellung.

- Wählen Sie den Menüpunkt **Format/Nummerierung und Aufzählungen**. Klicken Sie den Bereich **Nummerierung** an und wählen Sie gegebenenfalls durch Anklicken die umrandete Nummerierungsart aus.

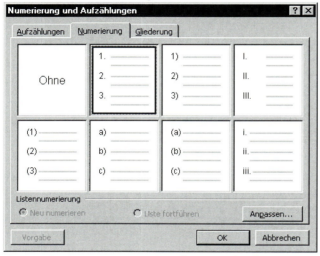

- Geben Sie den nachfolgenden Text ein. Der Text wird automatisch nummeriert.

- Die Nummerierung kann auch durch das Anklicken des Symbols Nummerierung ⊞ vorgenommen werden. Dabei steht die Auswahl der Nummerierungsart jedoch nicht zur Verfügung.

- Durch Markieren der Tagesordnungspunkte und der anschließenden Wahl des Menüpunkts **Format/Nummerierung und Aufzählungen** können Sie die Nummerierungsart ändern. Probieren Sie verschiedene Nummerierungsarten aus.

- Speichern Sie den Text unter dem Namen *Nummer1* ab.

Tagesordnung

1. Begrüßung durch den Vorsitzenden des Aufsichtsrats.
2. Bericht des Vorstands über die Geschäftsentwicklung.
3. Investition in das Werk Magdeburg.
4. Entlastung des Vorstands.
5. Verschiedenes.

5.11.2   Änderung der Nummerierung

Die Nummerierung in einem Dokument wird automatisch angepasst, wenn nachträgliche Änderungen vorgenommen werden.

Bearbeitungsschritte:

- Stellen Sie den Cursor hinter den Text des Tagesordnungspunktes 4. Nach dem Drücken der Return-Taste wird automatisch ein neuer Tagesordnungspunkt eingefügt und die Nummerierung entsprechend angepasst.
- Soll ein Tagesordnungspunkt entfernt werden, so muss der entsprechende Absatz markiert (durch Anklicken mit der Maus auf der linken Seite vor der Nummerierung) und über den Menüpunkt **Bearbeiten/Ausschneiden** ausgeschnitten werden. Durch das Drücken der Taste [Entf] wird der Text ebenfalls ausgeschnitten. Die Nummerierung wird wiederum automatisch angepasst.
- Speichern Sie den Text unter dem Namen *Nummer2*.

Tagesordnung

1. Begrüßung durch den Vorsitzenden des Aufsichtsrats.
2. Bericht des Vorstands über die Geschäftsentwicklung.
3. Investition in das Werk Magdeburg.
4. Entlastung des Vorstands.
5. Entlastung des Aufsichtsrats.
6. Verschiedenes.

5.11.3   Überspringen der Nummerierung

Soll eine Eingabe nicht mit einer Nummerierung versehen werden, so kann die Nummerierung in einem bestimmten Bereich unterbleiben.

Bearbeitungsschritte:

- Laden Sie das Dokument *Nummer1*.
- Stellen Sie den Cursor in den Tagesordnungspunkt 3.
- Klicken Sie die Schaltfläche Nummerierung ▦ an.
- Die Nummerierung wird angepasst, der bisherige Tagungspunkt 3. ist nicht mehr nummeriert. Allerdings ist der Text des bisherigen Tagesordnungspunktes 3. nach vorne verschoben. Durch das Anklicken der Schaltfläche **Einzug vergrößern** ▦ wird der Text auf der linken Seite vernünftig angeordnet.
- Speichern Sie den Text unter dem Namen *Nummer3*.
- Über die Schaltfläche **Einzug vergrößern** ▦ können Sie auch Tagesordnungspunkte nach rechts verschieben. Durch Anklicken der Schaltfläche **Einzug verkleinern** ▦ kann der linke Einzug wieder nach links verschoben werden.

Tagesordnung

1. Begrüßung durch den Vorsitzenden des Aufsichtsrats.
2. Bericht des Vorstands über die Geschäftsentwicklung.
   Investition in das Werk Magdeburg.
3. Entlastung des Vorstands.
4. Entlastung des Aufsichtsrats.
5. Verschiedenes.

5.11.4   Bearbeiten der Nummerierung

Durch Bearbeitung der Nummerierung kann beispielsweise der Abstand zwischen den Nummerierungspunkten und dem Text festgelegt werden oder es kann festgelegt werden, mit welcher Zahl bzw. mit welchem Buchstaben die Nummerierung beginnen soll.

Bearbeitungsschritte:

- Laden Sie das Dokument *Nummer1*. Markieren Sie alle Tagesordnungspunkte.
- Wählen Sie den Menüpunkt **Format/Nummerierungen und Aufzählungen**. Klicken Sie den Bereich **Nummerierung** an. Klicken Sie danach die Schaltfläche **Anpassen** an.

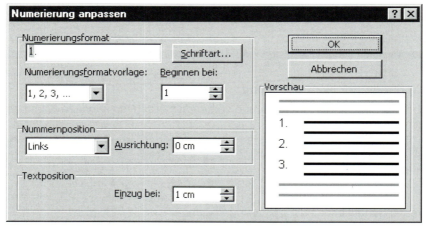

- Stellen Sie den Abstand zwischen Einzug und Text wie angegeben ein. Speichern Sie den Text unter dem Namen *Nummer4* ab. Probieren Sie andere Einstellungen aus.

Tagesordnung

1.   Begrüßung durch den Vorsitzenden des Aufsichtsrats.
2.   Bericht des Vorstands über die Geschäftsentwicklung.

Bearbeitungsschritte:

- Laden Sie das Dokument *Nummer1*. Verändern Sie den Tagesordnungspunkt 1 wie angegeben.
- Wählen Sie den Menüpunkt **Format/Nummerierungen und Aufzählungen**. Klicken Sie den Bereich **Nummerierung** an. Klicken Sie danach die Schaltfläche **Bearbeiten** an.
- Deaktivieren Sie die Schaltfläche **Hängender Einzug**. Der Text wird unvorteilhaft (siehe unten) dargestellt. Daher sollten Sie in der Regel die Schaltfläche **Hängender Einzug** aktivieren.

Tagesordnung

1. Begrüßung durch den Vorsitzenden des Aufsichtsrats und Ehrung der ausscheidenden Mitglieder des Vorstandes.

5.11.5 Aufzählungen

In einem Text können Aufzählungsglieder durch verschiedene Zeichen (z. B. Raute, Stern, Kreisfläche) gekennzeichnet werden.

Bearbeitungsschritte:

- Laden Sie das Dokument *Nummer1*. Markieren Sie alle Tagesordnungspunkte.
- Wählen Sie den Menüpunkt **Format/Nummerierung und Aufzählungen**. Klicken Sie den Bereich **Aufzählungen** an und wählen Sie gegebenenfalls durch Anklicken eine Aufzählungsart aus. Alternativ können Sie auch das Symbol Aufzählungszeichen anklicken.
- Speichern Sie den Text unter dem Namen *Aufzähl1*.
- Als Aufzählungszeichen lassen sich alle Sonderzeichen verwenden. Nach dem Anklicken der Schaltfläche **Bearbeiten** in der Dialogbox **Nummerierung und Aufzählen** wird die Dialogbox **Aufzählung bearbeiten** eingeblendet. Nach dem Anklicken der Schaltfläche **Zeichen** können Sie ein Sonderzeichen auswählen, das nach Anklicken der Schaltfläche **OK** als Aufzählungszeichen verwandt wird. Probieren Sie verschiedene Möglichkeiten aus.

Tagesordnung

- ◆ Begrüßung durch den Vorsitzenden des Aufsichtsrats.
- ◆ Bericht des Vorstands über die Geschäftsentwicklung.
- ◆ Investition in das Werk Magdeburg.
- ◆ Entlastung des Vorstands.
- ◆ Verschiedenes.

5.12 Einfügen von Sonderzeichen

Als Sonderzeichen werden spezielle Zeichen bezeichnet, die normalerweise nicht über die Tastatur in ein Dokument eingefügt werden können. Sie werden daher über einen speziellen Menüpunkt eingefügt.

Bearbeitungsschritte:

- Geben Sie den Text „Angebot" bis zu den Aufzählungen ein. Drücken Sie danach die Taste [**Return**].
- Wählen Sie den Menüpunkt **Einfügen/Sonderzeichen**.
- Wählen Sie in der Dialogbox **Sonderzeichen** die Schriftart **Wingdings** aus. Markieren Sie den Pfeil nach rechts.

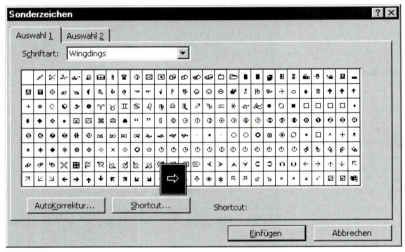

- Klicken Sie nacheinander die Schaltflächen **Einfügen** und **Schließen** an. Das Sonderzeichen wird an der angegebenen Stelle eingefügt.
- Geben Sie den Rest des Textes mit den Sonderzeichen ein. Das Sonderzeichen © finden Sie im Zeichensatz **Symbol**.
- Speichern Sie den Text unter dem Namen *Sonderz* ab.

Angebot

In einem Angebot müssen die folgenden Angaben vorhanden sein:

⇨ Artikelbezeichnung und Artikelbeschreibung

⇨ Preise und Preisnachlässe, Lieferungs- und Zahlungsbedingungen

© by Geers

Übungen:

1. Geben Sie den folgenden Text ein und formatieren Sie ihn. Speichern Sie den Text unter dem Namen *Annahmeverzug*.

DER ANNAHMEVERZUG

Der **Annahmeverzug** tritt ein, wenn der Verkäufer die *ordnungsgemäße Ware* bei Fälligkeit der Lieferung *anbietet* und der Käufer die Ware *nicht annimmt*.

Nach dem **Eintritt des Annahmeverzugs** haftet der Verkäufer für Schäden an der Ware nur noch bei *Vorsatz* und bei *grober Fahrlässigkeit*. Für *leichte Fahrlässigkeit* und *höhere Gewalt* haftet er nicht mehr.

Der Verkäufer kann nach **Eintritt des Annahmeverzugs** vom Kaufvertrag zurücktreten und die Ware anderweitig verkaufen. Außerdem kann er auf die Erfüllung des Kaufvertrags bestehen und die Ware auf Kosten und Gefahr des Käufers in einer Lagerhalle (Bahn, Spedition, eigene Lagerhalle) einlagern.

Holt der Käufer die Ware aus dem Lagerhaus nicht ab, kann der Verkäufer ihn auf Abnahme der Ware verklagen. Unter Umständen wird er auch einen so genannten Selbsthilfeverkauf vornehmen, also die Ware versteigern lassen oder bei marktgängigen Waren anderweitig verkaufen. Einen eventuellen *Mindererlös* und die *Kosten* hat der Käufer zu tragen.

2. Geben Sie den folgenden Text in eine Tabelle ein und speichern Sie den Text unter dem Namen *Geschäftsfähigkeit*.

Geschäftsfähigkeit	
Art	**Folge**
Geschäftsunfähig ist jeder, – der das siebte Lebensjahr noch nicht vollendet hat, – dessen Geist dauernd krankhaft gestört ist.	Die Rechtsgeschäfte sind nichtig. Für solche Personen handeln ausschließlich die gesetzlichen Vertreter.
Beschränkt geschäftsfähig ist jeder, – der das siebte Lebensjahr vollendet hat und noch keine 18 Jahre alt ist.	Die Rechtsgeschäfte sind schwebend unwirksam. Die Wirksamkeit hängt von der Zustimmung der gesetzlichen Vertreter ab. Ausnahmen: – Das Rechtsgeschäft bringt nur Vorteile. – Das Rechtsgeschäft wird durch den Taschengeldparagraphen abgedeckt.
Voll geschäftsfähig ist jeder, – der das 18. Lebensjahr vollendet hat.	Die Rechtsgeschäfte sind rechtswirksam.

5.13 Briefe mit Textbausteinen

5.13.1 Geschäftsbriefe nach DIN 676

Auf der nächsten Seite wird ein Brief abgedruckt, der in verkleinerter Form einen normgerechten Geschäftsbrief zeigt. Die inhaltlichen Komponenten sollen danach als Textbausteine (AutoTexte) erfasst werden, um sie bei Bedarf jederzeit in Briefe integrieren zu können.

Hinweis: Auf der zu diesem Buch erschienenen Diskette sind normgerechte Briefformulare als Word-Dokumente und als Word-Dokumentvorlagen gespeichert. Zusammen mit einem kurzen Begleittext ist es problemlos möglich, den Brief auch in der auf der nächsten Seite dargestellten Form zu erstellen.

5.13.2 Erfassung eines Brieftextes

Zunächst soll der Brieftext als normaler Brieftext erfasst werden.

Bearbeitungsschritte:
• Erfassen Sie den folgenden Text und speichern Sie ihn unter dem Namen *Brief1* ab. Die farbigen Punkte stellen Leerzeilen dar.

•
•
Bürobedarfsgroßhandlung
Schüler & Co.
Fahnenweg 31 - 39
•
26871 Papenburg
•
•
•
•
Angebot
•
Sehr geehrter Herr Pflüger,
•
vielen Dank für Ihre Anfrage. Wir bieten Ihnen die folgenden Computer und Drucker an:
•
♦ Computer AGIB HS, Artikel-Nr. 3214, zum Preis von 1.890,00 €
♦ Computer Hansen Exklusiv, Artikel-Nr. 3215, zum Preis von 2.760,00 €
♦ Drucker Extron XL, Artikel-Nr. 3219, zum Preis von 680,00 €

Zu den Preisen kommt die gesetzliche Mehrwertsteuer. Wir liefern die Ware innerhalb von 14 Tagen per LKW frei Haus.
•
Ab einem Bestellwert von 20.000,00 € gewähren wir einen Mengenrabatt in Höhe von 10 %. Der Rechnungsbetrag ist zahlbar innerhalb von 10 Tagen unter Abzug von 2 % Skonto oder innerhalb von 30 Tagen netto Kasse.
•
Mit freundlichen Grüßen
•
Micro Hansen
•
•
•
Sabine Hamel

Geschäftsbrief A4, Form B nach DIN 676 mit Bezugszeichenzeile und Kommunikationszeile
(verkleinerte Darstellung)

 Micro Hansen
Computerlösungen
Oldenburg

Micro Hansen, Postfach 56 47, 26112 Oldenburg

Bürobedarfsgroßhandlung
Schüler & Co.
Fahnenweg 31 - 39

26871 Papenburg

Telefax
(04 41) 67 33 63

Telefon, Name

Ihr Zeichen, Ihre Nachricht vom	Unser Zeichen, unsere Nachricht vom	(04 41) 6 73 36-	Datum
pf-sch 20..-02-23	ha-me	8 79 Frau Hamel	20..-02-27

Angebot

Sehr geehrter Herr Pflüger,

vielen Dank für Ihre Anfrage. Wir bieten Ihnen die folgenden Computer und Drucker an:

- ◆ Computer AGIB HS, Artikel-Nr. 3214, zum Preis von 1.890,00 €
- ◆ Computer Hansen Exklusiv, Artikel-Nr. 3215, zum Preis von 2.760,00 €
- ◆ Drucker Extron XL, Artikel-Nr. 3219, zum Preis von 680,00 €

Zu den Preisen kommt die gesetzliche Mehrwertsteuer. Wir liefern die Ware innerhalb von 14 Tagen per LKW frei Haus.

Ab einem Bestellwert von 20.000,00 € gewähren wir einen Mengenrabatt in Höhe von 10 %. Der Rechnungsbetrag ist zahlbar innerhalb von 10 Tagen unter Abzug von 2 % Skonto oder innerhalb von 30 Tagen netto Kasse.

Mit freundlichen Grüßen

Micro Hansen

Sabine Hamel

Geschäftsstelle:	Geschäftszeit:	Bankverbindung:
Am Stau 47	Mo. - Fr. 09:00 - 16:30 Uhr	Commerzbank Oldenburg
26122 Oldenburg		(BLZ 280 400 46) Kto.-Nr. 6 246 465

5.13.3 Erstellung von Textbausteinen

Die folgenden Textbausteine sollen erfasst werden. In einem Betrieb wird man sich ein so genanntes Texthandbuch erstellen, um die Bezeichnung der einzelnen Textbausteine jederzeit nachsehen zu können. Hier soll ein solches Texthandbuch nur abgebildet werden, damit Sie erkennen können, welche Textbausteine Sie erstellen sollen.

Texthandbuch: Angebot

Volltext	Nr.	Stichwort
• • Bürobedarfsgroßhandlung Schüler & Co. Fahnenweg 31 - 39 • 26871 Papenburg • •	A10	Anschrift Schüler & Co.
• • **Angebot** • •	A20	Betreff Angebot
Sehr geehrte	A30	Anrede
vielen Dank für Ihre Anfrage. Wir bieten Ihnen die folgenden Computer und Drucker an:	A35	Angebotstext 1
◆ Computer AGIB HS, Artikel-Nr. 3214, zum Preis von 1.890,00 €	A40	Artikel 1
◆ Computer Hansen Exklusiv, Artikel-Nr. 3215, zum Preis von 2.760,00 €	A41	Artikel 2
◆ Drucker Extron XL, Artikel-Nr. 3219, zum Preis von 680,00 €	A42	Artikel 3
Zu den Preisen kommt die gesetzliche Mehrwertsteuer.	A43	Mehrwertsteuer
Wir liefern die Ware innerhalb von 14 Tagen per LKW frei Haus.	A50	Lieferbedingungen
Ab einem Bestellwert von 20.000,00 € gewähren wir einen Mengenrabatt in Höhe von 10 %.	A60	Rabatt
Der Rechnungsbetrag ist zahlbar innerhalb von 10 Tagen unter Abzug von 2 % Skonto oder innerhalb von 30 Tagen netto Kasse.	A70	Skonto
Mit freundlichen Grüßen • Micro Hansen	A80	Briefabschluss

Im Folgenden sollen die einzelnen Textbausteine (AutoTexte) erstellt werden:

Bearbeitungsschritte:

- Laden Sie den Text *Brief1*.
- Blenden Sie über den Menüpunkt **Ansicht/Symbolleisten** die Symbolleiste **AutoText** ein.

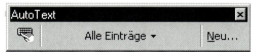

- Markieren Sie die Adresse.
- Klicken Sie die Schaltfläche **Neu** an. Geben Sie den Namen des AutoTextes ein.

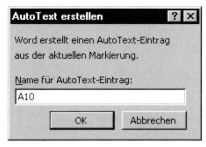

- Fügen Sie alle Absätze als AutoText ein. Die Namen der AutoTexte können Sie dem Texthandbuch entnehmen. Dort sind alle Textbausteine aufgeführt.

- Nach Anklicken der Schaltfläche **AutoText**  können Sie durch Markieren des Namens und dem anschließenden Anklicken der Schaltfläche **Löschen** einen AutoText wieder löschen.

- Wenn Sie einen Namen für einen Textbaustein eingeben, der bereits definiert wurde, werden Sie gefragt, ob der AutoText-Eintrag neu definiert werden soll. Auf diese Weise können Sie einen Textbaustein mit einem anderen Inhalt versehen.

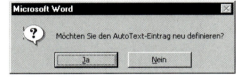

- Alle Textbausteine können danach in beliebige Dokumente eingefügt werden.
- Sie können beliebige Absätze usw., die immer wieder benötigt werden, aus verschiedenen Dokumenten ebenfalls als AutoTexte abspeichern.

5.13.4   Text mit AutoText-Einträgen

AutoText-Einträge werden je nach Bedarf in Dokumente eingefügt. Normalerweise wird zunächst handschriftlich ein Schreibauftrag erstellt, in dem angegeben wird, welche Textbausteine benutzt werden sollen. Einfügungen sind variable Ergänzungen zum jeweiligen Textbaustein. Ein entsprechender Schreibauftrag könnte folgendermaßen aussehen:

Schreibauftrag

Nummer	Einfügung
A10	
A20	
A30	*r Herr Pflüger*
A35	
A40	
A41	
A42	
A50	
A60	
A70	
A80	• • • *Sabine Hamel*

Bearbeitungsschritte:

- Wählen Sie den Menüpunkt **Datei/Neu**, um ein neues Dokument zu öffnen. Blenden Sie die Symbolleiste **AutoText** ein.
- Klicken Sie die Schaltfläche **Alle Einträge** an. Es werden verschiedene Bereiche angezeigt, die Textbausteine enthalten. Viele Textbausteine sind vom Programm definiert. Im Bereich **Standard** `Standard ▶  A10` können Sie mit der Maus die entsprechenden Textbausteine auswählen.
- Alternativ können Sie auch den Namen des Textbausteins eingeben und anschließend die Funktionstaste [**F3**] drücken. Diese Möglichkeit dürfte oftmals die schnellere sein.
- Speichern Sie das Dokument unter dem Namen *Brief2* ab.

5.13.5   Ausdruck der AutoText-Einträge

Die AutoTexteinträge können ausgedruckt werden, so dass man einen Überblick über die vorhandenen Einträge gewinnen kann.

Bearbeitungsschritte:

- Wählen Sie den Menüpunkt **Datei/Drucken**. Stellen Sie im Bereich **Drucken** ein, dass die AutoText-Einträge gedruckt werden sollen. Die AutoTexte werden ausgedruckt.

6   Präsentieren mit PowerPoint 97

6.1   Grundlegende Bemerkungen

6.1.1   Funktionen einer Präsentationssoftware

Mit einer Präsentationssoftware werden Ergebnisse der betrieblichen Tätigkeit, Organigramme, neue Produkte usw. dar- bzw. vorgestellt. Dazu werden Folien (Arbeitsblätter) erstellt und in einer Foliensammlung zusammengestellt. Die Ergebnisse können danach präsentiert werden. Hierfür stehen zwei Möglichkeiten zur Verfügung:

- **Präsentation der Folien mit einem Computer**

  Die Folien werden mit einem Computer über einen Tageslichtschreiber oder einen Projektor auf eine Projektionsfläche projiziert. Mit der Maus oder automatisch in bestimmten Zeitintervallen werden die einzelnen Folien aus einer Foliensammlung aufgerufen. Normalerweise werden diese Präsentationen von Vortragenden zur Unterstützung des gesprochenen Wortes eingesetzt. Es ist jedoch auch möglich, filmische und sprachliche Elemente in die Präsentation einzubauen.

- **Ausgabe der Folien über einen Drucker**

  Die einzelnen Folien (Arbeitsblätter) werden über einen Drucker ausgegeben und in Mappen usw. zusammengefasst. Dies ist jedoch nicht die eigentliche Funktion des Programms.

6.2   Start des Programms

> **Bearbeitungsschritte:**
>
> - Starten Sie das Programm PowerPoint. Das Starten eines Programms ist auf Seite 33 beschrieben.

Der PowerPoint-Bildschirm beinhaltet beim Start die folgenden Komponenten:

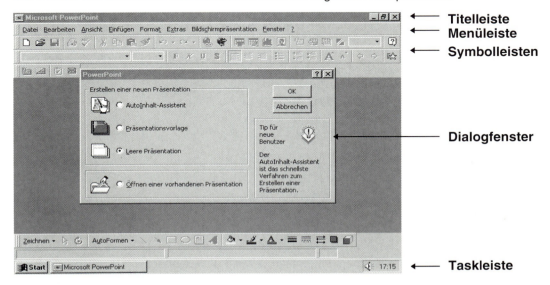

6.3   Erstellung einer Präsentation

Eine interessante Möglichkeit für eine Präsentation ist die Vorstellung eines Unternehmens.

Bearbeitungsschritte:

- Nach dem Start des Programms wird das Dialogfenster **PowerPoint** eingeblendet:

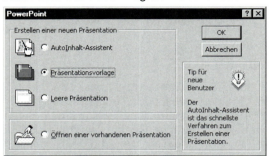

- Klicken Sie an, dass mit einer Präsentationsvorlage gearbeitet werden soll. Dieser Bereich stellt Bildschirmhintergründe und vorgefertigte Elemente einer Präsentation zur Verfügung.

- Wählen Sie die angegebene Präsentationsvorlage aus. Klicken Sie danach die Schaltfläche **OK** an.

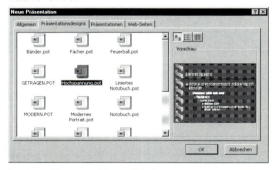

- In dem Fenster **Neue Folie** werden verschiedene Arten von Darstellungen vorgegeben. Es ist auch möglich, eine vollkommen leere Folie auszusuchen, die dann später mit den gewünschten Elementen ausgefüllt wird.

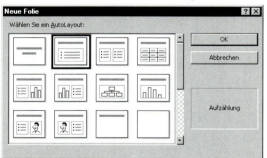

- Klicken Sie die zweite Folie an. Im rechten Bereich des Fensters wird angegeben, dass eine Aufzählung zur Verfügung gestellt wird.

Bearbeitungsschritte (Fortsetzung):

- Nach Anklicken der Schaltfläche **OK** wird die gewünschte Vorlage eingeblendet.

- Durch Anklicken können Sie jeweils einen Titel und Texte eingeben. Verändern Sie gegebenenfalls die Schriftart, die Schriftgröße und die Schriftausrichtung. Das Ergebnis sollte in etwa so aussehen:

- Um eine zweite Folie zu erstellen, wählen Sie den Menüpunkt **Einfügen/Neue Folie**. Wählen Sie das folgende AutoLayout:

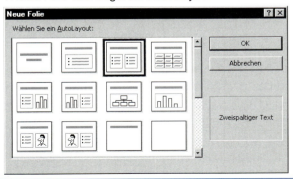

Bearbeitungsschritte (Fortsetzung):

- Erstellen Sie die folgende Folie:

- Werden die vorgegebenen Aufzählungszeichen nicht benötigt, können sie durch das Anklicken der Schaltfläche **Aufzählungszeichen** ausgeblendet werden.

- Speichern Sie die Präsentation unter dem Namen *Schüler1*. Das Speichern und Öffnen von Präsentationen des Programms **PowerPoint** geschieht genauso wie bei den anderen Programmen.

- Ein eventueller Ausdruck der Folien wird über den Menüpunkt **Datei/Drucken** oder über die Schaltfläche **Drucken** vorgenommen.

6.4 Bildschirmpräsentation

Das erzielte Ergebnis soll über den Bildschirm präsentiert werden. Es werden noch nicht alle Möglichkeiten der Präsentation angegeben; es soll lediglich die grundsätzliche Vorgehensweise gezeigt werden. In einem späteren Kapitel werden weitere Möglichkeiten erklärt.

Bearbeitungsschritte:

- Wählen Sie den Menüpunkt **Bildschirmpräsentation/Bildschirmpräsentation vorführen**. Die erste Folie wird eingeblendet.

- Klicken Sie mit der linken Maustaste. Die nächste Folie wird eingeblendet.

- Nachdem alle Folien präsentiert wurden, wird nach einem Mausklick zum Folien-Bildschirm zurückgekehrt.

- Eine Präsentation können Sie jederzeit mit der Taste [**Esc**] abbrechen.

- Wenn Sie die Maus an den Rand des Bildschirms bewegen, werden links unten Symbole eingeblendet. Die sich durch das Anklicken dieser Symbole ergebenen Möglichkeiten werden später genau besprochen.

Es besteht nun die Möglichkeit, zunächst mit den Kapiteln *Animationsmöglichkeiten* und *Folienübergang* fortzuführen, um die Möglichkeiten des Programm zur Präsentation von Ergebnissen kennen zu lernen. Danach können dann die weiteren Folien erstellt werden.

6.5 Erstellung weiterer Folien

6.5.1 Folie mit Grafiken oder ClipArts

Die Foliensammlung *Schüler* soll um weitere Folien ergänzt werden. Dabei werden Möglichkeiten gezeigt, wie ClipArts, Grafiken usw. in Folien integriert werden können.

Bearbeitungsschritte:

- Öffnen Sie die Präsentation *Schüler1*. Speichern Sie die Präsentation unter dem Namen *Schüler2* ab. Gehen Sie danach über die Bildlaufleiste auf die Folie 2.
- Wählen Sie über den Menüpunkt **Einfügen/Neue Folie** im Fenster **Neue Folie** das AutoLayout **Text und ClipArt** aus.

- Die Folie ermöglicht es, einen Text und ein ClipArt oder eine Grafik einzufügen.

- Die Folie soll folgendermaßen gestaltet werden:

Bearbeitungsschritte (Fortsetzung):

- Geben Sie zunächst die Texte wie beschrieben ein.
- Führen Sie einen Doppelklick an der angegebenen Stelle aus, um eine Grafik bzw. ein ClipArt einzufügen. Das Fenster **Microsoft Clip Gallery 3.0** wird eingeblendet. Alternativ können Sie auch den rechten Bereich der Folie durch Anklicken markieren, so dass der Bereich umrandet dargestellt wird und dann den Menüpunkt **Einfügen/Grafik/ClipArt** wählen. Auch dann wird das folgende Fenster eingeblendet:

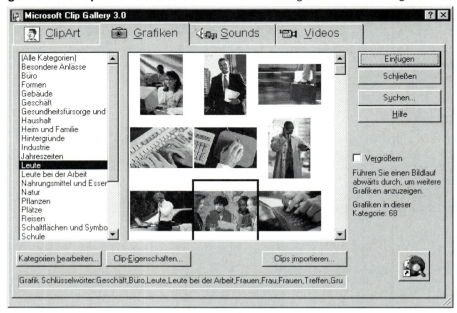

- Wählen Sie eine Grafik aus und klicken Sie die Schaltfläche **Einfügen** an. Die Folie ist vollständig.
- Ist die Grafik markiert, können Sie sie bei gedrückter linker Maustaste versetzen oder über die kleinen Rechtecke an den Seiten vergrößern oder verkleinern.
- Sie können über den Menüpunkt **Ansicht/Symbolleisten** die Symbolleiste **Grafik** einblenden. Danach kann die markierte Grafik bearbeitet werden. So kann beispielsweise ein Rahmen gezogen oder die Grafik heller oder dunkler dargestellt werden.

- Falls die Grafik aus der Folie entfernt werden soll, muss Sie einfach markiert und danach über den Menüpunkt **Bearbeiten/Ausschneiden** oder durch Anklicken der Schaltfläche **Ausschneiden** ausgeschnitten werden.
- Wenn Sie eigene Grafiken usw. auf diese Art in eine Folie einbinden möchten, klicken Sie im Fenster **Microsoft Clip Gallery 3.0** die Schaltfläche **Clips importieren** an. Sie können dann bestimmen, welche eigenen Grafiken in die **Clip Gallery** eingefügt werden sollen. Sie können auch neue Kategorien bestimmen, unter denen die Grafiken abgelegt werden.

6.5.2   Folie mit einer Excel-Tabelle

Die einfachere Möglichkeit der Übertragung von Daten aus Excel in eine PowerPoint-Folie ist das Kopieren und Einfügen von Inhalten. Diese Möglichkeit reicht vollkommen aus und sollte daher normalerweise genutzt werden. Die vom Programm angegebene Möglichkeit (*Objekt durch Doppelklicken hinzufügen*) ist umständlicher und sollte nur dann eingesetzt werden, wenn Daten zwischen zwei Programmen verknüpft werden sollen.

Hinweis: Das Übertragen und Verknüpfen von Daten zwischen zwei Programmen wird im Kapitel *Datenaustausch* intensiver erklärt.

Bearbeitungsschritte:

- Erstellen   und   speichern   Sie   die   folgende   Excel-Tabelle   unter   dem   Namen *UmsatzJahre*. Hinterlegen Sie die Tabelle über den Menüpunkt **Format/Zellen** mit einem hellgelben Hintergrund. Die Schrift sollte vergrößert werden.

	A	B	C	D
1				
2	**Umsatz (in Mio. €)**			
3				
4		2002	2003	2004
5	Norddeutschland	3400	3800	4000
6	Westdeutschland	1500	2000	2100
7	Ostdeutschland	1800	2300	2400
8	Süddeutschland	2000	2450	2900

- Markieren   Sie   den   Bereich   **A1**   bis   **D8**.   Wählen   Sie   danach   den   Menüpunkt **Bearbeiten/Kopieren** bzw. klicken Sie die Schaltfläche **Kopieren** 📋 an. Der Bereich wird in die Zwischenablage von Windows kopiert. Beenden Sie das Programm **Excel**.
- Öffnen Sie gegebenenfalls die Präsentation *Schüler2*. Speichern Sie die Präsentation unter dem Namen *Schüler3* ab. Gehen Sie über die Bildlaufleiste auf die Folie 3.
- Wählen Sie über den Menüpunkt **Einfügen/Neue Folie** im Fenster **Neue Folie** das AutoLayout **Text und Objekt** aus.
- Fügen Sie zunächst die Überschrift und den Text wie angegeben in die Folie ein.

- Markieren Sie den rechten Bereich der Folie mit einem einfachen Mausklick.
- Wählen Sie danach den Menüpunkt **Bearbeiten/Einfügen** bzw. klicken Sie die Schalt-fläche **Einfügen** 📋 an. Die Tabelle wird als **Objekt** in die Folie eingefügt. Sie können danach die Größe der Tabelle und die Größe des linken Textbereiches verändern. Die Möglichkeiten wurden im vorherigen Menüpunkt angesprochen.

6.5.3   Folie mit Excel-Diagramm - Möglichkeit 1

Das Einfügen eines Excel-Diagramms kann auf die gleiche Weise wie das Einfügen einer Tabelle vorgenommen werden. Diese Methode entspricht dem traditionellem Austausch von Daten zwischen zwei Programmen unter der Benutzeroberfläche Windows.

Bearbeitungsschritte:

- Starten Sie das Programm Excel. Öffnen Sie die Tabelle *UmsatzJahre*.
- Erstellen Sie das folgende Diagramm. Das Diagramm muss als neues Blatt *Diagramm1* eingefügt werden.

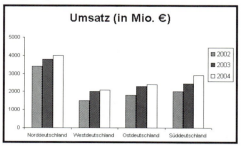

- Markieren Sie durch Anklicken mit der Maus das gesamte Diagramm. Wählen Sie danach den Menüpunkt **Bearbeiten/Kopieren** bzw. klicken Sie die Schaltfläche **Kopieren** 🖻 an. Die Grafik wird in die Zwischenablage von Windows kopiert.
- Beenden Sie das Programm **Excel**.
- Öffnen Sie die Präsentation *Schüler3*. Speichern Sie die Präsentation unter dem Namen *Schüler4a* ab. Gehen Sie über die Bildlaufleiste auf die Folie 4.
- Wählen Sie über den Menüpunkt **Einfügen/Neue Folie** im Fenster **Neue Folie** das AutoLayout **Text und Diagramm** aus.
- Fügen Sie zunächst die Überschrift und den Text wie unten angegeben in die Folie ein.
- Markieren Sie den rechten Bereich der Folie mit einem einfachen Mausklick. Der Bereich wird umrandet.
- Wählen Sie danach den Menüpunkt **Bearbeiten/Einfügen** bzw. klicken Sie die Schaltfläche **Einfügen** 🖻 an. Das Diagramm wird in die Folie eingefügt.

- Wenn Sie das Diagramm mit der rechten Maustaste anklicken, können Sie über den Menüpunkt **Objekt formatieren** Einstellungen vornehmen, z. B. eine andere Hintergrundfarbe für das Diagramm wählen.

6.5.4 Folie mit Excel-Diagramm - Möglichkeit 2

Das Programm bietet eine zweite komfortable Möglichkeit, ein Diagramm einzufügen.

Bearbeitungsschritte:

- Starten Sie das Programm Excel. Öffnen Sie die Tabelle *UmsatzJahre*.
- Erstellen Sie das folgende Diagramm. Das Diagramm muss als neues Blatt *Diagramm1* eingefügt werden.

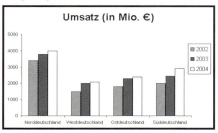

- Beenden Sie das Programm **Excel**.
- Öffnen Sie die Präsentation *Schüler3*. Speichern Sie die Präsentation unter dem Namen *Schüler4b* ab. Gehen Sie über die Bildlaufleiste auf die Folie 4.
- Wählen Sie über den Menüpunkt **Einfügen/Neue Folie** im Fenster **Neue Folie** das AutoLayout **Text und Diagramm** aus.
- Fügen Sie die Überschrift und den Text wie unten angegeben in die Folie ein.
- Führen Sie einen Doppelklick auf das Symbol auf der rechten Seite aus. Eine Tabelle und ein Diagramm wird eingeblendet. Allerdings enthält das Diagramm noch nicht die von Ihnen gewünschten Werte.
- Wählen Sie den Menüpunkt **Bearbeiten/Datei importieren**. Im Fenster **Datei importieren** können Sie dann die Excel-Tabelle *UmsatzJahre* auswählen.
- Nach Anklicken der Schaltfläche **Öffnen** können Sie im Fenster **Daten importieren** bestimmen, dass das Diagramm 1 eingefügt werden soll.

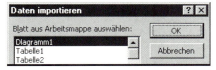

- Klicken Sie mit der Maus auf eine beliebige Stelle der Folie. Die eingeblendete Tabelle wird ausgeblendet. Das Ergebnis sieht in etwa folgendermaßen aus:

6.5.5   Folie mit ClipArt

Als vorletzte Folie der Foliensammlung *Schüler* soll eine Textfolie mit einem ClipArt erstellt werden. Das ClipArt soll an einer beliebigen Stelle eingefügt werden.

Bearbeitungsschritte:

- Öffnen Sie die Präsentation *Schüler4a*. Speichern Sie die Präsentation unter dem Namen *Schüler5* ab. Gehen Sie über die Bildlaufleiste auf die Folie 5.

- Wählen Sie über den Menüpunkt **Einfügen/Neue Folie** im Fenster **Neue Folie** das AutoLayout **Aufzählung** aus.

- Fügen Sie die Überschrift und den Text wie unten angegeben in die Folie ein.

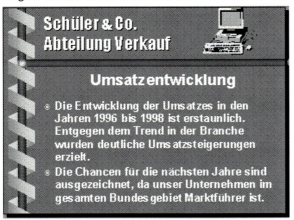

- Das ClipArt wird über den Menüpunkt **Einfügen/Grafik/ClipArt** eingefügt.

- Danach muss das ClipArt in der Größe verändert werden und an die entsprechende Stelle in der Folie gesetzt werden.

6.5.6   Folie mit Textfeld, WordArt-Objekten, Pfeilen usw.

Die folgende Folie sollten sie erst erstellen, wenn Sie das Kapitel *7 Gemeinsame Elemente von Excel, Word und PowerPoint* durchgearbeitet haben. In dem Kapitel werden die einzelnen Möglichkeiten (Textfelder, WordArt-Objekte usw.) genauer erklärt. Danach dürfte das Einfügen der entsprechenden Komponenten kein großes Problem mehr sein.

Bearbeitungsschritte:

- Öffnen Sie die Präsentation *Schüler5*. Speichern Sie die Präsentation unter dem Namen *Schüler6* ab.

- Gehen Sie über die Bildlaufleiste auf die Folie 6.

- Blenden Sie die Symbolleiste **Zeichnen** ein.

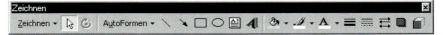

- Wählen Sie über den Menüpunkt **Einfügen/Neue Folie** im Fenster **Neue Folie** das AutoLayout **Nur Titel** aus.

Bearbeitungsschritte (Fortsetzung):

- Erstellen Sie die folgende Folie:

- Der Text wird über ein **Textfeld** [image], die Bezeichnung *Multimedia-Laptop* über ein **WordArt-Objekt** [image] eingefügt. Bei dem Pfeil handelt es sich um eine **AutoForm**. Die Grafik wird über den Menüpunkt **Einfügen/Grafik/ClipArt** eingefügt.

6.5.7 Folie mit Filmen und Klängen

Wenn die entsprechenden technischen Möglichkeiten vorhanden sind, können über den Menüpunkt **Einfügen/Film und Klang** auch Filme und Klänge in eine Folie eingebaut werden. Die Vorgehensweise entspricht im Wesentlichen der Vorgehensweise beim Einfügen einer Grafik oder eines ClipArts. Film- und Klangdateien haben in der Regel einen sehr großen Dateiumfang.

6.5.8 Entfernen einer Folie

Aus einer Foliensammlung können einzelne Folien entfernt werden. Diese Folien werden endgültig gelöscht. Eine Folie muss jedoch nicht entfernt werden, wenn sie nur für einen bestimmten Zweck nicht benötigt wird. Für diese Möglichkeit steht die zielgruppenorientierte Präsentation zur Verfügung, die später erläutert wird.

Bearbeitungsschritte:

- Öffnen Sie die Präsentation *Schüler6*. Speichern Sie die Präsentation unter dem Namen *Schüler7* ab.
- Wählen Sie über die Bildlaufleiste die Folie 3 aus.
- Wählen Sie den Menüpunkt **Bearbeiten/Folie löschen**. Die Folie wird gelöscht.

6.5.9 Einfügen einer Folie

Einmal erarbeitete Folien können in andere Foliensammlungen übernommen werden, damit sie nicht noch einmal erstellt werden müssen.

Über den Menüpunkt **Einfügen/Folien aus Dateien** werden Folien eingefügt. In dem Fenster **Foliensuche** kann zunächst eine Foliensammlung ausgesucht und danach bestimmt werden, welche Folie eingefügt werden soll.

6.6   Ansichten

Bisher wurde lediglich in der Folienansicht gearbeitet. Interessant ist es jedoch, andere Ansichten auszuprobieren. Dabei kann z. B. die Reihenfolge der Folien geändert werden.

Bearbeitungsschritte:

- Öffnen Sie die Präsentation *Schüler6*. Speichern Sie die Präsentation unter dem Namen *Schüler8* ab.
- Wählen Sie den Menüpunkt **Ansicht/Foliensortierung**. Die Folien werden dargestellt.

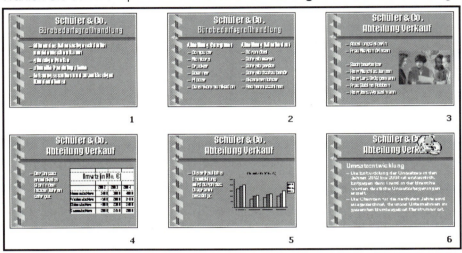

- Wenn Sie eine der Folien mit der Maus markieren, können Sie mit gedrückter linker Maustaste per **Drag and Drop** die Foliensortierung verändern. Fahren Sie einfach mit der Maus auf eine andere Folie. Die markierte Folie wird hinter der angefahrenen Folie eingefügt.
- Wählen Sie den Menüpunkt **Ansicht/Gliederung**.

- In dieser Ansicht können Sie beispielsweise neue Inhalte, etwa zusätzliche Gliederungspunkte in der Folie 1, eingeben. Mit der Maus klicken Sie in einen Bereich, in dem Sie Änderungen vornehmen wollen.
- Sie sollten sich grundsätzlich über den Menüpunkt **Bildschirmpräsentation/Animationsvorschau** in einem kleinen Fenster die jeweilige Folie einblenden lassen.

6.7 Animationsmöglichkeiten

6.7.1 Voreingestellte Animation

Die einzelnen Folien wurden bisher insgesamt mit einem Mausklick eingeblendet. Nun wird gezeigt, wie z. B. mit einem Mausklick nur bestimmte Inhalte, unter Umständen mit einem gewissen Effekt, eingeblendet werden.

Bearbeitungsschritte:

- Öffnen Sie die Präsentation *Schüler1*. Sie können, wenn Sie alle Foliensammlungen erstellt haben, auch die Präsentation *Schüler6* wählen. Speichern Sie die Präsentation unter dem Namen *SchülerA1* ab.

- Markieren Sie mit einem Mausklick den unteren Teil der Folie 1.

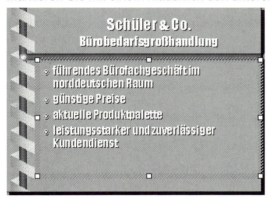

- Wählen Sie den Menüpunkt **Bildschirmpräsentation/Voreingestellte Animation**. Bestimmen Sie, welcher Effekt genutzt werden soll.

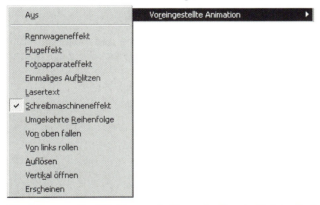

- Sie können die Effekte auch über die Symbolleiste **Animationseffekte** erzeugen.

- Danach müssten Sie die Schaltfläche **Schreibmaschineneffekt** ⊞ anklicken.

Bearbeitungsschritte (Fortsetzung):

- Speichern Sie die Präsentation ab. Führen Sie danach eine Präsentation über den Menüpunkt **Bildschirmpräsentation/Bildschirmpräsentation vorführen** vor. Normalerweise werden die einzelnen Unterpunkte in der Folie durch Mausklick eingeblendet. Verfügt der Computer über eine Soundkarte mit Lautsprecherboxen, wird ein entsprechender Ton ausgegeben.
- Sie können sich die Art der Präsentation einer Folie auch anzeigen lassen, indem Sie den Menüpunkt **Bildschirmpräsentation/Animationsvorschau** wählen. In einem kleinen Fenster wird die Folie präsentiert.
- Probieren Sie verschiedene Effekte aus. Dies können Sie auch an anderen markierten Bereichen ausprobieren. So bietet es sich beispielsweise an, bei den Unterpunkten in Folie 2 mit dem Animationseffekt **Auflösen** zu arbeiten.
- Wenn kein Animationseffekt in einem bestimmten Bereich gewünscht wird, wählen Sie nach dem Markieren des Bereichs den Menüpunkt **Bildschirmpräsentation/Voreingestellte Animation**. Die Schaltfläche **Aus** muss mit einem Häkchen versehen sein.
- Bedenken Sie, dass zu viele verschiedene Arten von Animationen sicherlich nicht für eine Präsentation förderlich sind.
- Speichern Sie die Präsentation unter dem Namen *SchülerA1* nochmals ab.

6.7.2   Benutzerdefinierte Animation

Erstellung einer benutzerdefinierten Animation

Die benutzerdefinierte Animation bietet den Vorteil, dass die einzelnen Animationen genau geplant werden können. Die Erstellung ist sicherlich etwas aufwändiger, dafür jedoch unter Umständen zielgerichteter.

Bearbeitungsschritte:

- Öffnen Sie die Präsentation *Schüler1*. Sie können, wenn Sie alle Foliensammlungen erstellt haben, auch die Präsentation *Schüler6* wählen. Speichern Sie die Präsentation unter dem Namen *SchülerA2* ab.
- Wählen Sie über die Bildlaufleiste an der rechten Seite die Folie 2 aus.

- Zunächst soll sichergestellt werden, dass keine Animationseffekte in der Folie vorhanden sind. Markieren Sie daher die Überschrift. Wählen Sie den Menüpunkt **Bildschirmpräsentation/Voreingestellte Animation**. Die Schaltfläche **Aus** muss mit einem Häkchen versehen sein.

Bearbeitungsschritte (Fortsetzung):

- Überprüfen Sie auch die anderen beiden Bereiche, ob Animationseffekte vorhanden sind. Entfernen Sie diese Effekte gegebenenfalls.

- Wählen Sie den Menüpunkt **Bildschirmpräsentation/Benutzerdefinierte Animation**. Das Fenster **Benutzerdefinierte Animation** wird eingeblendet.

- Klicken Sie in der Registrierkarte **Zeitlicher Ablauf** im Bereich **Folienobjekte ohne Animation** die Bezeichnung *Text 2* an. Der *Text2* wird im oberen Bereich des Fensters markiert dargestellt. Klicken Sie danach die Optionsschaltfläche **Animieren** an. Bestimmen Sie im Bereich **Animation starten**, dass bei Mausklick animiert werden soll. Dies bedeutet, dass ein Mausklick erforderlich ist, um den Text einzublenden.

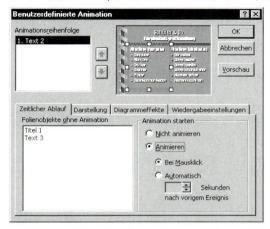

- Klicken Sie die Registrierkarte **Darstellung** an. Wählen Sie die folgenden Darstellungseffekte aus.

- Klicken Sie die Schaltfläche **OK** an. Führen Sie danach eine Präsentation über den Menüpunkt **Bildschirmpräsentation/Bildschirmpräsentation vorführen** durch.

- Sie werden feststellen, dass die mit einem Animationseffekt versehenen Effekte erst durch ein Mausklicken eingeblendet werden.

- Stellen Sie für den *Text 3* die gleichen Effekte ein. Speichern Sie die Präsentation ab.

Automatisches Einblenden

Bisher wurde die Einblendung eines Elementes grundsätzlich per Mausklick vorgenommen. Sollen die Elemente beispielsweise auf einer Ausstellung nach einer bestimmten Zeit automatisch gezeigt werden, so kann dies eingestellt werden.

Bearbeitungsschritte:

- Speichern Sie die Präsentation *SchülerA2* unter dem Namen *SchülerA3* nochmals ab. Wählen Sie über die Bildlaufleiste an der rechten Seite die Folie 1 aus.

- Wählen Sie den Menüpunkt **Bildschirmpräsentation/Benutzerdefinierte Animation**. Das Fenster **Benutzerdefinierte Animation** wird eingeblendet. Markieren Sie im Bereich **Animationsreihenfolge** die Bezeichnung *Text 2*. Stellen Sie im Bereich **Animation starten** ein, dass die nächste Aktion automatisch nach 3 Sekunden erfolgen soll.

- Bei der Präsentation werden die einzelnen Unterpunkte jeweils im Abstand von 3 Sekunden auf dem Bildschirm eingeblendet. Natürlich können Sie auch Darstellungseffekte einbauen.

Änderung der Reihenfolge der Einblendungen

Unter Umständen sollen die einzelnen Elemente einer Folie in einer veränderten Reihenfolge auf dem Bildschirm ausgegeben werden, beispielsweise soll zunächst ein Foto eingeblendet und danach erst der Text ausgegeben werden.

Bearbeitungsschritte:

- Speichern Sie die Präsentation *SchülerA2* unter dem Namen *SchülerA4* nochmals ab. Wählen Sie über die Bildlaufleiste an der rechten Seite die Folie 2 aus.

- Wählen Sie den Menüpunkt **Bildschirmpräsentation/Benutzerdefinierte Animation**. Das Fenster **Benutzerdefinierte Animation** wird eingeblendet. Klicken Sie im Bereich **Animation starten** jeweils an, dass die Texte der Folie automatisch nach 3 Sekunden animiert werden sollen. Sie werden im Bereich **Animationsreihenfolge** eingeblendet.

- Markieren Sie den *Text 3*. Mit dem Pfeil nach oben 🔼 wird der Text an die erste Stelle verschoben. Bei der Präsentation können Sie sehen, dass zunächst die Überschrift, dann der *Text 2* und danach der restliche Text per Mausklick ausgegeben wird.

6.8 Folienübergang

6.8.1 Vorbemerkungen

Je nachdem, wie eine Präsentation erfolgen soll, müssen und können unterschiedliche Formen des Übergangs von einer Folie zur anderen gewählt werden. Soll beispielsweise auf einer Ausstellung ein Unternehmen vorgestellt werden, kann dies dadurch erfolgen, dass die Folien eine bestimmte Zeit auf dem Bildschirm (auf einer Projektionsfläche) eingeblendet und danach durch die nächste Folie ersetzt werden. Wird jedoch parallel zu den Folien ein Vortrag gehalten, so muss die Vortragende bzw. der Vortragende in der Lage sein, zu bestimmen, welche Folie jeweils zu sehen ist. Eventuell muss auch die Reihenfolge geändert werden können, etwa dann, wenn durch Zwischenfragen ein Sachverhalt nochmals verdeutlicht werden soll.

6.8.2 Effekte und einfache Möglichkeiten beim Folienübergang

Die Einblendung einer neuen Folie wird durch spezielle Effekte unterstützt. Dadurch kann die Aufmerksamkeit der Betrachter erhöht werden.

Bearbeitungsschritte:

- Öffnen Sie die Präsentation *Schüler1*. Sie können auch z. B. die Präsentation *Schüler6* wählen. Speichern Sie die Präsentation unter dem Namen *SchülerF1* ab.

- Wählen Sie den Menüpunkt **Bildschirmpräsentation/Folienübergang**. Das Fenster **Folienübergang** wird eingeblendet:

- Durch Anklicken des Pfeiles nach unten im Bereich **Effekt** bestimmen Sie die Art des Folienübergangs. Probieren Sie verschiedene Möglichkeiten aus. Weisen Sie danach allen Folien diesen Übergang zu.

- Im Bereich **Klang** können Sie einen Klang bestimmen, der ausgegeben wird, wenn eine neue Folie eingeblendet wird. Selbstverständlich benötigen Sie für die Ausgabe eine Soundkarte mit Lautsprechern. Unter Umständen empfiehlt es sich, auf einen Klang zu verzichten, da die Ausgabe eines Klanges auch nervend wirken kann.

- Im Bereich **Nächste Folie** können Sie bestimmen, ob der Folienübergang durch einen Mausklick oder automatisch nach einer bestimmten Zeit erfolgen soll.

- Speichern Sie die Präsentation ab. Führen Sie danach eine Präsentation über den Menüpunkt **Bildschirmpräsentation/Bildschirmpräsentation vorführen** durch.

6.8.3   Folienübergang über interaktive Schaltflächen

Über eingebaute Schaltflächen kann man bestimmen, ob die erste, die letzte, die nächste oder die vorherige Folie eingeblendet werden soll. Damit kann bei einem Vortrag die Vortragende bzw. der Vortragende flexibel auf Zwischenfragen usw. eingehen.

Bearbeitungsschritte:

- Öffnen Sie die Präsentation mit mehreren Folien, beispielsweise die Präsentation *Schüler6*. Speichern Sie die Präsentation unter dem Namen *SchülerF2* ab.

- Wählen Sie den Menüpunkt **Bildschirmpräsentation/Interaktive Schaltflächen**. Mögliche Schaltflächen, die in eine Folie eingebaut werden können, werden angezeigt:

- In die erste Folie sollen Schaltflächen eingebaut werden, die den Aufruf der nächsten oder der letzten Seite ermöglichen. Stellen Sie daher sicher, dass die erste Folie eingeblendet ist.

- Wählen Sie die Schaltfläche **Interaktive Schaltfläche: Nächste(r) oder Weiter** ▷ aus. Der Mauspfeil verwandelt sich in ein Kreuz. Ziehen Sie ein Viereck bei gedrückter linker Maustaste an der Stelle, wo die Schaltfläche eingeblendet werden soll. Nach Loslassen der Maustaste wird das Fenster **Aktionseinstellungen** eingeblendet. Sie können nun bestimmen, ob die nächste Folie per Mausklick oder lediglich per Mauskontakt eingeblendet werden soll. Beim Mausklick müssen Sie mit der linken Maustaste die Schaltfläche anklicken, beim Mauskontakt müssen Sie lediglich die Maus auf die Schaltfläche fahren, um die nächste Folie einzublenden. Normalerweise sollten Sie den Mausklick wählen. Ansonsten kann es durchaus zu Fehlbedienungen kommen. Durch einen *Hyperlink* kann eine Folie in der Foliensammlung (in diesem Fall die nächste Folie) oder z. B. ein anderes Dokument auf dem Rechner oder auch im Internet aufgerufen werden.

- Sie könnten sicherlich auch eine andere Aktion bestimmen, wenn Sie den Pfeil nach unten anklicken. Dies ist jedoch unlogisch, da die Schaltfläche allgemein zum Aufruf einer nächsten Seite, Tabelle usw. genutzt wird.

Bearbeitungsschritte (Fortsetzung):

- Durch einen Doppelklick auf die eingefügte Schaltfläche auf der Folie1 können Sie das Fenster **AutoForm formatieren** aufrufen. Sie können dann u. a. Farben, Größe und Position der eingefügten Schaltfläche bestimmen.

- Fügen Sie danach die Schaltfläche **Interaktive Schaltfläche: Ende** ein.

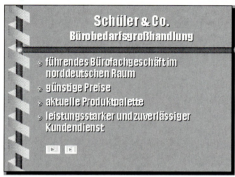

- Führen Sie eine Bildschirmpräsentation durch. Über der Schaltfläche verändert sich der Mauspfeil in eine *Hand*.

- Wollen Sie die Funktion einer Schaltfläche ändern, müssen Sie die Schaltfläche markieren und den Menüpunkt **Bildschirmpräsentation/Aktionseinstellungen** wählen.

- Fügen Sie auf der Folie 2 die Schaltflächen ein. Bereits definierte Schaltflächen können kopiert und eingefügt werden. So können Sie die Schaltfläche **Interaktive Schaltfläche: Nächste(r) oder Weiter** auf der Folie 1 markieren, dann kopieren und auf der Folie 2 einfügen. Mit der Maus ziehen Sie die Schaltflächen an die richtige Stelle.

- Die nächsten Folien müssen entsprechend bearbeitet werden. Auf der Folie 3 sind 4 Schaltflächen anzubringen, auf den nächsten je nach Bedarf 4, 3 oder 2.

- Wenn Sie alle Schaltflächen eingebaut haben, wählen Sie den Menüpunkt **Bildschirmpräsentation/Bildschirmpräsentation einrichten**. Legen Sie die folgenden Einstellungen fest, die gewährleisten, dass der Folienübergang nur per Mausklick auf die Schaltflächen erfolgen kann.

6.8.4   Auswahl einer beliebigen Folie

Das Programm PowerPoint stellt Möglichkeiten zur Verfügung, gewünschte Folien mit der Maus auszuwählen. Damit kann besonders flexibel auf einzelne Folien zugegriffen werden.

Die folgende Foliensammlung bildet nur die Grundlage für eine umfangreichere Präsentation, zeigt aber die vorhandenen Möglichkeiten. Die Folie 1 stellt die Übersichtsseite dar, die Folien 2 und 3 sollen flexibel von der ersten Seite angesprungen werden, von der Folie 2 soll die Folie 4 angesprungen werden. Außerdem soll jeweils zur vorher eingeblendete Folie zurückgesprungen und von jeder Folie die Übersichtsfolie angesprungen werden können.

Bearbeitungsschritte:

- Erstellen Sie eine neue Präsentation. Wählen Sie das Präsentationsdesign *Schlips* aus. Legen Sie über den Menüpunkt **Format/Hintergrund** eine weiße Hintergrundfarbe fest. Ansonsten ist es möglich, dass Angaben auf dem Bildschirm nicht immer sichtbar sind.

- Die Folien sollen in der angegebenen Reihenfolge erstellt werden. Sie bilden die Grundlage für eine Foliensammlung, die jederzeit ausgebaut werden kann. Speichern Sie die Foliensammlung unter dem Namen *SchülerF3* ab.

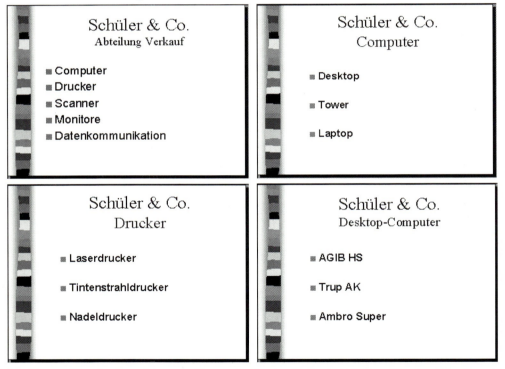

- Markieren Sie die Bezeichnung *Computer* in der Folie 1. Wählen Sie den Menüpunkt **Bildschirmpräsentation/Aktionseinstellungen** oder über die rechte Maustaste den Menüpunkt **Aktionseinstellungen**.

- Wählen Sie im Fenster **Aktionseinstellungen** im Bereich **Aktion beim Klicken** aus, dass ein *Hyperlink* auf eine *Folie* ausgeführt werden soll. Dies bedeutet, dass bei einem entsprechenden Mausklick eine bestimmte Folie, die noch bestimmt werden muss, angesprungen werden soll.

Bearbeitungsschritte (Fortsetzung):

- Im Fenster **Hyperlink zur Folie** bestimmen Sie, dass die zweite Folie angesprungen werden soll.

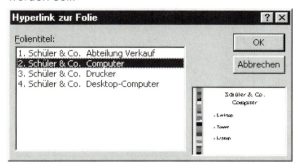

- Klicken Sie die Schaltflächen **OK** in den Fenstern **Hyperlink zur Folie** und **Aktionseinstellungen** an. Der *Hyperlink* wird auf der Folie dadurch angezeigt, dass das Wort *Computer* unterstrichen dargestellt wird.
- Legen Sie außerdem einen *Hyperlink* vom Wort *Drucker* auf die Folie 3 und einen *Hyperlink* vom Wort *Desktop* auf die Folie 4.

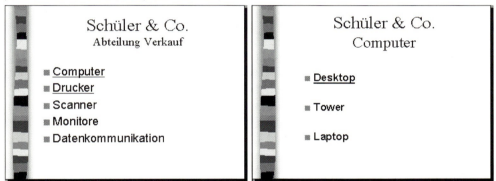

- Führen Sie eine Bildschirmpräsentation durch. Über einem mit einem *Hyperlink* versehenen Wort verändert sich der Mauspfeil in eine *Hand.* Sie werden feststellen, dass Sie zwar bestimmte Folien anspringen können, ein Rücksprung jedoch noch nicht möglich ist. Sollten die mit einem Hyperlink verbundenen Worte (Computer, Drucker usw.) nach einer Ausführung nicht mehr zu sehen sein, hängt es mit der Farbwahl zusammen. Über die Menüpunkte **Format/Folienfarbskala** und **Format/Hintergrund** können Änderungen vorgenommen werden.
- Gehen Sie über die Bildlaufleiste zur Folie 2. Wählen Sie den Menüpunkt **Bildschirmpräsentation/Interaktive Schaltflächen** und fügen Sie die Schaltfläche **Interaktive Schaltfläche: Haus** in die Folie ein. Durch das Anklicken der Schaltfläche mit der Maus wird immer auf die erste Folie verzweigt.
- Bringen Sie die Schaltfläche auch auf den Folien 3 und 4 an. Dies sollte durch Kopieren und Einfügen der Schaltfläche geschehen.
- Bringen Sie auf der Folie 4 die Schaltfläche **Interaktive Schaltfläche: Zurückkehren** an. Damit ist ein Rücksprung von der Folie 4 auf die Folie 2 möglich, nachdem die Folie 4 von der Folie 2 angesprungen wurde.

Bearbeitungsschritte (Fortsetzung):

- Das Ergebnis könnte folgendermaßen aussehen:

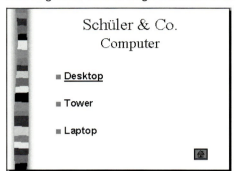 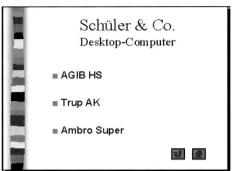

- Sie sollten nun weitere Folien erstellen und mit anderen Folien verbinden.
- Wählen Sie den Menüpunkt **Bildschirmpräsentation/Bildschirmpräsentation einrichten**. Überprüfen Sie, ob die Optionsschaltflächen **Ansicht in einem Kiosk** und **Manuell** aktiviert sind. Nur so ist gewährleistet, dass nur ein Anklicken einer Bezeichnung (z. B. Computer) zur Wahl einer bestimmten Folie führt.

Um die Folien interessanter zu gestalten, kann die Auswahl auch über **ClipArts** usw. erfolgen.

Bearbeitungsschritte:

- Öffnen Sie die Präsentation *SchülerF3*. Speichern Sie sie unter dem Namen *SchülerF4* ab. Entfernen Sie aus allen Folien die Aufzählungszeichen durch Markieren der Begriffe (Computer usw.) und Anklicken der Schaltfläche **Aufzählungszeichen** ⊞.
- Wählen Sie den Menüpunkt **Einfügen/Grafik/ClipArt**. Wählen Sie in der Registrierkarte **ClipArt** den Bereich **Formen** oder einen anderen Bereich aus und fügen Sie beispielsweise das folgende Symbol, einen Stern, ein: ⊠
- Verkleinern Sie das Symbol. Setzen Sie es vor das Wort *Computer*. Über den Menüpunkt **Grafik formatieren** nach dem Markieren und Anklicken mit der rechten Maustaste können Sie z. B. die Größe und die Position der Grafik bestimmen. Kopieren Sie danach den Stern und setzen Sie ihn vor die anderen Bezeichnungen.

 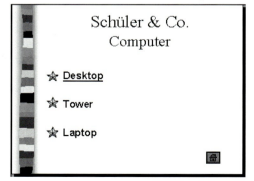

- Nun können Sie auf die Sterne einen *Hyperlink* legen. Die Vorgehensweise ist identisch mit dem Legen eines *Hyperlinks* auf ein Wort. Die Auswahl von Folien kann danach über die Wörter oder über das Symbol erfolgen.

6.8.5   Änderung der Folienreihenfolge während der Präsentation

Es wurde bereits darauf hingewiesen, dass der Folienübergang bei einer Präsentation durch eine Vortragende oder einen Vortragenden per Maussteuerung erfolgen sollte. Dies ermöglicht unter anderem die Änderung der Reihenfolge der Folienpräsentation.

Wird beispielsweise auf Grund einer Zwischenfrage eine bestimmte Folie benötigt, so kann Sie über ein Menü ausgewählt werden.

Bearbeitungsschritte:

- Öffnen Sie die Präsentation *Schüler6*.
- Führen Sie eine Präsentation über den Menüpunkt **Bildschirmpräsentation/Bildschirmpräsentation vorführen** durch.
- Die erste Folie wird dargestellt. Wenn Sie die Maus an den Rand des Bildschirms bewegen, werden links unten Symbole ![symbols] eingeblendet.
- Klicken Sie auf den Pfeil nach oben. Die folgende Menüleiste wird eingeblendet. Ein Klick mit der rechten Maustaste an eine beliebige Stelle führt zum gleichen Ergebnis.

- Über die Menüpunkte **Weiter** und **Zurück** können Sie jeweils die nächste oder die vorherige Folie aufrufen. Wichtiger ist jedoch der Menüpunkt **Gehe zu**. Über den Untermenüpunkt **Nach Titel** können Sie die Folie aussuchen, die gerade benötigt wird.

- Auch über den Menüpunkt **Gehe zu/Foliennavigator** ist eine Auswahl möglich.

6.9   Ergänzungen in Folien während der Vorführung

Während einer Vorführung wird durch die Diskussion über die Inhalte der Folien beispielsweise festgestellt, dass ein bestimmter Inhalt gestrichen oder besonders herausgestellt werden sollte. Eine Überarbeitung der Folie kann sicherlich nicht sofort erfolgen, es kann jedoch auf der Folie eine entsprechende Kennzeichnung erfolgen.

Bearbeitungsschritte:

- Öffnen Sie die Präsentation *Schüler.*

- Führen Sie eine Präsentation über den Menüpunkt **Bildschirmpräsentation/Bildschirmpräsentation vorführen** durch.

- Die erste Folie wird dargestellt. Wenn Sie die Maus an den Rand des Bildschirms bewegen, werden links unten Symbole eingeblendet.

- Klicken Sie auf den Pfeil nach oben. In der folgenden Menüleiste wählen Sie den Menüpunkt Stift.

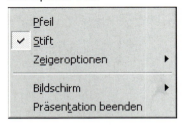

- Mit dem Stift können Sie dann bei gedrückter linker Maustaste zeichnen, also bestimmte Inhalte wie in diesem Beispiel besonders hervorheben oder auch durchstreichen.

- Wenn Sie die nächste Folie aufrufen wollen, müssen Sie über die Symbole wieder den Menüpunkt **Pfeil** wählen.

- Die Einfügungen werden nicht übernommen. Sobald die nächste Folie aufgerufen wird, sind die Einfügungen gelöscht. Bei einem erneuten Aufrufen innerhalb der Präsentation sind die Einfügungen daher nicht mehr vorhanden.

6.10 Zielgruppenorientierte Präsentation

Eine erstellte Foliensammlung enthält u. U. Folien, die nicht für alle Zwecke genutzt werden sollen. Außerdem kann es sein, dass die Reihenfolge bei einer bestimmten Vorführung geändert werden soll. Zu diesem Zweck lassen sich mit PowerPoint Präsentationen für bestimmte Zielgruppen erstellen.

Bearbeitungsschritte:

- Öffnen Sie die Präsentation *Schüler6*.

- Wählen Sie den Menüpunkt **Bildschirmpräsentation/Zielgruppenorientierte Präsentationen**. Klicken Sie im Fenster **Zielgruppenorientierte Präsentationen** die Schaltfläche **Neu** an.

- Bestimmen Sie im nächsten Fenster den Namen der neuen Bildschirmpräsentation und legen Sie durch Markieren und Anklicken der Schaltfläche **Anklicken** die Folien fest (Folien 1, 2, 4, 5), die in der neuen Präsentation vorhanden sein sollen. Auch die Reihenfolge der Präsentationen können Sie durch Markieren und Anklicken der Pfeile bestimmen.

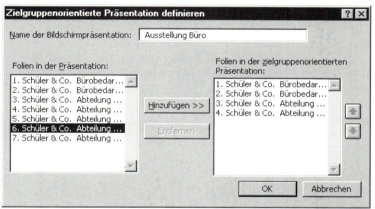

- Klicken Sie danach im Fenster **Zielgruppenorientierte Präsentationen** die Schaltfläche **Präsentation** an, um sich das Ergebnis anzusehen.

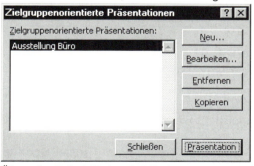

- Über die Schaltfläche **Schließen** verlassen Sie die das Fenster **Zielgruppenorientierte Präsentationen**.

- Sie können nun jederzeit über den Menüpunkt **Bildschirmpräsentation/Zielgruppenorientierte Präsentationen** die Bildschirmpräsentation *Ausstellung Büro* aufrufen.

6.11   Einblenden von Foliennummern usw.

Eine sinnvolle Ergänzung der Folien kann das Einfügen von Foliennummern oder sonstiger Elemente beispielsweise in der Fußzeile sein.

Bearbeitungsschritte:

- Öffnen Sie die Präsentation *Schüler*. Speichern Sie die Präsentation unter dem Namen *SchülerN* ab. Wählen Sie den Menüpunkt **Ansicht/Kopf- und Fußzeile**.

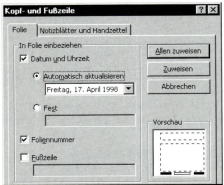

- Sie können nun z. B. bestimmen, dass eine Foliennummer und das aktuelle Datum eingeblendet wird. Außerdem kann ein Text in der Fußzeile eingegeben werden.
- Klicken Sie die Schaltfläche **Allen Zuweisen** an. Das aktuelle Datum und die Foliennummer werden am unteren Rand klein ausgegeben.

6.12   Bestimmen einer anderen Schriftart

Die Schriftart kann bei Bedarf in der gesamten Präsentation ausgewechselt werden.

Bearbeitungsschritte:

- Öffnen Sie die Präsentation *Schüler*. Speichern Sie die Präsentation unter dem Namen *SchülerS* ab.
- Wählen Sie den Menüpunkt **Format/Schriftarten ersetzen**. Im Fenster **Schriftart ersetzen** können Sie dann die gewünschte Schriftart auswählen.

6.13   Bestimmen anderer Farben, Hintergründe usw.

Vor einer Präsentation sollten Schriftfarben usw. auf ihre Wirkung überprüft werden. Erst durch eine gelungene Auswahl aller Komponenten wird das optimale Ergebnis erreicht.

Bearbeitungsschritte:

- Öffnen Sie die Präsentation *Schüler* oder eine andere Präsentation, die Sie u. U. verändern möchten. Speichern Sie die Präsentation unter dem Namen *SchülerFa* ab.
- Wählen Sie den Menüpunkt **Format/Folienfarbskala**. Sie können nun Farbenkombinationen standardmäßig oder individuell wählen

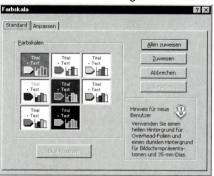 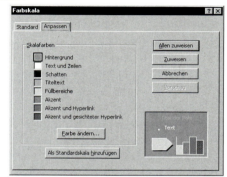

- Wollen Sie individuelle Farbanpassungen vornehmen, müssen Sie im Bereich **Anpassen** zunächst z. B. das Kästchen vor **Hintergrund** und danach die Schaltfläche **Farbe ändern** anklicken. Im nächsten Fenster können Sie eine Farbauswahl vornehmen.

6.14   Übernehmen eines anderen Designs

Nachdem eine Präsentation erarbeitet wurde, kann das Präsentationsdesign geändert werden. Unter Umständen sind leichte Nachbearbeitungen notwendig.

Bearbeitungsschritte:

- Öffnen Sie die Präsentation *Schüler* oder eine andere Präsentation, die Sie u. U. verändern möchten. Speichern Sie die Präsentation unter dem Namen *SchülerD* ab.
- Die bisherigen Präsentationen wurden mit dem Präsentationsdesign **Hochspannung.pot** erstellt. Wählen Sie den Menüpunkt **Format/Design übernehmen**, um ein anderes Design zu übernehmen.
- Wählen Sie im Fenster **Design übernehmen** das Design **Notizbuch** aus und klicken Sie die Schaltfläche **Zuweisen** an. Das Ergebnis sieht folgendermaßen aus:

6.15   Arbeiten mit fertigen Präsentationen

Das Programm **PowerPoint** stellt eine Reihe von fertigen Präsentationen zur Verfügung, die entsprechend den eigenen Erfordernissen verändert werden können. Eine Anpassung erfordert jedoch Kenntnisse des Programms, so dass die Arbeit mit fertigen Präsentationen nur dann sinnvoll erscheint, wenn umfassende Kenntnisse über die Gestaltung einzelner Folien vorhanden sind. Arbeitet man nur mit fertigen Präsentationen, wird niemals eine vollständige Nutzung des Programms **PowerPoint** möglich sein.

Bearbeitungsschritte:

- Wählen Sie den Menüpunkt **Neu**. In dem Bereich **Präsentationen** im Fenster **Neue Präsentationen** wählen Sie beispielsweise die Präsentation **Betriebsversammlung** aus.

- Verschiedene Folien mit einem bestimmten Design werden zur Verfügung gestellt:

- Sie können nun die entsprechenden Eintragungen vornehmen, Ergänzungen einfügen oder Punkte bzw. Folien löschen.

- Fügen Sie eventuell auch individuell erstellte Folien ein.

6.16   Präsentation ohne das Programm PowerPoint

Über den Menüpunkt **Datei/Pack & Go** wird ein Assistent aufgerufen, der es ermöglicht, die Präsentation auf Datenträgern (z. B. auf Disketten) zu speichern. Je nach Speicherung muss die Original Office-CD in das CD-Laufwerk eingelegt werden.

Die Präsentation kann dann später auf einem Rechner ausgeführt werden, auf dem das Programm **PowerPoint** nicht vorhanden ist. Dazu müssen die Daten und das Programm *Ppview32* auf die Festplatte zurückgespeichert werden.

7 Gemeinsame Elemente von Excel, Word und PowerPoint

7.1 Vorbemerkungen

In den Programmen Excel, Word und PowerPoint können WordArt-Objekte, ClipArts, Grafiken und AutoFormen eingefügt werden. Die Bearbeitungsweise ist in den drei Programmen identisch, so dass allgemeine Erklärungen für die Arbeit mit ClipArts usw. gegeben werden sollen.

Die Arbeit mit den gemeinsamen Komponenten des Programms sollte mit dem Programm Excel oder dem Programm Word vorgenommen werden. Mögliche Ergebnisse werden nach den Bearbeitungsschritten gezeigt.

Hinweis: Bei der Installation von Office 97 müssen die entsprechenden ClipArts und Grafiken eingebunden werden.

7.2 Einfügen von Textfeldern und Rahmen

Textfelder können als Überschriften usw. eingesetzt und besonders gestaltet werden, beispielsweise mit einem Rahmen.

Bearbeitungsschritte:

- Klicken Sie die Schaltfläche **Zeichnen** 🖑 an oder aktivieren Sie über den Menüpunkt **Ansicht/Symbolleisten** die Symbolleiste **Zeichnen**. Die Symbolleiste mit Schaltflächen für die Gestaltung eines Textes wird eingeblendet.

Zeichnen
Zeichnen ▾ ☒ ⟳ AutoFormen ▾ \ ↘ □ ○ 圖 4 ◇ ▾ 🖊 ▾ A ▾ ≡ ≣ ⇄ ▤ ▣

- Erstellen Sie das folgende Textfeld über die Schaltfläche **Textfeld** 圖 und klicken Sie danach die Schaltfläche **Schatten** ▪ an. Wählen Sie einen Rahmen aus: .

  # Überschrift   # Überschrift

- Soll das Textfeld entfernt werden, muss es durch Anklicken markiert werden. Danach müssen Sie den Menüpunkt **Bearbeiten/Ausschneiden** wählen.

  Alternative: Schaltfläche Ausschneiden ✂

- Über die Schaltflächen **Füllfarbe** ◇▾, **Linienfarbe** 🖊▾ und **Schriftfarbe** A▾ lassen sich weitere gestalterische Effekte erzielen.

- Weitere Möglichkeiten ergeben sich durch das Anklicken der einzelnen Schaltflächen in der Symbolleiste **Zeichnen**. So lassen sich z. B. Pfeile setzten.

7.3   Einfügen eines WordArt-Objektes

Mit WordArt werden spezielle Darstellungen realisiert, etwa ein Text gedreht.

Bearbeitungsschritte:

- Wählen Sie den Menüpunkt **Einfügen/Grafik/WordArt**.

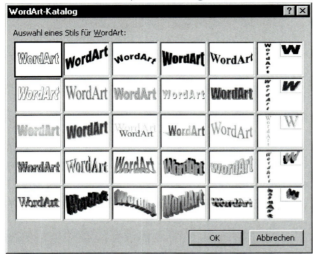

- Geben Sie in dem Fenster **WordArt-Text bearbeiten** das Wort *Angebot* ein.

- Klicken Sie danach die Schaltfläche **OK** an. Der WordArt-Text wird eingefügt. Er kann mit der Maus angeklickt, versetzt und in seiner Größe verändert werden.
- Über die Symbolleiste **WordArt** können Änderungen vorgenommen werden.

7.4 Einfügen von ClipArts und Grafiken

Durch Grafiken und ClipArts können Tabellen, Texte usw. interessanter gestaltet werden.

Bearbeitungsschritte:

- Starten Sie das Programm Excel oder das Programm Word.

- Wählen Sie den Menüpunkt **Einfügen/Grafik/ClipArt**.

- In dem Fenster **Microsoft Clip Gallery 3.0** werden ClipArts usw. zur Verfügung gestellt.

- Wählen Sie ein ClipArt/eine Grafik aus und klicken Sie die Schaltfläche **OK** an. Die Grafik wird eingefügt. Falls die Grafik nicht angezeigt wird, müssen Sie über den Menüpunkt **Extras/Optionen/Ansicht** das Kontrollkästchen **Zeichnungen** aktivieren.

- Die Grafik im Dokument wird durch Anklicken mit der Maus markiert. Nach Anfahren der Eckpunkte verändert sich der Mauspfeil in einen Doppelpfeil. Bei gedrückter linker Maustaste können Sie die Grafik vergrößern und verkleinern.

7.5 Einfügen von AutoFormen

Mit AutoFormen können Flussdiagramme usw. in einen Text eingefügt werden.

Bearbeitungsschritte:

- Wählen Sie den Menüpunkt **Einfügen/Grafik/AutoFormen**.

- Alternativ können Sie die Symbolleiste **Zeichnen** einblenden und die Schaltfläche **AutoFormen** anklicken.

-

- Die zur Verfügung stehenden Gruppen von **AutoFormen** werden angegeben.

- Es stehen verschiedene Symbole aus den Bereichen Flußdiagramm, Linien usw. zur Verfügung.

| **Standardformen** | **Blockpfeile** | **Flussdiagramm** | **Legende** |

- Als Übung könnten Sie einzelne AutoFormen über die Schaltfläche **Flussdiagramm** aufrufen, die einzelnen Objekte über die Schaltfläche **Verbindungen** miteinander verbinden und über die Schaltfläche **Textfeld** einen Text eingeben.

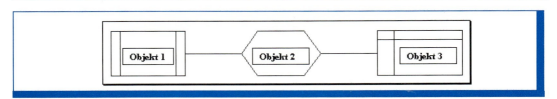

8 Datenaustausch

8.1 Vorbemerkungen

Unter Datenaustausch versteht man das Verwenden einmal erfasster Daten in anderen Programmen. Eine erstellte Tabelle oder Grafik der Tabellenkalkulation EXCEL soll beispielsweise in einer Textverarbeitung oder in einem anderen Programm unter Windows eingefügt werden. Daten der Datenbank ACCESS sollen beispielsweise in EXCEL oder Word übertragen werden oder für Serienbriefe verwandt werden.

Die nachfolgenden Möglichkeiten des Datenaustausches sollen zeigen, dass Daten jeweils mit einem Programm erfasst werden und dann in allen Programmen genutzt werden können.

8.2 Datenübertragung von EXCEL in die Textverarbeitung Word

8.2.1 Übertragen einer Tabelle

Die häufigste Anwendung des Datenaustauschs dürfte sicherlich darin bestehen, dass Zahlenwerte von der Tabellenkalkulation in die Textverarbeitung übertragen werden. Damit können die Zahlenwerte in einen Text integriert werden.

Bearbeitungsschritte:

- Laden Sie die Programme Word und EXCEL. Danach öffnen Sie in EXCEL die Mappe *Umsatz16*. In der Taskleiste ergibt sich daraufhin folgendes Bild:

- Markieren Sie mit den Maus den Bereich **A4** bis **E9**.
- Wählen Sie den Menüpunkt **Bearbeiten/Kopieren**.

  Alternative: Schaltfläche Kopieren 📋

- Klicken Sie in der Taskleiste die Textverarbeitung Microsoft Word an.
- Wählen Sie den Menüpunkt **Bearbeiten/Einfügen**.

  Alternative: Schaltfläche Einfügen 📋

- Das Ergebnis sieht in etwa folgendermaßen aus:

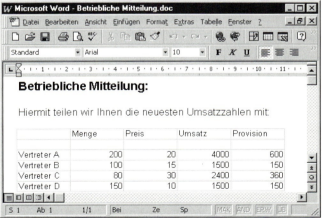

- Die Übertragung der Daten in alle anderen Windows-Programme ist identisch. Daher sollten Sie die Übertragung der Daten in andere Programme vornehmen.

8.2.2 Übertragen einer Grafik

Als eine weitere Möglichkeit des Datenaustauschs ist die Übertragung einer Grafik von der Tabellenkalkulation in die Textverarbeitung oder ein anderes Programm interessant.

Ein Text kann durch das Einfügen einer Grafik besonders ansprechend gestaltet werden.

Bearbeitungsschritte:

- Laden Sie die Programme Word und EXCEL. Danach öffnen Sie in EXCEL die Mappe *Umsatz16*.

- Markieren Sie durch einfaches Anklicken mit der Maus das Diagramm.

- Wählen Sie den Menüpunkt **Bearbeiten/Kopieren**.

  Alternative: Schaltfläche Kopieren

- Klicken Sie in der Taskleiste die Textverarbeitung Microsoft Word an.

- Wählen Sie den Menüpunkt **Bearbeiten/Einfügen**.

  Alternative: Schaltfläche Einfügen

- Das Ergebnis sieht in etwa folgendermaßen aus:

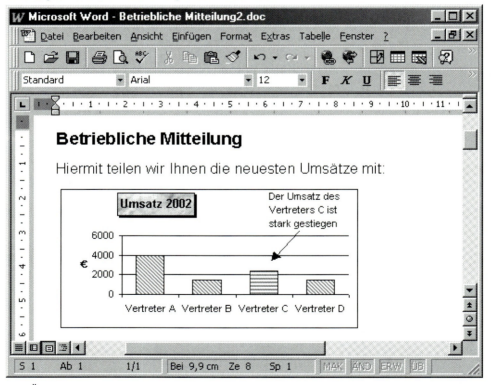

- Die Übertragung von Diagrammen in andere Windows-Programme ist auf die gleiche Weise vorzunehmen.

8.2.3   Verknüpfung von Daten

Werden Daten verknüpft, so werden diese Daten bei einer Änderung im Ursprungsprogramm (z. B. in EXCEL) automatisch auch in dem Programm geändert, in das sie übertragen wurden.

Bearbeitungsschritte:

- Laden Sie die Programme Word und EXCEL. Danach öffnen Sie in EXCEL die Mappe *Umsatz16*.
- Markieren Sie mit der Maus den Bereich **A4** bis **E9**. Wählen Sie danach den Menüpunkt **Bearbeiten/Kopieren**.
- Klicken Sie in der Taskleiste die Textverarbeitung Microsoft Word an.
- Wählen Sie den Menüpunkt **Bearbeiten/Inhalte einfügen**. In dem Dialogfeld **Inhalte einfügen** bestimmen Sie, dass es sich um EXCEL-Daten handelt und dass die Daten verknüpft werden sollen.

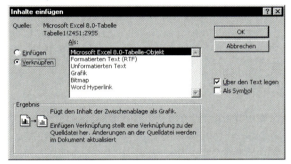

- Nach Anklicken der Schaltfläche **OK** werden die Inhalte übertragen.
- Verändern Sie im Programm EXCEL die Mengen folgendermaßen:

	A	B	C	D	E
6	Vertreter A	300	20	6000	900
7	Vertreter B	200	15	3000	450
8	Vertreter C	170	30	5100	765
9	Vertreter D	200	10	2000	200

- Das Ergebnis sieht in der Layout-Ansicht von Word ungefähr so aus:

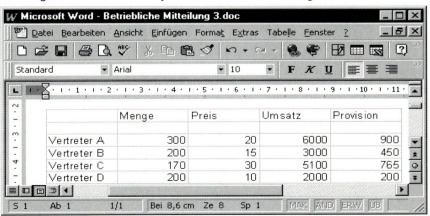

8.3   Datenaustausch zwischen ACCESS und Word bzw. EXCEL

8.3.1   Vorbemerkungen

Die Möglichkeiten, in ACCESS erfasste Daten in ein anderes Programm zu übertragen, sind vielfältig. Die wesentlichen Varianten werden hier angegeben. Sie können zum Teil alternativ genutzt werden. Es wird dabei davon ausgegangen, dass als Ursprungsdatei die Tabelle *Hersteller* aus der Datenbank *Betrieb* zur Verfügung steht.

Ein wichtiges Kriterium für ein gutes Programm ist die Fähigkeit, Daten zu importieren bzw. zu exportieren. Dem Import von Daten kommt vor allem die Aufgabe zu, bereits früher mit anderen Programmen erfasste Daten zu übernehmen und damit die Weiterverwendung und Weiterverarbeitung zu gewährleisten.

Der Export von Daten erlaubt es, mit dem Programm ACCESS erfasste Daten in anderen Programmen für andere Zwecke zu nutzen. Ein Beispiel hierfür ist die Erstellung einer Kundendatei, die dann mit Hilfe einer Textverarbeitung für die Erstellung von Serienbriefen genutzt wird.

Will man mit ACCESS erfasste Daten grafisch ausgeben, so kann dies durch das Programm ACCESS über einen Diagramm-Assistenten geschehen. Wesentlich komfortabler und mit zusätzlichen Möglichkeiten der Gestaltung ist dies jedoch durch die Tabellenkalkulation EXCEL möglich. Daher ist es vernünftig, die Daten zunächst in die Tabellenkalkulation zu exportieren und dann das entsprechende Diagramm zu erstellen.

8.3.2   Datenexport von ACCESS in Word für Windows und EXCEL

Der Datenaustausch innerhalb der so genannten Office-Programme (EXCEL, Word für Windows, ACCESS) ist besonders einfach und komfortabel geregelt. Dies gilt selbstverständlich nur, wenn die entsprechenden Programme auf dem Computer installiert sind.

Bearbeitungsschritte:

- Bestimmen Sie zunächst durch Ein- und Ausblenden in der Tabelle *Lager*, welche Daten übertragen werden sollen. Nur eingeblendete Datenfelder werden übertragen. Markieren Sie danach im Datenbankfenster des Programms ACCESS die Tabelle *Lager*.

- Wählen Sie den Menüpunkt **Extras/OfficeVerknüpfungen**. Die folgenden Alternativen stehen zur Verfügung:

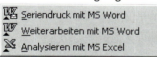

- Alternativ klicken Sie den Pfeil neben dem Symbol für Word für Windows an. Auch in diesem Fall werden die Alternativen aufgeführt:

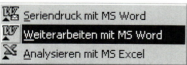

- Durch einfaches Wählen der Alternativen **In MS Excel analysieren** bzw. **In MS Word weiterbearbeiten** werden die jeweiligen Programme geladen und die Daten stehen automatisch zur Weiterbearbeitung in den beiden Programmen zur Verfügung.

8.3.3   Datenaustausch durch Kopieren und Einfügen

Eine weitere Möglichkeit, Daten auszutauschen, bietet das Kopieren und Einfügen von Daten.

Bearbeitungsschritte:

- Laden Sie zusätzlich zum Programm ACCESS das Programm Word für Windows. In der Startleiste ergibt sich daraufhin das folgende Bild:

- Markieren Sie im Datenbankfenster des Programms ACCESS die Tabelle *Lager*.
- Wählen Sie den Menüpunkt **Bearbeiten/Kopieren**.

  Alternative: Schaltfläche **Kopieren** 📋
- Klicken Sie in der Startleiste die Textverarbeitung Microsoft Word an.
- Wählen Sie den Menüpunkt **Bearbeiten/Einfügen**.

  Alternative: Schaltfläche **Einfügen** 📋
- Die Daten der Tabelle *Lager* werden in die Textverarbeitung übernommen.
- Die Übertragung der Daten in alle anderen Windows-Programme ist identisch.

8.3.4   Datenexport

Durch den Datenexport sollen Daten in ein für ein anderes Programm lesbares Format umgewandelt werden. Als Beispiel sollen die Daten der Tabelle *Hersteller* in das Format der Tabellenkalkulation EXCEL übertragen werden, damit EXCEL die Daten problemlos laden kann.

Bearbeitungsschritte:

- Markieren Sie im **Datenbankfenster** die Tabelle *Hersteller*.
- Wählen Sie den Menüpunkt **Speichern unter/Exportieren**. In der folgenden Dialogbox klicken Sie an, dass die Tabelle in eine externe Datei übertragen werden soll.

- In der folgenden Dialogbox **Speichern Tabelle ´Hersteller´ in** bestimmen Sie den Namen, das Format und den Datenträger.

- Nach dem Anklicken der Schaltfläche **Exportieren** wird die Tabelle in dem gewünschten Format abgespeichert. Mit dem Programm **EXCEL** oder einem anderen Programm, das EXCEL-Daten lesen kann, können die Daten nun gelesen und bearbeitet werden.

8.3.5   Datenimport

Unter Datenimport versteht man die Nutzung von Daten, die mit einem anderen Programm erstellt oder in dem Format eines anderen Programms abgespeichert worden sind.

Es bietet sich an, die gerade abgespeicherte Tabelle *Hersteller2* zu importieren.

Bearbeitungsschritte:

- Wählen Sie im **Datenbankfenster** den Menüpunkt **Datei/Externe Daten/Importieren**. In der dann eingeblendeten Dialogbox bestimmen Sie den Datenträger, den Dateityp und den Namen der Datei.

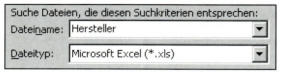

- Danach klicken Sie die Schaltfläche **Importieren** an. Die nun folgenden Schritte sind von dem jeweiligen Dateiformat abhängig, z. B. werden bestimmte Formate problemlos umgewandelt, bei anderen, wie etwa dem EXCEL-Format sind Arbeitsschritte notwendig, um den gewünschten Erfolg zu erzielen.

- Beim EXCEL-Format müssen Sie in der zweiten eingeblendeten Dialogbox angeben, dass die erste Zeile die Spaltenüberschriften enthält. Ansonsten können Sie normalerweise den Vorgaben des Programms folgen. Eventuell müssen die Datenfeldtypen nachbearbeitet werden.

8.4   Serienbriefe

8.4.1   Vorbemerkungen

Der Idealfall der Erstellung von Serienbriefen ist die Erfassung der Daten in ACCESS und die Ausgabe der Briefe mit Word für Windows. Jedoch auch die Erstellung eines Serienbriefes mit einer Excel-Tabelle (Excel-Datenbank) ist relativ einfach. Beide Möglichkeiten werden daher gezeigt.

8.4.2   Serienbriefe mit ACCESS und Word für Windows

Die Ausgabe von Daten in einen Serienbrief ist sehr einfach zu realisieren, da die Programme ACCESS und Word für Windows die Arbeit im Prinzip vollständig übernehmen. Das Programm ACCESS ruft das Programm Word für Windows auf.

Bearbeitungsschritte:

- Markieren Sie im Datenbankfenster des Programms ACCESS die Tabelle *Hersteller*, die die Grundlage für die einzelnen Datenfelder in dem Serienbrief darstellt.

- Wählen Sie den Menüpunkt **Extras/OfficeVerknüpfungen/Seriendruck mit MS-Word**.

  Alternative: Schaltfläche **OfficeVerknüpfungen**

Bearbeitungsschritte (Fortsetzung):

- Der Seriendruckassistent von Word für Windows wird eingeblendet:

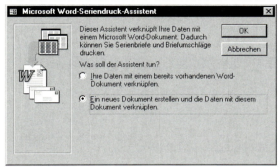

- Markieren Sie durch Anklicken, dass Sie ein neues Dokument erstellen wollen. Klicken Sie danach die Schaltfläche **OK** an.
- Das Programm Word für Windows wird automatisch geladen. Klicken Sie die Funktion **Seriendruckfeld einfügen** an.

- Klicken Sie den Begriff *Name1* an. Es wird danach das Datenfeld in Doppelklammern angegeben. Die Doppelklammern geben an, dass statt der Bezeichnung *Name1* die jeweiligen Inhalte des Datenfeldes *Name1* in den Serienbrief eingefügt werden sollen.

- Bringen Sie alle **Datenfelder** auf die nachfolgend dargestellte Art in den Text. Fügen Sie außerdem eine Überschrift, z. B. die hier angegebene, in das Dokument ein. Außerdem könnten Sie den Text vervollständigen, z. B. dadurch, dass alle Hersteller um eine neue Preisliste mit detaillierten Produktangaben gebeten werden.

Bearbeitungsschritte (Fortsetzung):

- Klicken Sie das Symbol **Ausgabe in ein neues Dokument** an.

- Das Ergebnis sehen Sie nun in einem neuen Dokument. Die Bezeichnung **Abschnitts-wechsel (Nächste Seite)** symbolisiert jeweils eine Seite, die über den Drucker ausgegeben würde.

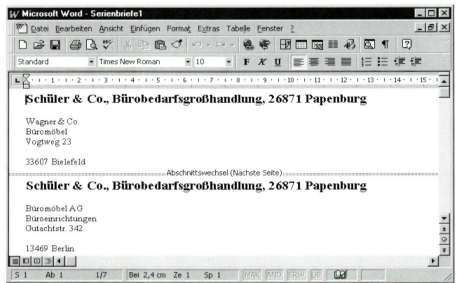

- Wenn Sie nicht alle Datensätze ausgeben wollen, können Sie mit dem Symbol **Serien-druck** die Datensätze auswählen, die auf dem Bildschirm oder dem Drucker ausgegeben werden sollen.

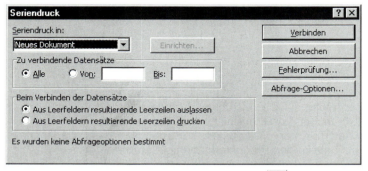

- Wenn Sie das Symbol **Ausgabe an Drucker** anklicken, werden die einzelnen Seiten über den Drucker ausgegeben.

- Speichern Sie danach die entsprechenden Dokumente ab.

8.4.3   Serienbriefe mit einer EXCEL-Tabelle und Word für Windows

Um eine Seriendruck mit einer Excel-Tabelle zu realisieren, muss zunächst in EXCEL eine Tabelle (in diesem Fall eine Datenbank) aufgebaut werden, die anschließend nach Word kopiert wird und dann zur Grundlage für die auszufüllenden Felder in dem Serienbrief wird.

Bearbeitungsschritte:

- Laden Sie die Programme Word und EXCEL.
- Erstellen Sie die folgende Excel-Tabelle und speichern Sie sie unter dem Namen Lieferer ab.

	A	B	C	D	E	F
1	L_Nr	Name1	Name2	Strasse	PLZ	Ort
2	100	Wagner & Co.	Büromöbel	Vogtweg 23	33607	Bielefeld
3	101	Büromöbel AG	Büroeinrichtungen	Gutachtstr. 342	13469	Berlin
4	102	Tranel GmbH	Büromöbel	Bechemstr. 67	47058	Duisburg
5	103	Computerland GmbH	Computer	Fischadlerstieg 65	22119	Hamburg
6	104	Computer 2000	EDV-Herstellung	Koloniestr. 128	28777	Bremen
7	105	Mircro Hansen	Computerlösungen	Am Stau 47	26112	Oldenburg
8	106	Microcomputer Voges	EDV-Bedarf	Schloßstr 45	30159	Hannover

- Markieren Sie mit der Maus den Bereich **A1** bis **F10**.
- Wählen Sie den Menüpunkt **Bearbeiten/Kopieren**.

  Alternative: Schaltfläche **Kopieren** 🗎

- Klicken Sie in der Startleiste die Textverarbeitung Microsoft Word an.
- Wählen Sie den Menüpunkt **Bearbeiten/Einfügen**.

  Alternative: Schaltfläche **Einfügen** 🗎

- Speichern Sie das Word-Dokument unter dem Namen *Lieferer* ab.
- Wählen Sie in der Textverarbeitung Word für Windows den Menüpunkt **Datei/Neu**, um ein neues leeres Dokument zu bekommen.
- Wählen Sie den Menüpunkt **Extras/Seriendruck**. Wählen Sie den Bereich **Erstellen Serienbriefe** aus.

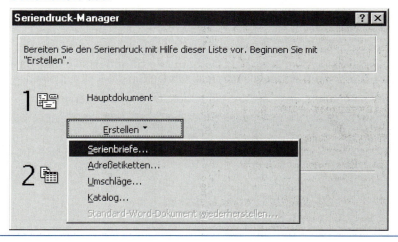

Bearbeitungsschritte (Fortsetzung):

- Danach werden Sie aufgefordert zu bestimmen, in welchem Dokument die Serienbriefe erstellt werden sollen. Bestimmen Sie das **aktive Fenster**.

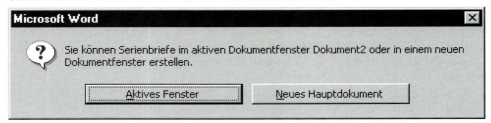

- Bestimmen Sie anschließend im Dialogfeld **Seriendruck-Manager**, dass Sie Daten importieren möchten.

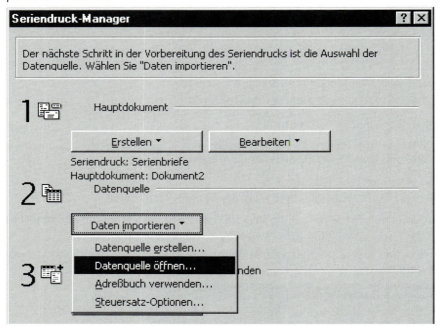

- Anschließend müssen Sie in dem Dialogfeld **Datenquelle öffnen** bestimmen, dass das Word-Dokument *Lieferer* die Datenquelle darstellt. Öffnen Sie die Datenquelle.
- Danach müssen Sie angeben, dass Sie das Hauptdokument bearbeiten wollen.

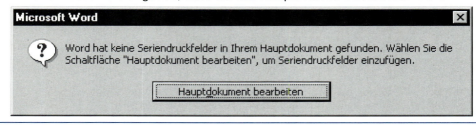

Bearbeitungsschritte (Fortsetzung):

- Nun können Sie die Datenfelder in das Hauptdokument einfügen. Über die Schaltfläche **Seriendruckfeld einfügen** können Sie die Seriendruckfelder bestimmen, die in den Serienbrief eingefügt werden sollen.

- Fügen Sie die Adresse des Lieferanten wie nachfolgend dargestellt in das Dokument ein:

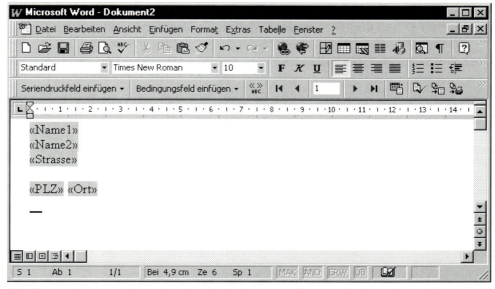

- Sie können jetzt die Ausgabe der Serienbriefe realisieren. Dabei sollten Sie jedoch in der Regel nicht die Ausgabe über den Drucker wählen, da damit unnötig viel Papier verbraucht wird.

Bearbeitungsschritte (Fortsetzung):

- Geben Sie durch Anklicken der Schaltfläche **Ausgabe in ein neues Dokument**  die Serienbriefe in ein neues Word-Dokument aus. Als Ergebnis werden die einzelnen Serienbriefe ausgegeben.

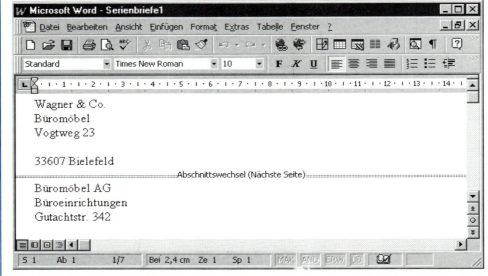

- Wenn Sie nicht alle Datensätze ausgeben wollen, können Sie mit dem Symbol **Seriendruck** die Datensätze auswählen, die auf dem Bildschirm oder dem Drucker ausgegeben werden sollen.

- Wenn Sie die Ausgabe der Serienbriefe über den Drucker realisieren wollen, klicken Sie die Schaltfläche **Ausgabe an Drucker** an.

8.4.4   Serienbriefe mit einer Word-Tabelle und Word für Windows

Serienbriefe ohne die Verwendung der Programme **ACCESS** oder **EXCEL** zu erstellen, ist ebenfalls recht einfach. Es muss dafür lediglich eine Tabelle in Word erstellt werden und abgespeichert werden. Danach stimmt die Vorgehensweise mit der Vorgehensweise wie bei der Verwendung einer EXCEL-Tabelle, die in Word für Windows übertragen worden ist, überein.

Es ist also prinzipiell egal, ob eine Tabelle, die für die Serienbrieferstellung verwandt werden soll, mit dem Programm **Word für Windows** oder mit **EXCEL** erstellt wird.

9 Netze und Datenkommunikation

9.1 Grundlagen der Kommunikation

Unter dem Begriff Kommunikation versteht man den Austausch von Informationen. Grundsätzlich können Informationen zwischen Menschen untereinander, zwischen Menschen und Maschinen und zwischen Maschinen untereinander ausgetauscht werden.

Im eigentlichen Sinne können Informationen nur zwischen Menschen ausgetauscht werden, da nur sie in der Lage sind, die Bedeutung der Information zu erfassen. Der Begriff der Kommunikation wird jedoch heutzutage weiter gefasst und auch der Datenaustausch wird als Kommunikation verstanden. In der Datenverarbeitung werden im Rahmen der Kommunikation Daten ausgetauscht, etwa Texte, Bilder, Sprache usw.

Grundsätzlich lässt sich folgendes Kommunikationsmodell darstellen:

Sender	Signale	**Kanal**	Signale	**Empfänger**
Der Sender produziert das Signal.	→	Der Kanal stellt die Verbindung zwischen Sender und Empfänger her.	→	Der Empfänger bekommt das Signal

Es besteht die Möglichkeit, dass Daten nur vom Sender zum Empfänger transportiert werden können (**Einwegkommunikation**). Dies ist beispielsweise bei einem Fernsehprogramm gegeben. Kann der Sender zum Empfänger und umgekehrt der Empfänger zum Sender werden, spricht man von **Zweiwegkommunikation**. Dies ist beispielsweise beim Austausch von Informationen zwischen zwei Computern oder bei einem Telefongespräch der Fall.

Werden Daten ausgetauscht, kann man diese mit Hilfe eines Codes verschlüsseln. Die Daten werden vom Sender codiert (verschlüsselt) und vom Empfänger decodiert (entschlüsselt).

9.2 Arten der Kommunikation

Verschiedene Kommunikationsarten ermöglichen die Kommunikation zwischen Menschen und Menschen, Menschen und Maschinen und Maschinen untereinander.

Sprachkommunikation	Durch die sprachliche Kommunikation werden Informationen im persönlichen Gespräch, im Telefongespräch oder über elektronische Medien, wie etwa dem Radio, ausgetauscht.
Textkommunikation	Die Textkommunikation stellt Informationen, z. B. in Form von Büchern, Videotextseiten im Fernsehen, Seiten im Internet usw. zur Verfügung. Im Internet ist es auch möglich, über die Tastatur des Computers Texte einzugeben, die dann weltweit in sogenannten Chat-Foren gelesen und ebenfalls textlich beantwortet werden können.
Bildkommunikation	Bilder werden z. B. über das Fernsehen zur Verfügung gestellt. Im Internet werden Bilder von Benutzern auf ihren Internet-Seiten zur Verfügung gestellt, die auf den heimischen Personalcomputer geladen werden können. Das Bildtelefon wird in einigen Jahren eine beliebte Möglichkeit der Kommunikation darstellen.
Datenkommunikation	Daten werden über Leitungen ausgetauscht. So kann man Programme und sonstige Informationen z. B. aus dem Internet laden. Allgemein werden über Datenleitungen betriebliche und sonstige Daten ausgetauscht.

9.3   Einplatz- und Mehrplatzsysteme

Computersysteme können als Einplatz- und Mehrplatzsystem aufgebaut werden. Mehrplatzsysteme beinhalten Komponenten, die Vorstufen einer Vernetzung darstellen.

Einplatzsystem	Bei einem Einplatzsystem ist die Zentraleinheit des Computers mit anderen Komponenten verbunden wie • einem Dialogterminal (Tastatur und Bildschirm) • Diskettenlaufwerk, Festplatte, CD-ROM-Laufwerk • Drucker
Mehrplatzsystem	Bei einem Mehrplatzsystem ist die Zentraleinheit des Computers mit anderen Komponenten verbunden wie • mehreren Dialogterminals (Tastatur und Bildschirm) • Diskettenlaufwerk, Festplatte, CD-ROM-Laufwerk • Drucker Die Zentraleinheit wird von mehreren Teilnehmern genutzt, da die einzelnen Dialogterminals keine eigene „Intelligenz" haben. Das System wird durch ein Multi-User-Betriebssystem gesteuert, welches in der Lage ist, die Prozessorzeit auf die verschiedenen Benutzer zu verteilen (Time-Sharing-Verfahren).

9.4   Kommunikationsnetze

9.4.1   Begriff

Ein Netzwerk, das der Kommunikation zwischen Anwendern dient, bezeichnet man als Kommunikationsnetz. In einem Kommunikationsnetz können Daten, Sprache, Töne und Bilder übertragen werden.

Ein Netzwerk besteht aus zwei oder mehreren Rechnern, die über Leitungen miteinander verbunden sind. Über eine spezielle Software können die Rechner miteinander kommunizieren und somit die Ressourcen aller Computer, z. B. Drucker oder Festplatten, nutzen.

9.4.2   Netzwerkarten

Grundsätzlich lassen sich die Netzwerke in Netzwerke, die dem innerbetrieblichen, dem regionalen und dem weltweiten Austausch von Informationen dienen, unterscheiden.

LAN (local area network)	Die untereinander verbundenen Computer eines Betriebes bilden ein Netzwerk. Der betriebliche Datenaustausch wird dadurch vereinfacht. Vorhandene Geräte, wie etwa Drucker oder Festplatten, können von verschiedenen Computern genutzt werden.
MAN (metropolitan area network)	In einer Region vorhandene lokale Netzwerke werden miteinander verbunden.
WAN (wide area network)	Ein überregionales, meist weltweites Netz schließt die Computer verschiedener Betriebe oder anderer Benutzer (z. B. Privatpersonen) zusammen. Das bekannteste weltweite Netz ist das Internet.

9.4.3 Netzwerkbetriebssysteme

In einem Netz kann das Zusammenwirken der Computer so aufgebaut werden, dass einem Computer eine herausragende Rolle in dem Netz zugeordnet wird **(Client Server Computing)** oder alle Rechner im Netz gleichberechtigt sind **(Peer-to-Peer Networking)**. Netzwerkbetriebssysteme sind beispielsweise Unix, Novell-Netware oder Windows NT, während Windows 95 für einen Arbeitsplatzcomputer entwickelt wurde.

Client Server Computing 	Bei diesem System stellen ein oder mehrere Computer, so genannte Server, Informationen (Programme und Daten) und Hardware (z. B. Drucker) im Netz zur Verfügung. Die angeschlossenen Rechner (Clients) können die Informationen abrufen und nutzen.
	Der Verwalter des Netzwerkes (Supervisor) vergibt an die einzelnen Client-Anwender bestimmte Zugriffsrechte, z. B. darf der einzelne Benutzer bestimmte Programme aufrufen oder bestimmte Daten bearbeiten.
Peer-to-Peer Networking 	Bei einen Peer-to-Peer-Netzwerk sind die einzelnen Rechner im Netzwerk gleichberechtigt. Jeder Computer hat sowohl Server- als auch Clientfunktionen. Er stellt also Informationen im Netz zur Verfügung und kann Informationen von anderen Rechnern im Netz abrufen.
	Der Nachteil dieses Systems liegt sicherlich darin, dass keine zentrale Daten- und Zugriffsverwaltung erfolgt. So können auf den einzelnen Computern unterschiedliche Datensätze vorhanden sein.

9.4.4 Netzwerktopologien (-architektur)

Die Struktur eines Netzes wird nach bestimmten Netzwerktopologien (Netzwerkarchitektur) aufgebaut. Die im Folgenden dargestellten Möglichkeiten sind Grundstrukturen. In der Praxis werden die Netze häufig als Kombinationen dieser Grundstrukturen aufgebaut.

Ein wesentliches Kriterium für die Wahl der Netzform ist sicherlich die Funktionsfähigkeit des Netzes. Daher werden vor allem in Betrieben Netzwerke bevorzugt, die beim Ausfall einer Leitung nicht zum Ausfall des gesamten Netzes führen.

Ringnetz 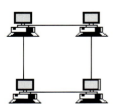	Bei einem Ringnetz sind die Computer ringmäßig miteinander verbunden. Jeder Computer ist mit je zwei Nachbargeräten verbunden. Die Nachrichten wandern von einer Station zur anderen, bis ein Computer erkennt, dass eine Nachricht für ihn bestimmt ist. Der Rechner nimmt die Information dann aus dem Ring.
	Eine Leitungsunterbrechung führt zum Ausfall des gesamten Netzes. Die Betriebssicherheit kann durch einen Doppelring mit zwei getrennten Leitungen erhöht werden.
	Die bekannteste Ringtopologie ist das 1985 von IBM vorgestellte Token-Ring-Verfahren, das sicherstellt, dass nie zwei Netzknoten gleichzeitig senden. Dafür wird ein bestimmtes Kennzeichen, das Token, von Station zu Station geschickt.

Sternnetz	Bei einem Sternnetz sind mehrere Computer stern- oder strahlenförmig mit dem Server verbunden. Die Zentrale bildet den Netzknoten. Das Netz ist bei Störungen des Servers nicht mehr funktionsfähig.
	Der zentrale Netzknoten, der Server, kann z. B. nacheinander alle Rechner abfragen, ob sie senden wollen. Die Leistungsfähigkeit des Sternnetzes hängt von der Leistungsfähigkeit des Servers ab. Der Vorteil des Sternnetzes besteht darin, dass der Ausfall einer Leitung nur einen teilnehmenden Rechner betrifft. Der Fehler im Netz kann daher leicht erkannt werden.
Busnetz	Bei einem Busnetz sind die einzelnen Rechner, also der Server und die Clients (Arbeitsplatzrechner) durch ein Netzwerkkabel, dem Bus, miteinander verbunden. Die Teilnehmer sind an einen zentralen Bus angeschlossen, der die Steuerung und Nachrichtenübermittlung übernimmt.
	Dieser Netztyp ist die technisch einfachste Form der Vernetzung und eignet sich für ein relativ einfaches Netz, in dem die Computer nur gelegentlich miteinander kommunizieren.
Maschennetz	In einem Maschennetz ist jeder Teilnehmer mit einem anderen Teilnehmer direkt verbunden.
	Ein solches Netzwerk ist extrem unempfindlich gegen Ausfälle von Leitungen und sonstige Störungen, da die einzelnen Verbindungen unabhängig voneinander sind. Bei Ausfall einer Datenleitung kann der Datenverkehr umgeleitet werden.
	Da viele Datenleitungen benötigt werden, verursacht das Netz relativ hohe Kosten.

9.5　Telekommunikationsnetze

Telekommunikationsnetze werden in Deutschland vor allem von der Telekom zur Verfügung gestellt. Andere Anbieter, z. B. Elektrizitätswerke, beteiligen sich am Wettbewerb in diesem Bereich, seit die Monopolstellung der Telekom aufgehoben und der freie Wettbewerb eingeführt wurde. Einige Kommunikationsnetze werden nachfolgend kurz beschrieben:

Telefon	Durch Umwandlung von Schallwellen in elektrische Signale und ihre anschließende Rückumwandlung ermöglicht das Telefon das Senden und Empfangen von Tönen.
Telex	In den zwanziger Jahren entstand das Telex-Netz oder Fernschreibnetz zur Übertragung von Informationen. An das Telexnetz sind alle Fernschreiber angeschlossen. Es ermöglicht einen weltweiten Austausch von Texten.
Datex	Der Begriff Datex (data exchange) wird von der Telekom für den Austausch von Daten über Datenleitung verwandt. Datex-P ist dabei der Telekommunikationsdienst der Telekom zur Übermittlung großer Datenmengen.
ISDN	Das ISDN (Integrated Services Digital Network) vereinigt alle Datendienste (Sprache, Texte, Daten, Bilder) in einem einheitlichen digitalen Dienst. Dadurch wird die Datenkommunikation vereinfacht, beschleunigt und sicherer.

10 Online-Dienste und das Internet

10.1 Online-Dienste in Deutschland

Als Online-Dienste werden die Anbieter von Daten und Informationen bezeichnet, die in einem eigenen Netz Angebote bereitstellen. Die Benutzer können sich diese Informationen und Daten auf ihren Rechner laden. Die Online-Dienste stellen neben ihren eigenen Informationen Zugänge zum Internet zur Verfügung.

Wesentliche Kriterien für die Wahl eines bestimmten Online-Dienstes sind

- die anfallenden Kosten,
- die Struktur des Angebotes.

Die Kosten setzen sich zum einen aus den Telefongebühren und zum anderen aus den Nutzungsgebühren für den Online-Dienst zusammen. Bestimmte Online-Dienste sind innerhalb der gesamten Bundesrepublik Deutschland zum Telefon-Ortstarif anwählbar. Die Nutzungsgebühren werden nach der Zeit oder pauschal berechnet.

Bestimmte Dienste stellen vor allem wirtschaftliche und kommerzielle Daten und Informationen (z. B. medizinische, wissenschaftliche, politische usw.) zur Verfügung. Bei anderen liegt der Schwerpunkt vor allem auf Informationen für den privaten Teilnehmer.

T-Online	Der Datendienst der deutschen Telekom ist der größte Datendienst in der Bundesrepublik Deutschland. Der große Vorteil des Datendienstes besteht in der Möglichkeit für den Benutzer, sich zum Telefon-Ortstarif in den Datendienst einwählen zu können. Mit fast zwei Millionen Teilnehmern ist dieser Datendienst in der Bundesrepublik Deutschland führend.
	Da auch Homebanking über den Datendienst betrieben wird, ist er besonders bei Privatleuten sehr beliebt.
AOL/American-Online	Der Datendienst wird in Deutschland gemeinsam von dem amerikanischen Unternehmen American-Online und dem Verlag Bertelsmann betrieben. AOL ist vor allem auf den privaten Anwender zugeschnitten.
	Über den Begrüßungsbildschirm können einzelne Rubriken, wie etwa Nachrichten, Computing, Finanzen, Reisen, Sport usw. aufgerufen werden.
Compuserve	Der amerikanische Datendienst Compuserve richtet sich vor allem an Anwender, die Informationen und Warenangebote suchen. Daher ist der Datendienst besonders für gewerbliche und kommerzielle Zwecke geeignet. Die Anzahl deutschsprachiger Angebote ist begrenzt. Daher sind gute Englischkenntnisse notwendig, um den Dienst vernünftig zu nutzen.
	Der Datendienst wurde im Jahre 1997 von der Gruppe AOL/American-Online übernommen. Daher ist nicht sicher, ob der Datendienst auf Dauer Daten auf dem deutschen Markt anbietet oder in den Datendienst AOL eingegliedert wird.

10.2   Die Arbeit mit T-Online

Die folgende Bearbeitung kann selbstverständlich nur am Computer nachvollzogen werden, wenn der Computer per Modem oder ISDN-Karte oder durch ein Netzwerk mit dem Datendienst T-Online verbunden ist. Ansonsten sollten Sie die Bearbeitungsschritte durchlesen. Die Bearbeitungsschritte vermitteln einen Eindruck über die Arbeit mit Datendiensten.

Am Beispiel des Aufrufens aktueller Informationen wird die Arbeit mit dem Online-Dienst demonstriert.

Bearbeitungsschritte:

- Starten Sie den Datendienst durch das Anklicken der Schaltfläche T-Online:

- Alternativ können Sie das Programm eventuell über die Schaltfläche **Start** in der Task-Leiste starten.

- In dem dann eingeblendeten T-Online-Fenster wählen Sie den Menüpunkt **T-On-line/Anwahl** bzw. klicken Sie die Schaltfläche **Anwahl** in der linken oberen Ecke an. In etwa wird der folgende Bildschirm dargestellt werden:

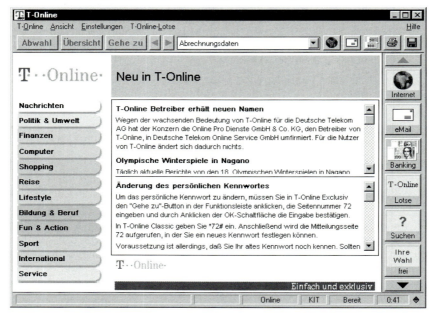

- Klicken Sie den Bereich *Nachrichten* an.

- Selbstverständlich ändern sich die Informationen permanent, so dass das nachfolgende Beispiel in der dargestellten Form nicht auf dem Bildschirm abrufbar ist. Es zeigt jedoch, dass aktuelle Informationen jederzeit über den Datendienst abrufbar sind.

Bearbeitungsschritte (Fortsetzung):

- Klicken Sie zunächst den Bereich Politik im Auswahlbereich Nachrichten in der Mitte des Bildschirms an. Wählen Sie danach weiter unten die Bezeichnung dpa an, um die Nachrichten der Deutschen Presseagentur (dpa) aufzurufen.

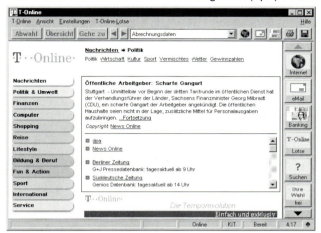

- In einem Fenster werden die aktuellen Nachrichten der Presseagentur dpa angezeigt.

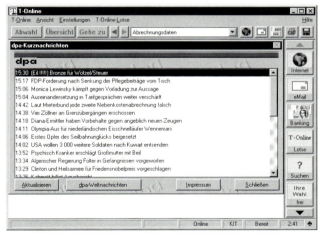

- Durch einem Doppelklick wählen Sie eine Nachricht aus. Die entsprechende Nachricht wird in einem Fenster dargestellt.

- Grundsätzlich kommen Sie über die Schaltfläche **T-Online Lotse** in die Hauptübersicht von **T-Online** zurück.

- Über den Menüpunkt **T-Online/Abwahl** bzw. durch Anklicken der Schaltfläche **Abwahl** können Sie die Arbeit mit den Online-Dienst **T-Online** beenden.

10.3   Das Internet

10.3.1   Begriff

Das Internet ist ein weltweites Computernetz. Es wird mittlerweile von mehreren hundert Millionen Menschen genutzt. Unternehmen, Universitäten usw. betreiben lokale Netzwerke, in denen Computer miteinander verbunden sind. Das Internet wurde entwickelt, indem man viele lokale Netze miteinander verbunden hat und diesen Netzen eine gemeinsame Sprache gegeben hat.

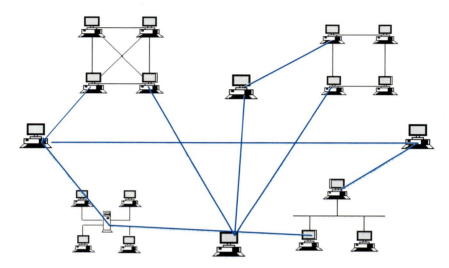

Grundsätzlich lassen sich im Internet zwischen allen Computern, die einen Anschluss an das Internet haben, Verbindungen herstellen. Das Schaubild soll die Möglichkeiten andeuten.

Die Computer tauschen Daten im Internet über Stand- oder Telefonleitungen aus. Über das Internet lassen sich elektronische Briefe, so genannte E-Mails, versenden oder Dateien von anderen Rechnern laden.

10.3.2   Der Internetanschluss

Der Zugang zum Internet ist über die so genannten Provider möglich. Der Anwender kann sich über eine ISDN-Karte oder ein Modem ins Netzwerk des Providers einwählen und muss für die Nutzung die Telefongebühren und eine weitere Gebühr zahlen. Die Gebühr wird entweder nach der Zeitdauer, der Menge der übertragenden Daten oder pauschal, etwa in Form einer monatlichen Gebühr, berechnet. Zu den größten Providern gehören die bedeutenden Datendienste wie T-Online. Private örtliche Provider kommen zunehmend hinzu.

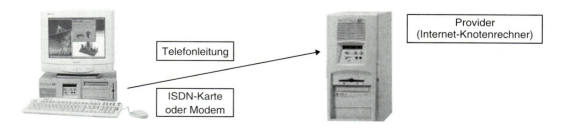

10.3.3   Internetdienste

Das Internet kann unterschiedlich genutzt werden. Es können beispielsweise weltweite Informationen abgerufen, elektronische Briefe versandt oder Telefonate über das Internet ausgeführt werden.

Die einzelnen Dienste des Internets sind in der folgenden Aufstellung aufgeführt:

World Wide Web	Das *World Wide Web* (*WWW*) (weltweites Netz) ist die grafische Oberfläche des Internets. Im *World Wide Web* sind Informationen zu beliebigen Themen abrufbar. Innerhalb des *World Wide Web* kann man sich per Mausklick auf farbig gekennzeichnete Wörter von Dokument zu Dokument und damit von einem zu einem anderen Internet-Rechner bewegen.
E-Mail	*E-Mail* bedeutet elektronische Post. Zum Schreiben und Lesen der *E-Mails* gibt es spezielle Programme, die beispielsweise von den *Online-Diensten* zur Verfügung gestellt werden.
	Die *E-Mails* werden auf Rechnern, beispielsweise auf einem Rechner eines *Online-Dienstes*, abgespeichert und können vom Empfänger von diesem Rechner abgerufen werden.
	Der Aufbau einer *E-Mail* ist normalerweise folgendermaßen gegliedert:
	• Adresse
	• Betreff-Zeile
	• Brieftext
	Über das Internet können Benutzern von Online-Diensten per E-Mail Daten zugesandt werden. Dabei müssen bestimmte Konventionen beachtet werden. So lautet beispielsweise bei T-Online die E-Mail-Adresse des Teilnehmers:
	Nutzername@t-online.de
	Der Nutzername kann die Telefonnummer des Benutzers sein.
FTP (File Transfer Protocol)	Alle Daten, die auf FTP-Servern zur Verfügung stehen, können von Internetbenutzern abgerufen werden. Über das Internet stellen Unternehmen beispielsweise Software, Dateien, die Fehler in Programmen beheben, Kurse für das Erlernen von Programmen usw. zur Verfügung.
Newsgroups	*Newsgroups* dienen dem Datenaustausch zwischen Personen. Jede Newsgroup (Nachrichtengruppe) ist einem Thema (Spiele, Programme usw.) gewidmet. Nachrichten in Newsgroups kann - im Unterschied zu persönlicher Post (E-Mails) - jeder Internet-Teilnehmer lesen.
Telnet	Über den Telnet-Dienst wird der Zugang zu fremden Rechnern gewährleistet. So können Dokumente in Bibliotheken, Nachrichtenmagazinen, Zeitschriften und Zeitungen, meist gegen eine Gebühr, genutzt werden.
Telefonieren	Das Internet lässt sich wie ein Telefon benutzen, wenn der Rechner mit einer Soundkarte, einem Mikrofon und Lautsprechern ausgerüstet ist. Über spezielle Telefon-Programme lassen sich die Verbindungen herstellen. Allerdings ist die Qualität des Tons noch nicht besonders gut.

10.3.4   Begriffe aus dem Internet

Das Arbeiten im und mit dem Internet erfordert die Kenntnis bestimmter Begriffe. In der folgenden Übersicht sind die wichtigsten zusammengefasst:

Browser	Die Seiten im Internet sind in der *HTML*-Sprache geschrieben. Ein *Browser* ist ein Programm, welches die Internetseiten aus dem Internet anfordert und auf dem Monitor darstellt. Die beiden weltweit führenden *Browser* sind „Netscape" und „Microsoft Internet Explorer".
Chat/ Webchat	*Chat* (Geplauder) im Internet bedeutet, dass der Benutzer mit anderen Benutzern im Internet kommuniziert, indem er einen Text schreibt, der dann im Internet gelesen werden kann. Für den Austausch dieser Informationen gibt es spezielle Programme, die auch im Internet verbreitet werden.
Downloaden	Ein Dokument oder eine andere Datei (beispielsweise ein Programm oder ein Update eines Programms) wird von einem Computer des Internets auf den eigenen Rechner geladen.
Homepage	Als *Homepage* wird die zentrale Webseite einer Sammlung von Webseiten bezeichnet. Normalerweise enthält eine *Homepage* eine Begrüßung für den Benutzer, eine Titelseite und einen Wegweiser für die anderen Seiten des Textes.
HTML	Die *HTML* (*hypertext markup language*, *Hypertext Auszeichnungssprache*) ist die Beschreibungssprache im World Wide Web (WWW) des Internets. Mit verschiedenen Programmen (beispielsweise Word für Windows) können Texte im *HTML-Format* erstellt und dann im Internet abgelegt werden. *HTML* besteht aus ASCII-Zeichenfolgen mit speziellen Formatierungsbefehlen für die Gestaltung von Seiten. Außerdem können Multimedia-Elemente wie Bilder usw. in den Text eingefügt werden.
HTML-Editor	Als *HTML-Editor* wird ein Programm genannt, mit dem Web-Seiten für das Internet erstellt werden können. Gängige Textverarbeitungsprogramme wie Word für Windows können mittlerweile Webseiten erstellen. Empfehlenswert sind jedoch eigenständige Programme zum Erstellen von Web-Seiten, da der Leistungsumfang dieser Programme größer ist.
Hypertext	Auf Internet-Seiten befinden sich oftmals Hypertexte, mit deren Hilfe innerhalb einer Seite im Internet von einer Stelle zu einer anderen gewechselt werden kann. So kann beispielsweise innerhalb der Internetseite einer Schule von der Hauptseite mit Hilfe eines Hypertexts auf Unterseiten, die zum Beispiel besondere Aktivitäten der Schule kennzeichnen, gewechselt werden. Von dieser Unterseite kann man dann per Hypertext wieder zur Hauptseite zurückwechseln. Außerdem können mit einem *Hypertext* andere Internet-Seiten aufgerufen werden, z. B. kann von einer Seite eines Verlages im Internet auf die Homepage eines Autors gewechselt werden. *Hypertexte* sind entsprechend gekennzeichnet. Mit einem Doppelklick auf einen als *Hypertext* markierten Text wird die gewünschte Seite aufgerufen.
Internet-Adresse	Im Internet hat jeder angeschlossene Computer, jedes angeschlossene Netzwerk oder jeder *Router* eine eindeutige Adresse. Die Adressen werden vom so genannten NIC (Network Information Center) vergeben und registriert. Der Computer ist dann unter seinem Adressbefehl (z. B. http://www.spiegel.de oder http://www.focus.de) im Internet zu erreichen.

Internet-Protokolle	Das Internet setzt sich aus einer Vielzahl von kleinen Netzen mit unterschiedlicher Hard- und Softwareausstattung zusammen. Die einzelnen Computer sind außerdem durch unterschiedliche Leitungen (Telefon, ISDN, Glasfaser usw.) miteinander verbunden. Daher wurden Vereinbarungen für die Kommunikation getroffen: die Internet-Protokolle. Die für die Arbeit im Internet verwendeten Protokolle bilden gemeinsam die so genannte TCP/IP-Familie (Transmission Controll Protocol/Internet Protocol).
Internet-Suchmaschine	Web-Nachschlageverzeichnisse, mit deren Hilfe nach bestimmten Themen im Internet gesucht werden kann, werden als Suchmaschinen bezeichnet. Beliebte Suchmaschinen sind z. B. yahoo (www.yahoo.com) und fireball (www.fireball.de).
Intranet	Als *Intranet* bezeichnet man den unternehmensinternen Teil des Internets. Dieser Teil des Internets erlaubt es den Unternehmen beispielsweise, über ein firmeneigenes Netzwerk Daten zwischen den einzelnen Abteilungen auszutauschen. Über das Internet können verschlüsselte Daten zwischen Filialen ausgetauscht werden. Diese Daten können nicht von anderen Internetnutzern gelesen werden. Der große Vorteil des Intranets liegt darin, dass sowohl firmeneigene als auch Informationen anderer Anbieter in einem einheitlichen Format vorliegen. Das *Intranet* kann mit dem *Internet* verbunden werden, braucht es jedoch nicht.
Java	Java ist ein Software-Entwicklungssystem, mit dem Webseiten mit zusätzlichen Funktionen, wie etwa interaktiven Animationen usw., ausgestattet werden können.
Links (Hyperlinks, Hypertext)	Unterstrichene Wörter in Internet-Seiten, die mit der Maus angeklickt werden, um themenverwandte Seiten aufzurufen. So kann man beispielsweise von der Seite einer Stadt auf die Homepage einer Schule in dieser Stadt wechseln.
Mailbox	Über eine Mailbox (Postkasten) werden elektronische Nachrichten und Programme ausgetauscht. Die Teilnehmer können wie an einem schwarzen Brett Mitteilungen an andere Teilnehmer hinterlegen und selbst Nachrichten empfangen. Meistens ist in Mailboxen Software vorhanden, die auf den eigenen Computer geladen werden kann.
Mail-Server	Computer, die im Internet die Funktion von „Postfilialen" übernehmen. Sie sind für die Annahme und Weiterleitung von elektronischer Post (E-Mails) zuständig.
Proxy	Computer, die Daten aus dem Internet zwischenspeichern, werden als Proxy bezeichnet. Häufig aufgerufene Seiten des Internets werden nicht jedes Mal neu vom Internet-Rechner angefordert, sondern stehen direkt auf dem Proxy zur Verfügung.
Router	Als Router bezeichnet man einen speziellen Computer, der Verbindungen zu mehreren Netzwerken besitzt und den Datenverkehr zwischen diesen Netzwerken regelt. Router sind das Bindeglied zwischen Teilnetzen in Betrieben, sie sind ebenfalls das Bindeglied zwischen einem Firmennetz und dem Internet.
Web-Seiten	Das World Wide Web ist eine gewaltige Anzahl von Web-Seiten (Pages), die Bezüge aufeinander haben. Von einer Web-Seite lassen sich andere aufrufen. Die Web-Seiten bestehen aus Texten und Bildern usw.

10.3.5   Aufruf einer Internet-Seite

Der Zugang zum Internet wird in der Regel über einen Online-Dienst oder einen sonstigen Internet-Provider vollzogen. Am Beispiel der Arbeit mit dem Internet über den Datendienst T-Online soll das grundsätzliche Vorgehen dargestellt werden. Selbstverständlich können Sie die Arbeitsschritte nur nachvollziehen, wenn der Datendienst T-Online zur Verfügung steht. Der Aufruf über einen anderen Datendienst und die Arbeit innerhalb des Internets sind jedoch ähnlich. Oftmals erfolgt der Aufruf des Internets durch Anklicken eines Symbols auf dem Windows-Desktop.

Im dargestellten Beispiel wird die Internetseite des Nachrichtenmagazins *Focus* aufgerufen. Internetadressen von Zeitungen, Zeitschriften, Unternehmen, Behörden usw. findet man heutzutage in vielen Zeitschriften, Werbeanzeigen usw.

Bearbeitungsschritte:

- Starten Sie T-Online durch das Anklicken des T-Online-Symbols bzw. über das Start-Symbol in der Task-Leiste von Windows 95.

- Klicken Sie die Schaltfläche Internet an. Ein vorheriges Wählen des Menüpunktes **T-Online/Anwahl** ist nicht notwendig.

- Geben Sie die Internetadresse des Nachrichtenmagazins *Focus* ein:

  http://www.focus.de

- Der Übersichtsbildschirm des Nachrichtenmagazins wird angezeigt. Der abgebildete Browser zeigt das Programm des Unternehmens *Netscape*. Daneben ist der *Microsoft Internet Browser* sehr verbreitet.

- Durch Anklicken können Sie nun z. B. *News*, *Finanzen* usw. anwählen und sich die entsprechenden Inhalte ansehen.

- Um das Internet zu verlassen, wählen Sie den Menüpunkt **Datei/Beenden**.

11   Rahmenbedingungen und Auswirkungen der Datenverarbeitung

11.1   Datensicherung

Als Datensicherheit versteht man den Versuch, Daten bei der Datenverarbeitung vor Verlust, Zerstörung, Verfälschung, unbefugter Kenntnisnahme und unberechtigter Verarbeitung zu schützen.

Die Ziele der Datensicherung:

- Die Datenverarbeitungsanlage und die Daten müssen verfügbar sein, wenn sie benötigt werden.
- Die Programme und die Daten müssen korrekt und aktuell sein.
- Die Datenverarbeitungsanlage, die Programme und die Daten müssen vor dem Zugriff unbefugter Personen geschützt werden.

Zum Schutz der Daten können u. a. folgende Maßnahmen ergriffen werden, die hier stichwortartig angegeben werden. Außerdem wird der damit verbundene Zweck erläutert.

Hardware	• Zutrittskontrolle zur Datenverarbeitungsanlage.
	⇒ Der Zutritt zu den Räumen mit der Datenverarbeitungsanlage wird mit Schlüsseln, Plastikkarten mit Lesestreifen usw. gesichert.
	• Abschließen der Datenverarbeitungsanlage und Verschließen der Anlage in Stahlschränken usw.
	⇒ Die Datenverarbeitungsanlage kann von Unbefugten nicht benutzt werden.
	• Verschließen der Disketten durch die Schreibschutzkerbe.
	⇒ Die ursprünglichen Dateien auf der Diskette können nicht versehentlich überschrieben werden.
	• Einsatz von Notstromaggregaten und Blitzschutzgeräten.
	⇒ Datenverluste durch den Ausfall von Strom oder durch Überspannungen werden vermieden.
	• Sichern durch ein Passwort beim Anstellen des Computers.
	⇒ Der Computer kann von Unbefugten nicht genutzt werden. Das Einsehen, Verändern und Ausgeben von Daten wird verhindert.
Software	• Sichern einzelner Programme durch ein Passwort.
	⇒ Die Benutzung eines Programms bzw. eines bestimmten Bereiches eines Programms ist nur bestimmten Benutzern möglich.
	• Automatische Abspeicherung von Dateien nach einem gewissen Zeitabstand.
	⇒ z. B. Einstellen der automatischen Abspeicherung bei Word für Windows, Excel usw.
	• Abfragen bei der Abspeicherung von Ergebnissen.
	⇒ Die ursprünglichen Dateien werden vor dem Vernichten bewahrt. Die aktuellen Daten können unter einem anderen Namen abgespeichert werden.

Software	• Plausibilitätskontrollen in Programmen. ⇒ z. B. kann der Bestand an Artikeln in einer Datenbank nur nummerische Zeichen enthalten. Andere Eingaben werden vom Programm mit einer Fehlermeldung quittiert. • Prüfbit-Technik. ⇒ Fehler bei der Übertragung von Daten werden dadurch minimiert, dass jedes Byte durch ein so genanntes Prüfbit ergänzt wird, welches aus der Bitfolge des Bytes errechnet wird. • Prüfziffernverfahren. ⇒ Aus einer Kontonummer, Artikelnummer usw. wird eine zusätzliche Zahl ermittelt, die an die ursprüngliche Nummer angehängt wird. Wird nun die Kontonummer usw. eingegeben, wird vom Programm aus der ursprünglichen Kontonummer die zusätzliche Zahl errechnet und mit der Eingabe verglichen. Erst wenn die errechnete Zahl mit der eingegebenen Zahl übereinstimmt, nimmt das Programm die Eingabe an.
Sonstige Sicherungs- maßnahmen	• Sicherungskopien von Dateien, Verzeichnissen der Festplatte oder einer ganzen Festplatte (so genanntes Backup). ⇒ Das Betriebssystem Windows 95 stellt Möglichkeiten der Datensicherung zur Verfügung. Außerdem stellen Hersteller von Sicherungshardware (z. B. von Streamern) spezielle Programme für die optimale Sicherung von Dateien usw. zur Verfügung. • Aufbewahren von Ursprungsdateien, die u. U. später noch benötigt werden. ⇒ Die Dateien können später genutzt werden, um beispielsweise den ursprünglichen Datenbestand einer Datei, z. B. den Anfangsbestand eines Artikels, festzustellen. • Aufbewahren von Dateien, die zum Beispiel den Datenstand am Ende eines Jahres zeigen. ⇒ Mit dem Datenbestand können Bilanzauswertungen usw. vorgenommen werden. • Anlegen einer Sicherungskopie für jeden Wochentag, jede Woche und jeden Monat. ⇒ Die Sicherungskopie für den Montag wird dann am nächsten Montag, die für den nächsten Dienstag am nächsten Dienstag usw. überschrieben. Dasselbe Prinzip wird für die Wochen und Monate angewandt. Somit hat man jederzeit den Datenbestand aller Wochentage der letzten Woche, den Datenbestand der letzten Woche und den Datenbestand des letzten Monats gesichert. • Festhalten der Benutzer der Datenverarbeitungsanlage durch ein Protokoll. ⇒ In einem Protokoll, welches u. U. auch automatisch von der Rechneranlage auf Grund der Eingabe eines Passwortes erstellt wird, wird festgehalten, wer von wann bis wann die Datenverarbeitungsanlage genutzt hat. Damit kann festgestellt werden, wer eventuell für unbeabsichtigte Fehler oder beabsichtigte Manipulationen verantwortlich ist.

11.2 Datenschutz

11.2.1 Zweck des Bundesdatenschutzgesetzes

Das Bundesdatenschutzgesetz vom 20. Dezember 1990 regelt den Datenschutz.

Zweck und Anwendungsbereich des Gesetzes § 1	(1) Zweck des Gesetzes ist es, den Einzelnen davor zu schützen, dass er durch den Umgang mit seinen personengeschützten Daten in seinem Persönlichkeitsrecht beeinträchtigt wird.
	(2) Dieses Gesetz gilt für die Erhebung, Verarbeitung und Nutzung personenbezogener Daten durch
	1. öffentliche Stellen des Bundes
	2. öffentliche Stellen der Länder, soweit der Datenschutz nicht durch Landesgesetz geregelt ist und soweit sie
	a) Bundesrecht ausführen oder
	b) als Organe der Rechtspflege tätig werden und es sich nicht um Verwaltungsangelegenheiten handelt.
	3. nicht-öffentliche Stellen, soweit sie die Daten in oder aus Dateien geschäftsmäßig oder für berufliche oder gewerbliche Zwecke verarbeiten oder nutzen.

11.2.2 Öffentliche Stellen

Im zweiten Abschnitt des Bundesdatenschutzgesetzes ist die Datenverarbeitung der öffentlichen Stellen geregelt. Aus dem Gesetz werden wichtige Passagen angegeben, da es unmöglich ist, alle Ausnahmen usw. anzugeben. Grundsätzlich empfiehlt es sich daher, in einem konkreten Fall die Bestimmungen des Gesetzes zu lesen.

Der Datenschutz in den Ländern ist ähnlich geregelt. Daher kann davon ausgegangen werden, dass Bestimmungen des Bundesrechts ebenfalls auf Landesebene durch die entsprechenden Landesgesetze gelten.

Anwendungsbereich §12	Die Vorschriften dieses Abschnittes gelten für öffentliche Stellen des Bundes, so weit sie nicht als öffentlich-rechtliche Unternehmen am Wettbewerb teilnehmen. Ist der Datenschutz nicht durch ein Landesgesetz geregelt, gelten wichtige Bestimmungen auch für die öffentliche Stellen der Länder.
Datenerhebung § 13	Das Erheben personenbezogener Daten ist zulässig, wenn ihre Kenntnis zur Erfüllung von Aufgaben der erhebenden Stelle erforderlich ist. Personenbezogene Daten sind beim Betroffenen zu erheben. Ohne seine Mitwirkung dürfen sie nur erhoben werden, wenn z. B. eine Rechtsvorschrift dies vorsieht.
Datenspeicherung, -veränderung und -nutzung § 14	Das Speichern, Verändern und Nutzen personenbezogener Daten ist zulässig, wenn es zur Erfüllung der in der Zuständigkeit der speichernden Stelle liegenden Aufgaben erforderlich ist und für die Zwecke erfolgt, für die die Daten erhoben worden sind. Das Speichern, Verändern oder Nutzen für andere Zwecke ist nur zulässig, wenn z. B. eine Rechtsvorschrift dies vorsieht oder der Betroffene einwilligt.

Auskunft an den Betroffenen § 19	Dem Betroffenen ist auf Antrag Auskunft zu erteilen über die zu seiner Person gespeicherten Daten, über die Herkunft und den Empfänger dieser Daten und den Zweck der Speicherung.
Berichtigung, Löschung und Sperrung von Daten § 20	Personenbezogene Daten sind zu berichtigen, wenn sie unrichtig sind. Die personenbezogenen Daten sind zu löschen, wenn beispielsweise ihre Speicherung unzulässig ist oder die Daten zur Erfüllung ihrer Aufgabe nicht mehr benötigt werden. Die personenbezogenen Daten sind zu sperren, wenn die Behörde im Einzelfall feststellt, dass ohne die Sperrung schutzwürdige Interessen des Betroffenen beeinträchtigt werden und die Daten für die Aufgabenerfüllung der Behörde nicht mehr erforderlich sind.
Anrufung des Bundesbeauftragten für den Datenschutz § 21	Jedermann kann sich an den Bundesbeauftragten für den Datenschutz wenden, wenn er der Ansicht ist, bei der Erhebung, Verarbeitung oder Nutzung seiner personenbezogenen Daten durch öffentliche Stellen des Bundes in seinen Rechten verletzt worden zu sein.
Wahl des Bundesbeauftragten für den Datenschutz § 22	Der Deutsche Bundestag wählt auf Vorschlag der Bundesregierung den Bundesbeauftragten für den Datenschutz mit mehr als der Hälfte der gesetzlichen Zahl seiner Mitglieder.
Kontrolle durch den Bundesbeauftragten für den Datenschutz § 24	Der Bundesbeauftragte für den Datenschutz kontrolliert bei den öffentlichen Stellen des Bundes das Einhalten der Vorschriften des Bundesdatenschutzgesetzes und anderer Vorschriften über den Datenschutz.

11.2.3   Unternehmen

Der Datenschutz durch die Verarbeitung von personenbezogenen Daten in den Unternehmen ist ebenfalls durch das Bundesdatenschutzgesetz geregelt. Wichtige Bestimmungen werden nachfolgend angegeben. Ausnahmen von den grundsätzlichen Bestimmungen sollten in dem Gesetz nachgelesen werden.

Anwendungsbereich § 27	Die Vorschriften dieses Abschnittes finden Anwendung, soweit personenbezogene Daten in oder aus Dateien geschäftsmäßig oder für berufliche oder gewerbliche Zwecke verarbeitet oder genutzt werden durch nicht öffentliche Stellen oder durch öffentlich-rechtliche Unternehmen des Bundes oder der Länder, soweit sie am Wettbewerb teilnehmen.
Datenspeicherung, -übermittlung und -nutzung für eigene Zwecke § 28	Das Speichern, Verändern oder Übermitteln personenbezogener Daten oder ihre Nutzung als Mittel für die Erfüllung eigener Geschäftszwecke ist zulässig im Rahmen der Zweckbestimmung eines Vertragsverhältnisses oder vertragsähnlichen Vertrauensverhältnisses mit dem Betroffenen, oder so weit es zur Wahrung berechtigter Interessen der speichernden Stelle erforderlich ist und die Daten aus allgemein zugänglichen Quellen entnommen werden können.

Benachrichtigung des Betroffenen § 33	Werden erstmals personenbezogene Daten für eigene Zwecke gespeichert, ist der Betroffene von der Speicherung und der Art der Daten zu benachrichtigen.
	Werden personenbezogene Daten geschäftsmäßig zum Zwecke der Übermittlung gespeichert, ist der Betroffene von der erstmaligen Übermittlung und der Art der übermittelten Daten zu benachrichtigen.
	Eine Pflicht zur Benachrichtigung besteht nicht, wenn der Betroffene auf andere Weise Kenntnis von der Speicherung oder Übermittlung erlangt hat oder die Daten für eigene Zwecke gespeichert sind und aus allgemein zugänglichen Quellen entnommen sind.
Auskunft des Betroffenen § 34	Der Betroffene kann Auskunft verlangen über die zu seiner Person gespeicherten Daten, auch soweit sie sich auf Herkunft und Empfänger beziehen, den Zweck der Speicherung und Personen und Stellen, an die seine Daten regelmäßig übermittelt werden, wenn seine Daten automatisiert verarbeitet werden.
Berichtigung, Löschung und Sperrung von Daten § 35	Personenbezogene Daten sind zu berichtigen, wenn sie unrichtig sind.
	Personenbezogene Daten sind zu löschen, wenn ihre Speicherung unzulässig ist, es sich um Daten über gesundheitliche Verhältnisse, strafbare Handlungen, Ordnungswidrigkeiten sowie religiöse oder politische Anschauungen handelt und ihre Richtigkeit von der speichernden Stelle nicht bewiesen werden kann. Außerdem sind sie zu löschen, wenn sie für eigene Zwecke verarbeitet wurden und ihre Kenntnis für die Erfüllung des Zweckes der Speicherung nicht mehr erforderlich ist.
	An die Stelle der Löschung tritt die Sperrung, soweit einer Löschung gesetzliche, satzungsmäßige oder vertragliche Aufbewahrungsfristen entgegenstehen oder Grund zu der Annahme besteht, dass durch eine Löschung schutzwürdige Interessen des Betroffenen beeinträchtigt würden oder eine Löschung wegen der besonderen Art der Speicherung nicht oder nur mit unverhältnismäßig hohem Aufwand möglich ist.
	Personenbezogene Daten sind ferner zu sperren, soweit ihre Richtigkeit vom Betroffenen bestritten wird und sich weder die Richtigkeit noch die Unrichtigkeit feststellen lässt.
Bestellung eines Beauftragten für den Datenschutz § 36	Die nicht-öffentlichen Stellen, die personenbezogene Daten automatisiert verarbeiten und damit in der Regel mindestens fünf Arbeitnehmer ständig beschäftigen, haben spätestens innerhalb eines Monats nach Aufnahme ihrer Tätigkeit einen Beauftragten für den Datenschutz schriftlich zu bestellen. Das gleiche gilt, wenn personenbezogene Daten auf andere Weise verarbeitet werden und damit in der Regel mindestens 20 Arbeitnehmer ständig beschäftigt sind.
Aufgaben des Beauftragten für den Datenschutz § 37	Der Beauftragte für den Datenschutz hat die Ausführung des Datenschutzgesetzes sowie anderer Vorschriften über den Datenschutz sicherzustellen.
	Er hat insbesondere die ordnungsgemäße Anwendung der Datenverarbeitungsprogramme, mit deren Hilfe personenbezogene Daten verarbeitet werden, zu überwachen. Außerdem hat er die bei der Verarbeitung personenbezogener Daten tätigen Personen durch geeignete Maßnahmen mit den Vorschriften des Datenschutzgesetzes und anderer Vorschriften über den Datenschutz vertraut zu machen.

11.2.4 Technische und organisatorische Maßnahmen für den Datenschutz

Im § 9 des Bundesdatenschutzgesetzes wird festgelegt, dass öffentliche und nicht-öffentliche Stellen Maßnahmen für einen geeigneten Datenschutz ergreifen müssen.

Technische und organisatorische Maßnahmen § 9	Öffentliche und nicht-öffentliche Stellen, die selbst oder im Auftrag personenbezogene Daten verarbeiten, haben die technischen und organisatorischen Maßnahmen zu treffen, die erforderlich sind, um die Ausführung der Vorschriften dieses Gesetzes, insbesondere die in der Anlage zu diesem Gesetz genannten Anforderungen, zu gewährleisten. Erforderlich sind die Maßnahmen nur, wenn ihr Aufwand in einem angemessenen Verhältnis zu dem angestrebten Schutzzweck steht.

In der Anlage zu § 9 des Bundesdatenschutzes wird festgelegt, dass je nach Art der zu schützenden personenbezogenen Daten Maßnahmen zu treffen sind, die den Datenschutz garantieren.

Zugangskontrolle	Unbefugten ist der Zugang zu Datenverarbeitungsanlagen zu verwehren, mit denen personenbezogene Daten verarbeitet werden.
Datenträgerkontrolle	Es ist zu verhindern, dass Datenträger unbefugt gelesen, kopiert, verändert oder entfernt werden können.
Speicherkontrolle	Es ist die unbefugte Eingabe in den Speicher sowie die unbefugte Kenntnisnahme, Veränderung oder Löschung gespeicherter personenbezogener Daten zu verhindern.
Benutzerkontrolle	Es ist zu verhindern, dass EDV-Anlagen mit Hilfe von Einrichtungen zur Datenübertragung von Unbefugten genutzt werden können.
Zugriffskontrolle	Es ist zu gewährleisten, dass die zur Benutzung eines Datenverarbeitungssystems Berechtigten ausschließlich auf die ihrer Zugriffsberechtigung unterliegenden Daten zugreifen können.
Übermittlungskontrolle	Es ist zu gewährleisten, dass überprüft und festgestellt werden kann, an welche Stellen personenbezogene Daten durch Einrichtungen zur Datenübertragung übermittelt werden können.
Eingabekontrolle	Es ist zu gewährleisten, dass nachträglich überprüft und festgestellt werden kann, welche personenbezogenen Daten zu welcher Zeit von wem in Datenverarbeitungssysteme eingegeben worden sind.
Auftragskontrolle	Es ist zu gewährleisten, dass personenbezogene Daten, die im Auftrag verarbeitet werden, nur entsprechend den Weisungen des Auftraggebers verarbeitet werden können.
Transportkontrolle	Es ist zu verhindern, dass bei der Übertragung personenbezogener Daten sowie beim Transport von Datenträgern die Daten unbefugt gelesen, kopiert, verändert oder gelöscht werden können.
Organisationskontrolle	Die innerbehördliche und innerbetriebliche Organisation ist so zu gestalten, dass sie den besonderen Anforderungen des Datenschutzes gerecht wird.

11.3   Entwicklungstendenzen in der Datenverarbeitung

Die Einschätzung der Entwicklung in der Datenverarbeitung gestaltet sich außerordentlich schwierig. Einige mögliche Tendenzen können jedoch aufgezeigt werden.

- Die Leistungsfähigkeit der Computer, sowohl der Personalcomputer als auch der größeren Rechneranlagen, wird weiterhin erheblich steigen. Jeweils in wenigen Jahren wird sich die Leistung verdoppeln.

- Die Vernetzung von Computern wird weiter fortschreiten. Das gilt sowohl für innerbetriebliche Netze als auch für lokale oder weltweite Netze, wie etwa das Internet. Dadurch wird es für die Menschen möglich, aktuelle Informationen jederzeit abzurufen. Die Entwicklung zu einer Informationsgesellschaft, in der vor allem die Gewinnung und Verarbeitung von Informationen beruflichen und wirtschaftlichen Erfolg verspricht, wird sich beschleunigen.

- Die auf Computern benutzte Software wird immer bedienungsfreundlicher. Dies wird sich beispielsweise daran zeigen, dass Texte und sonstige Informationen vom Benutzer mündlich eingegeben werden können und neben der Tastatur, der Maus usw. eine weitere Eingabemöglichkeit geschaffen wird, die den Erfordernissen vieler Anwender entgegenkommt. So wird die Spracherkennung in einigen Jahren sicherlich so weit fortgeschritten sein, dass diese Möglichkeit der Dateneingabe allgemein nutzbar ist.

11.4   Veränderungen der beruflichen Tätigkeiten

Die Arbeitswelt hat sich durch den Einsatz von Computern, Robotern usw. in den letzten Jahrzehnten entscheidend geändert. Viele Tätigkeiten, die früher manuell oder durch herkömmliche Maschinen verrichtet wurden, werden heutzutage durch computergesteuerte Maschinen erledigt. Darüber hinaus lassen sich folgende Entwicklungstendenzen erkennen:

- Immer mehr Tätigkeiten werden maschinell erledigt. So ist das Lesen und Verarbeiten von handgeschriebenen Belegen durch Datenverarbeitungsanlagen bald so weit fortgeschritten, dass viele Eingabearbeiten entfallen werden.

- Die einseitige Belastung vieler Menschen bei der Arbeit mit Computern erfordert einen verstärkten Schutz des Menschen. So müssen Monitore immer strahlungsarmer, Tastaturen immer benutzerfreundlicher und Räume im Hinblick auf Lichteinwirkung, Luftfeuchtigkeit usw. an die Bedürfnisse der Menschen angepasst werden. Die im Anhang abgedruckte *EG-Richtlinie zur Arbeit an Bildschirmgeräten* weist den Weg, der zum Schutz des Menschen einzuschlagen ist.

- Die Arbeitswelt des Menschen wird sich weiter verändern. Neben der noch stärkeren Nutzung der Datenverarbeitung im Betrieb werden Arbeitsplätze zunehmend entstehen, bei denen von zu Hause Daten eingegeben werden. Diese Daten werden dann per Datenleitung an die Betriebe übertragen. Neben dem Vorteil, sich die Arbeit individuell einteilen zu können, besteht jedoch die Gefahr der Vereinsamung des Menschen, da er nicht mehr im Betrieb mit anderen Menschen kommunizieren kann. Er kommuniziert nur noch über Datenleitungen.

- Gesellschaftliche Auswirkungen durch den Verlust von Arbeitsplätzen durch neue Technologien erfordern Überlegungen im Hinblick auf die Verteilung der Arbeit. Die Fortentwicklungen in der Datenverarbeitung und bei der Entwicklung von neuen Maschinen werden in der Gesellschaft auf Dauer nur dann akzeptiert, wenn dies nicht zu Massenarbeitslosigkeit und sozialer Ausgrenzung von arbeitslosen Menschen führt.

Anhang

Entwickeln von Algorithmen

Begriff

Ein Algorithmus ist eine genaue Angabe von Einzelschritten zur Lösung eines Problems. Es wird angegeben, welche Operationen in der richtigen Reihenfolge vollzogen werden müssen, damit ein erwartetes Resultat erreicht wird.

Für die Erstellung eines Computerprogramms benötigt man daher einen Algorithmus, der im Einzelnen festlegt, wie die einzelnen Elemente einer komplexen Aufgabe nacheinander ausgeführt werden müssen, damit der Computer die gestellte Aufgabe mittels der entsprechenden Befehle eines Programms lösen kann.

Auch bei der Lösung von Problemen in Standardprogrammen werden Algorithmen angewendet. In einzelnen Zellen der Tabellenkalkulation Excel stehen beispielsweise Funktionen, die algorithmische Grundstrukturen darstellen. Nur mit Hilfe dieser Funktionen ist es erst möglich, mit Standardsoftwareprogrammen vernünftige Lösungen zu erzielen.

Algorithmische Grundstrukturen

Probleme, die mit Hilfe eines Computers gelöst werden können, werden in Einzelschritte zerlegt. Dabei kann der Einzelschritt die folgenden Lösungsmöglichkeiten erfordern:

Folge (Sequenz)	Unter Folgen versteht man eine Aneinanderreihung von Anweisungen.
Auswahl (Selektion)	Bei der Auswahlstruktur werden Alternativen in Abhängigkeit von einer Bedingung angegeben.
Wiederholung (Iteration)	Anweisungen werden in Abhängigkeit von einer Bedingung wiederholt ausgeführt.

Darstellungsmöglichkeiten von Algorithmen in Verbindung mit der Tabellenkalkulation Excel

Um Problemlösungen erarbeiten zu können, empfiehlt es sich grundsätzlich, mit Hilfe von Symbolen den entsprechenden Sachverhalt zunächst grafisch darzustellen. Einzelne Teile des Problems werden mit Hilfe eines **Struktogramms** bzw. eines **Programmablaufplanes** (**PAP**) analysiert. Danach kann man das Problem beispielsweise mit Programmiersprachen (BASIC, PASCAL, C usw.) lösen. Anwendungsprogramme wie beispielsweise die Tabellenkalkulation Excel bieten entsprechende Funktionen, mit deren Hilfe die Lösung des Problems möglich ist.

Deswegen sollen hier die grundsätzlichen algorithmischen Möglichkeiten gezeigt werden. Außerdem wird angegeben, welcher Syntax (Anweisung) dies in der Tabellenkalkulation Excel entspricht. Wenn Sie mit der Tabellenkalkulation Excel gearbeitet haben, wird Ihnen der grundsätzliche Aufbau einer Funktion verdeutlicht.

Bei einer Sequenz (Folge) ist es nicht notwendig, den Aufbau anhand des Programms Excel darzustellen, da es sich bei einer Sequenz nur um die Folge einzelner Anweisungen (Text- und Zahleneingaben usw.) handelt. In Zellen werden also z. B. erklärende Texte, Zahlen oder Formeln eingetragen. Für eine Selektion (Auswahl) steht grundsätzlich die Funktion WENN zur Verfügung. Die mehrseitige Selektion (Mehrseitige Auswahl) kann auch mit der Funktion SVERWEIS bearbeitet werden. Für die Iteration (Wiederholung) bietet Excel die Zielwertsuche und den Solver an. Diese Möglichkeiten sind über Menüpunkte anzusteuern und werden im Buch erklärt.

	Struktogramm	Programmablaufplan (PAP)

Sequenz

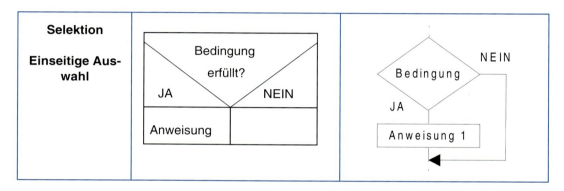

	Anweisung 1
	Anweisung 2
	Anweisung 3

Anweisung 1

Anweisung 2

Anweisung 3

Selektion

Einseitige Aus-wahl

Bedingung erfüllt?

JA   NEIN

Anweisung

Bedingung — NEIN

JA

Anweisung 1

Syntax:

= WENN(Prüfung;Dann_Wert;Sonst_Wert)
= WENN(D6>2000;D6*15/100;0)

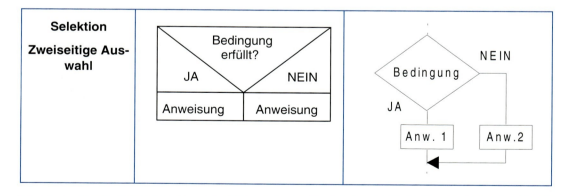

Selektion

Zweiseitige Aus-wahl

Bedingung erfüllt?

JA   NEIN

Anweisung   Anweisung

Bedingung — NEIN

JA

Anw. 1   Anw.2

Syntax:

= WENN(Prüfung;Dann_Wert;Sonst_Wert)
= WENN(D6>2000;D6*15/100;D6*10/100)

	Struktogramm	Programmablaufplan (PAP)
Selektion **Mehrseitige Aus-wahl**	Fallabfrage A = ? A=1 A=2 A=3 A=n A 1 A 2 A 3 A 4	Bedingung A=1 A=2 A=3 A=n A1 A2 A3 An

Möglichkeit 1:

> **Syntax:**
>
> = WENN(Prüfung;Dann_Wert;WENN(Prüfung;Dann_Wert;Sonst_Wert))
> = WENN(D6<=2000;D6*10/100;WENN(D6<=3000;D6*15/100;D6*20/100))

Möglichkeit 2:

> **Syntax:**
>
> = SVERWEIS(Suchkriterium;Matrix;Spaltenindex;Bereich_Verweis)
> = *SVERWEIS(F16;A2:F14;1)*

	Struktogramm	Programmablaufplan (PAP)
Iteration **Wiederholungs-struktur mit voraus-gehender Be-dingungs-prüfung**	Wiederhole solange, bis die Bedingung erfüllt ist — Anweisung 1 — Anweisung 2	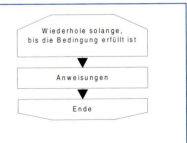
Iteration **Wiederholungs-struktur mit nach-folgender Bedin-gungsprüfung**	Anweisung 1 — Anweisung 2 — Wiederhole solange, bis die Bedingung erfüllt ist	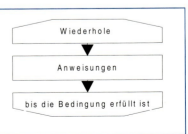

EG-Richtlinie zur Arbeit an Bildschirmgeräten

Mindestvorschriften

(Artikel 4 und 5)

Einleitende Bemerkung

Die Auflagen dieses Anhangs gelten im Hinblick auf die Verwirklichung der Ziele dieser Richtlinie und insoweit, als zum einen die entsprechenden Gegebenheiten am Arbeitsplatz bestehen und zum anderen die spezifischen Erfordernisse oder Merkmale der Tätigkeit dem nicht entgegenstehen.

1. Gerät

a) Allgemeine Bemerkung

Die Benutzung des Gerätes als solche darf keine Gefährdung der Arbeitnehmer mit sich bringen.

b) Bildschirm

Die auf den Bildschirm angezeigten Zeichen müssen scharf und deutlich, ausreichend groß und mit angemessenem Zeichen- und Zeilenabstand dargestellt werden.

Das Bild muss stabil und frei von Flimmern sein und darf keine Instabilität anderer Art aufweisen.

Die Helligkeit und/oder der Kontrast zwischen Zeichen und Bildschirmhintergrund müssen leicht vom Benutzer eingestellt und den Umgebungsbedingungen angepasst werden können.

Der Bildschirm muss zur Anpassung an die individuellen Bedürfnisse des Benutzers frei und leicht drehbar sein.

Ein separater Ständer für den Bildschirm oder ein verstellbarer Tisch kann ebenfalls verwendet werden.

Der Bildschirm muss frei von Reflexen und Spiegelungen sein, die den Benutzer stören könnten.

c) Tastatur

Die Tastatur muss neigbar und eine vom Bildschirm getrennte Einheit sein, damit der Benutzer ein bequeme Haltung einnehmen kann, die Arme und Hände nicht ermüdet.

Die Fläche vor der Tastatur muss ausreichend sein, um dem Benutzer ein Auflegen von Händen und Armen zu ermöglichen.

Zur Vermeidung von Reflexen muss die Tastatur eine matte Oberfläche haben.

Die Anordnung der Tastatur und die Beschaffenheit der Tasten müssen die Bedienung der Tastatur erleichtern.

Die Tastenbeschriftung muss sich vom Untergrund deutlich genug abheben und bei normaler Arbeitshaltung lesbar sein.

d) Arbeitstisch und Arbeitsfläche

Der Arbeitstisch bzw. die Arbeitsfläche muss eine ausreichend und reflexionsarme Oberfläche besitzen und eine flexible Anordnung von Bildschirm, Tastatur, Schriftgut und sonstigen Arbeitsmitteln ermöglichen.

Der Manuskripthalter muss stabil und verstellbar sein und ist so einzurichten, dass unbequeme Kopf- und Augenbewegungen so weit wie möglich eingeschränkt werden.

Ausreichender Raum für eine bequeme Arbeitshaltung muss vorhanden sein.

e) Arbeitsstuhl

Der Arbeitsstuhl muss kippsicher sein, darf die Bewegungsfreiheit des Benutzers nicht einschränken und muss ihm eine bequeme Haltung ermöglichen.

Die Rücklehne muss in Höhe und Neigung verstellbar sein.

Auf Wunsch ist eine Fußstütze zur Verfügung zu stellen.

2. Umgebung

a) Platzbedarf

Der Arbeitsplatz ist so zu bemessen und einzurichten, dass ausreichend Platz vorhanden ist, um wechselnde Arbeitshaltungen und -bewegungen zu ermöglichen.

b) Beleuchtung

Die allgemeine Beleuchtung und/oder die spezielle Beleuchtung (Arbeitslampen) sind so zu dimensionieren und anzuordnen, dass zufriedenstellende Lichtverhältnisse und ein ausreichender Kontrast zwischen Bildschirm und Umgebung im Hinblick auf die Art der Tätigkeit und die sehkraftbedingten Bedürfnisse des Benutzers gewährleistet sind.

Störende Blendung und Reflexe oder Spiegelungen auf dem Bildschirm und anderen Ausrüstungsgegenständen sind durch Abstimmung der Einrichtung von Arbeitsraum und Arbeitsplatz auf die Anordnung und die technischen Eigenschaften künstlicher Lichtquellen zu vermeiden.

c) Reflexe und Blendung

Bildschirmarbeitsplätze sind so einzurichten, dass Lichtquellen wie Fenster und sonstige Öffnungen, durchsichtige oder durchscheinende Trennwände sowie helle Einrichtungsgegenstände und Wände keine Direktblendung und möglichst keine Reflexion auf dem Bildschirm verursachen.

Die Fenster müssen mit einer geeigneten verstellbaren Lichtschutzvorrichtung ausgestattet sein, durch die sich die Stärke des Tageslichteinfalls auf den Arbeitsplatz vermindern lässt.

d) Lärm

Dem Lärm, der durch die zum Arbeitsplatz (zu den Arbeitsplätzen) gehörenden Geräte verursacht wird, ist bei der Einrichtung des Arbeitsplatzes Rechnung zu tragen, insbesondere um eine Beeinträchtigung der Konzentration und Sprachverständlichkeit zu vermeiden.

e) Wärme

Die zum Arbeitsplatz (zu den Arbeitsplätzen) gehörenden Geräte dürfen nicht zu einer Wärmezunahme führen, die auf die Arbeitnehmer störend wirken könnte.

f) Strahlungen

Alle Strahlungen mit Ausnahme des sichtbaren Teils des elektromagnetischen Spectrums müssen auf Werte verringert werden, die vom Standpunkt der Sicherheit und des Gesundheitsschutzes der Arbeitnehmer unerheblich sind.

g) Feuchtigkeit

Es ist für eine ausreichende Luftfeuchtigkeit zu sorgen.

3. Mensch-Maschine-Schnittstelle

Bei Konzipierung, Auswahl, Erwerb und Änderung von Software sowie bei der Gestaltung von Tätigkeiten, bei denen Bildschirmgeräte zum Einsatz kommen, hat der Arbeitgeber folgenden Faktoren Rechnung zu tragen.

a) Die Software muss der auszuführenden Tätigkeit angepasst sein.

b) Die Software muss benutzerfreundlich sein und gegebenenfalls dem Kenntnis- und Erfahrungsstand des Benutzers angepasst werden können, ohne Wissen des Arbeitnehmers darf keinerlei Vorrichtung zur quantitativen und qualitativen Kontrolle verwendet werden.

c) Die Systeme müssen den Arbeitnehmern Angaben über die jeweiligen Abläufe bieten.

d) Die Systeme müssen die Informationen in einem Format und in einem Tempo anzeigen, das den Benutzern angepasst ist.

e) Die Grundsätze der Ergonomie sind insbesondere auf die Verarbeitung von Informationen durch den Menschen anzuwenden.

Begriffe aus der Elektronischen Datenverarbeitung

Das nachfolgende kleine Lexikon ist nicht nach dem Alphabet aufgebaut, sondern nach der Reihenfolge, die von vielen Lehrplänen für Ausbildungsberufe, Berufsfachschulen usw. und in Stoffkatalogen für Prüfungen vorgegeben wird. Damit werden die Inhalte für Berufe wie Büro-kauffrau/Bürokaufmann, Großhandelskauffrau/Großhandelskaufmann, Industriekauffrau/In-dustriekaufmann und Bankkauffrau/Bankkaufmann usw. abgedeckt. Auch in Berufsfachschu-len und anderen Schulformen werden diese Inhalte oftmals behandelt.

EVA-Prinzip

EVA-Prinzip der Datenverarbeitung	Das EVA-Prinzip ist eine Abkürzung für das Eingabe-Verarbei-tung-Ausgabe-Prinzip. Die Reihenfolge der gesamten Bearbei-tung in der Datenverarbeitungsanlage erfolgt für jeden Daten-satz nach diesem Prinzip.

Datenarten

Alphabetische Daten	Diese Daten setzen sich aus Buchstaben zusammen, z. B. Schreibtisch oder Computer. In der Regel werden in die Daten-felder Texte eingegeben.
nummerische Daten	Diese Daten beinhalten ausschließlich Zahlen, z. B. 10. Diese Zahlen werden in der Regel zum Ordnen oder zum Berechnen benötigt.
alphanummerische Zeichen	Diese Daten enthalten sowohl Buchstaben als auch Zahlen, z. B. 1200,00 €.
Sonderzeichen	Als Sonderzeichen werden u. a. die folgenden Zeichen bezeich-net: $, &, %.

Stammdaten	Diese Daten werden sehr selten geändert, wie z. B. die Artikel-art und die Artikelnummer. Änderungen dieser Daten werden normalerweise nicht vorgenommen, da sie feste Konstanten in den Dateien darstellen.
Bewegungsdaten	Diese Daten werden sehr oft verändert, wie z. B. der Bestand an Waren oder der Einkaufs- und Verkaufspreis eines Artikels.

Rechendaten	Mit diesen Daten können Berechnungen vorgenommen werden, z. B. kann aus dem Bestand der Ware und dem Einkaufspreis der Gesamteinkaufspreis der im Lager vorhandenen Waren er-mittelt werden.
Ordnungsdaten	Diese Daten werden für das Ordnen und Sortieren von Daten eingesetzt, wie z. B. die Artikelnummer oder die Artikelart eines Artikels.

Datendarstellung

Binärsystem (Dualsystem)	Die Grundlage der alltäglichen Darstellung von Zahlen ist das Zehner- oder Dezimalsystem, das mit den Zahlen 0 bis 9 arbeitet. Der Computer arbeitet jedoch mit dem Dualsystem (Binärsystem). Beim binären oder dualen Zahlensystem sind jeweils nur zwei physikalische Zustände möglich (0 - 1, Strom vorhanden, Strom nicht vorhanden, geladen - ungeladen, magnetisiert - unmagnetisiert). Aus einer bestimmten Kombination dieser Zustände können Zeichen in einem Byte dargestellt werden.
Bit	Ein Bit (binäry digit, binäre Ziffer) ist die kleinste Speichereinheit einer Datenverarbeitungsanlage. Das Bit kann nur die Werte 0 oder 1 (geladen - ungeladen) enthalten. Zeichen wie Buchstaben, Ziffern usw. können in einem Bit nicht dargestellt werden.
Byte	Ein Byte ist die kleinste adressierbare Speichereinheit eines Computers, es kann also einzelne Zeichen enthalten. Grundsätzlich besteht ein Byte aus 8 Bits.

Datenstrukturierung

Datenfeld	Ein Datenfeld ist ein Element eines Datensatzes und damit die kleinste Einheit, die in einer Datei vorhanden ist. Bei der Errichtung der Datei wird angegeben, wie das Datenfeld bezeichnet wird. Außerdem kann ein Datenfeld mit einem bestimmten Format ausgestattet werden, damit es beispielsweise ein Datum, eine Zahl, einen Text usw. aufnehmen kann.
Datensatz	In den einzelnen Dateien werden Datensätze, die aus einzelnen Datenfeldern bestehen, aufgenommen. Beim Anlegen der entsprechenden Datei werden einzelne Felder mit entsprechenden Bezeichnungen wie Artikelnummer, Artikelart usw. eingerichtet, später werden einzelne Datensätze eingegeben, wie z. B. die Artikelnummer *1000* und die Artikelart *Schreibtisch* usw.
Datei	In einer Datei werden Datensätze gespeichert. Eine betriebliche Aufgabe könnte es sein, die Lagerdaten zu erfassen. In einer Lagerdatei werden daher z. B. die Artikelnummern, die Artikelart, die Artikelbezeichnungen usw. aller Artikel erfasst.

Datenbanksystem

Datenbank • **Aufbau**	Eine Datenbank besteht aus mehreren Dateien, die unterschiedliche Sachverhalte aufnehmen können. In einem Betrieb können beispielsweise Daten über das Lager und über die Hersteller in einer Datenbank erfasst werden.
Datenbankverwaltungssystem • **Verknüpfung** • **Auswertung**	Die einzelnen Dateien in einer Datenbank werden so miteinander verknüpft (verbunden), dass beispielsweise festgestellt werden kann, welcher Hersteller welche Artikel liefert. Daraufhin kann dann z. B. festgestellt werden, wie viele Artikel bei einem bestimmten Hersteller gekauft wurden und wie hoch der Einkaufspreis insgesamt war.

Dateiorganisation

Zugriff • **sequentiell**	Die Datensätze werden nacheinander in einer logischen Reihenfolge, z. B. nach Artikelnummern, abgelegt. Die Daten können nur in der angeordneten Reihenfolge (seriell) bearbeitet werden.
Zugriff • **index-sequentiell**	Über eine Liste, die die Kernbegriffe (z. B Artikelnummer) einer gespeicherten Datei enthält, wird der Zugriff auf Datensätze erleichtert. Mit dem Kernbegriff ist ein Hinweis verbunden, wo sich der gesamte Datensatz auf dem Datenträger befindet. Sortierungen und andere Dateioperationen erfolgen anhand des Kernbegriffs.
Zugriff • **wahlfrei**	Die Reihenfolge der Datensätze ist in gestreut organisierten Dateien beliebig. Die Adresse, wo der Datensatz auf dem Datenträger zu finden ist, wird in einer separaten Datei festgelegt.

Datenträger (Bedruckte und handbeschriebene Datenträger)

Balkencode	Zahlenwerte können als eine Reihe von verschieden breiten Strichen mit variablen Abständen angegeben werden und von Barcodelesern, die mit einer Rechneranlage verbunden sind, gelesen werden. Barcodes findet man beispielsweise auf Verpackungen von Waren. Als EAN-Strichcode wird die Darstellung der Europa-Artikel-Nummer (EAN) bezeichnet. Er besteht aus einer Länder-Kennziffer, einer Firmenkennziffer, einer Artikelkennziffer und einer Prüfziffer.
Klarschriftbelege	Unter einem Klartext versteht man eine optische, genormte Schrift, die von einem Klartextbelegleser gelesen werden kann. Auf Etiketten von Waren in Kaufhäusern usw. befinden sich sehr oft Klartexte, die an der Kasse eingelesen werden.

Datenträger (Magnetische Datenträger)

Magnetbandrolle **Magnetbandkassette**	Auf einem Magnetband, welches in einer Kassette untergebracht ist, werden die Daten in einer bestimmten Reihenfolge abgelegt. Sie können daher auch nur sequentiell (hintereinander) bearbeitet werden. Dieser Datenträger dient daher der Datensicherung. Bei Personalcomputern wird er als Streamer bezeichnet.
Magnetplatte **Festplatte** **Diskette**	Die Magnetplatte ist der wichtigste externe Datenträger. Auf Magnetplatten lassen sich große Datenmengen speichern. Mehrere übereinander liegende magnetisierte Aluminiumscheiben können über Schreib-/Leseköpfe beschrieben werden. Die Daten können von der Magnetplatte über die Schreib-/Leseköpfe gelesen werden. Die Daten werden auf der Magnetplatte wahlfrei abgelegt. Bei Personalcomputern werden die Magnetplatten als Festplatten bezeichnet. Auch Disketten sind Magnetplatten.
Magnetstreifenkarte	Auf einem Magnetstreifen (z. B. auf der Scheckkarte) werden Informationen abgelegt, die von Automaten (z. B. Bankautomaten) gelesen werden können.

Datenträger (Optische Datenträger [Speicher])

CD-ROM	Bei optischen Datenträgern werden die Daten berührungslos abgetastet. Ein typischer optischer Datenträger ist die CD-ROM.

Datenträger (Sonstige Datenträger)

Mikrofilm	Auf einem Mikrofilm werden Belege, Dokumente usw. gespeichert. Über ein entsprechendes Lesegerät können die Dokumente später auf einem Bildschirm sichtbar gemacht und auch ausgedruckt werden.
Chipkarte	Auf einer Chipkarte sind Informationen gespeichert. So ist auf dem Chip einer Telefonkarte das entsprechende Guthaben festgehalten. Beträge können abgebucht werden. Dieselbe Funktion findet man bei der Euroscheckkarte mit Chip, wo über entsprechende Automaten Beträge auf die Karte geladen werden können. An speziellen Kassen in Geschäften kann dann mit der Karte gezahlt werden.

Datenträger (Auswahlkriterien für Datenträger)

Speicherkapazität	Die Speicherkapazität ist die Aufnahmefähigkeit eines Datenspeichers. Die Aufnahmekapazität wird in Byte, Kilobyte, Megabyte oder Gigabyte angegeben. Die Aufnahmekapazität einer Festplatte wird z. B. in Gigabyte angegeben.
Zugriffsart und Zugriffszeit	Bei der Zugriffsart unterscheidet man, ob auf einem Datenträger *sequentiell* (Magnetband, Streamer) oder *wahlfrei* (Diskette, Festplatte) zugegriffen wird. Die Zugriffszeit ist entsprechend der Zugriffsart sehr unterschiedlich. Daten auf Festplatten und Disketten können sehr schnell abgerufen werden, während die Daten auf einem Magnetband erst dann abgerufen werden können, wenn die entsprechende Stelle auf dem Band gefunden wurde.
Preis-/Leistungsverhältnis	Das Verhältnis zwischen dem Preis und der Leistung eines Datenträgers verändert sich permanent. So kann berechnet werden, wie viel Geld für ein Megabyte, ein Gigabyte usw. bei einem bestimmten Datenträger ausgegeben werden muss.
Transportierbarkeit	Zur Datensicherung und zum Datenaustausch müssen Datenträger zur Verfügung stehen, die transportiert werden können.
	Im Bereich der Personalcomputer sind dies beispielsweise Disketten. Da Disketten jedoch eine relativ geringe Speicherkapazität haben, gewinnen andere Medien wie Zip-Disketten oder Datenbänder für Streamer eine immer größere Bedeutung.
	Im Großrechnerbereich werden Magnetplatten, Datenbänder usw. zur Sicherung der Daten aus den Datenrechnungszentren ausgelagert. Daher stehen sie auch bei eventuellen Bränden usw. im Datenverarbeitungszentrum weiterhin zur Verfügung.

Aufbau einer Datenverarbeitungsanlage

Zentraleinheit	Die Zentraleinheit ist die Hauptkomponente eines Datenverarbeitungssystems, welches die gesamte Anlage überwacht, steuert und die jeweils benötigten Informationen wie Programme und Daten zur Verfügung stellt. Hauptbestandteil der Zentraleinheit ist der Prozessor (bzw. Microprozessor), der auch als CPU (Central-Processing-Unit) bezeichnet wird.
Zentralspeicher • **ROM** • **RAM**	Aus den ROM-Chips kann der Computer nur Informationen lesen. Sie werden z. B. benötigt, damit der Computer nach dem Einschalten einen Selbsttest durchführen und das Betriebssystem laden kann. Die Informationen bleiben nach dem Ausschalten des Computers erhalten. Die RAM-Chips werden als Arbeitsspeicher oder Hauptspeicher bezeichnet. Im Arbeitsspeicher werden Daten abgelegt, auf die das Steuerwerk direkt sowohl lesend als auch schreibend zugreifen kann. Die Daten in RAM-Chips gehen mit dem Ausschalten des Computers verloren, werden nicht dauerhaft gespeichert.
Zentralprozessor • **Rechenwerk** • **Leitwerk**	Die Kommandozentrale des Computers wird als das Leitwerk (Steuerwerk) bezeichnet. Die Eingabe, Verarbeitung und Ausgabe der Daten wird entsprechend der Reihenfolge der Befehle eines Programms abgearbeitet. Bevor die einzelnen Befehle des Programms verarbeitet werden können, müssen sie von einem Datenträger in die Zentraleinheit kopiert und vom Leitwerk (Steuerwerk) entschlüsselt und z. B. an das Rechenwerk weitergegeben werden. Im Rechenwerk eines Computers (Arithmetic Logical Unit) werden die Daten verarbeitet, also z. B. mathematische Berechnungen vorgenommen. Zur Ausführung von mathematischen Operationen sind in modernen Personalcomputern heutzutage so genannte Coprozessoren integriert.
Eingabe/Ausgabeprozessor	Der „I/O-Prozessor" (Input/Output-Prozessor) ist ein spezieller Prozessor, der in Zusammenarbeit mit dem Hauptprozessor die Ein- und Ausgaben steuert und überwacht.
Kanal/Bus	Über einen Kanal werden Daten zwischen der Zentraleinheit und den peripheren Geräten übertragen. Bei der Datenübertragung innerhalb der Zentraleinheit werden die Kanäle als Busse bezeichnet.

Speicher

Interner Speicher	Die Bezeichnung *interner Speicher* ist ein anderer Ausdruck für den Haupt- bzw. Arbeitsspeicher (RAM).
Externe Speicher	Als externe Speicher bezeichnet man Speichermedien, die an die Computeranlage angeschlossen werden und die Ergebnisse dann dauerhaft speichern (Festplatte, Diskette mit Diskettenlaufwerk usw.).

Verbindungen

Schnittstelle (Interface)	Die Verbindung zu den Peripheriegeräten wie dem Drucker wird über Schnittstellen vorgenommen.
Modem, Akustikkoppler	Durch Datenfernübertragung über das Telefonnetz werden Daten in den Computer eingelesen bzw. auf andere Computer übertragen. Das Modem ist ein Gerät, welches eine direkte Verbindung des Telefonnetzes mit dem Computer ermöglicht. Ein Modem kann als externes Gerät oder als Steckkarte im Computer angebracht werden. Akustikkoppler werden heutzutage kaum noch verwandt. Der Telefonhörer wurde auf diese Geräte gelegt und damit eine Verbindung zwischen Computern hergestellt.
Innerbetriebliche Verbindung (lokale Netze)	Durch innerbetriebliche Netze werden Computer miteinander verbunden, so dass bestimmte Bestandteile des Computersystems, z. B. Drucker oder Festplatten, von mehreren Rechnern genutzt werden können.
Übertragungsnetze der Deutschen Telekom • Telefon • Telex • Datexnetz • ISDN	Sprachliche Kommunikation wird weltweit über das Telefonnetz betrieben. Per Telex (Fernschreiben) können weltweit schriftlich Daten ausgetauscht werden. Das Datexnetz dient der Übertragung von digitalen Daten, also der Übertragung von Daten mit Hilfe des binären Zahlensystems. Durch ISDN (Integrated Services Digital Network) können Daten, Bilder, Texte und sprachliche Mitteilungen in einem einheitlichen Netz übertragen werden.

Peripherie

| Eingabegeräte
• Belegleser
• Tastatur
• Maus
• Scanner | Mit einem Belegleser werden Daten mit großer Geschwindigkeit in eine Form umgewandelt, die Computer verarbeiten können.

Texte werden über die Tastatur in den Computer eingegeben. Die eingegebenen Zeichen werden sofort auf dem Bildschirm angezeigt.

Die Bedienung von Programmen wird durch den Einsatz der Maus wesentlich vereinfacht. Bewegungen, die mit der Maus ausgeführt werden, werden auf den Bildschirm übertragen. Zumeist wird die Maus mit einem Symbol - dem Mauspfeil - auf dem Bildschirm dargestellt.

Optische Abtaster (Scanner) vereinfachen die Eingabe von Daten ungemein. Eine Bild- oder Textvorlage wird abgetastet und als so genannte Pixelgrafik eingelesen. Die Pixelgrafik besteht aus einzelnen Punkten, die zusammengesetzt das Bild ergeben. Über Scanner werden mit Hilfe einer speziellen Texterkennungssoftware (OCR-Software [Optical Charakter Recognition]) Texte in Textverarbeitungsprogramme eingelesen. |

Ausgabegeräte • **Bildschirm** • **Drucker** • **Plotter**	Der Bildschirm gibt erfasste und verarbeitete Daten aus. In Verbindung mit der Tastatur wird er auch als Dialoggerät bezeichnet.
	Über Drucker werden Daten auf Papier ausgegeben. Bei Nadeldruckern schlagen Nadeln auf ein Farbband auf. Vom Farbband werden die von den Nadeln erzeugten Ergebnisse auf das Papier übertragen.
	Beim Laserdrucker werden die Druckergebnisse nicht zeichenweise, sondern seitenweise ausgegeben. Die Funktionsweise des Laserdruckers gleicht der eines Fotokopierers.
	Beim Tintenstrahldrucker werden Farbpartikel aus einer Tintenpatrone auf das Papier zur Ausgabe von Zeichen gespritzt.
	Mit einem Plotter werden mit Stiften Zeichnungen usw. auf ein Blatt übertragen. Technische Zeichnungen werden daher vorzugsweise mit einem Plotter ausgegeben.
Dialoggeräte • **Tastatur mit Bildschirm**	Der Bildschirm gibt erfasste und verarbeitete Daten aus. In Verbindung mit der Tastatur wird er auch als Dialoggerät bezeichnet, da diese beiden Geräte den direkten Austausch von Informationen erlauben.
Externe Speicher • **Magnetplatte** • **Magnetband** • **Diskette** • **optische Speichermedien**	Magnetplatten, Magnetbänder und Disketten werden in diesem kleinen Begriffslexikon unter dem Punkt Datenträger (Magnetische Datenträger) erklärt.
	Bei optischen Speichermedien werden die Daten berührungslos abgetastet. Ein Beispiel für ein optisches Speichermedium ist die CD-ROM (Compact-Disk - Read Only Memory).

Software (Systemsoftware)

Betriebssystem/ **Systemprogramme**	Als Betriebssystem werden Systemprogramme bezeichnet, die für den Betrieb einer Datenverarbeitungsanlage unbedingt notwendig sind. Das Betriebssystem beinhaltet im Wesentlichen Steuerungs- und Dienstprogramme.
Steuerprogramme	Steuerungsprogramme steuern die Zentraleinheit und die entsprechende Peripherie. Sie binden damit alle Bestandteile des Computers in die Arbeit des Computers ein.
Dienstprogramme	Dienstprogramme sind Bestandteile des Betriebssystems, um z. B. Dateien zu kopieren oder Disketten zu formatieren.
Übersetzungs- **programme**	Ein Übersetzungsprogramm wandelt ein Primärprogramm (ein Programm, welches mit einer Programmiersprache geschrieben wurde) in ein für den Computer ablauffähiges Programm (Maschinenprogramm) um. Es gibt zwei Übersetzer: Compiler und Interpreter. (Die beiden Verfahren werden auf der nächsten Seite erklärt.)

Programmiersprachen	Mit Programmiersprachen werden Computerprogramme geschrieben. Als Programmiersprachen werden Systeme verstanden, die aus Elementen (Befehlen, Anweisungen) bestehen, die vom Programmierer in einer beliebigen Weise kombiniert werden können, so dass höchst unterschiedliche Probleme gelöst werden können. Bekannte Programmiersprachen sind beispielsweise BASIC, C und PASCAL.
Compiler	Als Compiler wird ein Übersetzungsprogramm bezeichnet, das ein in einer Programmiersprache geschriebenes Programm in einem mehrstufigen Prozess in ein maschinenlesbares Programm umwandelt. Bei der Ausführung des Programms wird dann die Programmiersprache nicht mehr benötigt. Programme, die z. B. in der Programmiersprache PASCAL geschrieben werden, werden mit einem Compiler in ein lauffähiges Programm umgewandelt.
Interpreter	Der Interpreter ist ein Übersetzungsprogramm, durch das jeder Befehl einer Programmiersprache sofort übersetzt und ausgeführt wird. Das geschriebene Programm benötigt für jede Ausführung die Programmiersprache, da ohne die Programmiersprache kein lauffähiges Programm vorhanden ist. Bei jeder Ausführung werden die Befehle vom Computer neu abgearbeitet. Die Programmiersprache BASIC arbeitet zumeist nach dem Interpreterverfahren.

Anwendungssoftware

Endbenutzerwerkzeuge	Als Endbenutzer bezeichnet man den Anwender (Benutzer) eines Programms. Ein Endbenutzerwerkzeug ist daher ein Programm, welches vom Anwender des Programms genutzt wird.
Standardprogramme	Standardprogramme sind Programme, die für immer wieder vorkommende Tätigkeiten, wie etwa das Schreiben eines Textes, benutzt werden.
Individualprogramme	Individualprogramme werden für bestimmte Zwecke geschrieben und sind auf einen bestimmten Betrieb usw. zugeschnitten.

Standardsoftware

Textverarbeitung	Mit einer Textverarbeitung werden Texte erfasst, gestaltet und ausgegeben.
Datenbank	Ein Datenbankprogramm erfasst Daten in unterschiedlichen Dateien. Die erfassten Daten werden miteinander verknüpft, verarbeitet und ausgegeben.
Tabellenkalkulation	Die Tabellenkalkulation eignet sich für Berechnungen aller Arten. Außerdem können die Daten grafisch ausgewertet werden.
Integrierte Pakete	Integrierte Pakete enthalten u. a. eine Textverarbeitung, eine Datenbank und eine Tabellenkalkulation. Sie zeichnen sich in der Regel durch eine einheitliche Benutzeroberfläche aus.

Datenerfassung

Datenerfassung • **Off-line**	Die Datenerfassungsgeräte sind nicht direkt mit der EDV-Anlage verbunden. Die Daten können daher erst später verarbeitet werden, wenn sie mittels Datenleitung oder Datenträger in die Datenverarbeitungsanlage eingelesen werden.
Datenerfassung • **On-line**	Die Datenerfassungsgeräte sind direkt mit der EDV-Anlage verbunden. Die Daten werden sofort bei der Eingabe verarbeitet.
Datenerfassung • **Zentral/Dezentral**	Bei der zentralen Datenerfassung werden alle Daten in einer Stelle zentral in die Rechneranlage eingegeben. Bei der dezentralen Datenerfassung werden die Daten an verschiedenen Stellen beispielsweise von einer Sachbearbeiterin oder einem Sachbearbeiter eingegeben.
Betriebsdaten-erfassung (BDE)	Die Betriebsdatenerfassung ist eine besondere Form der Datenerfassung, bei der gleichartige, in großer Menge auftretende Vorgänge über automatische Registrier- und Zähleinrichtungen erfasst und direkt in einem Computer zur Verarbeitung weitergegeben werden.

Betriebsarten

Stapelverarbeitung	Bei der Stapelverarbeitung fallen die Erfassung und die Verarbeitung von Daten zeitlich auseinander. Die einzelnen Daten werden gesammelt und mit den dafür vorgesehenen Programmen nach einer zeitlich festgelegten Reihenfolge verarbeitet.
Echtzeitverarbeitung	Beim Echtzeitverfahren (real-time-processing) fallen die Datenerfassung, die Eingabe und die Verarbeitung zeitlich zusammen. Dadurch wird eine hohe Datenaktualität erreicht.
Mehrprogrammbetrieb • **Multiprogramming** • **time-sharing**	Mehrere Programme werden zum gleichen Zeitraum durch eine Zentraleinheit verarbeitet. Multiprogramming, auch als Multitasking bezeichnet, bedeutet, dass mehrere Programme gleichzeitig auf einem Rechner arbeiten und sich gegebenenfalls die Rechnerkapazität teilen. So können unter dem Betriebssystem Windows beispielsweise Texte ausgedruckt werden und gleichzeitig Daten in eine Datenbank eingegeben werden. Jeder Benutzer eines Rechnersystems erhält beim time-sharing eine bestimmte Zeit (z. B. eine Millisekunde) zugewiesen, in der das vom Benutzer genutzte Programm automatisch die Kapazitäten des Rechners in Anspruch nimmt. Da kein Anwender z. B. bei der Dateneingabe die Kapazitäten des Rechners ausnutzen kann, können dadurch mehrere oder viele Benutzer gleichzeitig eine Datenverarbeitungsanlage nutzen.
Lokale Netzwerke	Die untereinander verbundenen Computer eines Betriebes bilden ein Netzwerk. Lokale Netze werden als LAN (local area network) bezeichnet.

Datenfernübertragung

Datenfernübertragung • Off-line	Die Daten werden beim Anwender auf Datenträgern gesammelt und dann zur zentralen Datenverarbeitungsanlage weitergegeben.
Datenfernübertragung • On-line	Die Daten werden über eine Leitung, z. B. eine Telefonleitung, an die zentrale Datenverarbeitungsanlage übermittelt.

Ergonomie

Ergonomie	Unter Ergonomie versteht man grundsätzlich die Anpassung von Maschinen, Arbeitsmitteln und Arbeitsplätzen an die anatomischen, psychischen und physiologischen Bedingungen des arbeitenden Menschen.
	In der Datenverarbeitung wird unter Ergonomie sowohl die Anpassung der Hardware in Aufbau und Bedienung an den Menschen als auch die Ausrichtung der Software, ihres Einsatzes und ihrer Bedienung an sinnvolle Arbeitsabläufe aus der Sicht des Arbeitenden verstanden. In der *EG-Richtlinie zur Arbeit an Bildschirmgeräten* werden Aussagen für die Arbeit mit Hardware und Software gemacht.

Ökologie

Ökologie	Die Belastung mit Strahlen durch den Monitor eines Computers oder die Ozon-Belastung der Umwelt durch einen Laserdrucker gehören zu den ökologischen Aspekten des Einsatzes eines Computers. Durch permanente Reduzierung von Strahlen usw. durch technische Fortentwicklung, aber auch durch Zwang auf Grund von Gesetzen und Richtlinien, müssen die Gesundheitsrisiken der Arbeit an einer Datenverarbeitungsanlage dauerhaft verringert werden.

Auswirkungen auf die Arbeitswelt

Auswirkungen auf die Arbeitswelt	Folgende Entwicklung ist absehbar:
	• Durch die Arbeit mit dem Computer werden sowohl Arbeitsplätze wegfallen (Routinearbeiten werden vom Computer übernommen) als auch neue geschaffen werden (Bedienung, Programmierung usw. von Computern).
	• Durch Datenfernverarbeitung werden viele Tätigkeiten von den Betrieben weg in die Privatwohnung von Arbeitnehmern verlagert. Dies hat gesellschaftspolitische Auswirkungen, etwa in Bezug auf die Kommunikationsfähigkeiten der Menschen.
	• Die Arbeitswelt verändert sich permanent. Daher werden immer höhere Anforderungen an die Menschen in Bezug auf ihr Wissen und ihre Flexibilität gestellt.

Datensicherung

Maschineninterne Sicherung (Prüfbitverfahren)	Fehler bei der Übertragung von Daten werden dadurch minimiert, dass jedes Byte durch ein so genanntes Prüfbit ergänzt wird, welches aus der Bitfolge des Bytes errechnet wird.
Programmierte Sicherung (Formatkontrolle, Prüfziffernverfahren, Plausibilitäts- kontrolle)	Formate regeln den Aufbau und die Anordnung von Daten. Durch einen Befehl werden z. B. bestimmte Datentypen (nummerische Zeichen, Sonderzeichen usw.) festgelegt. Werden Daten eines anderen Formates eingegeben, so wird die Dateneingabe abgelehnt.
	Beim Prüfziffernverfahren wird aus einer Kontonummer, Artikelnummer usw. eine zusätzliche Zahl ermittelt, die an die ursprüngliche Nummer angehängt wird. Wird nun die Kontonummer usw. eingegeben, wird vom Programm aus der ursprünglichen Kontonummer die zusätzliche Zahl errechnet und mit der Eingabe verglichen. Erst wenn die errechnete Zahl mit der eingegebenen Zahl übereinstimmt, nimmt das Programm die Eingabe an.
	Bei der Plausibilitätskontrolle wird überprüft, ob die Eingabe logisch ist. Zum Beispiel kann der Bestand an Artikeln in einer Datenbank nur nummerische Zeichen enthalten. Andere Eingaben werden vom Programm mit einer Fehlermeldung quittiert.
Organisatorische Kontrolle (Anlegen von Sicherungskopien, Personenkontrolle, Datensicherung gegen Rechnerausfall)	Auf Datenträgern (Disketten, Magnetbändern usw.) werden Daten kopiert, damit sie bei Fehlern in der Rechneranlage jederzeit wieder auf einen Rechner zurückkopiert werden können. Damit ist gleichzeitig eine Datensicherung gegen einen eventuellen Rechnerausfall oder durch einen Rechnerfehler gegeben.
	Personen haben nur dann die Möglichkeit, den Computer zu benutzen, wenn sie über eine entsprechende Zugangsberechtigung verfügen. Die Zugangsberechtigung kann durch das Aushändigen von Schlüsseln sowie das Vergeben von Passwörtern usw. geregelt sein.

Datensicherung (Maßnahmen der Datensicherung)

technisch	Technische Maßnahmen wie etwa Türsicherungen, Alarmanlagen, Notstromaggregate usw. werden zur Sicherheit der Daten eingesetzt.
programmtechnisch	Durch Passwörter usw. wird die Nutzung von Programmen durch unbefugte Personen verhindert. Darüber hinaus werden durch Plausibitätskontrollen, der Prüfbit-Technik und dem Prüfziffernverfahren Fehleingaben und Fehlbedienungen verhindert.
personell	Durch Personenkontrolle wird verhindert, dass unbefugte Personen die Datenverarbeitungsanlage nutzen können.
organisatorisch	Organisatorische Maßnahmen wie etwa Zugangskontrollen für Bediener, Protokollierung der Nutzung der Datenverarbeitungsanlage, Anfertigen von Sicherungskopien usw. werden zur Datensicherung eingesetzt.

Datenschutz (Bundesdatenschutzgesetz)

Personenbezogene Daten	Als personenbezogene Daten werden Daten bezeichnet, die natürliche Personen und ihre persönlichen und sachlichen Verhältnisse kennzeichnen.
Ziele des Datenschutzes	Ziel des Datenschutzes ist es, die Menschen davor zu schützen, dass sie durch den Umgang mit seinen personengeschützten Daten in ihren Persönlichkeitsrechten beeinträchtigt werden.
Pflichten der Behörde Pflichten der Unternehmen	Das Bundesdatenschutzgesetz regelt das Erheben, die Speicherung, die Veränderung, die Nutzung usw. von Daten. Darüber hinaus werden die sich daraus ergebenden Pflichten von Behörden und Unternehmen in dem Gesetz geregelt.
Datenschutzbeauftragter	Der Datenschutzbeauftragte organisiert den Datenschutz im Betrieb oder in einer öffentlichen Verwaltung. Er ist weisungsungebunden, also unabhängig von der Geschäfts- oder Behördenleitung.